电气工程、自动化专业系列教材

控制电机及其应用

（第 3 版）

赵强松　王耕　彭圣　梁芬　主编

電子工業出版社
Publishing House of Electronics Industry
北京·BEIJING

内 容 简 介

本书系统介绍常用的各种控制电机的基本结构、工作原理、工作特性及应用。全书共7章,包括直流伺服电动机、永磁伺服电动机、步进电动机、旋转变压器、自整角机、开关磁阻电动机、直线电动机。本书注重理论联系实际,精简了电动机的理论内容,适当增加了部分电动机的DSP控制程序。同时,各章的后面附有一定数量的思考与练习题。

本书可作为自动化、电气工程、测控技术及仪器、飞行器控制与信息工程、机电一体化等专业的教材或参考书,也可供电气自动化领域的工程技术人员参考。

未经许可,不得以任何方式复制或抄袭本书之部分或全部内容。
版权所有,侵权必究。

图书在版编目(CIP)数据

控制电机及其应用 / 赵强松等主编. -- 3版.
北京 : 电子工业出版社, 2025.8. -- ISBN 978-7-121-50906-3
Ⅰ. TM383
中国国家版本馆CIP数据核字第20258SW066号

责任编辑:凌 毅
印 刷:天津嘉恒印务有限公司
装 订:天津嘉恒印务有限公司
出版发行:电子工业出版社
         北京市海淀区万寿路173信箱 邮编100036
开 本:787×1092 1/16 印张:15.5 字数:417千字
版 次:2008年8月第1版
       2025年8月第3版
印 次:2025年9月第2次印刷
定 价:56.00元

凡所购买电子工业出版社图书有缺损问题,请向购买书店调换。若书店售缺,请与本社发行部联系,联系及邮购电话:(010)88254888,88258888。
质量投诉请发邮件至 zlts@phei.com.cn,盗版侵权举报请发邮件至 dbqq@phei.com.cn。
本书咨询联系方式:(010)88254528,lingyi@phei.com.cn。

前　言

本书自 2008 年 8 月第 1 版出版以来，被众多高校选为教材，连续印刷多次。近年来，随着电动汽车、机器人、无人机、风力发电等的蓬勃发展，控制电机得到了越来越广泛的应用。本次再版，考虑到控制电机的最新发展和部分院校使用教材时提出的意见，以期更加适应新时代教学和人才培养的需求。

本书的特点是，在精讲原理的同时，增加专用控制芯片、单片机和 DSP 控制的应用。将新的控制技术与控制芯片相结合，使读者对控制电机的原理、结构、运行特性以及控制方法和控制技术有一个全面的了解，以适应宽口径复合型人才培养的需要。

全书共 7 章，第 1 章为直流伺服电动机，主要介绍直流伺服电动机、无刷直流电动机和直流力矩电动机的原理、结构及运行特性，在控制部分重点讲述直流伺服电动机和无刷直流电动机的控制技术；第 2 章为永磁伺服电动机，主要介绍永磁同步伺服电动机的原理、结构及运行特性，在控制部分重点讲述永磁同步伺服电动机的控制技术；第 3 章为步进电动机，重点介绍步进电动机的原理、结构及运行特性和单片机控制技术；第 4 章为旋转变压器，主要介绍旋转变压器的原理、结构及应用；第 5 章为自整角机，主要介绍自整角机的原理、结构及应用；第 6 章为开关磁阻电动机，重点介绍开关磁阻电动机系统的原理、结构、运行特性和 DSP 控制技术；第 7 章为直线电动机，主要介绍直线电动机的原理、结构及应用。同时，在各章的后面附有一定数量的思考与练习题。本书控制部分大多涉及电压、电流、位置、速度的检测，在软件方面都用到了 PID 控制方法，为避免重复讲述，将这两部分内容列为附录，供参考使用。

参加本次再版编写工作的有赵强松（第 1、4 章）、王耕（第 6、7 章）、彭圣（第 5 章、附录 A、附录 B）、梁芬（第 2、3 章），最后由赵强松负责统稿。南京航空航天大学的叶永强教授审阅了本书，提出了许多宝贵意见，在此表示诚挚谢意。同时感谢中原工学院的巫付专教授为本书编写提供的帮助。

本书配有电子课件和 DSP 控制程序，读者可登录华信教育资源网（www.hxedu.com.cn），注册后免费下载。

由于作者水平所限，书中的缺点和错误在所难免，欢迎广大读者批评指正。

目 录

第1章 直流伺服电动机 1
　1.1 直流伺服电动机 1
　　1.1.1 直流伺服电动机的结构和分类 1
　　1.1.2 直流伺服电动机的运行原理 3
　　1.1.3 直流伺服电动机的应用 7
　1.2 无刷直流电动机 22
　　1.2.1 无刷直流电动机的结构与组成 23
　　1.2.2 无刷直流电动机的控制方法 25
　　1.2.3 无刷直流电动机的运行特性 32
　　1.2.4 无刷直流电动机的应用 40
　1.3 直流力矩电动机 62
　　1.3.1 直流力矩电动机的结构与特点 63
　　1.3.2 直流力矩电动机的运行原理与特性 64
　　1.3.3 直流力矩电动机的性能特点 65
　思考与练习题 67

第2章 永磁伺服电动机 68
　2.1 永磁同步伺服电动机 68
　　2.1.1 永磁同步伺服电动机的结构与分类 68
　　2.1.2 永磁同步伺服电动机的运行原理及分析 71
　2.2 永磁同步伺服电动机的控制 74
　　2.2.1 三相永磁同步伺服电动机在静止 ABC 坐标系中的参数 74
　　2.2.2 逆变器机电能量变换装置的坐标变换 75
　　2.2.3 逆变器机电能量变换装置电压方程的坐标变换 76
　　2.2.4 无转子阻尼绕组的三相永磁同步伺服电动机的电磁转矩 78
　　2.2.5 基于统一模型电动机方法的三相永磁同步伺服电动机的动态方程 ... 78
　2.3 三相永磁同步伺服电动机的基本控制方法 80
　　2.3.1 位置环的控制策略 80
　　2.3.2 速度环的控制策略 81
　　2.3.3 电流环的控制模型 81
　　2.3.4 电流环的 PID 控制 82
　　2.3.5 三相永磁同步伺服电动机的三闭环控制系统 83
　2.4 三相永磁同步伺服逆变器的 SVPWM 技术 84
　　2.4.1 直角坐标系下二电平广义逆变器 SVPWM 波 84
　　2.4.2 直角坐标系下 SVPWM 的基本概念 85
　　2.4.3 电压幅值的归一化 87
　　2.4.4 电压矢量的分区 88

  2.5 三相永磁同步伺服电动机的DSP控制 ·········· 90
  思考与练习题 ·········· 99
第3章 步进电动机 ·········· 100
  3.1 步进电动机的工作原理 ·········· 100
    3.1.1 反应式步进电动机的工作原理 ·········· 100
    3.1.2 反应式步进电动机的运行方式 ·········· 101
    3.1.3 小步距角步进电动机 ·········· 103
    3.1.4 反应式步进电动机的结构 ·········· 104
    3.1.5 其他形式的步进电动机 ·········· 105
  3.2 反应式步进电动机的运行特性 ·········· 106
    3.2.1 反应式步进电动机的静态特性 ·········· 106
    3.2.2 反应式步进电动机的动态特性 ·········· 109
    3.2.3 连续脉冲运行 ·········· 112
  3.3 步进电动机的主要性能指标 ·········· 116
  3.4 驱动电源 ·········· 117
    3.4.1 驱动电源的组成及作用 ·········· 117
    3.4.2 驱动电源的分类 ·········· 118
  3.5 步进电动机的微处理器控制 ·········· 122
    3.5.1 并行控制 ·········· 122
    3.5.2 串行控制 ·········· 125
    3.5.3 转速控制 ·········· 127
    3.5.4 加减速定位控制 ·········· 128
    3.5.5 其他控制 ·········· 131
  思考与练习题 ·········· 132
第4章 旋转变压器 ·········· 133
  4.1 旋转变压器的结构和工作原理 ·········· 133
    4.1.1 旋转变压器的结构 ·········· 133
    4.1.2 旋转变压器的工作原理 ·········· 134
    4.1.3 旋转变压器的负载运行 ·········· 136
    4.1.4 一次侧补偿的旋转变压器 ·········· 137
    4.1.5 二次侧补偿的旋转变压器 ·········· 138
    4.1.6 旋转变压器的技术指标 ·········· 138
  4.2 线性旋转变压器 ·········· 139
    4.2.1 一次侧补偿的线性旋转变压器 ·········· 139
    4.2.2 二次侧补偿的线性旋转变压器 ·········· 141
    4.2.3 比例式旋转变压器 ·········· 142
  4.3 数字式旋转变压器 ·········· 142
    4.3.1 数字式旋转变压器简介 ·········· 142
    4.3.2 AD2S83芯片简介 ·········· 143
    4.3.3 AD2S83芯片的外围电路 ·········· 144
    4.3.4 AD2S83芯片的工作过程 ·········· 146
  4.4 旋转变压器的应用 ·········· 146
    4.4.1 矢量分解运算 ·········· 147

  4.4.2 反正弦函数运算 ································ 147
  4.4.3 乘法运算 ···································· 148
  4.4.4 除法运算 ···································· 149
 思考与练习题 ·· 149

第5章 自整角机 ·· 150
5.1 力矩式自整角机 ···································· 150
  5.1.1 力矩式自整角机的结构 ························ 151
  5.1.2 力矩式自整角机的工作原理 ···················· 151
  5.1.3 力矩式自整角机的磁动势特点 ·················· 155
  5.1.4 力矩式自整角机的转矩分析 ···················· 156
  5.1.5 力矩式自整角机的主要技术指标 ················ 157
5.2 控制式自整角机 ···································· 158
  5.2.1 控制式自整角机的结构 ························ 158
  5.2.2 控制式自整角机的工作原理 ···················· 159
  5.2.3 控制式差动自整角机 ·························· 161
  5.2.4 控制式自整角机的主要技术指标 ················ 162
5.3 数字式自整角机 ···································· 162
  5.3.1 SDC1740芯片简介 ···························· 163
  5.3.2 SDC1740芯片的工作原理 ······················ 163
5.4 自整角机的应用 ···································· 164
  5.4.1 液面位置指示器 ······························ 164
  5.4.2 舰船雷达方位指示 ···························· 165
 思考与练习题 ·· 165

第6章 开关磁阻电动机 ·································· 166
6.1 开关磁阻电动机传动系统 ···························· 166
  6.1.1 开关磁阻电动机传动系统的组成 ················ 166
  6.1.2 开关磁阻电动机的工作原理 ···················· 170
  6.1.3 开关磁阻电动机传动系统的特点 ················ 172
6.2 开关磁阻电动机的基本电磁关系 ······················ 173
  6.2.1 理想开关磁阻电动机的基本电磁关系 ············ 173
  6.2.2 实际开关磁阻电动机的物理状态 ················ 178
  6.2.3 开关磁阻电动机的数学模型 ···················· 180
6.3 开关磁阻电动机的运行状态及控制方式 ················ 182
  6.3.1 开关磁阻电动机的运行特性 ···················· 182
  6.3.2 开关磁阻电动机的启动运行 ···················· 182
  6.3.3 开关磁阻电动机的稳态运行 ···················· 183
  6.3.4 开关磁阻电动机的制动运行 ···················· 185
  6.3.5 开关磁阻电动机运行时的转矩脉动与噪声 ········ 185
6.4 开关磁阻电动机传动系统的控制 ······················ 186
  6.4.1 SRD控制系统结构及算法 ······················ 187
  6.4.2 功率变换器 ·································· 188
  6.4.3 信号检测 ···································· 192
6.5 开关磁阻电动机的DSP控制 ·························· 197

思考与练习题 ·· 204

第7章 直线电动机 ·· 205

7.1 直线电动机的结构与工作原理 ·· 205
7.1.1 直线电动机的工作原理 ·· 205
7.1.2 直线电动机的结构与分类 ·· 206

7.2 直线感应电动机 ·· 208
7.2.1 直线感应电动机的纵向边缘效应 ·· 208
7.2.2 直线感应电动机的横向边缘效应 ·· 209

7.3 其他直线电动机 ·· 210
7.3.1 直线直流电动机 ·· 210
7.3.2 直线自整角机 ·· 212
7.3.3 直线和平面步进电动机 ·· 212

7.4 直线感应电动机的应用 ·· 216
7.4.1 直线感应电动机的应用原则 ·· 216
7.4.2 直线感应电动机的应用举例 ·· 217

  思考与练习题 ·· 219

附录A 信号检测与转换 ·· 220

A.1 电流和电压的检测 ·· 220
A.1.1 电流的检测 ·· 220
A.1.2 电压的检测 ·· 221

A.2 位置检测 ·· 222
A.2.1 绝对式旋转编码器 ·· 222
A.2.2 增量式旋转编码器 ·· 224
A.2.3 编码器与单片机的接口 ·· 225

A.3 速度检测 ·· 226
A.3.1 测速发电机测速 ·· 226
A.3.2 光电旋转编码器测速 ·· 226

附录B 数字PID控制算法与数字滤波技术 ·· 229

B.1 数字PID控制算法 ·· 229
B.1.1 模拟PID控制原理 ·· 229
B.1.2 数字PID控制算法 ·· 230
B.1.3 数字PID的改进算法 ·· 232
B.1.4 数字PID控制器的参数选择和采样周期的选择 ·· 233

B.2 数字滤波技术 ·· 236
B.2.1 算术平均值法 ·· 236
B.2.2 移动平均滤波法 ·· 237
B.2.3 防脉冲干扰平均值法 ·· 237
B.2.4 数字低通滤波法 ·· 238

参考文献 ·· 239

第1章 直流伺服电动机

主要内容
- 直流伺服电动机的原理、结构及运行特性
- 直流伺服电动机常用控制芯片及微处理器控制的原理与方法
- 无刷直流电动机的原理、结构及运行特性
- 无刷直流电动机常用控制芯片及微处理器控制的原理与方法
- 直流力矩电动机简介

知识重点

本章重点为：直流伺服电动机和无刷直流电动机的原理、结构、运行特性（机械特性、调节特性和动态特性）；这两种电动机的常用控制芯片及微处理器控制的原理与方法。

伺服电动机是一种执行电动机，在自动控制系统中作为执行元件。伺服电动机将输入的电压信号变换成转轴的角位移或角速度而输出。输入的电压信号又称为控制信号或控制电压。改变控制电压可以改变伺服电动机的转速及转向。伺服电动机按其使用的电源性质不同，可分为直流伺服电动机和交流伺服电动机两大类。

随着自动控制技术的发展，伺服电动机的应用范围日益广泛，对其性能的要求也在不断提高。另外，新技术、新材料的出现也为伺服电动机的发展提供了可能，促使它有了很大发展，涌现出许多新型的结构。如快速响应低惯量的盘形直流伺服电动机、空心杯形直流伺服电动机和无槽电枢直流伺服电动机；取消了传统直流电动机上的电刷和换向器而采用电子器件换向的无刷直流电动机；为了适应高精度低速伺服系统的需要取消了减速机构而直接驱动负载的直流力矩电动机等。

本章主要就直流伺服电动机、无刷直流电动机及直流力矩电动机的结构、原理、运行特性及其应用进行分析，有关交流伺服电动机的内容将在第2章中讲述。

1.1 直流伺服电动机

1.1.1 直流伺服电动机的结构和分类

直流伺服电动机是指使用直流电源驱动的伺服电动机，它实质上就是一台他励式直流电动机。直流伺服电动机的结构可分为传统型和低惯量型两大类。

1. 传统型直流伺服电动机

传统型直流伺服电动机的结构形式和普通直流电动机基本相同，也是由定子、转子两大部分所组成，只是它的容量与体积较小。按励磁方式的不同，传统型直流伺服电动机可以再分为永磁式和电磁式两种。永磁式直流伺服电动机的定子磁极由永久磁钢组成。电磁式直流伺服电动机的定子磁极通常由硅钢片铁芯和励磁绕组组成。这两种电动机的转子结构与普通直流电动机的结构相同，其铁芯均由硅钢片冲制叠压而成，在转子冲片的外圆周上开有均匀布置的齿槽，在转子槽中放置电枢绕组，并通过换向器和电刷与外电路连接。

2. 低惯量型直流伺服电动机

与传统型直流伺服电动机相比，低惯量型直流伺服电动机具有机电时间常数小、响应快速的特点。目前低惯量型直流伺服电动机主要有：盘形直流伺服电动机、空心杯形直流伺服电动机和无槽电枢直流伺服电动机。

（1）盘形直流伺服电动机

盘形直流伺服电动机主要是盘形永磁式直流电动机。图 1-1 为盘形永磁式直流伺服电动机的结构示意图。电动机结构呈扁平状，其定子由永久磁钢和前后磁轭（磁轭指本身不产生磁场、在磁路中只起导磁作用的软磁材料）组成，磁钢若放置于圆盘的一侧则称为单边结构，若同时放置在两侧则称为双边结构。电动机的气隙位于圆盘的两面。不论哪种结构，永磁体都为轴向磁化，在气隙中产生多极轴向磁场。电枢通常无铁芯，仅由导体以适当的方式制成圆盘状，其形式可分为印制绕组和绕线式绕组两种。印制绕组采用与制造印制电路板相类似的工艺制成，可以是单片双面的，也可以采用多片重叠的结构，但一般最多不超过 8 层。印制绕组电枢的制造精度高，成本也高，但转动惯量小。绕线式绕组则是先绕制成单个线圈，然后将绕好的全部线圈沿径向圆周排列起来，再用环氧树脂浇注成圆盘状。盘形电枢上电枢绕组中的电流沿径向流过圆盘表面，并与永磁体产生的多极轴向磁场相互作用而产生转矩。因此，绕组的径向段为有效部分，弯曲段为端接部分。在这种电动机中，也常用电枢绕组有效部分的裸导体表面兼作换向器，与电刷直接接触实现与外电路的相连，从而可以省去换向器。

（2）空心杯形直流伺服电动机

图 1-2 为空心杯电枢永磁式直流伺服电动机的结构简图。空心杯电枢上的绕组同盘形永磁式直流伺服电动机的一样，也可分为印制绕组和绕线式绕组两种形式，不同之处是空心杯电枢上的绕组沿圆周的轴向排列成空心杯形。其定子由一个外定子和一个内定子组成。通常外定子由两个半圆形的永久磁钢组成，而内定子则用圆柱形的软磁材料做成，仅作为磁路的一部分，以减小磁路的磁阻。但也有内定子采用永久磁钢、外定子采用软磁材料的结构形式。空心杯电枢直接装在电动机轴上，在内、外定子间的气隙中旋转。电枢绕组通过换向器和电刷与外电路相连。

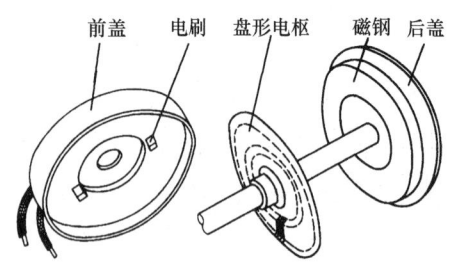

图 1-1　盘形永磁式直流伺服
电动机的结构示意图

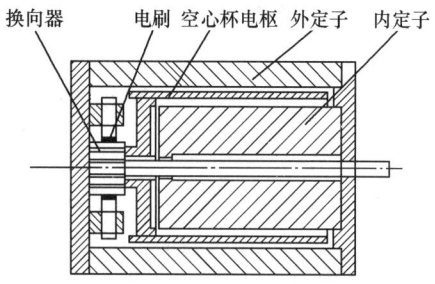

图 1-2　空心杯电枢永磁式直流伺服
电动机的结构简图

（3）无槽电枢直流伺服电动机

无槽电枢直流伺服电动机的结构与传统的直流伺服电动机类似，不同之处是在其电枢铁芯上并不开槽，其电枢绕组直接排列在铁芯表面，再用环氧树脂把它与电枢铁芯固化成一个整体,如图1-3所示。定子磁极可以用永久磁钢做成,也可以采用电磁式结构。这种电动机的转动惯量和电枢绕组的电感比前面介绍的两种无铁芯转子的电动机要大些,因而其动态性能较差。

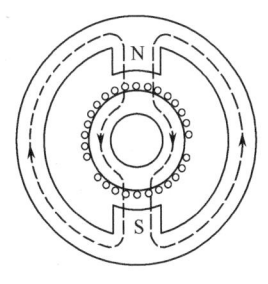

图1-3 无槽电枢直流伺服电动机的结构简图

1.1.2 直流伺服电动机的运行原理

1. 控制方式

如前所述,直流伺服电动机实质上就是一台他励式直流电动机,故其控制方式同他励式直流电动机一样,可分为两类:对磁通进行控制的励磁控制和对电枢电压进行控制的电枢控制。其中励磁控制法在低速时受磁饱和的限制,在高速时受换向火花和换向结构强度的限制,并且励磁线圈的电感较大,动态响应较差,所以这种方法应用较少。电枢控制以电枢绕组为控制绕组,在负载转矩一定时,保持励磁电压 U_f 为恒定,通过改变电枢电压 U_a 来改变电动机的转速,即 U_a 增加转速增大,U_a 减小转速降低,若电枢电压为零,则电动机停转。当电枢电压的极性改变后,电动机的旋转方向也随之改变。因此,把电枢电压作为控制信号就可以实现对电动机的转速控制。对于电磁式直流伺服电动机采用电枢控制时,其励磁绕组须由外施恒压的直流电源励磁,而永磁式直流伺服电动机则由永磁磁极励磁。

2. 静态特性

直流伺服电动机的静态特性主要指机械特性与调节特性。电枢控制时直流伺服电动机的工作原理如图1-4所示。为了分析简便,先做如下假设:① 电动机磁路不饱和;② 电刷位于几何中性线。根据此两项假设,可认为负载时电枢反应磁动势的影响可以略去,电动机每个电极的气隙磁通将保持恒定。

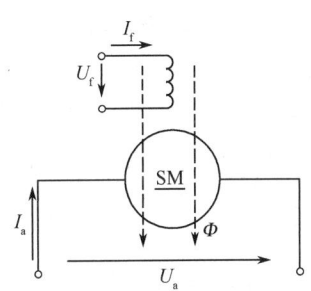

图1-4 电枢控制时直流伺服电动机的工作原理图

这样,直流电动机电枢回路的电压平衡方程式为

$$U_a = E_a + I_a R_a \tag{1-1}$$

式中,U_a 为电动机电枢绕组两端的电压;E_a 为电动机电枢回路的电动势;I_a 为电动机电枢回路的电流;R_a 为电动机电枢回路的总电阻(包括电刷的接触电阻)。

当磁通 Φ 恒定时,电枢绕组的感应电动势将正比于转速,即

$$E_a = C_e \Phi n = K_e n \tag{1-2}$$

式中,K_e 为电动势常数,表示单位转速时所产生的电动势;n 为电动机转速。

另外,电动机的电磁转矩为

$$T_{em} = C_t \Phi I_a = K_t I_a \tag{1-3}$$

式中,K_t 为转矩常数,表示单位电枢电流所产生的转矩。

若忽略电动机的空载损耗和转轴的机械损耗等,则电磁转矩等于负载转矩。

将式(1-1)、式(1-2)和式(1-3)联立求解得

$$n = \frac{U_a}{K_e} - \frac{R_a}{K_t K_e} T_{em} \tag{1-4}$$

根据式(1-4)可画出直流伺服电动机的机械特性和调节特性。

(1) 机械特性

机械特性是指控制电压恒定时电动机的转速与转矩的关系,即 $U_a = C$(常数)时,$n = f(T_{em})|_{U_a = C}$。

根据式(1-4)得

$$n = \frac{U_a}{K_e} - \frac{R_a}{K_t K_e} T_{em} = n_0 - k T_{em} \tag{1-5}$$

由式(1-5)可得出直流伺服电动机的机械特性如图 1-5 所示。从图中可以看出,机械特性是以 U_a 为参变量的一簇平行直线。这些特性曲线与纵轴的交点为电磁转矩等于零时电动机的理想空载转速 n_0,即

$$n_0 = \frac{U_a}{K_e} \tag{1-6}$$

由于直流伺服电动机本身存在空载损耗和转轴的机械损耗等,即使负载转矩为零,电磁转矩也并不为零。只有在理想的情况下 T_{em} 才可能为零,为此,转速 n_0 是指在理想空载(即 $T_{em} = 0$)时的电动机转速,故称理想空载转速。

当 $n = 0$ 时机械特性曲线与横轴的交点对应的转矩称为电动机堵转时的转矩 T_k,即

$$T_k = \frac{U_a K_t}{R_a} \tag{1-7}$$

在图 1-5 中机械特性曲线的斜率为

$$k = \frac{n_0}{T_k} = \frac{R_a}{K_t K_e} \tag{1-8}$$

式中,k 为机械特性的斜率,它表示了电动机机械特性的硬度,即电动机的转速随转矩 T_{em} 的改变而变化的程度。

由式(1-5)或图 1-5 都可以看出,随着控制电压 U_a 的增大,空载转速 n_0 与堵转转矩 T_k 同时增大,但曲线的斜率保持不变,电动机的机械特性曲线平行地向转速和转矩增加的方向移动。斜率 k 的大小只与电枢电阻 R_a 成正比而与 U_a 无关。电枢电阻越大,斜率 k 越大,机械特性就变软;反之,电枢电阻 R_a 越小,斜率 k 也越小,机械特性就越硬。

在实际应用中,电动机的电枢电压 U_a 通常由系统中的功率放大器提供,所以还要考虑功率放大器的内阻,此时式(1-8)中的 R_a 应为电动机电枢电阻与功率放大器内阻之和。

(2) 调节特性

调节特性是指在电磁转矩恒定时,电动机的转速与控制电压的关系,即 $n = f(U_a)|_{T_{em} = C}$。调节特性曲线如图 1-6 所示,它们是以 T_{em} 为参变量的一簇平行直线。

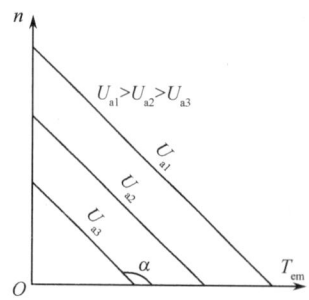

图 1-5 电枢控制直流伺服电动机的机械特性

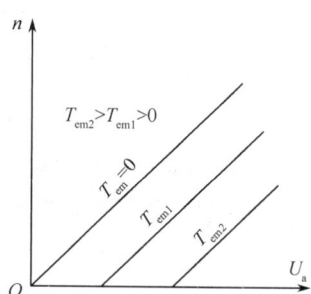

图 1-6 电枢控制直流伺服电动机的调节特性

当 $n=0$ 时调节特性曲线与横轴的交点,就表示在某一电磁转矩(若略去电动机的空载损耗和机械损耗等,则为负载转矩)时电动机的始动电压 U_{a0},即

$$U_{a0} = \frac{R_a}{K_t} T_{em}$$

当电磁转矩一定时,只有电动机的控制电压大于相应的始动电压,电动机才能启动起来并达到某一需要的转速;反之,当控制电压小于相应的始动电压时,电动机所能产生的最大电磁转矩仍小于所要求的负载转矩,电动机就不能启动。所以,在调节特性曲线上从原点到始动电压点的这一段横坐标所示的范围,称为在某一电磁转矩时电动机的失灵区(有的资料也称其为"死区")。显然,失灵区的大小与负载转矩的大小成正比,负载转矩越大,要使直流伺服电动机运动起来,电枢绕组加的控制电压也要相应地增大。

由以上分析可知,电枢控制时直流伺服电动机的机械特性和调节特性都是一簇平行直线,这是直流伺服电动机很可贵的优点,也是两相交流伺服电动机所不及的。需要注意的是,上述结论是在开始时所做的两条假设的前提下才得到的,若考虑实际因素的影响,直流伺服电动机的特性曲线仅是一簇接近直线的曲线。

3. 动态特性

伺服电动机在自动控制系统中通常作为执行元件使用,对控制系统性能的影响很大,因此它应具备如下功能:

- 宽广的调速范围。要求伺服电动机的转速随着控制电压的改变能在宽广的范围内连续调节。
- 机械特性和调节特性均为线性。线性的机械特性和调节特性有利于提高自动控制系统的控制精度。
- 无"自转"现象。即伺服电动机在控制电压为零时能立即自行停转。
- 响应快速。即过渡过程持续的时间要短,电动机的机电时间常数要小。

通过前面的分析可知,直流伺服电动机能很好地满足前三项的要求,下面分析直流伺服电动机的动态特性。

直流伺服电动机的动态特性是指电动机电枢上的控制电压突变时,电动机从一种稳定转速过渡到另一种稳定转速的过程,即 $n=f(t)$ 或 $\Omega=f(t)$。

自动控制系统要求直流伺服电动机的机电过渡过程应尽可能短,即电动机转速的变化能迅速跟上控制信号的改变。假设电动机在电枢外施控制电压前处于停转状态。当电枢外施阶跃电压后,由于电枢绕组的电感储存的磁场能不能跃变,致使电枢电流 I_a 不能跃变,因此存在一个电磁过渡过程,相应电磁转矩的增长也有一个过程。在电磁转矩的作用下,由于转子有一定的转动惯量,机械转动的动能不能跃变,致使转速不能跃变,电动机从一种稳定转速过渡到另一种稳定转速也需要一定的时间,该过程称为机械过渡过程。电磁的和机械的过渡过程交叠在一起,形成了伺服电动机的机电过渡过程。在整个机电过渡过程中,电磁的和机械的过渡过程相互影响。一方面由于电动机的转速从一种稳定转速过渡到另一种稳定转速由电磁转矩(或电枢电流)所决定;另一方面电磁转矩或电枢电流又随转速而变化。一般情况下,电磁过渡过程要比机械过渡过程短得多,因此常忽略电磁过渡过程。

通常研究直流伺服电动机动态特性的方法是,列出直流伺服电动机的动态方程,经拉普拉斯变换,求出直流伺服电动机的传递函数,再经拉普拉斯反变换得到在电枢电压发生跃变时,转速或角速度随时间变化的时域关系。

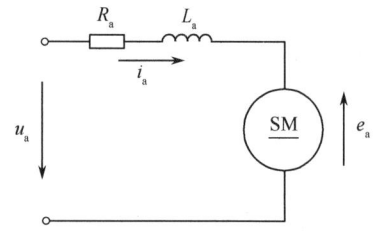

图 1-7 直流伺服电动机的等效电路

(1) 直流伺服电动机的动态方程

直流伺服电动机的动态方程可根据直流伺服电动机的等效电路列出,假设电枢绕组的电感为 L_a,电阻为 R_a,直流伺服电动机的等效电路如图 1-7 所示。

在过渡过程中,对应于电枢回路的电压平衡方程为

$$u_a = R_a i_a + L_a \frac{di_a}{dt} + e_a \tag{1-9}$$

假设转子的机械角速度为 Ω,负载和电动机的总转动惯量为 J。当负载转矩为零,并略去电动机的铁芯损耗和机械损耗等后,则电动机的电磁转矩全部用来使转子加速,即

$$T_{em} = J \frac{d\Omega}{dt} \tag{1-10}$$

将式(1-2)、式(1-3) 和式(1-10) 代入式(1-9) 及 $n = \frac{60}{2\pi}\Omega$,可得

$$u_a = \frac{L_a J}{K_t} \frac{d^2\Omega}{dt} + \frac{R_a J}{K_t} \frac{d\Omega}{dt} + \frac{60}{2\pi} K_e \Omega \tag{1-11}$$

将式(1-11) 两边同乘以 $\frac{2\pi}{60K_e}$,得

$$\frac{2\pi}{60K_e} u_a = \tau_m \tau_e \frac{d^2\Omega}{dt^2} + \tau_m \frac{d\Omega}{dt} + \Omega \tag{1-12}$$

式中, $\tau_m = \frac{2\pi R_a J}{60 K_t K_e}$ 为机械时间常数; $\tau_e = \frac{L_a}{R_a}$ 为电磁时间常数。

(2) 直流伺服电动机的传递函数

分别以 U_a 和 n 为输入变量和输出变量,将式(1-12) 进行拉普拉斯变换,可得传递函数为

$$F(s) = \frac{\Omega(s)}{U_a(s)} = \frac{\frac{2\pi}{60K_e}}{\tau_m \tau_e s^2 + \tau_m s + 1} \tag{1-13}$$

因电枢绕组的电感很小,电磁时间常数和机械时间常数相比小得多,近似认为 $\tau_e = 0$,则式(1-13) 可简化为

$$F(s) = \frac{\Omega(s)}{U_a(s)} = \frac{\frac{2\pi}{60K_e}}{\tau_m s + 1} \tag{1-14}$$

(3) 直流伺服电动机的时间常数

如果不考虑直流伺服电动机的电磁过渡过程,同时假设 U_a 为阶跃电压,其像函数 $U_a(s)$ 为

$$U_a(s) = \frac{U_a}{s}$$

代入式(1-14) 可得

$$\Omega(s) = \frac{2\pi}{60K_e} U_a \left(\frac{1}{s} - \frac{1}{s + \frac{1}{\tau_m}} \right)$$

将上式进行拉普拉斯反变换即得电动机角速度随时间变化的规律为

$$\Omega(t) = \frac{2\pi}{60K_e}U_a(1-e^{-\frac{t}{\tau_m}}) = \Omega_0(1-e^{-\frac{t}{\tau_m}}) \tag{1-15}$$

式中,$\Omega_0 = \frac{2\pi n_0}{60}$,为直流伺服电动机的理想空载角速度,单位为 rad/s。

电动机的角速度随时间的变化关系如图 1-8 所示。从式(1-15)可以看出,当 $t = \tau_m$ 时,则电动机的角速度上升到理想空载角速度的 0.632 倍;当 $t = 4\tau_m$ 时,则电动机的角速度为 $\Omega = 0.985\Omega_0$,一般可认为这时过渡过程已经结束。所以将 $t = 4\tau_m$ 作为过渡过程的时间。

将机械时间常数 τ_m 进行变换得

$$\tau_m = \frac{2\pi R_a J}{60 K_e K_t} = J \frac{\frac{2\pi}{60}\frac{U_a}{K_e}}{\frac{U_a}{R_a}K_t} = J\frac{\Omega_0}{T_k} \tag{1-16}$$

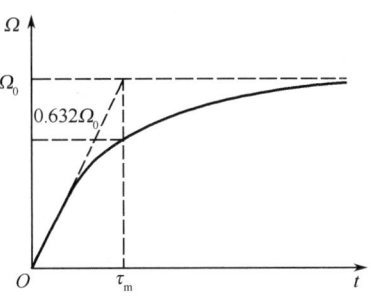

图 1-8 直流伺服电动机角速度的变化曲线

式中,Ω_0 为电动机的理想空载角速度,单位为 rad/s;T_k 为堵转转矩,单位为 kg·m²;机械时间常数 τ_m 的单位为 s。

还可将式(1-16)变换为

$$\tau_m = \frac{2\pi R_a J}{60 K_e K_t} = \frac{2\pi}{60}\frac{R_a J}{C_e C_t \Phi^2} \tag{1-17}$$

根据式(1-17)可以看出影响机械时间常数的因素有:

① 电枢电阻 R_a。τ_m 与电枢电阻 R_a 的大小成正比。为了减小电动机的机械时间常数,应尽可能减小电枢电阻,当电动机用于自动控制系统并由功率放大器供给控制电压时,其机械时间常数还受到功率放大器内阻 R_i 的影响,相应式(1-17)中的 R_a 应改写为 $R_a + R_i$。

② 电枢的转动惯量 J。τ_m 与电动机电枢的转动惯量 J 的大小成正比。为了减小电动机的机械时间常数,宜采用细长形的电枢或采用空心杯电枢、盘形电枢,以获得尽量小的 J 值。

③ 每极气隙磁通 Φ。τ_m 与电动机的每极气隙磁通的平方成反比。为了减小电动机的机械时间常数,应增加每个电极气隙的磁通,即提高气隙的磁通密度。

最后需要说明的是,上述的分析是在忽略电磁过渡过程的基础上得出的,由于电动机的过渡过程是电磁过渡过程和机械过渡过程交叠在一起的复杂过程,因此电动机空载时外施阶跃电压,若计及电磁过渡过程,情况将略微复杂,对电枢控制直流伺服电动机,一般总有 $\tau_e \ll \tau_m$,此时其角速度阶跃响应曲线与图 1-8 类似,只是转速从零升至理想空载转速的 63.2% 所需的时间实际上要略大于机械时间常数,应由电动机的电磁时间常数和机械时间常数两者所确定,称之为机电时间常数 τ_{em}。当 $\tau_e \ll \tau_m$ 时,可取机电时间常数近似等于机械时间常数 τ_m。

我国目前生产的 SY 系列永磁式直流伺服电动机的机电时间常数一般不超过 30ms,SZ 系列直流伺服电动机的机电时间常数也不超过 30ms。低惯量型直流伺服电动机的机电时间常数通常在 10ms 以下,其中空心杯电枢永磁式直流伺服电动机的机电时间常数可小到 2~3ms。

1.1.3 直流伺服电动机的应用

1. 直流伺服控制技术简介

近年来,直流伺服电动机的结构和控制方式都发生了很大变化。随着计算机技术的发展以及新型的电力电子功率器件的不断出现,采用全控型开关功率元件进行脉宽调制(PWM)的控制方式已经成为主流。

(1) PWM 调速原理

前面已经介绍,直流伺服电动机的转速控制方法可以分为两类:对磁通 Φ 进行控制的励磁控制和对电枢电压 U_a 进行控制的电枢控制。

现以电枢控制方式的直流伺服电动机为分析对象,介绍通过 PWM 来控制电枢电压实现调速的方法。

图 1-9 是利用开关管 MOSFET 对直流伺服电动机进行 PWM 调速控制的原理图和输入/输出电压波形。在图 1-9(a)中,当开关管的栅极输入信号 U_p 为高电平时,开关管导通,电动机的电枢电压 $U_a = U_s$,经历 t_1 时间后,栅极输入信号 U_p 变为低电平,开关管截止,电动机的电枢电压为零。经历 t_2 时间后,栅极输入重新变为高电平,开关管的动作重复上面的过程。这样,在一个周期 $T = t_1 + t_2$ 内,电动机电枢电压平均值为

$$U_a = \frac{t_1 U_s + 0}{t_1 + t_2} = \frac{t_1}{T} U_s = \alpha U_s$$

式中,占空比 $\alpha = t_1/T$。

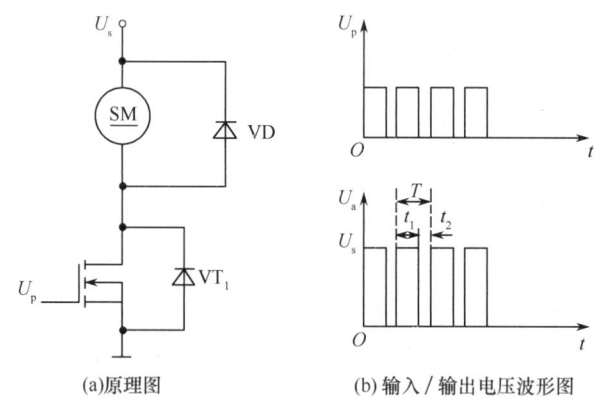

图 1-9 PWM 调速控制原理和输入/输出电压波形图

α 表示了在一个周期 T 里,开关管导通的时间与周期的比值。α 的变化范围在 0 到 1 之间。由上式可知,当电源电压不变的情况下,电枢电压平均值 U_a 取决于占空比 α 的大小,改变 α 的值,就可以改变 U_a,从而达到调速的目的,这就是 PWM 调速的原理。

在 PWM 调速中,占空比是一个重要的参数。改变占空比有以下三种方法。

① 定宽调频法。该方法保持 t_1 不变,只改变 t_2,这时斩波频率(或周期 T)也随之改变。

② 调宽调频法。该方法与方法 ① 相反,保持 t_2 不变,只改变 t_1,此时,斩波频率(或周期 T)也随之改变。

③ 定频调宽法。该方法同时改变 t_1 和 t_2,而保持斩波频率(或周期 T)不变。

由于前两种方法在调速过程中改变了斩波频率,当斩波频率与系统固有频率接近时,会引起振荡,因此,这两种方法应用较少。目前一般采用定频调宽法。

在直流电动机要求工作在正反转的场合,需要使用可逆 PWM 调速系统。可逆 PWM 调速系统可以分为单极性驱动和双极性驱动两种类型。

(2) 单极性驱动可逆 PMW 调速系统

单极性是指在一个 PWM 周期里,电动机的电枢电压极性呈单一性变化。

单极性驱动电路有两种。一种称为T形，它由两个开关管组成，需要采用正负电源，相当于两个不可逆系统的组合，因其电路形状像"T"字，故称为T形。由于T形单极性驱动电路的电流不能反向，并且两个开关管正反转切换的工作条件是电枢电流为0，因此，电动机的动态性能较差。这种驱动电路很少采用。

另一种单极性驱动电路称作H形，即桥式电路。这种电路中电动机的动态性能较好，因此在各种控制系统中被广泛采用。

图1-10是H形单极性驱动可逆PWM调速系统示意图。电路由4个开关管和4个续流二极管组成，单电源供电。图中$U_{p1} \sim U_{p4}$分别为开关管$VT_1 \sim VT_4$的触发信号。在$t_0 \sim t_1$期间，若VT_1根据PWM控制信号同步导通，而VT_2则受PWM反相控制信号关断，VT_3的触发信号保持为低电平，VT_4的触发信号保持为高电平，4个触发信号的波形如图1-10中所示，此时电动机正转。在$t_0 \sim t_1$期间，若VT_3根据PWM控制信号同步导通，而VT_4则受PWM反相控制信号关断，VT_1的触发信号保持为0，VT_2的触发信号保持为1，此时电动机反转。

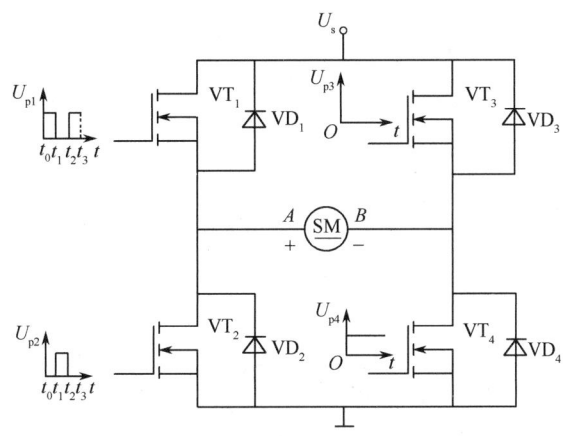

图1-10　H形单极性可逆驱动PWM调速系统示意图

当要求电动机在较大负载下加速运行时，电枢电压U_a大于感应电动势E_a。在每个PWM周期的$t_0 \sim t_1$期间，VT_1导通，VT_2截止，电流I_a经VT_1、VT_4从A到B流过电枢绕组。在$t_1 \sim t_2$期间，VT_1截止，电源断开，在自感电动势的作用下，经VD_2和VT_4进行续流，使电枢绕组中仍然有电流流过，方向仍然是从A到B。这时由于VD_2的钳位作用，虽然U_{p2}为高电平，VT_2实际上不导通。直流伺服电动机重载正转时的电流波形图如图1-11所示。

当电动机减速运行时，电枢电压U_a小于感应电动势E_a。在每个PWM周期的$t_0 \sim t_1$期间，在感应电动势和自感电动势的共同作用下，电流I_a经VD_4、VD_1流向电源，方向是从B到A，电动机处于再生制动状态。在每个PWM周期的$t_1 \sim t_2$期间，VT_2导通，VT_1截止，在感应电动势的作用下，电流I_a经VD_4和VT_2仍然从B到A流过电枢绕组，电动机处于能耗制动状态。

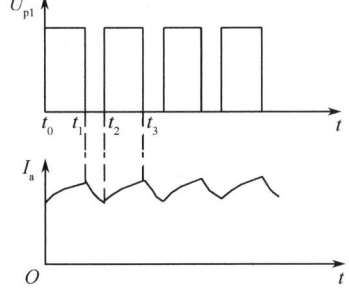

图1-11　直流伺服电动机重载正转时的电流波形图

当电动机轻载或空载运行时，电枢电压U_a与感应电动势E_a几乎相当，在每个PWM周期的$t_0 \sim t_1$期间，VT_2截止，电流I_a先经VD_4、VD_1流向电源，方向是从B到A，电动机工作于再生制动状态。当电流 I_a 减小到零后,VT_1 导通,电流改变方向,从 A 到 B 经 VT_4 回到地,这期间电动机工作于电动状态;在每个 PWM 周期的 $t_1 \sim t_2$ 期间,VT_1 截止,电流 I_a 先经 VD_2 和 VT_4 进行续流,这期间电动机工作于续流电动状态;当电流减小到零后,VT_2 导通,在感应电动势的作用下,电流变向,经 VT_2、VD_4 流动,此时电动机工作于能耗制动状态。由上面的分析可知,在每个 PWM 周期中,电动机交替呈现再生制动、电动、续流电动、能耗制动 4 种状态,电流围绕横轴上下波动。

单极性驱动可逆 PWM 调速的特点是驱动脉冲仅需两路,电路较简单,驱动的电流波动较小,可以实现四象限运行,是一种应用广泛的驱动方式。

(3) 双极性驱动可逆 PWM 调速系统

双极性是指在一个 PWM 周期内,电动机的电枢电压极性呈正负变化。

与单极性驱动电路一样,双极性驱动电路也分 T 形和 H 形。由于在 T 形电路中,开关管要承受较高的反向电压,因此限制了这种结构在功率稍大的伺服电动机中的应用,而 H 形电路却不存在这个问题,因而得到了广泛的应用。

H 形双极性驱动可逆 PWM 调速系统如图 1-12 所示。4 个开关管 $VT_1 \sim VT_4$ 分为两组,VT_1、VT_4 为一组,VT_2、VT_3 为另一组。同一组开关管同步关断或导通,而不同组的开关管则与另外一组的开关状态相反。

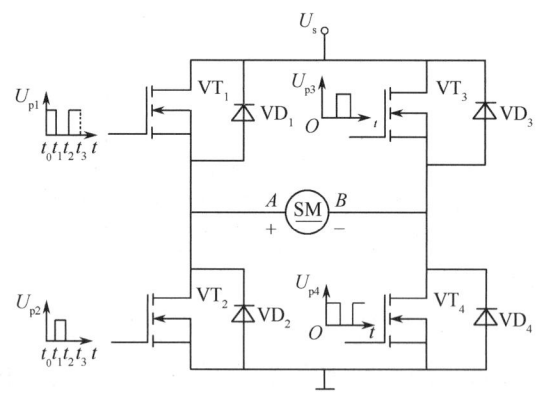

图 1-12　H 形双极性驱动可逆 PWM 调速系统

在每个 PWM 周期中,当触发信号 U_{p1}、U_{p4} 为高电平时,U_{p2} 和 U_{p3} 为低电平,VT_1、VT_4 导通,VT_2、VT_3 截止。电枢电压方向为从 A 到 B;当 U_{p1} 为低电平时,此时 U_{p2} 为高电平,VT_2、VT_3 导通,VT_1、VT_4 截止,此时电枢电压方向为从 B 到 A。即在每个 PWM 周期中,电压方向有两个,这就是所谓的"双极性"。

因为在一个 PWM 周期中电枢电压经历了正反两次变化,所以 U_a 的计算公式可表示为

$$U_a = \left(\frac{t_1}{T} - \frac{T-t_1}{T}\right)U_s$$

上式可以整理为

$$U_a = (2\alpha - 1)U_s$$

式中,α 为占空比。

由上式可见,双极性驱动时,电枢绕组承受的电压取决于占空比 α 的大小。当 $\alpha=0$ 时,$U_a=-U_s$,电动机反转,转速最高;当 $\alpha=1$ 时,$U_a=U_s$,电动机正转,转速最高。当 $\alpha=1/2$ 时,$U_a=0$,电动机不转动。此时,电枢绕组中仍然有交变电流流动,使电动机产生高频振荡,这种

振荡有利于克服电动机负载的静摩擦,提高电动机的动态性能。

下面讨论电动机电枢绕组的电流。电枢绕组中的电流波形见图 1-13,下面分三种情况讨论。

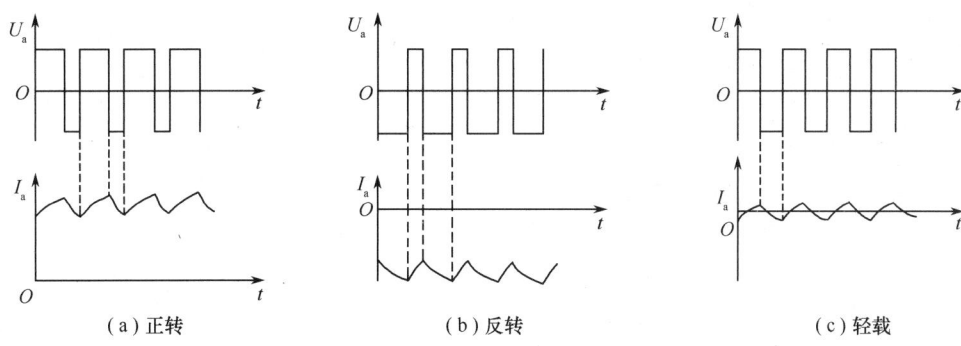

(a) 正转　　　　　　　(b) 反转　　　　　　　(c) 轻载

图 1-13　H 形双极性驱动可逆 PWM 调速系统的电流波形图

当要求电动机在较大负载情况下正转工作时,电枢电压 U_a 大于感应电动势 E_a。在每个 PWM 周期的 $t_0 \sim t_1$ 期间,VT$_1$、VT$_4$ 导通,VT$_2$、VT$_3$ 截止,电枢绕组中的电流方向是从 A 到 B。在每个 PWM 周期的 $t_1 \sim t_2$ 期间,VT$_2$、VT$_3$ 导通,VT$_1$、VT$_4$ 截止,虽然电枢绕组两端加反向电压,但由于电枢绕组的负载电流较大,电流的方向仍然不改变,只不过电流幅值的下降速率比单极性的要大,因此,电流波动较大。

当电动机在较大负载情况下反转工作时,情形正好与正转时相反,电流波形如图 1-13(b) 所示。

当电动机在轻载下工作时,电枢电流很小,电流波形基本上围绕横轴上下波动[见图 1-13(c)],电流的方向也在不断变化。在每个 PWM 周期的 $t_0 \sim t_1$ 期间,VT$_2$、VT$_3$ 截止。t_0 时刻,由于感应电动势的作用,电枢电流维持原流向——从 B 到 A,经 VD$_4$、VD$_1$ 到电源,电动机处于再生制动状态。由于 VD$_4$、VD$_1$ 的钳位作用,此时 VT$_1$、VT$_4$ 不能导通。当电流衰减到零后,在电源电压的作用下,VT$_1$、VT$_4$ 开始导通,电流经 VT$_1$、VT$_4$ 形成回路,这时电枢电流的方向从 A 到 B,电动机处于电动状态。在每个 PWM 周期的 $t_1 \sim t_2$ 期间,VT$_1$、VT$_4$ 截止。电枢电流在感应电动势的作用下继续从 A 到 B,电动机仍然处于电动状态。当电流衰减为零以后,VT$_2$、VT$_3$ 开始导通,电流从电源流经 VT$_3$ 后,从 B 到 A 经 VT$_2$ 回到地,电动机处于能耗制动状态。所以,在轻载下工作时,电动机的工作状态呈现电动和制动的交替变化。

双极性驱动时,电动机可以在 4 个象限工作,低速时的高频振荡有利于克服负载的静摩擦,平稳性好,但在工作过程中,由于 4 个开关管都处于开关状态,功率损耗较大,因此,双极性驱动只用于中小型直流电动机,使用时要加"死区",防止同一桥臂上、下开关管直通。

(4) 死区

双极性驱动可逆 PWM 调速系统工作时,由于开关管自身都有开关延时,并且"开"和"关"的延时时间不同,所以在同一桥臂上的两个开关管容易出现直通现象,这将引起短路。为了防止直通,同一桥臂上的两个开关管在"开"、"关"交替时,增加一个低电平延时,如图 1-14 所示,使某个开关管在"开"之前,保证另一个相对应的开关管处于"关"的状态。通常,把这

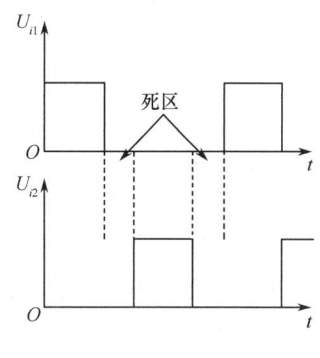

图 1-14　死区

个低电平延时称为死区。死区的时间长短可以根据开关管关断时间及使用要求来确定,一般为 $5\sim20\mu s$。由图可见,在每个PWM周期中,将有两个死区出现。

一般单片机的专用PWM接口发出的PWM信号没有死区,所以必须外接能产生死区功能的芯片。一种方式是采用专用PWM信号发生器集成电路,如UC3637、SG1731等,这些芯片都有PWM信号发生电路、死区及保护电路。但是它们大部分都采用模拟信号(电压)控制,如果使用单片机控制,则必须首先进行D/A转换。另一种方式是使用单片机外加含有死区功能和驱动功能的专用集成电路,这对于小型直流电动机的控制而言,电路更简单。

2. 直流伺服电动机的微处理器控制

1) 采用专用直流电动机驱动芯片LMD18200实现双极性控制

下面介绍典型芯片LMD18200的性能和应用。LMD18200是专用于直流电动机驱动的H桥组件,其外形结构有两种,如图1-15所示,常用的是11个引脚、采用TO-220封装的LMD18200芯片,如图1-15(a)所示。

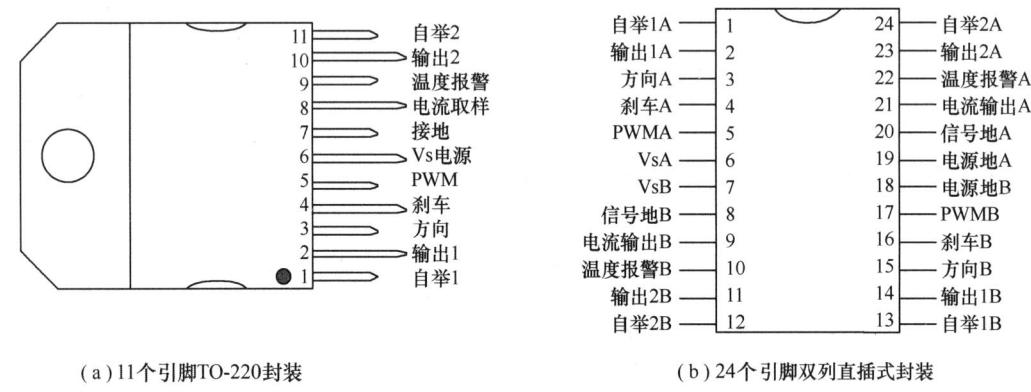

(a) 11个引脚TO-220封装　　　　　(b) 24个引脚双列直插式封装

图1-15　LMD18200的外形结构

LMD18200芯片的功能如下:

① 峰值输出电流高达6A,连续输出电流达3A,工作电压高达55V;

② 可接受TTL/CMOS兼容电平的输入;

③ 可通过输入的PWM信号实现PWM控制;

④ 可外部控制电动机的转向;

⑤ 具有温度报警和过热与短路保护功能;

⑥ 内部设置防桥臂直通电路;

⑦ 可以实现直流电动机的双极性和单极性控制;

⑧ 具有良好的抗干扰性。

LMD18200的原理图如图1-16所示,图中引脚分布与TO-220封装对应。由图可见,LMD18200的内部集成了4个MOS管,组成一个标准的H桥驱动电路。通过自举电路为上桥臂的2个开关管提供栅极控制电压,充电泵电路由一个300kHz的振荡器控制,使自举电容可以充至14V左右,典型上升时间为$20\mu s$,适用于1kHz左右的工作频率。可在引脚1、11外接电容形成第二个充电泵电路,外接电容越大,电容的充电速度越快,向开关管栅极输入电压的上升时间越短,工作频率可以更高。引脚2、10接直流电动机的电枢,正转时电流的方向应从引脚2到引脚10;反转时电流的方向应从引脚10到引脚2。引脚8可以接一个对地电阻,通过电阻输出过流情况。内部保护电路设置的过电流阈值为10A,当超过该值时会自动封锁输出,并周期性地自动恢复输出。如果过电流持续时间较长,内部保护电路将关闭整个输出。过热信号可通过引脚9输出,当结温达到145℃时引脚9有输出信号。

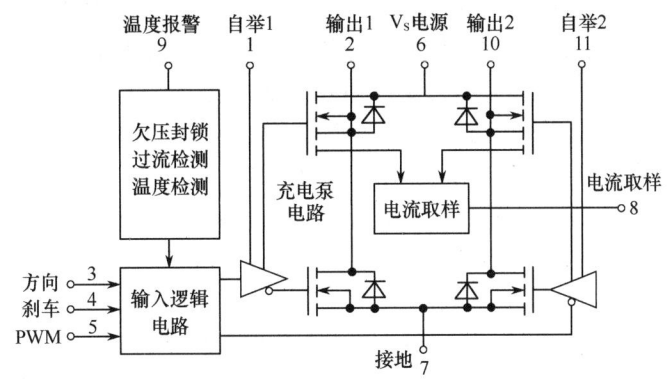

图1-16 LMD18200的原理图

LMD18200提供双极性和单极性两种驱动方式。在单极性驱动方式中,PWM控制信号通过引脚5输入,转向信号通过引脚3输入。根据5脚PWM控制信号的占空比来控制伺服电动机的转速。对于双极性驱动方式,高电平接5脚,PWM控制信号通过3脚输入,根据PWM控制信号的占空比来决定伺服电动机的转速和转向;当占空比大于50%时,伺服电动机正转;当占空比小于50%时,伺服电动机反转。

基于LMD18200单极性驱动方式下的典型应用电路如图1-17所示,理想波形如图1-18所示。

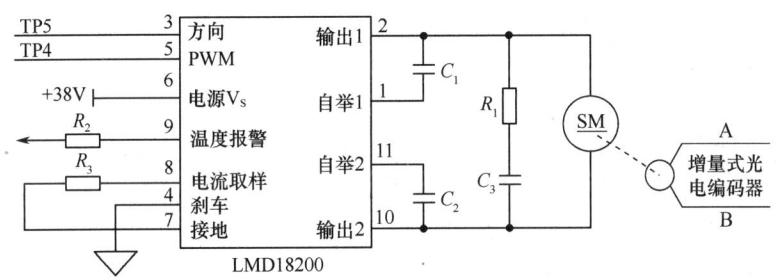

图1-17 基于LMD18200单极性驱动方式下的典型应用电路

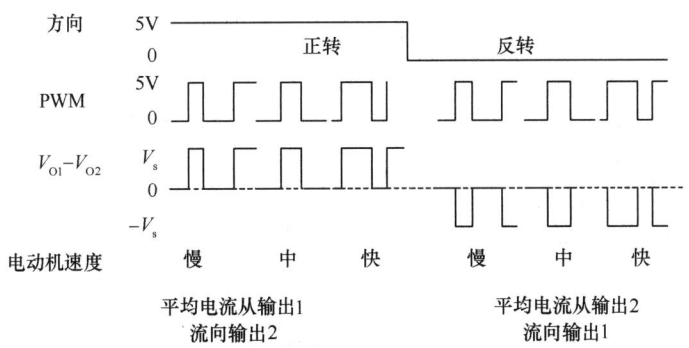

图1-18 单极性驱动方式下的理想波形

该应用电路可用于微控制器与 LMD18200 的连接,它们组成了一个单极性驱动直流电动机的闭环控制电路。在这个电路中,PWM 控制信号是通过引脚 5 输入的,而转向信号则通过引脚 3 输入。根据 PWM 控制信号的占空比来决定直流电动机的转速。

图 1-17 中采用一个增量式光电编码器来反馈电动机的实际位置。增量式光电编码器是利用光源和光敏元件进行角位移测量的装置(详见附录 A)。在电动机转动时,安装于同轴的编码器将角位移转换成 A、B 两路脉冲信号,供可逆计数器计数。

在图 1-17 所示电路中,编码器输出 A、B 两路脉冲信号,检测电动机的转速和位置,形成闭环位置反馈,从而达到精确控制直流伺服电动机的目的。

由于图 1-17 采用了 LMD18200 芯片,使整个电路的元件少,体积小,适合在仪器仪表控制中使用。

2)采用 LM629 的小功率直流伺服系统

LM629 是一款优秀的可编程全数字运动控制专用芯片。下面以 LM629 芯片为例,介绍其在小功率直流伺服系统中的应用。

(1) LM629 芯片的功能和工作原理

LM629 采用 28 个引脚的双列直插式封装,主频为 6MHz 和 8MHz,5V 电源工作。它具有如下功能:

- 32 位的位置、速度及加速度寄存器;
- 16 位参数的可编程数字 PID 控制器;
- 可编程的微分采样时间;
- 8 位 PWM 信号输出;
- 内部梯形速度图发生器;
- 速度、目标位置以及 PID 控制器的参数均可在运动过程中改变;
- 位置、速度两种控制方式;
- 可实时中断、增量式编码器接口。

LM629 的引脚 1~3 接增量式光电编码器的输出信号 C、B、A;引脚 4~11 是数据口 D_0~D_7;引脚 12~15 分别是 $\overline{CS}$、$\overline{WD}$、GND、$\overline{WR}$;引脚 16 是 $\overline{PS}$,$\overline{PS}=1$ 时,读写数据,$\overline{PS}=0$ 时,读状态和写指令;引脚 17 是 HI,HI=1 时申请中断;引脚 18(PWMS)、19(PWMM) 分别是转向和 PWM 输出;引脚 26~28 分别是 CLK、RST、VDD;其他引脚不用。

通过一个微处理器(如单片机)、一个 LM629、一个功率驱动器、一台直流伺服电动机和一个增量式编码器就可以构成一个伺服系统,如图 1-19 所示。LM629 通过 I/O 口与单片机通信,输入运动参数和控制参数,输出状态和信息。

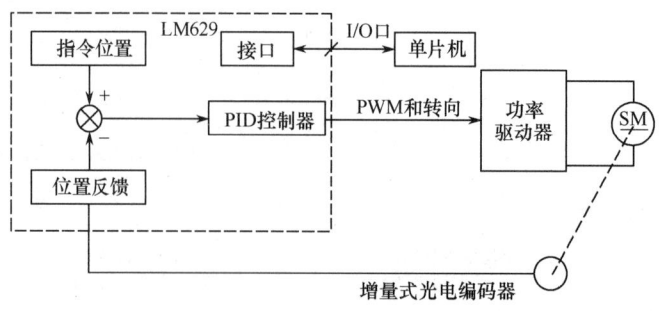

图 1-19 LM629 组成的伺服系统

增量式光电编码器用来反馈伺服电动机的实际位置。来自增量式光电编码器的位置信号A、B经过LM629的4倍频,使分辨率提高。A、B逻辑状态每变化一次,LM629内的位置寄存器就会加(减)1。编码器的A、B、C信号同时为低电平时,就产生一个索引信号送入索引寄存器,记录电动机的绝对位置。

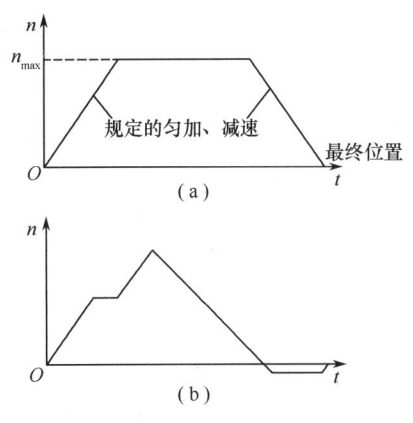

图1-20 两种典型的速度轨迹

LM629的梯形速度图发生器用于计算所需的梯形速度分布。在位置控制方式时,单片机送来加速度、最高转速、最终位置数据,LM629利用这些数据计算速度轨迹,如图1-20(a)所示。在电动机运行时,上述参数允许更改,产生如图1-20(b)所示的速度轨迹。在速度控制方式时,电动机用规定的加速度加速到规定的速度,并一直保持这一速度,直到新的速度指令执行。如果速度存在扰动,LM629可使其平均速度恒定不变。

LM629内部有一个数字PID控制器,用来控制闭环系统。数字PID控制器采用增量式PID控制算法,所需的K_p、K_i、K_d系数数据由单片机提供。

(2) LM629的指令

LM629有22条指令,可用于单片机对其进行控制、数据传送和了解状态信息。指令可分成5类,分别介绍如下。

① 初始化指令
● RESET:初始化LM629。
● PORT8:设置输出口大小为8位。
● DFH:定义零点位置。

② 中断控制指令
● SIP:设置索引位置。
● LPEI:加载位置误差中断阈值。
● LPES:加载位置误差停止阈值。
● SBPA:设置绝对位置断点。
● SBPR:设置相对位置断点。
● MSKI:屏蔽中断。
● RSTI:重置中断。

③ 滤波器控制指令
● LFIL:加载滤波器参数。
● UDF:更新滤波器。

④ 轨迹控制指令
● LTRJ:加载轨迹参数。
● STT:开始运动控制。

⑤ 数据报告指令
● RDSTAT:读取状态字节。
● RDSIGS:读取信号寄存器。

- RDIP：读取索引位置。
- RDDP：读取期望位置。
- RDRP：读取实际位置。
- RDDV：读取期望速度。
- RDRV：读取实际速度。
- RDSUM：读取积分项累加值。

（3）LM629 的应用

图 1-21 是应用 LM629 组成的位置伺服系统，采用 51 单片机对系统进行控制。LM629 的数据口 D0～D7 与单片机的 P0 口相连，用来从单片机传送数据和控制指令，从 LM629 传送运动信息和电动机的状态。单片机的 P2.0 引脚与 LM629 的片选引脚 $\overline{CS}$ 相连，作为选中 LM629 的地址线。引脚 P2.1 与 LM629 的引脚 $\overline{PS}$ 相连，作为另一条地址线。当 P2.1 = 0 时，单片机可以向 LM629 写指令或从 LM629 读状态；当 P2.1 = 1 时，单片机可以向 LM629 写数据或从 LM629 读信息。LM629 的中断引脚 HI 经一个非门与单片机的 $\overline{INT0}$ 相连，LM629 的 6 个中断源都通过该引脚申请单片机中断，一旦有中断申请发生，单片机必须通过读 LM629 的状态字来辨别哪一个中断发生。

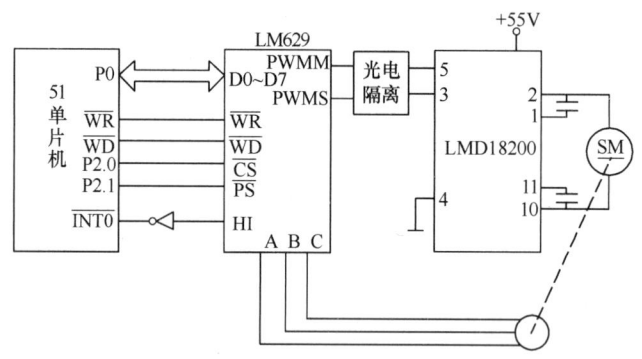

图 1-21　应用 LM629 组成的位置伺服系统

单片机的主要作用就是向 LM629 传送 PID 数据和运动数据，并通过 LM629 对电动机的运行情况进行监控。LM629 则根据单片机发来的数据生成速度图，进行位置跟踪、PID 控制和生成 PWM 信号。

LM629 的两个输出 PWMS 和 PWMM 经光电耦合后与驱动芯片 LMD18200 相连，来驱动直流电动机。在直流电动机输出轴上安装增量式光电编码器作为速度传感器，它的输出直接连到 LM629 的 A、B、C 输入端，形成反馈环节。

3）采用 DSP 的单极性可逆 PWM 控制系统

（1）DSP 简介

DSP 是专门设计用来进行高速数字信号处理的微处理器。与通用的 CPU 和微处理器（MPU）或微控制器（MCU）相比，DSP 在结构上采用了许多专门的技术和措施来提高处理速度。尽管不同的厂商所采用的技术和措施不尽相同，但往往有许多共同的特点，主要有：

- 哈佛结构；
- 流水线（Pipeline）技术；
- 硬件乘法器和乘法指令 MAC；

- 独立的直接存储器访问(DMA)总线及其控制器；
- 丰富的外设(PeriPherals)。

德州仪器（TI）公司应用于电动机控制的 DSP 典型芯片有 TMS320LF240、TMS320LF2401、TMS320LF2407A、TMS320F2812、TMS320F28335 等。

(2) TMS320F28335 简介

TMS320F28335 是 TI 公司推出的高性能 32 位浮点数字信号处理器，属于 C2000 系列，专为实时控制和高精度信号处理设计，其主要特征如下。

- 主频：150MHz（周期 6.67ns），支持动态 PLL 调节时钟频率。
- 浮点单元(FPU)：集成单精度浮点运算单元，复杂算法性能较定点技术提升。
- Flash：256KB（带密码保护）。
- RAM：34KB SARAM + 8KB Boot ROM。
- 通信接口：2×CAN、3×SCI、2×McBSP、1×SPI、1×I²C。
- 控制模块：18×PWM、6×事件捕获输入、2×正交编码器(QEP)。
- ADC：16 通道 12 位模数转换器，最高采样速率 80MSPS。
- GPIO 数量：88 个(GPIO0 ~ GPIO87)，分为 A、B、C 三组，支持复用功能配置。
- 中断系统：支持 58 个外设中断，通过 PIE（外设中断扩展）管理。
- 开发工具：TI 公司提供 CCS 集成开发环境和 C2000 系列库函数。

特别值得一提的是，TMS320F28335 的增强型脉冲宽度调制(ePWM) 模块是其核心外设之一，专为高精度电动机控制、电源转换等实时控制场景设计。每个 ePWM 模块包含两路互补输出(ePWMxA 和 ePWMxB)，支持多种配置模式，TMS320F28335 最多可扩展至 18 路独立 PWM 输出。

由于 TMS320F28335 几乎集成了所有电动机控制所需的外设，因此可以构成一个较为通用的控制平台，适用于不同的控制对象。例如，将 TMS320F28335 与一个两电平三相逆变器相连，则可以用于多种电动机的控制，比如交流异步电动机、永磁同步电动机、无刷直流电动机等，也可以进行 PWM 整流、功率因数校正、无功补偿、UPS 电源等的控制。针对不同的控制对象，主要修改 DSP 中的软件即可，硬件改动较少。

(3) 基于 DSP 的全数字直流伺服电动机控制系统

基于 DSP 强大的高速运算能力、丰富的 I/O 控制功能和外设，我们可以使用 DSP 方便地实现直流伺服电动机的全数字控制。图 1-22 是直流伺服电动机双闭环调速原理图。全部控制模块如速度 PI 调节器、电流 PI 调节器、PWM 模块等都是通过软件来实现的。

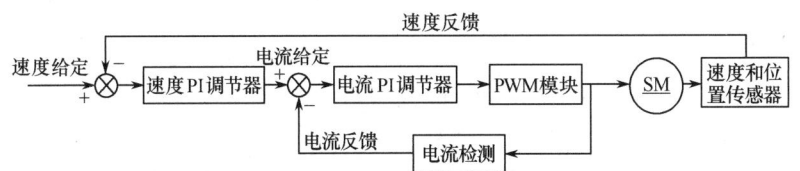

图 1-22　直流伺服电动机双闭环调速原理图

图 1-23 是根据图 1-22 的控制原理用 TMS320F28335 实现的直流伺服电动机系统。图 1-23 中，采用了 H 形驱动电路，通过 TMS320F28335 的 PWM 输出引脚 PWM1A ~ PWM2B 输出的控制信号进行控制。用霍尔电流传感器检测电流变化，并通过 ADCINA0 引脚输入给 TMS320F28335，经过 A/D 转换产生电流反馈信号。采用增量式光电编码器检测电动机的速

度变化,经过 QEP1A、QEP1B 引脚输出给 TMS320F28335,获得速度反馈信号。该系统还可以很容易地实现位置控制。

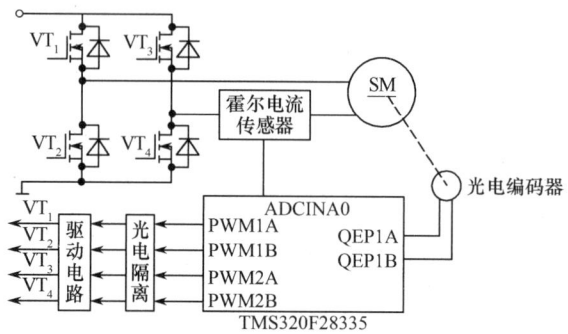

图 1-23　采用 DSP 控制的直流伺服电动机系统

用 DSP 实现直流电动机速度控制的软件由三部分组成:初始化程序、主程序、中断服务子程序。其中主程序只进行电动机的转向判断,用来改变比较方式寄存器 ACTRA 的设置。用户可以在主程序中添加其他的控制程序。

每个 PWM 周期中断都进行一次电流采样和电流 PI 调节,因此电流采样周期与 PWM 周期相同,以实现实时控制。

采用 PWM 周期中断触发 A/D 转换,图 1-24 是中断服务子程序流程图。

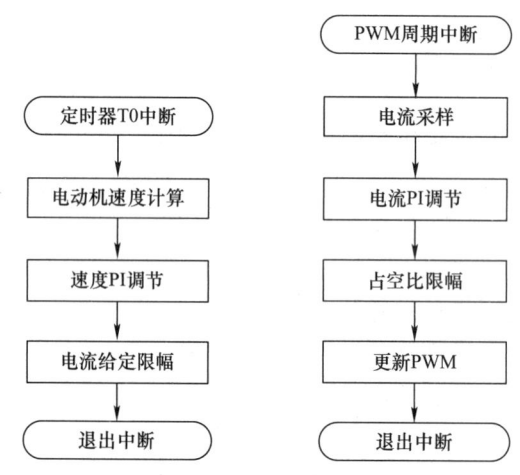

图 1-24　中断服务子程序流程图

中断服务子程序共开通两个中断:采用 PWM 周期中断进行电流环控制,其频率为 20kHz;采用定时器 T0 中断进行速度环控制,由于速度环的时间常数比较大,本设计每 20 个 PWM 周期对速度进行一次 PI 调节,其频率为 1kHz。

速度反馈是按照 1ms 内 eQEP 的计数值来计算的。假设电动机的最高转速为 3000r/min,即 50r/s,采用 1024 线的编码器,经过 eQEP 四倍频后,每转发出 4096 个脉冲。所以在这个转速下,每秒发出 $50 \times 4096 = 204800$ 个脉冲,那么 1ms 发出的最大脉冲数为 $204800 \times 1 \times 10^{-3} = 204.8$。

速度 PI 调节器和电流 PI 调节器的各个参数可以根据用户特殊应用要求在初始化程序中改写。

```c
#include "DSP2833x_Device.h"        // DSP2833x Headerfile Include File
#include "DSP2833x_Examples.h"      // DSP2833x Examples Include File

#define SYSCLKOUT 150e3             // 150MHz 系统时钟频率
#define PWM_FREQ 20                 // 20kHz PWM 频率
#define DEAD_TIME 100               // 死区时间 100ns
#define ENCODER_RES 1024            // 编码器分辨率
#define MAX_CURRENT 10.0            // 电流限幅 10A

// PI 控制器结构体
typedef struct {
    float Kp, Ki;
    float Ref, Fdb;
    float Error, Integral;
    float Output;
} PI_Controller;

volatile PI_Controller SpeedCtrl = {0.5, 0.02};     // 速度环参数
volatile PI_Controller CurrentCtrl = {2.0, 0.1};    // 电流环参数
volatile float ActualSpeed = 0;
float Cur_para = 50;        // 霍尔电流传感器的变换系数
float Cur_bais = 1.50;      // 霍尔电流传感器的电压偏置系数
// PWM 模块初始化
void EPWM_Init(void)
{
    EALLOW;
    // PWM1A/PWM1B 配置
    EPwm1Regs.TBPRD = (SYSCLKOUT/(2*PWM_FREQ))-1;
    EPwm1Regs.CMPA.half.CMPA = 0;
    EPwm1Regs.TBCTL.bit.CTRMODE = TB_COUNT_UPDOWN;    // 上下计数模式
    EPwm1Regs.DBCTL.bit.OUT_MODE = DB_FULL_ENABLE;    // 死区控制
    EPwm1Regs.DBFED = DEAD_TIME;

    // PWM2A/PWM2B 配置
    EPwm2Regs.TBPRD = EPwm1Regs.TBPRD;
    EPwm2Regs.TBCTL.bit.PHSEN = TB_ENABLE;            // 相位同步

    // 动作限定器设置
    EPwm1Regs.AQCTLA.bit.CAU = AQ_SET;
    EPwm1Regs.AQCTLA.bit.CAD = AQ_CLEAR;
    EPwm2Regs.AQCTLA.bit.CAD = AQ_SET;
    EDIS;
}

// ADC 初始化(电流采样)
void ADC_Init(void)
```

```c
{
    EALLOW;
    AdcRegs.ADCTRL1.bit.ACQ_PS = 0xF;              // 采样保持周期
    AdcRegs.ADCMAXCONV.bit.MAX_CONV1 = 0;          // 单通道转换
    AdcRegs.ADCCHSELSEQ1.bit.CONV00 = 0;           // ADCIN0 通道
    AdcRegs.ADCTRL2.bit.EPWM_SOCA_SEQ1 = 1;        // EPWM 触发 ADC
    EDIS;
}

// 编码器速度计算
float GetEncoderSpeed(void)
{
    static unsigned long LastPos = 0;
    const unsigned long MAX_COUNT = 0xFFFFFFFF;
    unsigned long CurrentPos = EQep1Regs.QPOSCNT;
    long DeltaPos;

    // 方向判断
    int Direction = (EQep1Regs.QEPSTS.bit.QDF) ? 1 : -1; // QDF=1 正向

    // 溢出补偿计算
    if(CurrentPos >= LastPos) {
        DeltaPos = CurrentPos-LastPos;
    } else {
        DeltaPos = (MAX_COUNT-LastPos) + CurrentPos + 1;
    }
    LastPos = CurrentPos;

    // 转速计算(带方向)
    return Direction * (DeltaPos * 60.0) / (4096.0 * 0.001);
}
// PWM 周期中断(电流环)(20kHz)
interrupt void EPWM1_ISR(void)
{
    // ADC 采样电流
    float current = (AdcRegs.ADCRESULT0 * 3.3)/4096.0;   // 12 位转换
    current = Cur_para * (current-Cur_bais);             // 计算电流

    // 电流调节器(PI 计算)
    CurrentCtrl.Error = CurrentCtrl.Ref-current;
    CurrentCtrl.Integral += CurrentCtrl.Ki * CurrentCtrl.Error;
    CurrentCtrl.Output = CurrentCtrl.Kp * CurrentCtrl.Error + CurrentCtrl.Integral;

    // 占空比限幅
    float duty = CurrentCtrl.Output;
    if(duty > 0.95) duty = 0.95;
```

```c
        if(duty < 0.05) duty = 0.05;

    // 更新 PWM
    EPwm1Regs.CMPA.half.CMPA = (Uint16)(duty * EPwm1Regs.TBPRD);
    EPwm2Regs.CMPA.half.CMPA = EPwm1Regs.CMPA.half.CMPA;    // 同步更新

    AdcRegs.ADCST.bit.INT_SEQ1_CLR = 1;
    EPwm1Regs.ETCLR.bit.INT = 1;
    PieCtrlRegs.PIEACK.all = PIEACK_GROUP3;
}

// 定时器 T0 中断(速度环)(1kHz)
interrupt void TIMER0_ISR(void)
{
    // 电动机速度计算
    ActualSpeed = GetEncoderSpeed();

    // 速度调节器(PI 计算)
    SpeedCtrl.Error = SpeedCtrl.Ref-ActualSpeed;
    SpeedCtrl.Integral += SpeedCtrl.Ki * SpeedCtrl.Error;
    SpeedCtrl.Output = SpeedCtrl.Kp * SpeedCtrl.Error + SpeedCtrl.Integral;

    // 电流给定限幅
    CurrentCtrl.Ref = SpeedCtrl.Output;
    if(CurrentCtrl.Ref > MAX_CURRENT) CurrentCtrl.Ref = MAX_CURRENT;
    if(CurrentCtrl.Ref < -MAX_CURRENT) CurrentCtrl.Ref = -MAX_CURRENT;

    PieCtrlRegs.PIEACK.all = PIEACK_GROUP1;
}

void main(void)
{
    InitSysCtrl();
    DINT;
    InitPieCtrl();
    EPWM_Init();
    ADC_Init();

    // 编码器接口初始化
    EALLOW;
    EQep1Regs.QUPRD = 0xFFFF;
    EQep1Regs.QDECCTL.bit.QSRC = 0;    // 正交计数模式
    EDIS;

    // 中断配置
    EALLOW;
```

```
    PieVectTable.EPWM1_INT = &EPWM1_ISR;
    PieVectTable.TINT0 = &TIMER0_ISR;
    ConfigCpuTimer(&CpuTimer0, 200, 1000);   // 1kHz 速度环
    EDIS;

    IER |= M_INT3 | M_INT1;
    EINT;

    while(1) {
        SpeedCtrl.Ref = 600.0;   // 目标转速 600r/min

        // 方向控制
        if(CurrentCtrl.Ref > 0) {
            EPwm1Regs.AQCTLA.bit.CAU = AQ_SET;
            EPwm2Regs.AQCTLA.bit.CAD = AQ_SET;
        } else {
            EPwm1Regs.AQCTLA.bit.CAD = AQ_SET;
            EPwm2Regs.AQCTLA.bit.CAU = AQ_SET;
        }
    }
}
```

1.2 无刷直流电动机

1.1节所述直流伺服电动机具有良好的机械特性和调节特性,堵转转矩又大,因而被广泛应用于驱动装置及伺服系统中。但是,一般直流电动机都有换向器和电刷,其间的滑动接触容易产生火花,引起电磁干扰,过大的火花甚至影响电动机的正常运行。此外,因存在着滑动接触,又使维护麻烦,影响到电动机工作的可靠性。因此,长期以来人们都在研究无接触式换向结构的直流电动机。随着电力电子技术的发展,这种愿望已得以实现。无刷直流电动机用晶体管换向电路和转子位置检测器(即位置传感器)来代替换向器和电刷,这使无刷直流电动机既具有直流伺服电动机良好的机械特性和调节特性,又具有交流电动机的维护方便、运行可靠等优点。由于具有这些明显的优点,它越来越广泛地应用于以下场合。

① 计算机外设和办公自动化设备,例如打印机、硬盘驱动器、光盘驱动器、传真机、复印机等。

② 家用电器,例如家用洗衣机、电冰箱、空调等。

③ 工业驱动、伺服控制中,例如在数控机床、组合机床、纺织机械、印刷机械、装卸机械、冶金机械、邮政机械、自动化流水生产线及各种专用设备中。

④ 电动汽车、电动自行车等交通工具。

⑤ 医用设备,例如在高速离心机、牙科和手术用高速器具、心脏泵等。

此外,在特殊环境条件下,如潮湿、真空、有害物质的场所,为提高系统的可靠性也采用无刷直流电动机。

1.2.1 无刷直流电动机的结构与组成

无刷直流电动机的本体结构是一台反装式的普通直流电动机。它的电枢放置在定子上,永磁磁极位于转子上,与永磁式同步电动机相似。各相绕组分别与外部的电子换向电路相连,换向电路中的开关管受转子位置传感器的信号控制。图 1-25 中的电动机本体为三相两极。三相定子绕组分别与电子换向电路中相应的开关管连接,图中 A 相、B 相、C 相绕组分别与开关管 VT_1、VT_2、VT_3 相接。转子位置传感器与电动机转轴相连接。当定子绕组的某一相通电时,该电流与转子永久磁钢的磁极所产生的磁场相互作用而产生转矩,驱动转子旋转,再由位置传感器将转子磁钢位置变换成电信号,去控制电子换向电路,从而使定子各相绕组以一定次序导通,定子相电流随转子位置的变化而按一定的次序换相。由于电子换向电路的导通次序是与转子转角同步的,因而起到了机械换向器的换向作用。

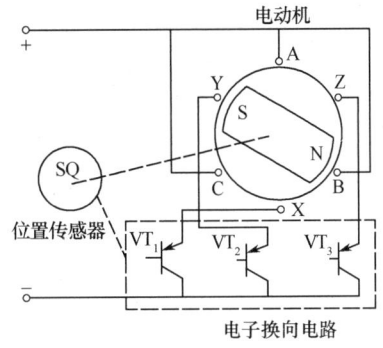

图 1-25 无刷直流电动机的结构简图

从上述分析可以看出,无刷直流电动机主要由电动机、位置传感器和电子换向电路等组成,原理图如图 1-26 所示。直流电源通过电子换向电路向电动机供电,位置传感器随时检测转子所处的位置,并根据转子的位置来控制电子换向电路中开关管的导通与截止,从而实现无刷换向。

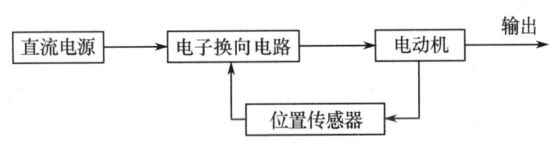

图 1-26 无刷直流电动机的原理图

因此,无刷直流电动机就其结构而言,也可以认为是一台由电子换向电路、电动机以及位置传感器组成的"电动机系统"。

1. 电动机

无刷直流电动机本体与永磁同步电动机相似。转子采用永久磁钢,目前多使用稀土永磁材料。转子的结构一般分为两种:一种是将瓦片状的永磁体贴在转子的表面上,称为凸极式;另一种是将永磁体嵌入转子铁芯中,称为嵌入式。定子绕组采用交流绕组形式。绕组的相数有两相、三相、四相和五相等,但应用最多的是三相和四相。典型的电枢绕组连接方式如图 1-27 所示,转子由永久磁钢按一定极对数($2p = 2,4,6,\cdots$)组成。因希望在定子绕组中获得顶宽为 $120°$ 的梯形波,因而绕组连接方式往往采用整距集中或接近整距集中的形式,以便保留磁通密度中的其他谐波。无刷直流电动机的转子结构既有传统的内转子结构,又有近年来出现的盘形结构、外转子结构和线性结构等新型结构。伴随着新型永磁材料钕铁硼(NdFeB)等的实用化,电动机转子结构越来越多样化,使无刷直流电动机朝着高功率、高精度、微型化和耐恶劣环境等方向发展。

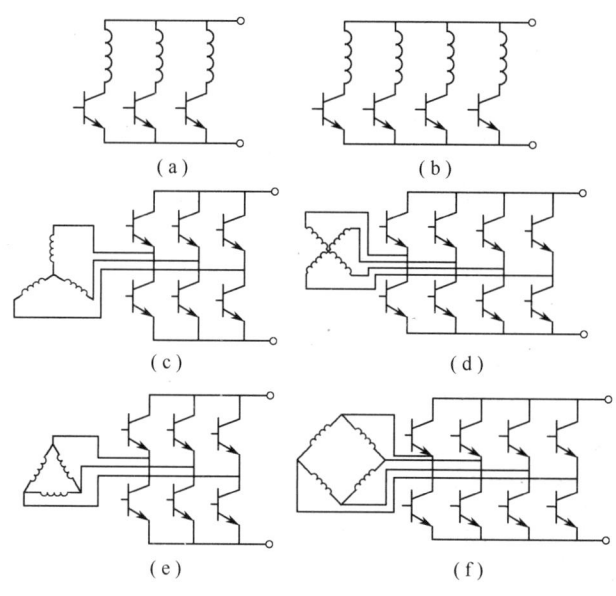

图 1-27 电枢绕组连接方式

2. 位置传感器

位置传感器按动作原理可分为电磁式、光电式、磁敏式等。位置传感器的种类比较多,且各有各的特点,目前在无刷直流电动机中常用的位置传感器有以下几种。

(1) 电磁式位置传感器

电磁式位置传感器是利用电磁效应来实现转子位置测量的,有开口变压器、铁磁谐振电路、接近开关等多种类型。在无刷直流电动机中,用得较多的是开口变压器,其中用于三相无刷直流电动机的开口变压器由定子和跟踪转子两部分组成。定子一般由硅钢片叠制而成,或用高频铁氧体材料压铸而成,一般有6个极,这6个极之间的间隔分别是60°,其中三个极绕上一次绕组,并相互串联后通以高频电源,另外三个极分别绕上二次绕组 W_A、W_B、W_C。它们之间分别间隔120°。跟踪转子是一个用非导磁材料做成的圆柱体,在它上面镶有导磁材料制成的扇形导磁片,安装时将跟踪转子与电动机转轴相连,其位置对应于某个磁极。假设跟踪转子处在某一位置时,一次绕组所产生的高频磁通通过跟踪转子上的导磁材料耦合到绕组 W_B 上,会产生感应电压 U_B,而另外两相二次绕组 W_A 和 W_C 上由于无耦合回路同一次绕组相连,其感应电压 U_A、U_C 基本为零。随着电动机转子的转动,跟踪转子的导磁扇形片也跟着转动,使之逐步离开绕组 W_B,而向绕组 W_C 靠近(假定为逆时针旋转),从而使感应电压 U_B 下降、U_C 上升。随着电动机转子继续运动,在开口变压器上分别依次感应出电压 U_B、U_C、U_A。由于开口变压器结构简单、性能可靠,因而得到了广泛应用。扇形导磁片的角度一般略大于120°电角度,常采用130°电角度。在三相全控电路中,为了换相的需要,则采用180°电角度。同时,扇形导磁片的个数应同无刷直流电动机转子磁极的极对数相等。由于振荡电源的频率高达几千赫兹,故开口变压器的铁芯往往采用铁氧体材料,频率较低的铁芯可以采用其他软磁材料。

设计开口变压器时,一般要求把它的绕组同振荡电源结合起来同时考虑,以便得到较好的输出特性。电磁式位置传感器具有输出信号大、工作可靠、寿命长、使用环境要求不高、适应性强、结构简单和紧凑等优点,但这种传感器的信噪比和体积较大,同时输出为交流信号,一般需整流、滤波后方可应用。

（2）光电式位置传感器

光电式位置传感器是利用光电效应制成的，由跟随电动机转子一起旋转的遮光板和固定不动的光源及光电器件等组成。如图1-28所示，遮光板开有120°电角度左右的缝隙，且缝隙的数目等于无刷直流电动机转子磁极的极对数。其原理叙述见1.2.2节。光电式位置传感器的性能较稳定，但存在输出信号信噪比较大、光源灯泡寿命短、使用环境要求较高等缺点，不过现在已有新型光电元件出现，可克服这些不足之处。

（3）磁敏式位置传感器

磁敏式位置传感器的基本原理为霍尔效应和磁阻效应。目前，常见的磁敏式位置传感器有霍尔元件或霍尔集成电路、磁敏电阻及磁敏二极管等。磁敏元件的主要工作原理是电流的磁效应，即霍尔效应，现介绍如下。

任何带电质点在磁场中沿着与磁力线垂直的方向运动时，都要受到磁场的作用力，称为洛伦兹力。洛伦兹力的大小与质点的电荷量、磁感应强度及质点的速度成正比。例如，在长方形半导体薄片上加上电场 E 后，在没有外加磁场时，电子沿外电场 E 的反方向运动，当加以与外电场垂直的磁场 B 时，运动着的电子受到洛伦兹力作用向左边偏转了一个角度，因此，在半导体横向方向边缘上产生了电荷。由于电荷积累产生了新的电场，称为霍尔电场。该电场又影响了元件内部的电场方向，随着半导体横向方向边缘上电荷积累的不断增加，霍尔电场力也不断增大，它逐渐抵消了洛伦兹力，使电子不再发生偏转，从而使电流方向又回到平行于半导体侧面方向，达到新的稳定状态。这就是所谓的霍尔效应。

近年来，还出现了无位置传感器的无刷直流电动机，此种电动机通过检测定子绕组的反电动势或定子三次谐波或续流二极管电流通路等作为转子磁钢的位置信号，该信号被检出后，经数字电路处理，送给逻辑开关电路去控制无刷直流电动机的换向。由于它省去了位置传感器，使得无刷直流电动机的结构更加紧凑，所以应用日趋广泛。

3. 电子换向电路

电子换向电路由功率变换电路和控制电路两大部分组成，它与位置传感器相配合，去控制电动机定子各相绕组通电的顺序和时间，起到与机械换向类似的作用。当系统运行时，功率变换电路接收控制电路的控制信息，将直流电源的功率以一定的逻辑关系分配给无刷直流电动机定子上的各相绕组，以使电动机产生持续不断的转矩。电子换向电路将直流电转换成交流电向电动机供电，它的输出频率不是独立调节的，而受控于转子位置信号，是一个"自控式逆变器"。永磁无刷直流电动机由于采用自控式逆变器，电动机输入电流的频率和电动机转速始终保持同步，不会产生振荡和失步，这也是永磁无刷直流电动机的重要优点之一。

电动机各相绕组导通的顺序和时间主要取决于位置传感器的信号，但位置传感器所产生的信号一般不能直接用来驱动功率变换电路的开关管，往往需要经过控制电路。控制电路的作用是将位置传感器检测到的转子位置信号进行逻辑处理，隔离放大后，去触发开关管。电子换向电路主要有桥式与非桥式两种，其典型连接如图1-27所示。

1.2.2　无刷直流电动机的控制方法

目前，无刷直流电动机的电动机本体大多采用三相对称绕组，由于三相绕组常用的连接形式有两种，即星形（Y）和三角形（△），同时电子换向电路的主要形式也有桥式与非桥式两种，因此与之对应的无刷直流电动机的主电路形式主要有：星形连接三相半控电路（见图1-27(a)）、星形连接三相全控电路（见图1-27(c)）和三角形连接三相全控电路（见图1-27(e)）。下面主要以这三种电路为例讲述它们的工作原理及控制方法。

1. 星形连接三相半控电路

图 1-28 为三相无刷直流电动机星形连接半控电路原理图。此处采用光电器件 VP_1、VP_2、VP_3 作为位置传感器,以三只开关管 VT_1、VT_2、VT_3 构成功率逻辑单元。图中,三只光电器件 VP_1、VP_2、VP_3 的安装位置各相差 120°,均匀分布在电动机一端。由于安装在电动机轴上的旋转遮光板(也称截光器)的作用,使得从光源射来的光线依次照射在各个光电器件上,并依照某一光电器件是否被照射到光线来判断转子位置,图 1-28 所示的转子位置和图 1-29(a) 所示的位置相对应。

设 VP_1 被光照射,则 VT_1 呈导通状态,电流流入绕组 A-X,该绕组电流同转子磁极作用后所产生的转矩使转子的磁极按图 1-29 中的顺时针方向转动。当转子磁极转到图 1-29(b) 所示位置时,直接装在电动机轴上的遮光板也跟着同步转动,并遮住 VP_1 而使 VP_2 受光照射,从而使 VT_1 截止、VT_2 导通,电流从绕组 A-X 断开而流入绕组 B-Y,使得转子磁极继续朝顺时针方向转动,并带动遮光板同时也朝顺时针方向旋转。当转子磁极转到图 1-29(c) 所示位置时,此时遮光板已经遮住 VP_2,使 PV_3 被光照射,导致 VT_2 截止、VT_3 导通,因而电流流入绕组 C-Z,于是驱动转子磁极继续朝顺时针方向旋转,使转子磁极转到图 1-29(d) 所示位置,即重新回到了图 1-29(a) 所示位置。

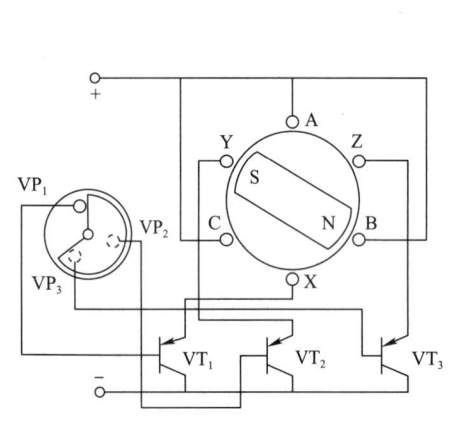
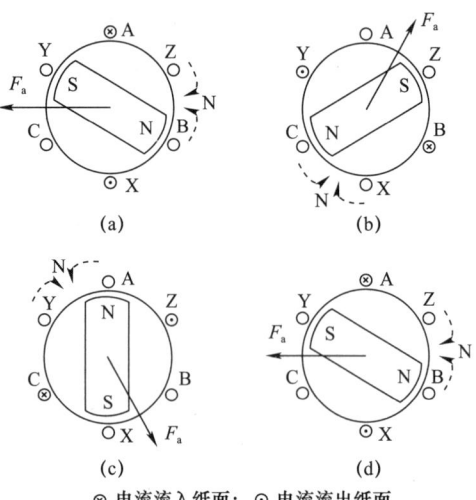

图 1-28 三相无刷直流电动机星形连接半控电路原理图 　　图 1-29 开关顺序及定子磁场旋转示意图

这样,随着转子磁极的转动,定子各相绕组在 VP_1、VP_2、VP_3 的控制下,便一相一相地依次通电,实现了各相绕组电流的换相。各相绕组电流与电动机转子磁场的相互关系如图 1-29 所示。图 1-29(a) 为第一状态,F_a 为绕组 A-X 通电后所产生的磁动势。显然,绕组电流与转子磁场的相互作用,使转子沿顺时针方向旋转,转过 120° 电角度后,便进入第二状态,这时绕组 A-X 断电,而绕组 B-Y 随之通电,即定子绕组所产生的磁场转过了 120° 电角度,如图 1-29(b) 所示,电动机转子继续沿顺时针方向旋转,转子再转过 120° 电角度后,便进入第三状态,这时绕组 B-Y 断电,C-Z 通电,定子绕组所产生的磁场也同时转过了 120° 电角度,如图 1-29(c) 所示,电动机转子继续沿顺时针方向转过 120° 电角度后就恢复到初始状态了。这样周而复始,电动机转子便连续不断地旋转。在换相的过程中,定子各相绕组在气隙中所形成的旋转磁场是跳跃式的,这种旋转磁场在 360° 电角度内有三种状态,每种状态持续 120° 电角度,我们把这种通电方式称作单相导通三相三状态。

三相半控电路的特点是简单,但电动机本体的利用率很低,一个周期内每个绕组只通电 1/3 时间,2/3 时间内处于断开状态,电动机没有得到充分的利用,各相绕组导通顺序如图 1-30 所示。运行过程中的转矩变化如图 1-31 所示,转矩在 $T_m/2$ 与 T_m 之间变化,波动较大。

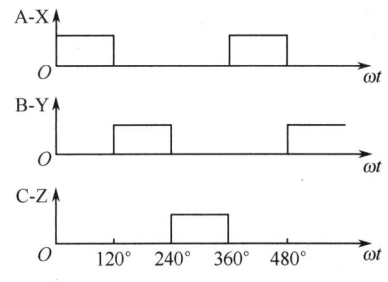

图 1-30　各相绕组导通顺序的示意图

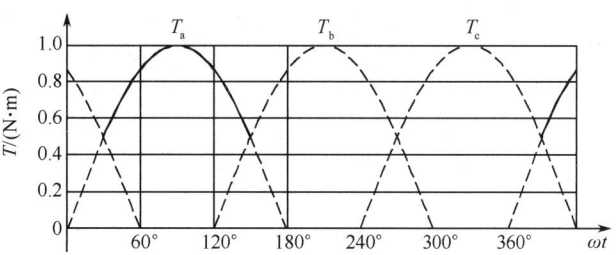

图 1-31　各相绕组转矩变化的示意图

2. 三相全控电路

在要求比较高的场合,一般采用三相全控电路。

1) 星形连接三相全控电路

如图 1-32 所示为星形连接三相全控电路。

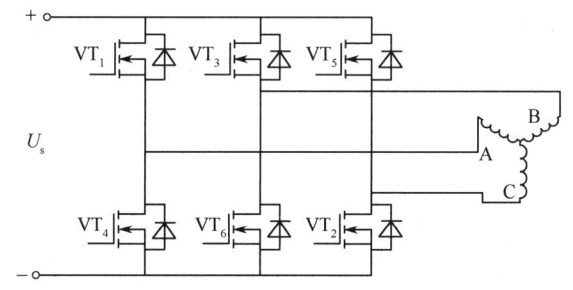

图 1-32　星形连接三相全控电路

(1) 两两导通方式

两两导通方式是指每一个瞬间有两个开关管导通,每隔 1/6 周期(60°电角度)换相一次,每次换相一个开关管,每个开关管导通 120°电角度。各开关管的导通顺序是 VT_1、$VT_2 \rightarrow VT_2$、$VT_3 \rightarrow VT_3$、$VT_4 \rightarrow VT_4$、$VT_5 \rightarrow VT_5$、$VT_6 \rightarrow \cdots$。当 VT_1 和 VT_2 导通时,电流从 $VT_1 \rightarrow$ 流入 A 相绕组,再从 C 相绕组流出,经 $VT_2 \rightarrow$ 回到电源,此时转子位置如图 1-33 所示。如果认定流入绕组的电流所产生的转矩为正,那么从绕组流出电流所产生的转矩则为负,它们合成的转矩如图 1-34(a) 所示,大小为 $\sqrt{3} T_a$,方向在 T_a 和 $-T_c$ 的角平分线上。当电动机转过 60°后,由 $VT_1 VT_2$ 通电换成 VT_2、VT_3 通电,这时电流从 VT_3 流入 B 相绕组再从 C 相绕组流出,经 VT_2 回到电源,此时合成转矩如图 1-34(b) 所示,合成转矩的方向随着转过 60°电角度,但大小始终保持 $\sqrt{3} T_a$ 不变。图 1-34(c) 示出了两两导通时的合成转矩。

所以,同样一台无刷直流电动机,每相绕组通过与三相半控电路同样的电流时,采用星形连接三相全控电路,在两两换相的情况下,其合成转矩增加了 $\sqrt{3}$ 倍。每隔 60°电角度换相一次,每个开关管通电 120°,每个绕组通电 240°,其中正向通电和反向通电各 120°,其输出转矩波形如图 1-35 所示。由图可以看出,三相全控电路的转矩波动比三相半控电路小得多,仅为 $0.87 T_m \sim T_m$。三相绕组 Y 形连接的反电动势波形及其两两导通方式下的规律如图 1-36 所示。

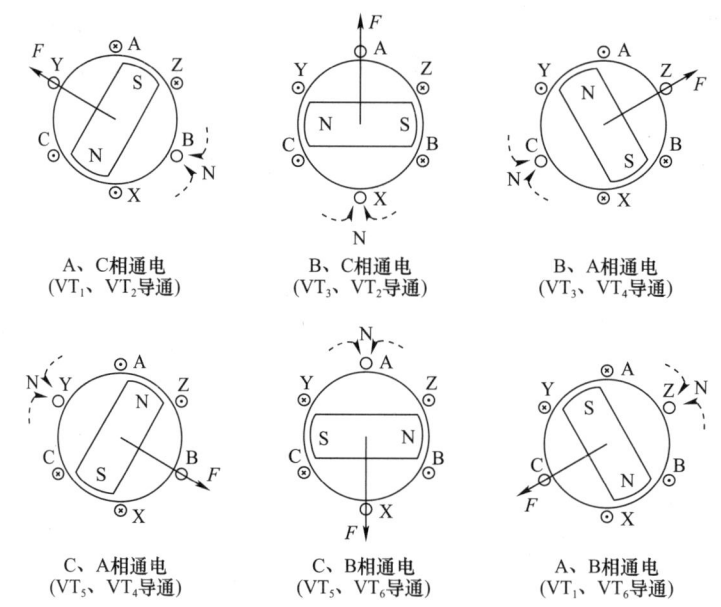

图 1-33　星形连接两两导通方式转子位置

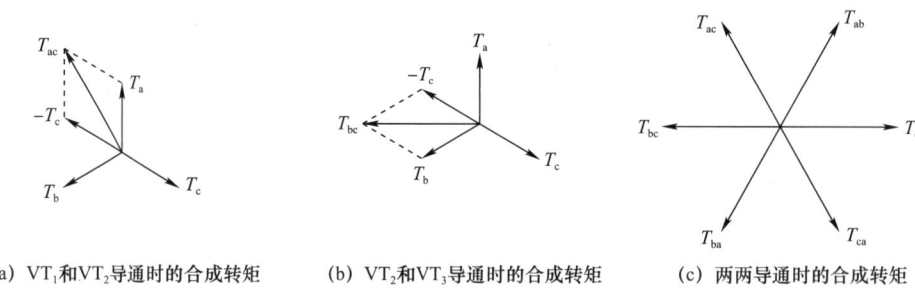

(a) VT_1和VT_2导通时的合成转矩　　(b) VT_2和VT_3导通时的合成转矩　　(c) 两两导通时的合成转矩

图 1-34　三相星形连接两两导通方式时的合成转矩

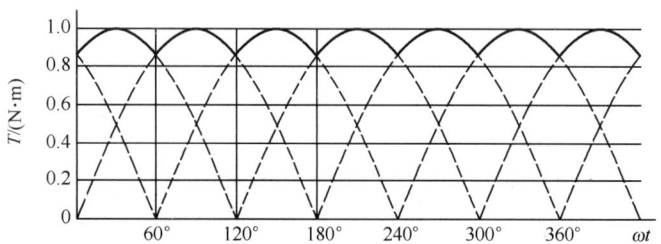

图 1-35　星形连接三相全控电路的输出转矩波形

需要指出的是,以上结论对无刷直流电动机来说并不准确,具体推导请参阅有关文献,但可用于定性分析。

这种三相两两导通的工作方式,总共要经历6个状态,所以也称这种方式为三相六状态。

(2) 三三导通方式

三三导通方式是指在任一瞬间有三个开关管同时导通,即 VT_1、VT_2、VT_3 → VT_2、VT_3、VT_4 → VT_3、VT_4、VT_5 → VT_4、VT_5、VT_6 → VT_5、VT_6、VT_1 → VT_6、VT_1、VT_2 → …,也有6个状态,在 VT_6、VT_1、VT_2 导通时,电流从 VT_1 流入 A 相绕组,经 B、C 两相绕组分别从 VT_6 和 VT_2 流出后返回电源,此时 B、C 两相绕组为并联,其电流为 A 相电流的一半,其合成转矩如

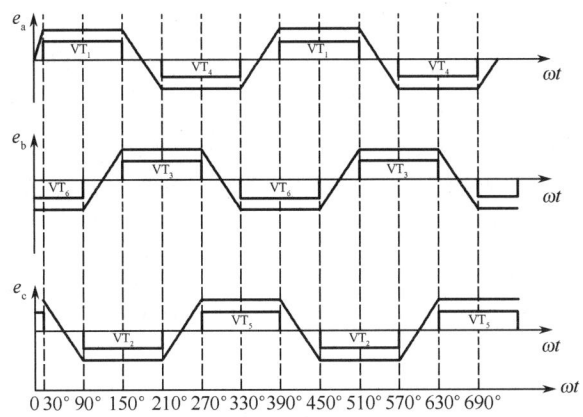

图 1-36 三相绕组星形连接的反电动势波形及其两两导通方式下的规律

图 1-37(a) 所示,方向同 A 相,大小 $1.5T_a$。经过 60°电角度后,换相到 VT_1、VT_2、VT_3 导通,首先关断 VT_6 而后导通 VT_3,一定要注意先关断 VT_6 而后导通 VT_3,否则将导致电源短路,这时电流分别从 VT_1、VT_2 流入,经 A、B 相再流入 C 相绕组,通过 VT_2 后返回电源,此时 A、B 两相绕组为并联,其合成转矩如图 1-37(b) 所示。依次类推,三三导通时的合成转矩如图 1-37(c) 所示。三相绕组星形连接的反电动势波形及其三三导通方式下的规律如图 1-38 所示。

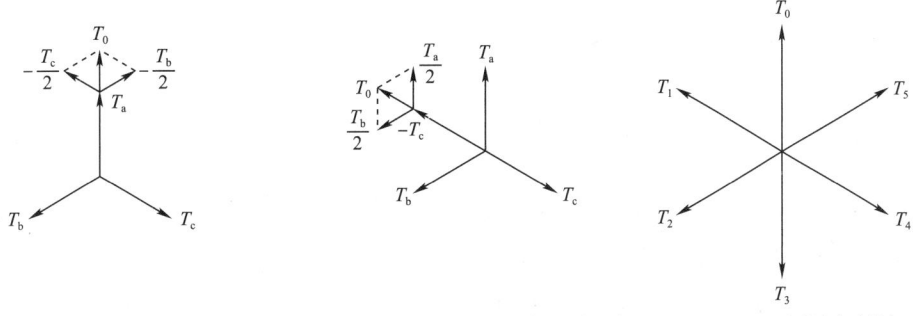

(a) VT_6、VT_1、VT_2 导通时的合成转矩　　(b) VT_1、VT_2、VT_3 导通时的合成转矩　　(c) 三三导通时的合成转矩

图 1-37　星形连接三三导通方式时的合成转矩图

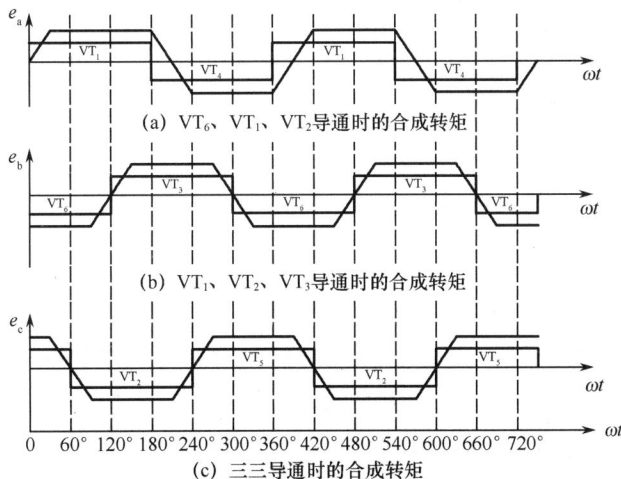

(a) VT_6、VT_1、VT_2 导通时的合成转矩

(b) VT_1、VT_2、VT_3 导通时的合成转矩

(c) 三三导通时的合成转矩

图 1-38　三相绕组星形连接的反电动势波形及其三三导通方式下的规律

三三导通方式下,每隔60°电角度改变一次导通状态。但是每个开关管导通180°电角度,在电枢电流和转速相同的情况下,三三导通方式下的平均转矩比两两导通方式下的小,同时转矩还存在瞬时脉动,如果假定气隙磁通密度在空间呈正弦分布,则合成转矩是单相转矩的1.5倍。另外,三三导通方式下每个开关管导通180°电角度,一个开关管的导通和关断稍有延时,就会发生直通短路,导致开关管损坏。而两两导通方式很好地利用了方波磁场的平顶部分,使电动机输出功率大,转矩平稳。因此两两导通方式在实际中最为常用。

2) 三角形连接三相全控电路

电枢绕组三角形连接的工作方式与星形连接一样也有两种,即两两导通方式和三三导通方式。电路如图1-39所示。

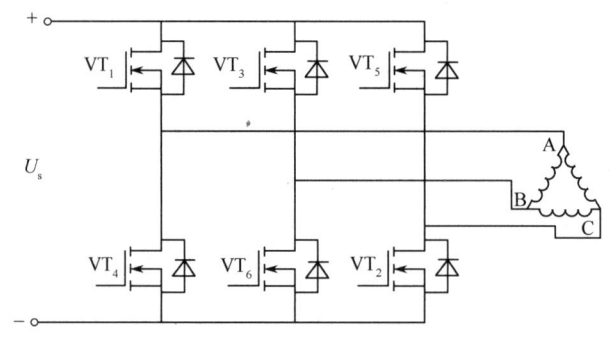

图1-39 三角形连接三相全控电路

(1) 两两导通方式

三角形连接的两两导通方式的通电顺序与星形连接时两两导通方式类似,各开关管的导通顺序是VT_1、$VT_2 \rightarrow VT_2$、$VT_3 \rightarrow VT_3$、$VT_4 \rightarrow VT_4$、$VT_5 \rightarrow VT_5$、$VT_6 \rightarrow \cdots$。当VT_1和VT_2导通时,电流从VT_1流入,通过A相绕组和B、C相绕组,经VT_2回到电源。这时B、C两相绕组串联后再与A相绕组并联,若假定流过A相绕组的电流为I,则流过B、C两相绕组的电流为$I/2$,这时的合成转矩T_0如图1-40所示,其方向同A相转矩,大小为A相转矩的1.5倍。不难看出,其结果与星形连接时三三导通方式相似。三相绕组三角形连接的反电动势波形及其两两导通方式下的规律如图1-41所示。

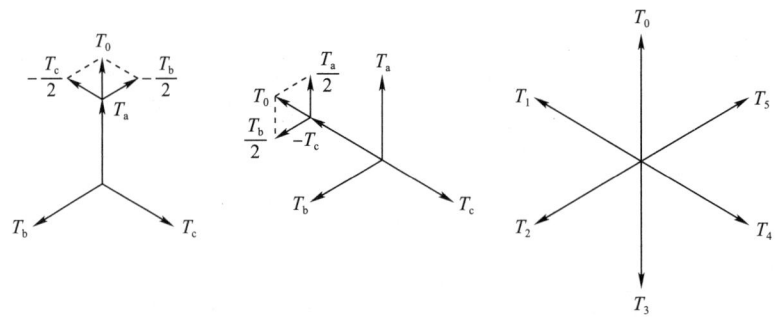

图1-40 三相三角形连接时两两导通方式的合成转矩

(2) 三三导通方式

三角形连接时三三导通方式的通电顺序与星形连接时三三导通方式类似,即VT_1、VT_2、$VT_3 \rightarrow VT_2$、VT_3、$VT_4 \rightarrow VT_3$、VT_4、$VT_5 \rightarrow VT_4$、VT_5、$VT_6 \rightarrow VT_5$、VT_6、$VT_1 \rightarrow VT_6$、VT_1、

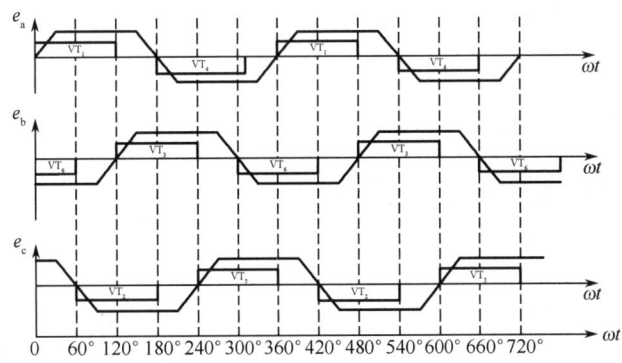

图 1-41　三相绕组三角形连接的反电动势波形及其两两导通方式下的规律

$VT_2 \to \cdots$，也有 6 个状态，当 VT_6、VT_1、VT_2 导通时，电流从 VT_1 流入，同时经过 A 相与 B 相绕组，再分别从 VT_6 和 VT_2 流出，C 相则没有电流通过，这时相当于 A、B 相绕组并联，假设电流的方向从 A 到 B、B 到 C、C 到 A 所产生的转矩为正，则从 B 到 A、C 到 B、A 到 C 所产生的转矩为负。如果认定流入绕组的电流所产生的转矩为正，那么从绕组流出的电流所产生的转矩则为负，它们合成转矩的大小为 $\sqrt{3}\,T_a$。不难看出，其结果与 Y 形连接时两两导通方式相似。所不同的是，当绕组为星形连接两两通电时，两相绕组相串联，而当三角形连接三三通电时，则两相绕组相并联。三相三角形连接时三三导通方式的合成转矩如图 1-42 所示，三相绕组三角形连接的反电动势波形及其三三导通方式下的规律如图 1-43 所示。

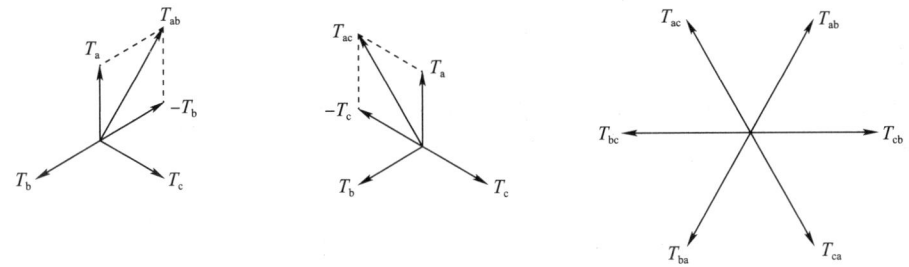

图 1-42　三相三角形连接时三三导通方式的合成转矩

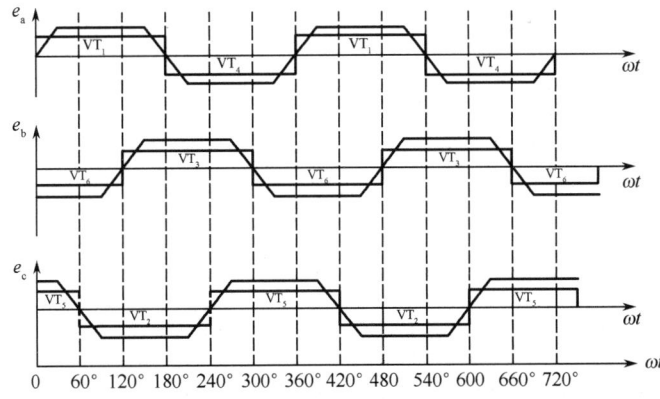

图 1-43　三相绕组三角形连接的反电动势波形及其三三导通方式下的规律

3) 多相电动机控制方式

无刷直流电动机应用最广泛的是三相电动机,它们的各种连接方法前面已经讲过,但是三相并不是无刷直流电动机的唯一连接方法。常见的还有四相、五相等多种,其换相方法基本上与三相电动机一样,本书不再赘述。

1.2.3 无刷直流电动机的运行特性

1. 电枢电流

在三相星形非桥式的无刷直流电动机中,当转子转过360°电角度时,定子电枢绕组共有三个通电状态;每个状态仅有一相导通,电枢电流所产生的电枢磁场在空间跳跃着转动,相应地在空间有三个不同的位置,也有三个磁状态,每一状态持续120°电角度,这种通电方式称为一相导通星形三相三状态。每个开关管导通时,转子所转过的空间电角度称为导通角θ_c。显然,转子位置传感器的导磁扇形片张角θ_p至少应等于导通角θ_c。通常为了保证前后两个导通状态之间不出现间断,就需要有一个短暂的重叠时间,必须使θ_p略大于θ_c。电枢磁场在空间保持某一状态时转子所转过的空间电角度,即定子上前后出现的两个不同磁场轴线间所夹的电角度称为磁状态角,或称状态角,用θ_m来表示。由于一个磁状态对应一相导通,所以θ_c和θ_m都等于120°。当电动机是p对极时,位置传感器沿圆周应有p个均匀分布的导磁扇形片,每个扇形片张角$\theta_p \geqslant 360°/(3p)$。下面以三相非桥式星形连接的两极电动机为例,分析无刷直流电动机的运行特性。按1.2.2节所述的工作原理,该种接法时$\theta_c = \theta_m = 120°$。为了便于分析,首先做如下基本假设:

① 转子磁钢产生的磁场在气隙中沿圆周按正弦分布;
② 忽略电枢绕组的电感,电枢电流可以突变;
③ 忽略开关管的关断过渡过程,认为每相电流能瞬时产生和切除。

无刷直流电动机 A 相电压平衡方程为

$$U_a = e_a + i_a R_a + \Delta U_T \tag{1-18}$$

式中,U_a为电源电压;e_a为电枢绕组的感应电动势;i_a为电枢电流;R_a为电枢绕组的平均电阻;ΔU_T为开关管的饱和管压降。

电枢绕组的感应电动势为

$$e_a = E_m \sin\omega t \tag{1-19}$$

感应电动势的最大值为

$$E_m = 2\pi f W_A \Phi \tag{1-20}$$

式中,W_A为电枢绕组每相的有效匝数;Φ为每极的气隙磁通;f为频率,$f = \dfrac{pn}{60}$。电枢绕组的感应电动势波形如图1-44所示。

将式(1-19)代入式(1-18),可得电枢电流为

$$i_a = \frac{1}{R_a}(U_a - \Delta U_T - E_m \sin\omega t) \tag{1-21}$$

其波形如图1-45所示。导通时间内电枢电流的平均值为

$$I_a = \frac{1}{2\pi/3} \int_{\frac{\pi}{6}}^{\frac{5\pi}{6}} \frac{1}{R_a}(U_a - \Delta U_T - E_m \sin\omega t) \mathrm{d}\omega t$$

$$= \frac{U_a - \Delta U_T}{R_a} - 0.827 \frac{E_m}{R_a} \quad (1-22)$$

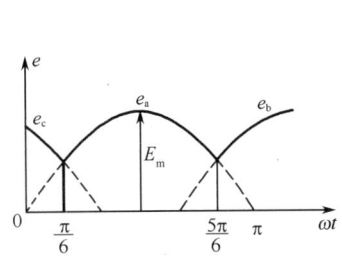

图 1-44 电枢绕组的感应电动势波形

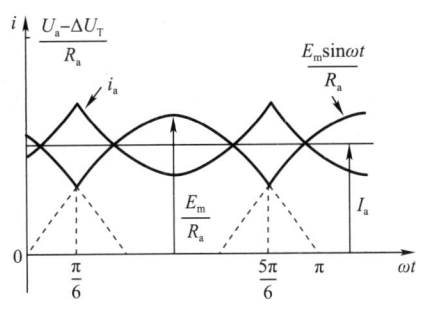

图 1-45 电枢电流波形

当转速 $n=0$ 时，$E_m=0$，所以堵转电流为

$$I_d = \frac{U_a - \Delta U_T}{R_a} \quad (1-23)$$

2. 电磁转矩

电动机的电磁转矩为

$$T_{em}(t) = \frac{e_a i_a}{\Omega} \quad (1-24)$$

式中，Ω 为电动机的角速度，$\Omega = \frac{2\pi f}{p}$。

将式(1-19)及式(1-21)代入式(1-24)，可得电磁转矩为

$$T_{em}(t) = \frac{E_m \sin\omega t}{\Omega R_a}(U_a - \Delta U_T - E_m \sin\omega t) \quad (1-25)$$

将式(1-20)代入，可得

$$T_{em}(t) = \frac{pW_A\Phi}{R_a}(U_a - \Delta U_T - E_m \sin\omega t)\sin\omega t \quad (1-26)$$

由式(1-26)可以看出，在一个磁状态即一相导通区间内，由于感应电动势的脉动，使转矩产生了波动，转矩的波动会使电动机产生噪声和运转不稳定，所以一般都希望转矩波动小。由图 1-44 可以看出，减小磁状态角 θ_m 可以减小感应电动势的脉动，因而也就减小了转矩波动。对于 m 相电动机，磁状态角 $\theta_m = 2\pi/m$，因而增加相数可以减小 θ_m，但电动机结构和电子线路将会变得复杂。

平均电磁转矩为

$$\begin{aligned} T_{em} &= \frac{1}{2\pi/3} \int_{\frac{\pi}{6}}^{\frac{5\pi}{6}} T_{em}(t) \mathrm{d}(\omega t) \\ &= \frac{3pW_A\Phi}{2\pi R_a} \int_{\frac{\pi}{6}}^{\frac{5\pi}{6}} (U_a - \Delta U_T - E_m \sin\omega t)\sin\omega t \, \mathrm{d}(\omega t) \\ &= 0.478 \frac{pW_A\Phi}{2\pi R_a}[\sqrt{3}(U_a - \Delta U_T) - 1.48 E_m] \end{aligned} \quad (1-27)$$

当转速 $n=0$ 时，$E_m=0$，因而平均堵转转矩为

$$T_k = 0.827 pW_A\Phi \frac{U_a - \Delta U_T}{R_a} \quad (1-28)$$

3. 转速

将式(1-20)和 $f=\dfrac{pn}{60}$ 代入式(1-22),可得转速为

$$n = 11.55 \frac{U_a - \Delta U_T - I_a R_a}{pW_A \Phi} \tag{1-29}$$

令 $I_a = 0$,可得理想空载转速为

$$n_0 = 11.55 \frac{U_a - \Delta U_T}{pW_A \Phi} \tag{1-30}$$

4. 系数 K_e 和 K_t 计算公式的推导

与一般直流电动机一样,在实际使用时,经常需要引用系数 K_e 和 K_t 来分析无刷直流电动机的运行特性,下面推导这两个系数的计算公式。

(1) 电动势系数 K_e

电动势系数 K_e 是指电动机当单位转速时在电枢绕组中所产生的感应电动势平均值。由式(1-22)可以看出,感应电动势平均值为

$$E_a = 0.827 E_m$$

因而由式(1-19)及式(1-20)可得电动势系数为

$$K_e = \frac{E_a}{n} = \frac{0.827 \times 2\pi \dfrac{pn}{60} W_A \Phi}{n} = 8.66 pW_A \Phi \times 10^{-2} \tag{1-31}$$

式中,Φ 为每极的气隙磁通,单位为 Wb;K_e 为电动势系数,单位为 $V/(r \cdot min^{-1})$。

(2) 转矩系数 K_t

转矩系数 K_t 是指当电枢绕组中通入单位电流时电动机所产生的平均电磁转矩值。由式(1-22)和式(1-27)可得转矩系数为

$$K_t = \frac{T_{em}}{I_a} = 0.827 pW_A \Phi \tag{1-32}$$

5. 机械特性和调节特性

反映无刷直流电动机稳态特性的4个基本关系式是:

电压平衡方程　　$U_a = E_a + I_a R_a + \Delta U_T$

感应电动势公式　$E_a = K_e n$

转矩平衡方程　　$T_{em} = T_{e0} + T_L$

电磁转矩公式　　$T_{em} = K_t I_a$

式中,T_{e0} 为空载转矩,即机械损耗等效转矩;T_L 为负载转矩,即外部阻力。

由上式可以看出,无刷直流电动机的基本关系式与一般直流电动机的基本关系式在形式上完全一样,差别只是式中各物理量和系数的表达式不同。另外,电源电压 U_a 变成了 $U_a - \Delta U_T$,因此无刷直流电动机的机械特性和调节特性形状应与一般直流电动机的基本相似,如图1-46和图1-47所示。

图1-46所示的机械特性曲线产生弯曲是由于当转矩较大、转速较低时,流过开关管和电枢绕组的电流很大,这时,管压降 ΔU_T 随着电流增大而增加较快,使加在电枢绕组上的电压不再恒定而有所减小,因而特性曲线偏离直线向下弯曲。图中 n_0、T_k 可分别由式(1-28)和式(1-30)计算得出。

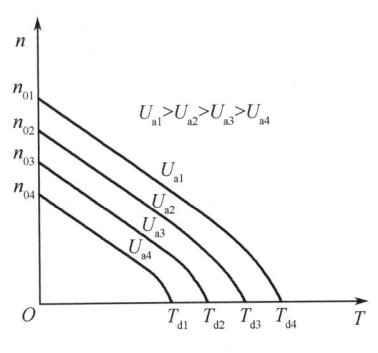

图 1-46 机械特性

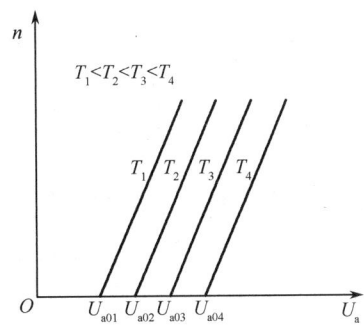

图 1-47 调节特性

由式(1-27)和式(1-29)可分别求得调节特性中的启动电压 U_{a0} 和斜率 K。

$$U_{a0} = \frac{2\pi R_a T}{3\sqrt{3}\, pW_A \Phi} + \Delta U_T = 1.21 \frac{R_a T}{pW_A \Phi} + \Delta U_T$$

也可参照一般直流电动机的表达,即

$$U_{a0} = \frac{R_a T}{K_t} + \Delta U_T, \qquad K = \frac{1}{K_e}$$

无刷直流电动机与一般直流电动机一样,具有良好的伺服控制性能,可以通过改变电源电压实现无级调速。

6. 其他绕组接法时的运行特性

上面分析了较简单的三相非桥式星形接法时无刷直流电动机的运行特性。当采用其他各种接法时,电动机的 4 个基本关系式和特性曲线形状不变,只是关系式中各物理量、感应电动势和转矩系数有不同的表达式。这些表达式可以采用与上面相同的分析方法求得。表 1-1 和表 1-2 列出了常用的几种电枢绕组连接方式的有关计算公式,可供使用时参考。

表 1-1 各状态下的系数 K_e、K_t

电枢绕组连接方式	电动势系数 $K_e/[\text{V}/(\text{r}\cdot\text{min}^{-1})]$	转矩系数 $K_t/(\text{N}\cdot\text{m}/\text{A})$
星形三相三状态(非桥式)	$8.66\times 10^{-2} pW_A\Phi$	$0.827 pW_A\Phi$
星形四相四状态(非桥式)	$9.43\times 10^{-2} pW_A\Phi$	$0.9 pW_A\Phi$
星形三相六状态(桥式)	$17.3\times 10^{-2} pW_A\Phi$	$1.91 pW_A\Phi$
正交两相三状态(桥式)	$9.43\times 10^{-2} pW_A\Phi$	$0.9 pW_A\Phi$
封闭式三相六状态(桥式)	$10.0\times 10^{-2} pW_A\Phi$	$0.954 pW_A\Phi$
封闭式四相四状态(桥式)	$13.33\times 10^{-2} pW_A\Phi$	$1.8 pW_A\Phi$

表 1-2 n_0、T 和 I_a 的计算公式

电枢绕组连接方式	θ_c	θ_m	θ_p	计算公式 (n_0 的单位为 r/min,T 的单位为 N·m,I_a 的单位为 A)
星形三相三状态(非桥式)	$\dfrac{2\pi}{3}$	$\dfrac{2\pi}{3}$	$\dfrac{2\pi}{3}$	$n_0 = 11.55\dfrac{U_a - \Delta U_T}{PW_A\Phi}$ $T = 0.478\dfrac{pW_A\Phi}{R_a}\left[\sqrt{3}(U_a - \Delta U_T) - 1.48 E_m\right]$ $I_a = \dfrac{U_a - \Delta U_T}{R_a} - 0.827\dfrac{E_m}{R_a}$

续表

电枢绕组连接方式	θ_c	θ_m	θ_p	计算公式 (n_0 的单位为 r/min，T 的单位为 N·m，I_a 的单位为 A)
星形四相四状态 （非桥式）	$\frac{\pi}{2}$	$\frac{\pi}{2}$	$\frac{\pi}{2}$	$n_0 = 10.61 \dfrac{U_a - \Delta U_T}{pW_A\Phi}$ $T = 0.636 \dfrac{pW_A\Phi}{R_a}[\sqrt{2}(U_a - \Delta U_T) - 1.285 E_m]$ $I_a = \dfrac{U_a - \Delta U_T}{R_a} - 0.901 \dfrac{E_m}{R_a}$
星形三相六状态（桥式）	$\frac{2\pi}{3}$	$\frac{\pi}{3}$	$\frac{2\pi}{3}$	$n_0 = 5.785 \dfrac{U_a - 2\Delta U_T}{pW_A\Phi}$ $T = 0.954 \dfrac{pW_A\Phi}{R_a}[(U_a - 2\Delta U_T) - 1.655 E_m]$ $I_a = \dfrac{U_a - 2\Delta U_T}{2R_a} - 0.827 \dfrac{E_m}{R_a}$
正交两相三状态（桥式）	$\frac{\pi}{2}$	$\frac{\pi}{2}$	$\frac{\pi}{2}$	$n_0 = 10.61 \dfrac{U_a - 2\Delta U_T}{pW_A\Phi}$ $T = 0.636 \dfrac{pW_A\Phi}{R_a}[\sqrt{2}(U_a - 2\Delta U_T) - 1.285 E_m]$ $I_a = \dfrac{U_a - 2\Delta U_T}{R_a} - 0.901 \dfrac{E_m}{R_a}$
封闭式三相六状态 （桥式）	$\frac{2\pi}{3}$	$\frac{\pi}{3}$	$\frac{2\pi}{3}$	$n_0 = 10.0 \dfrac{U_a - 2\Delta U_T}{pW_A\Phi}$ $T = 1.43 \dfrac{pW_A\Phi}{R_a}[(U_a - 2\Delta U_T) - 0.956 E_m]$ $I_a = 1.5 \dfrac{U_a - 2\Delta U_T}{R_a} - 1.432 \dfrac{E_m}{R_a}$
封闭式四相四状态 （桥式）	$\frac{\pi}{2}$	$\frac{\pi}{2}$	$\frac{\pi}{2}$	$n_0 = 7.5 \dfrac{U_a - 2\Delta U_T}{pW_A\Phi}$ $T = 1.8 \dfrac{pW_A\Phi}{R_a}[(U_a - 2\Delta U_T) - 1.285 E_m]$ $I_a = \dfrac{U_a - 2\Delta U_T}{R_a} - 1.273 \dfrac{E_m}{R_a}$

7. 无刷直流电动机的电枢反应

电动机带负载时电枢电流所产生的磁场对主磁场的影响称为电枢反应。无刷直流电动机的电枢反应与磁路的饱和程度、电动机的转向、电枢绕组连接和通电方式有关。下面仍以三相非桥式两极三相无刷直流电动机为例来分析其电枢反应的特点。

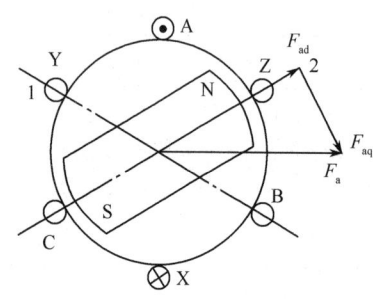

图 1-48 无刷直流电动机的电枢反应

图 1-48 为定子 A 绕组的通电状态，电枢磁动势 F_a 的空间位置为 A 相绕组的轴线方向，并保持不变。磁状态角 $\theta_m = 2\pi/3$。图中 1 和 2 为磁状态角所对应的边界。电枢磁动势 F_a 可分解成直轴分量 F_{ad} 和交轴分量 F_{aq}，当转子磁极轴线处于位置 1 时，直轴分量磁动势 F_{ad} 对转子有最强的去磁作用；而当转子磁极轴线处于位置 2 时，直轴分量磁动势 F_{ad} 对转子又有最强的增磁作用。因此，电枢磁动势的直轴分量开始是去磁的，然后是增磁的，数值上等于电枢磁动势 F_a 在转子磁极轴

线上的投影,其最大值为

$$F_{adm} = F_a \sin \frac{\theta_m}{2} \tag{1-33}$$

实际计算时,应根据电动机可能遇到的情况(如启动、反转等)所产生的最大值考虑。

在无刷直流电动机中,由于磁状态角 θ_m 比较大,电枢磁动势的直轴分量就可能达到相当大的数值,为了避免使永磁转子失磁,在设计中必须予以注意。

当转子磁极轴线位于 $\theta_m/2$ 位置处,电枢磁场与转子磁场正交,电枢磁动势 F_a 为交轴磁动势,在无刷直流电动机中,对于径向充磁的永磁体,由于转子永磁体的磁阻很大,因此由交轴分量磁动势 F_{aq} 所引起的气隙磁场的波形畸变就显得较小,一般可以不计。对于切向充磁的永磁体,由于转子主极靴的磁阻很小,故交轴分量磁动势可导致气隙磁场发生较大畸变,使气隙磁场前极尖部分的磁感应强度加强,后极尖部分的磁感应强度削弱,如果磁路不饱和,则加强部分与削弱部分相等,总磁通保持不变;否则产生一定的饱和去磁作用。此外,畸变的气隙磁场将引起转矩脉动的增加。

8. 正反转控制

对于普通的有刷直流电动机,只要改变励磁磁场的极性,或改变电枢绕组的控制电压的极性,就可改变电动机的转向。而对于无刷永磁直流伺服电动机来说,由于磁极为永磁体,其极性无法直接改变,且开关管的导电是单极性的,要想改变电枢电压的极性,一般要通过改变开关管的逻辑关系来实现。

(1) 无刷直流电动机正反转的原理

虽然无刷直流电动机的正反转不能通过改变电源电压的极性来实现,然而它正反转的原理与有刷直流电动机是一样的。图 1-49 表示了一台四相星形无刷直流电动机在旋转过程中定、转子磁场之间的相互关系。每相绕组导通角为 90°电角度,其相应的驱动信号如图 1-50 所示。

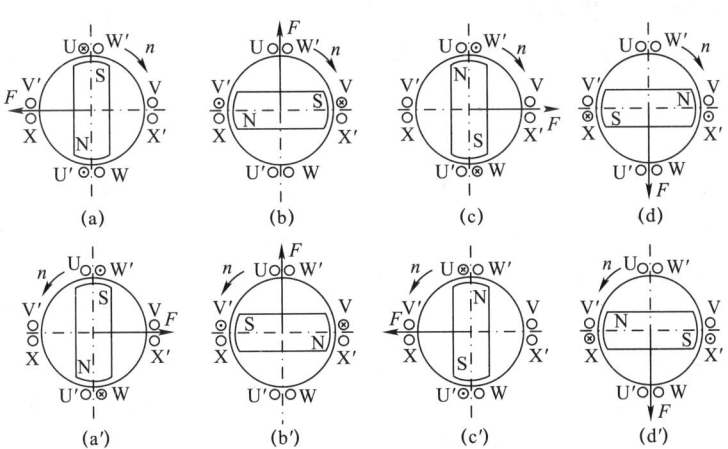

图 1-49 一相导通方式星形四相四状态无刷直流电动机

从图 1-49 中可以看到:

① 当 U 相绕组通电时,电流方向和转子永磁体位置如图(a)中状态所示,永磁体转子按顺时针方向转动。如果此时换成 W 相绕组通电,则定子磁场就相对图(a)状态旋转过 180°电角度,如图(a')中状态所示,永磁体转子便按逆时针方向转动。

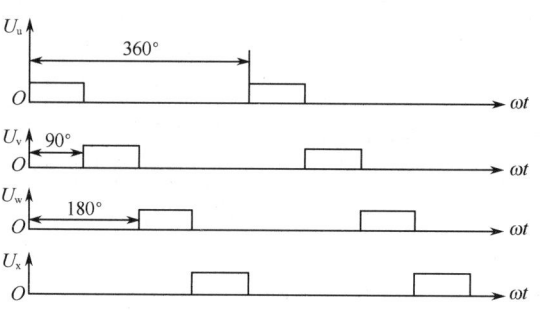

图 1-50　一相导通方式星形四相四状态无刷直流电动机的驱动信号

② 当 V 相绕组通电时,永磁体转子按顺时针方向转动,如图(b)中状态所示。如果此时仍为 V 相绕组通电,如图(b′)中状态所示,转子便按逆时针方向转动。

③ 当 W 相绕组通电时,永磁体转子按顺时针方向转动,如图(c)中状态所示。如果此时换成 U 相绕组通电,则定子磁场就相对图(c)状态旋转过 180°电角度,如图(c′)中状态所示,转子便按逆时针方向转动。

④ 当 X 相绕组通电时,永磁体转子按顺时针方向转动,如图(d)中状态所示。如果此时仍为 X 相绕组通电,如图(d′)中状态所示,转子便按逆时针方向转动。

由上面的分析可以看到,当无刷直流电动机电枢绕组的通电状态按图(a) → (b) → (c) → (d) → (a)顺序连续变化时,永磁体转子便按顺时针方向转动。如果电枢绕组的通电状态按图(a′) → (b′) → (c′) → (d′) → (a′)顺序连续变化,则永磁体转子就按逆时针方向转动。比较图(a)和图(a′)、图(c)和图(c′)状态,可以发现它们的定子磁场之间相差 180°电角度,这与有刷直流电动机实现正反转的原理是一致的。

那么怎样实现状态由图(a)到图(a′)、图(b)到图(b′)、图(c)到图(c′)、图(d)到图(d′)的转换呢?众所周知,电动机电枢绕组的通电状态是借助驱动信号来控制的,当电动机按顺时针方向转动时,其相绕组 U、V、W、X 分别与驱动信号 U_u、U_v、U_w、U_x 一一对应,我们只要在本应是 U 相绕组通电的转子位置上不让 U 相绕组通电,而让 W 绕组通电,也就是在此刻把驱动信号 U_u 去驱动 W 相绕组,使 W 相绕组通电,便实现了由状态图(a)到图(a′)的切换。同理,让 U_w 去驱动 U 相绕组,使 U 相绕组通电。采用接触式或无接触式联动开关就可以同时完成由图(a)到图(a′)、图(b)到图(b′)、图(c)到图(c′)、图(d)到图(d′)的切换,从而实现了电动机由顺时针方向转动到逆时针方向转动的切换。图 1-51 是它的原理图,图中虚线方框为联动开关。

(2) 无刷直流电动机实现正反转的方法

无刷直流电动机实现正反转的方法有两种:第一种方法是在电动机中安装两套转子位置传感器,每一套传感器对应一个转向。两套传感器之间的安装关系是:如果两个传感器的转子同轴同角度安装,则它们的定子要相差 180°电角度,如果两个传感器的定子同角度安装,则它们的转子要相差 180°电角度同轴安装。由于采用了两套转子位置传感器,增加了电动机的体积和重量,所以这种方法并不十分理想。

第二种方法是在一套转子位置传感器的条件下,借助逻辑电路来改变开关管的导通顺序,从而实现电动机的正反转。下面以封闭式三相六状态为例介绍一种控制无刷直流电动机正反转的典型线路。

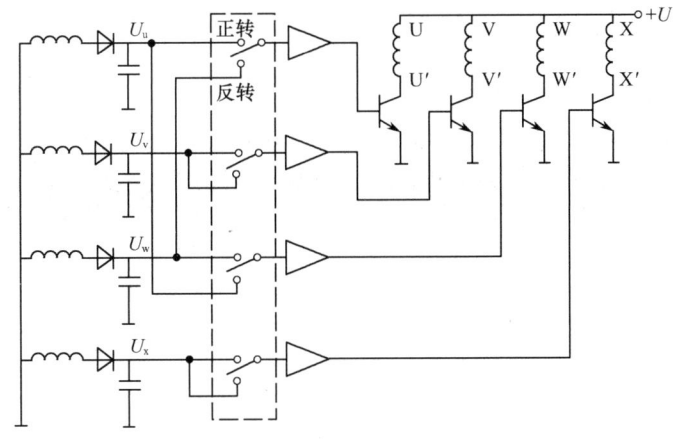

图 1-51 一相导通方式星形四相四状态无刷直流电动机正、反转原理图

封闭式三相六状态无刷直流电动机采用桥式驱动电路,它有 6 组转子位置传感器的输出信号,传感器的导磁扇形片的张角为 120°电角度,相邻两个输出信号之间具有 60°电角度的重合区,如图 1-52 所示。其控制电路如图 1-53 所示。正反转的控制逻辑可由软件实现,详见 1.2.4 节。

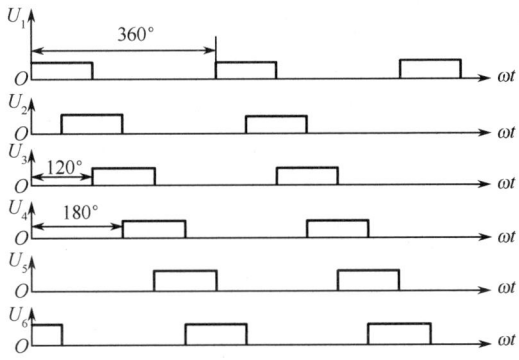

图 1-52 封闭式三相六状态无刷直流电动机的驱动信号

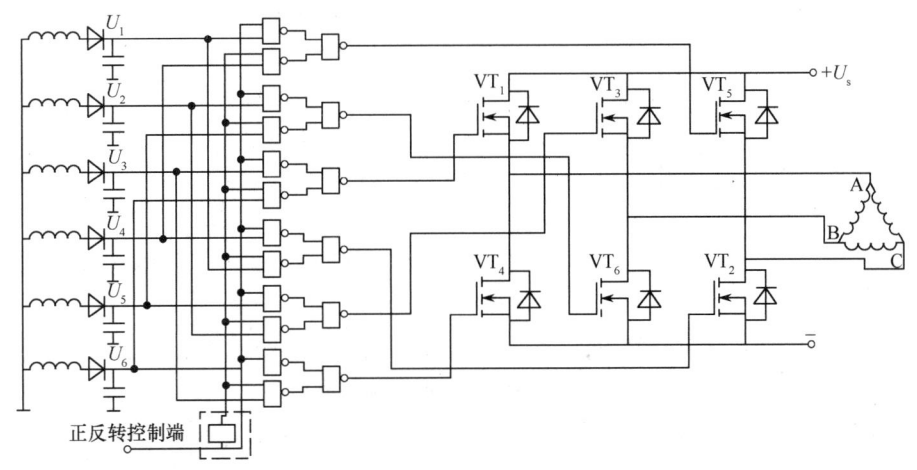

图 1-53 封闭式三相六状态无刷直流电动机的控制电路

1.2.4 无刷直流电动机的应用

1. 基于专用芯片的无刷直流电动机控制

常见无刷直流电动机控制专用芯片的特点及参数见表1-3。

表1-3 常用无刷直流电动机专用芯片的特点及参数

型号	特点	封装
MC33035	带制动、电流检测、故障信号输出的三相无刷直流电动机控制	DIP-24N SOIC-24W
FSAN8403D3	三相带PLL速度控制,主要应用于激光打印机	SSOP
LS7260 LS7262	三相/四相开环/闭环控制,正反转控制,过流保护等	DIP-20 SOIC-20
NJM4302	三相无刷直流电动机控制,外接大功率开关管、PWM控制、PLL速度控制,用于打印机等	QFP-64G1
BA6492BFS	软开关,数字伺服,速度切换,FG放大器	SSOP-A32
LB11690	PWM控制,限流欠压保护,带霍尔传感器信号F/V转换电路	DIP-30SD
LM621	三相/四相无刷电动机控制,带转向控制、死区调解、过压过流保护等	DIP-18

这些专用芯片内部都含有一个转子位置译码电路,以接收转子位置信号。虽然无刷直流电动机的位置传感器有多种,但是,绝大多数专用芯片中都为霍尔开关式位置传感器。此外,专用芯片一般都具有正反转、启停、制动等控制,还具有过流、欠压等保护功能。

采用专用芯片构成无刷直流电动机控制系统具有硬件简单、调试方便、开发周期短、性能稳定、运行速度快等优点。但是,由于专用芯片构成的系统设计不灵活,数字化程度不高,具有一定的局限性。因此,基于专用芯片的无刷直流电动机控制系统适用于一些要求简单、性能不高、实时性要求较高的场合。下面以MC33035构成的无刷直流电动机控制系统为例,介绍无刷直流电动机专用芯片的控制原理。

(1) MC33035介绍

MC33035是一款无刷直流电动机控制专用芯片,该芯片可在恶劣的工业环境条件下保证高品质和高稳定性。其典型的电动机控制功能包括开环速度控制、正向或反向控制等,还可以引入电子测速器(如Motorola公司的MC33039)构成闭环控制系统。

MC33035的主要特点如下:

① 工作电源电压范围很宽,为10~30V;

② 可以方便地实现电动机的正反转控制、速度控制和制动;

③ 内部有锯齿波振荡器,可以根据需要设置PWM的调制频率;

④ 具有故障如欠压、过热、误码、过流等检测与处理功能。

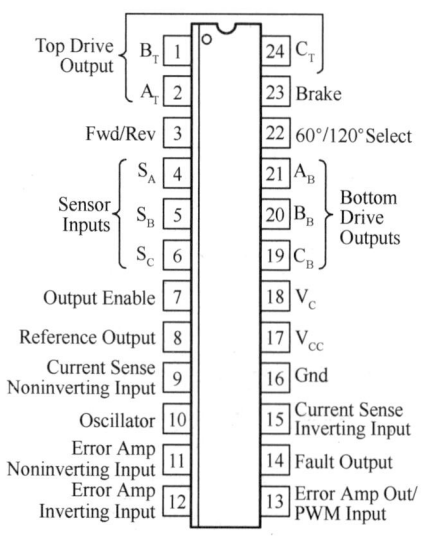

图1-54 MC33035的引脚图

图1-54是MC33035的引脚图。由图可见,该芯

片具有 24 个引脚,DIP 封装,其各引脚功能如表 1-4 所示。

表 1-4 MC33035 各引脚功能

引脚编号	功能
1、2、24	三个集电极开路的顶部驱动输出端,用于驱动顶部的开关管
3	正反向输入端,用于改变电动机转向
4、5、6	三个传感器输入端,用于控制整流序列
7	输出使能端,高电平时可以使电动机转动
8	此输出为振荡器的电容提供充电电流
9	电流检测同相输入端
10	振荡器引脚
11	误差放大器同相输入端,连接到速度电位器上
12	误差放大器反相输入端,连接到速度电位器上
13	误差放大器输出/PWM 输入端
14	故障输出端
15	电流检测反相输入端
16	接地端
17	电源端
18	该引脚提供底部驱动输出的高端电源
19、20、21	用于直接驱动底部的开关管
22	该引脚决定控制电路是工作在 60°还是 120°
23	制动输入端,该引脚为低电平时允许电动机运行,为高电平时电动机停止

MC33035 内部结构图如图 1-55 所示。

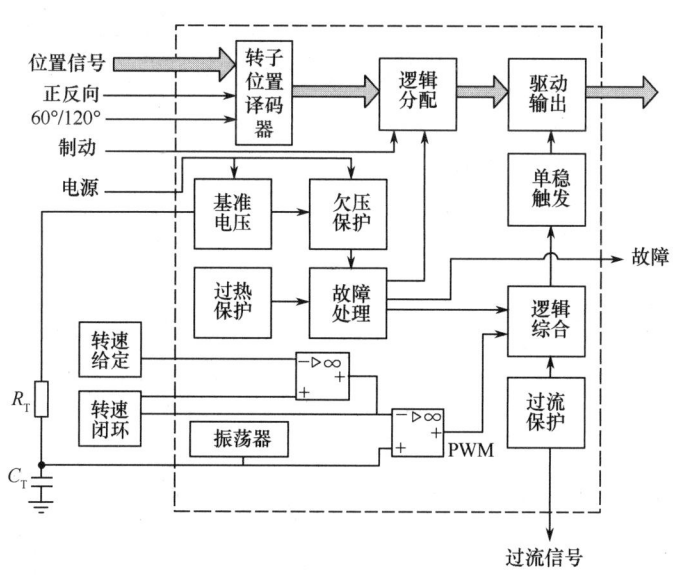

图 1-55 MC33035 内部结构图

MC33035 内部的转子位置译码器主要用于监控三个传感器的输入,以便系统能够提供顶部和底部驱动输入的正确时序。传感器输入可直接与集电极开路型霍尔效应开关或者光电耦合器相连接。此外,该电路还内含上拉电阻,其输入与 TTL 电平是兼容的,阈值通常为 2.2V。用 MC33035 控制的电动机可在最常见的 4 种传感器相位下工作。60°/120°选择可使 MC33035 很方便地控制具有 60°、120°、240°或 300°传感器相位的电动机。三个传感器输入有 8 种可能的编码组合,其中 6 种是有效的转子位置,另外两种编码组合无效。6 个有效输入编码可使转子位置译码器分辨出电动机转子的位置。

MC33035 中的误差放大器、振荡器、PWM 等的工作原理及操作方法与其他同类芯片基本类似,此处不予介绍。

(2) MC33035 应用实例

图 1-56 所示为三相六步全波电动机控制电路。其中,顶部的开关管为达林顿 NPN 型三极管,底部的开关管为 N 沟道 MOSFET。由于每个器件均含有一个寄生二极管,因而可以将定子电感能量返回电源,其输出能驱动三角形连接或星形连接的定子。如果使用双电源,也能驱动中线接地的星形连接定子。

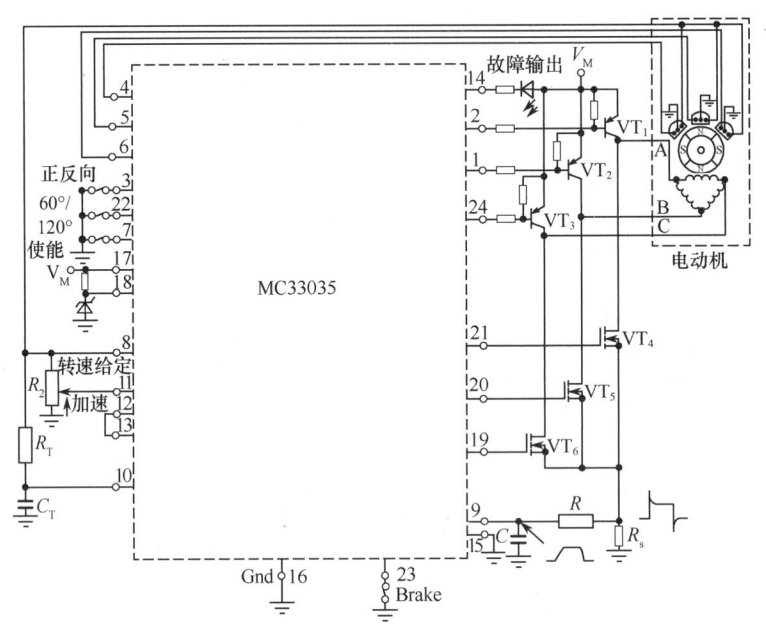

图 1-56　三相六步全波电动机控制电路

在任意给定的转子位置,图 1-56 所示电路中都仅有一个顶部和底部的开关管有效。因此,通过合理配置可使定子绕组的两端从电源切换到地,并可使电流为双向或全波。

3 脚为电动机正反向控制引脚,MC33035 的正反向输出可通过翻转定子绕组上的电压来改变电动机转向。当输入状态改变时,指定的传感器输入编码将电压从高电平变为低电平,从而改变时序,以使电动机改变转动方向。

电动机通/断控制由输出使能(引脚 7)来实现,当该引脚开路时,内部 25μA 的电流源启动顶部与底部驱动输出时序。接地时,顶部驱动输出关闭并且底部驱动强制为低,使电动机停转,同时故障输出激活。

误差放大器提供高性能、全补偿误差信号,用来使闭环电动机的速度控制更容易实现。本例为开环,MC33035 的脚 8 输出 6.25V 标准电压,由 R_T、C_T 组成一个 RC 振荡器,所以脚 10 的输入近似一个三角波,其频率由 $1/(2\pi\sqrt{R_T C_T})$ 决定。R_2 为控制电动机转速的电位器,通过该电位器改变脚 11 对地的电压,从而改变内部比较器输出方波的占空比,比较器的输出为我们所需的 PWM 信号,从而来改变电动机的转速。

23 脚可实现制动控制。23 脚悬空时为高电平(内部电路保证),电动机进行制动操作,这使三个顶部驱动输出开路,三个底部驱动输出为高电平,外接逆变桥底部的三个开关管导通,电动机的三个绕组对地短接,实现能耗制动。23 脚接地时,电动机正常运转。

严重过载的电动机持续使用将导致过热甚至烧毁。为此,MC33035 通过检测电阻 R_s 上的电压来检测电动机定子绕组电流,电流检测输入监控引脚(9 脚和 15 脚),并与内部 100mV 参考电压作比较,如果超过电流检测门限,比较器将重置锁存器,并终止开关管导通。另外,电流检测比较器的输入共模电压约为 3.0V。检测电阻一般用受温度影响较小的康铜丝或者锰铜丝做成,监测电阻的阻值不能太大,一般取小于 0.3Ω,参数的选取与电动机的最大允许电流有关。由于前沿尖峰通常在电流波形中出现,并会导致芯片内部比较器误动作,因此,通常在电流检测输入处串联一个 RC 滤波器来抑制尖峰。

集电极开路故障输出(14 脚)端用来在系统出现故障时提出诊断信息,它直接驱动一个发光二极管来进行故障指示。

17 脚的输入连接内部一比较器的同相输入端,该比较器的反相输入为 -9.1V 标准电压,当输入电压低于 9.1V 时,MC33035 通过与门将驱动底部的三路输出全部封锁,三个开关管全部关断,电动机停止运行,从而起欠压保护作用。过热保护等功能由芯片内部电路提供,无须设计外围电路。

在某些控制精度要求较高的场合下,必须采用闭环控制,为此可以采用 MC33035 和同系列芯片 MC33039 以及少量外围器件来组成闭环系统,如图 1-57 所示。图中,虚线框部分是 MC33035 实现的主要功能,MC33039 用来产生与速度成比例的输入电压,进行速度检测并进行速度反馈。

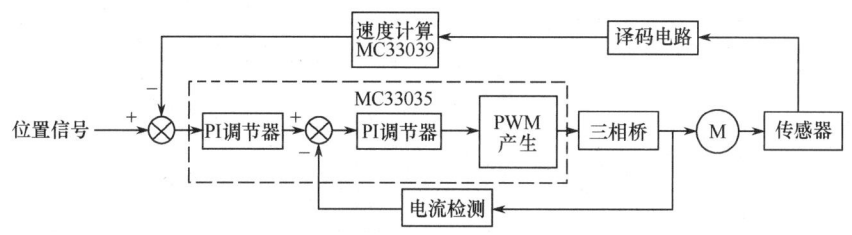

图 1-57　MC33035 和 MC33039 组成的闭环控制系统

此外,若对外围电路稍加改动,还可以很好地控制四相步进电动机和有刷直流电动机。

2. 基于单片机的无刷直流电动机控制

专用芯片的发展促进了无刷直流电动机控制技术的飞速发展,但是也存在系统设计不灵活、不可编程、不便于升级和电路数字化不高的缺点。采用以单片机为主的数字控制可以克服这些缺点,是无刷直流电动机的主要控制手段。

如图 1-58 所示为无刷直流电动机单片机控制原理图。由于要使用 PWM 控制无刷直流电动机的转速,因此选用带 PWM 口的单片机,本例选用 C8051 单片机。C8051 的 P1 口作为输出口,通过驱动器 7407 控制全桥驱动电路上桥臂的 P 沟道 MOSFET(VT_1、VT_3、VT_5),通过与门 7408 控制下桥臂的 N 沟道 MOSFET(VT_4、VT_6、VT_2)。C8051 的 P0.0 作为 PWM 输出口来控制电动机的转速,P0.4、P0.5、P0.6 作为位置信号输入口,连接位置传感器输出的信号。

C8051的所有输出口都接上拉电阻,与5V负载电平相匹配。下面介绍该电路所能实现的功能。

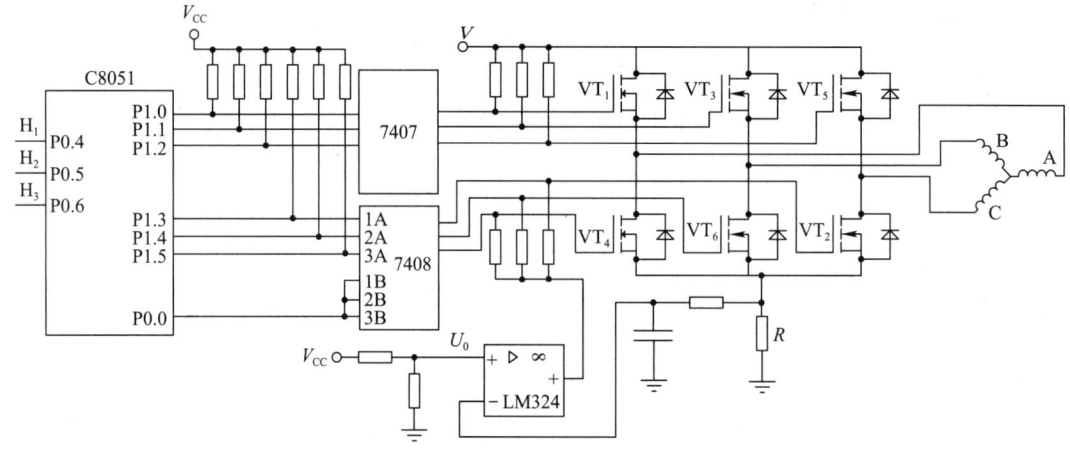

图1-58 无刷直流电动机单片机控制原理图

(1) 换相控制

本例中采用三相全桥星形连接(也可采用三相全桥三角形连接)。无论使用两两导通方式还是三三导通方式,都有6种导通状态。转子每转60°换一种状态,导通状态的转换通过软件来完成。软件控制导通状态转换非常简单,即根据位置传感器的输出信号H_1、H_2、H_3,不断取相应的控制字送P1口来实现。因此,如果采用霍尔式位置传感器,根据P1口与MOSFET的连接关系,两两导通和三三导通方式的控制字分别如表1-5、表1-6所列。

表1-5 两两导通方式控制字(正转)

H_1	H_2	H_3	导通管	P1.5	P1.4	P1.3	P1.2	P1.1	P1.0	控制字
1	0	1	VT_1、VT_2	0	0	1	1	1	0	0EH
1	0	0	VT_2、VT_3	0	0	1	1	0	1	0DH
1	1	0	VT_3、VT_4	1	0	0	1	0	1	25H
0	1	0	VT_4、VT_5	1	0	0	0	1	1	23H
0	1	1	VT_5、VT_6	0	1	0	0	1	1	13H
0	0	1	VT_6、VT_1	0	1	0	1	1	0	16H

表1-6 三三导通方式控制字(正转)

H_1	H_2	H_3	导通管	P1.5	P1.4	P1.3	P1.2	P1.1	P1.0	控制字
1	0	1	VT_1、VT_2、VT_3	0	0	1	1	0	0	0CH
1	0	0	VT_2、VT_3、VT_4	1	0	1	1	0	1	2DH
1	1	0	VT_3、VT_4、VT_5	1	0	0	0	0	1	21H
0	1	0	VT_4、VT_5、VT_6	1	1	0	0	1	1	33H
0	1	1	VT_5、VT_6、VT_1	0	1	0	0	1	0	12H
0	0	1	VT_6、VT_1、VT_2	0	1	1	1	1	0	1EH

利用软件进行导通状态转换,可以很容易地进行两两导通方式和三三导通方式的相互切换,用户通过键盘就可选择导通方式。

(2) 转速控制

无刷直流电动机的转速控制原理与普通直流伺服电动机一样,可以通过PWM方法来控制电枢电流,从而实现转速的控制。

本例中,通过C8051的PWM口来控制7408的三个B输入端。当PWM口输出低电平时,使7408输出低电平,VT_4、VT_6、VT_2被封锁;当PWM口输出高电平时,7408的输出状态取决于单片机的控制字,VT_4、VT_6、VT_2的导通与截止按正常换相状态进行。

由于采用了PWM口,单片机可以自动输出PWM波。

(3) 转向控制

无刷直流电动机的正反转控制原理:只要改变开关管的导通顺序,就可以实现改变无刷直流电动机的转向。

本例中,转向控制也是通过软件来完成的,通过送反转控制字到P1口即可。电动机反转控制字如表1-7、表1-8所列。

表1-7 两两导通方式控制字(反转)

H_1	H_2	H_3	导通管	P1.5	P1.4	P1.3	P1.2	P1.1	P1.0	控制字
1	0	1	VT_4、VT_5	1	0	0	0	1	1	23H
0	0	1	VT_3、VT_4	1	0	0	1	0	1	25H
0	1	1	VT_2、VT_3	0	0	1	1	0	1	0DH
0	1	0	VT_1、VT_2	0	0	1	1	1	0	0EH
1	1	0	VT_6、VT_1	0	1	0	1	1	0	16H
1	0	0	VT_5、VT_6	0	1	0	0	1	1	13H

表1-8 三三导通方式控制字(反转)

H_1	H_2	H_3	导通管	P1.5	P1.4	P1.3	P1.2	P1.1	P1.0	控制字
1	0	1	VT_4、VT_5、VT_6	1	1	0	0	1	1	33H
0	0	1	VT_3、VT_4、VT_5	1	0	0	0	0	1	21H
0	1	1	VT_2、VT_3、VT_4	1	0	1	1	0	1	2DH
0	1	0	VT_1、VT_2、VT_3	0	0	1	1	0	0	0CH
1	1	0	VT_6、VT_1、VT_2	0	1	1	1	1	0	1EH
1	0	0	VT_5、VT_6、VT_1	0	1	0	0	1	0	12H

(4) 启动电流控制

图1-58的限流电路由采样电阻R和比较器LM324组成。当电动机启动时,启动电流增大,采样电阻R上的压降增大,当压降大于给定电压U_0时,LM324输出低电平,VT_4、VT_6、VT_2关断,R上的电流迅速减小,压降也减小,当压降降到小于给定电压U_0时,LM324输出高电平,使VT_4、VT_6、VT_2恢复正常的通断顺序。通过该方法,电流被限制在U_0/R上下,从而达到限流的目的。

3. 基于DSP的无刷直流电动机控制

前面已对TI公司的DSP芯片TMS320F28335做了简单介绍。由于TMS320F28335具备丰富的外设资源和快速运算能力,在电动机全数字实时控制中的应用越来越广泛,下面介绍以TMS320F28335为控制核心构成的无刷直流电动机全数字控制系统。

该系统所用的三相无刷直流电动机有两对磁极,采用三相星形连接,额定转速为3000r/min,额定功率为60W,直流供电电压为24V。

(1) 控制原理

图1-59是用TMS320F28335实现三相无刷直流电动机调速的控制和驱动电路。三个间隔120°电角度分布的霍尔位置传感器H_1、H_2、H_3经整形电路后分别与TMS320F28335的三个

引脚 GPIO76、GPIO77、GPIO78 相连,通过查询法得出位置信息。由于在每个时刻三相绕组电流之和都为零,只用两个霍尔电流传感器 ACS712 就可实现三相电流检测。电流检测输出经滤波放大电路连接到 TMS320F28335 的 ADC 输入端 ADCINB0、ADCINB1。每个定时器中断对电流采样一次,如果超过设定阈值,则通过继电器切断电源并关闭上桥臂 VT_1、VT_3、VT_5 的 PWM 输出,达到过流保护的目的。

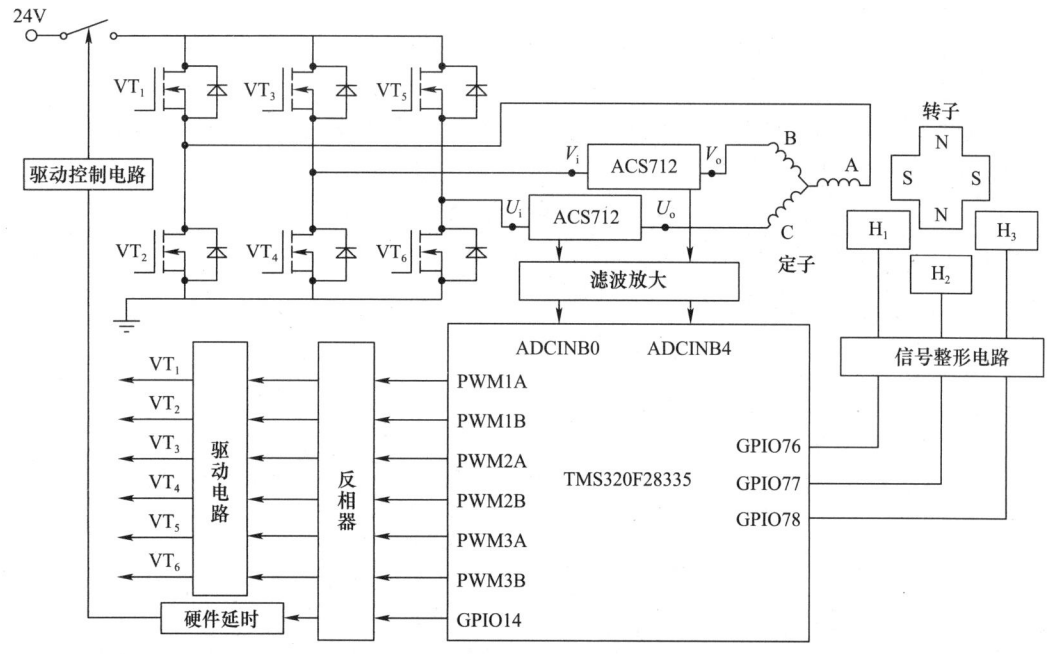

图 1-59　基于 TMS320F28335 的三相无刷直流电动机调速的控制和驱动电路

TMS320F28335 通过 PWM1A～PWM3B 引脚经反相器和驱动电路连接到 6 个开关管,实现定频 PWM 和换相控制。TMS320F28335 通过 GPIO14 引脚经反相器、硬件延时和驱动控制电路串入 24V 直流电源的继电器,实现对供电电源的控制。

图 1-60 是三相无刷直流电动机用软件实现调速控制的框图。给定转速与速度反馈比较后形成偏差,经速度调节器后产生 PWM 波占空比的控制量,实现电动机的速度控制。速度反馈是通过霍尔位置传感器输出的位置信号经过计算得到的。霍尔位置传感器输出的位置信号还用于控制换相。

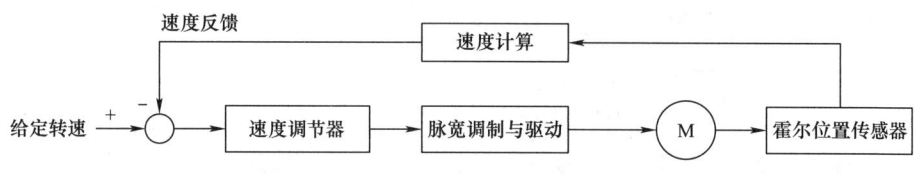

图 1-60　三相无刷直流电动机调速控制框图

(2) 电流的检测和计算

图 1-61 为电流检测电路原理图,霍尔电流传感器采用的是 ACS712,其电源端 V_{CC}(8 脚)的推荐值为 4.5～5.5V,电流测量范围为 -20～20A,输出 VIOUT 端(7 脚)的电压与输入电流 i 的关系为

$$VIOUT = \frac{V_{CC}}{2} + 0.1 \times i$$

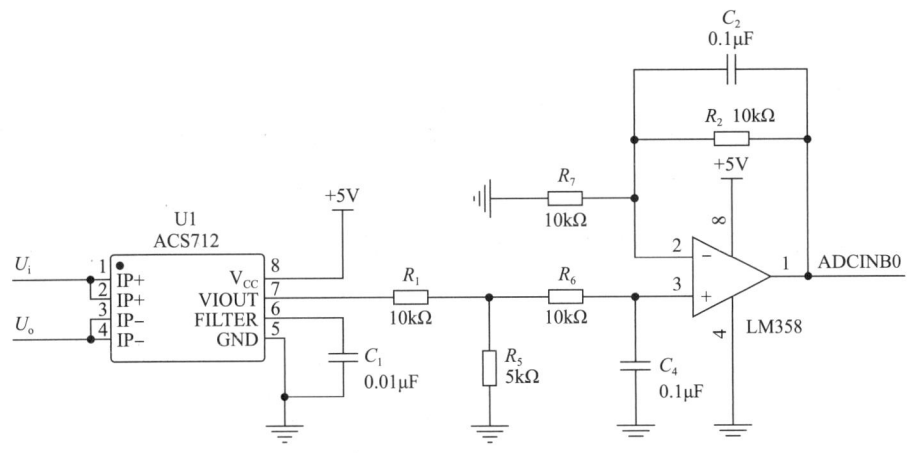

图 1-61　电流检测电路原理图

霍尔电流传感器后面连接滤波放大电路,其输出接入 TMS320F28335 的 ADCINB0 引脚,由图 1-61 可知,ADCINB0 端电压与 VIOUT 端电压的比值为 2/3。TMS320F28335 内置 12 位模数转换器,其输入电压范围为 0～3V,转换后数字量 U_ADC 范围为 $0 \sim 2^{12}-1$,从而可得 U_ADC 与待测电流 i 之间的关系为

$$U\_ADC = \frac{2^{12}-1}{3} \times \frac{2}{3} VIOUT = \frac{4095 \times V_{CC}}{9} + \frac{4095}{3} \times \frac{2}{3} \times 0.1 \times i = Bias\_U + ADC\_U$$

数字量 U_ADC 由两项构成,分别记为 Bias_U 和 ADC_U。在控制电路正常工作期间,V_{CC} 可视作常数,所以 Bias_U 也为常数,并且在电动机未通电时待测电流 i 为 0,从而可得 Bias_U 的值,在电动机通电时从 U_ADC 中减去 Bias_U 得到 ADC_U,进一步推导可得待测电流 i 与 ADC_U 的关系为

$$i = \frac{3}{4095} \times \frac{3}{2} \times 10 \times ADC\_U \approx 0.010989010989 \times ADC\_U$$

(3) 位置检测和速度计算

根据前面讲述的三相无刷直流电动机控制原理,为了保证得到恒定的最大转矩,就必须不断地对三相无刷直流电动机进行换相,并且掌握好恰当的换相时刻,这样可以减小转矩的波动,因此位置检测是非常重要的。位置检测不仅用于换相控制,而且用于产生速度反馈量。下面讨论如何通过位置信号进行换相控制,以及如何进行速度计算。图 1-59 中位置信号是通过三个霍尔位置传感器得到的。每个霍尔位置传感器都会产生 180°脉宽的输出信号,如图 1-62 所示。三个霍尔位置传感器的输出信号相位互差 120°。它们在每 360°电角度中共有 6 个上升沿或下降沿,本例中电动机有两对磁极,所以每个机械转动周期共有 12 个上升沿或下降沿。

但是只有换相时刻还不能完成换相,还需要知道应该切换到哪一相。TMS320F28335 的 I/O 口检测电平状态,再将电平状态组合为换相控制字,换相控制字与各开关管状态的对应关系见表 1-9 和表 1-10,这两个表是根据图 1-62、图 1-63 和三相星形全桥驱动电路的通电规律所得到的。在这种控制方式下,受控的一个桥臂采用固定频率的互补 PWM 波控制,与其配合的另一桥臂的下管处于持续导通状态,其他开关管处于关断状态。在换相处理子程序中,根据换相控制字分配对应的开关管状态,实现正确换相。

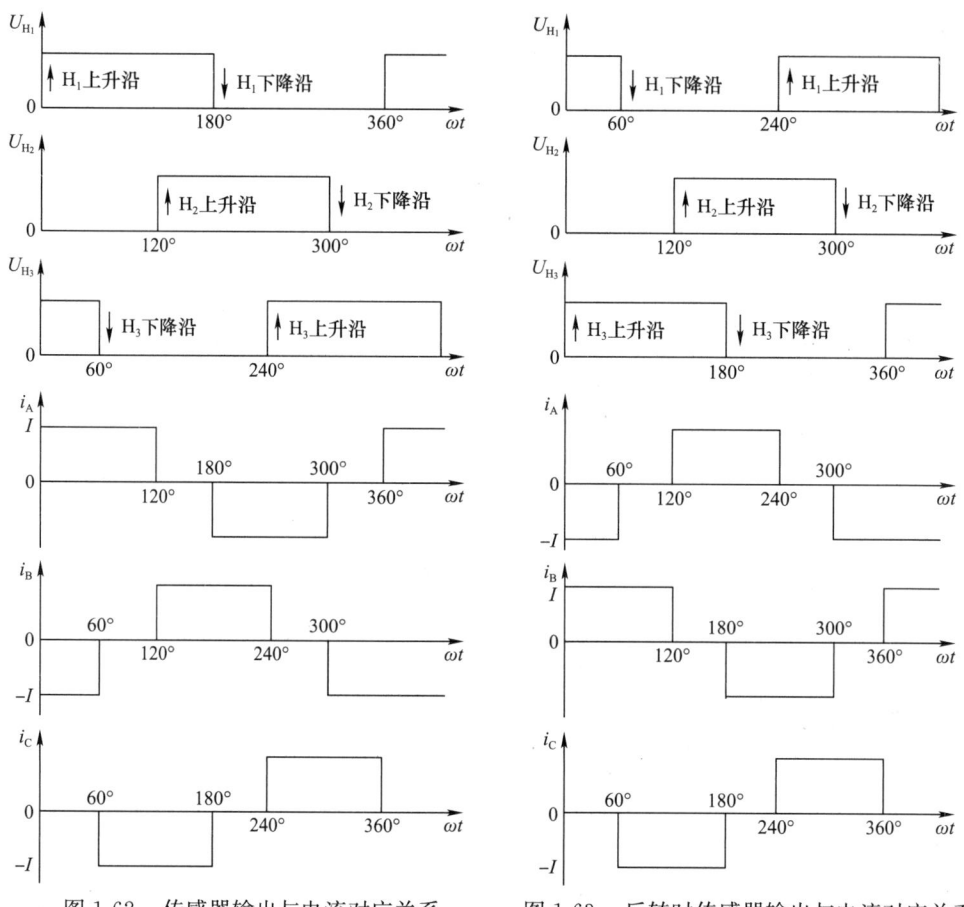

图 1-62 传感器输出与电流对应关系　　图 1-63 反转时传感器输出与电流对应关系

表 1-9　换相控制字与开关管状态的关系

霍尔位置传感器			控制字	信号边沿状态	各开关管的状态					
H_3	H_2	H_1			VT_1	VT_2	VT_3	VT_4	VT_5	VT_6
1	0	1	5	H_1 上升沿	PWM	NPWM	关	开	关	关
0	0	1	1	H_3 下降沿	PWM	NPWM	关	关	关	开
0	1	1	3	H_2 上升沿	关	关	PWM	NPWM	关	开
0	1	0	2	H_1 下降沿	关	开	PWM	NPWM	关	关
1	1	0	6	H_3 上升沿	关	开	关	关	PWM	NPWM
1	0	0	4	H_2 下降沿	关	关	关	开	PWM	NPWM

表 1-10　反转时换相控制字与开关管状态的关系

霍尔位置传感器			控制字	信号边沿状态	各开关管的状态					
H_3	H_2	H_1			VT_1	VT_2	VT_3	VT_4	VT_5	VT_6
1	0	1	5	H_3 上升沿	关	开	PWM	NPWM	关	关
1	0	0	4	H_1 下降沿	关	关	PWM	NPWM	关	开
1	1	0	6	H_2 上升沿	PWM	NPWM	关	关	关	开
0	1	0	2	H_3 下降沿	PWM	NPWM	关	开	关	关
0	1	1	3	H_1 上升沿	关	关	关	开	PWM	NPWM
0	0	1	1	H_2 下降沿	关	开	关	关	PWM	NPWM

位置信号还可以用来产生速度反馈量。我们知道转子每转过60°电角度就有一次换相,这就是说每个机械转动周期有12次换相,这样只要得到单位时间间隔Δt内的换相次数COMM_CNT,就可以根据下式计算出电动机每分钟的转速speed

$$\text{speed} = \frac{\text{COMM\_CNT}}{12\Delta t} \times 60$$

将PWM中断的频率设置为10kHz,每100次PWM中断执行一次速度计算,则Δt为0.01s,电动机的额定转速Basespeed为3000r/min,则电动机转速反馈量的标幺值Sp_Fdb为

$$\text{Sp\_Fdb} = \frac{\text{speed}}{\text{Basespeed}} = \frac{\text{COMM\_CNT} \times 60}{12 \times 0.01 \times 3000} = \frac{\text{COMM\_CNT}}{6}$$

通过计算所得到的速度值作为速度反馈量参与速度PI调节计算。速度调节采用最抗饱和PI算法,以获得最佳的动态效果。

三相无刷直流电动机在启动时也需要位置信号。通过三个霍尔位置传感器的输出来判断应该先给哪两相通电,并且预先给一个较小的占空比,直到第一次速度调节结束。

(4) DSP编程

根据以上所述,我们设计了一个用TMS320F28335控制三相无刷直流电动机调速的系统,采用图1-59所示的硬件电路,其中TMS320F28335的系统时钟频率为150MHz,PWM频率为10kHz。通过定时器周期匹配事件启动A/D转换,使每个定时器中断都对电流进行一次采样,每100次定时器中断进行一次速度计算;转子每转过60°电角度进行换相操作。定时器中断的程序流程图如图1-64所示。

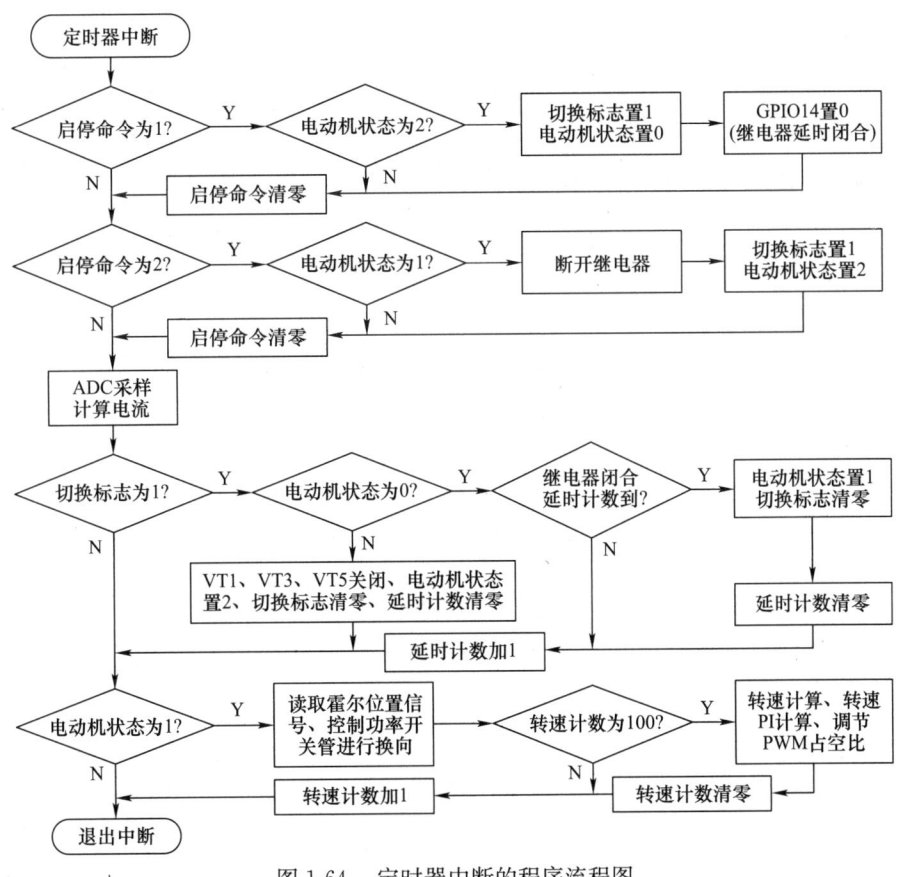

图1-64 定时器中断的程序流程图

在程序运行时,将变量 Start_Stop_CMD(启停命令)写为 1,程序进入启动流程。电动机转速通过变量 SpeedRef_M100 控制,该变量代表速度标幺值的 100 倍,其初值为 6,即电动机初始速度为 $0.06 \times 3000 = 180 \text{r/min}$。将变量 Start_Stop_CMD 写为 2,程序进入停止流程。电动机旋转方向通过变量 Motordir 控制,其初值为 1,代表电动机按顺时针旋转,修改 Motordir 必须在电动机未启动时进行。在电动机未启动时,将其修改为 0,然后将 Start_Stop_CMD 写为 1,则电动机按逆时针转动方向启动。

用 TMS320F28335 控制三相无刷直流电动机调速的主要程序代码如下:

```c
#include "DSP2833x_Device.h"
#include "DSP2833x_Examples.h"
#define Relay_Close_0 GpioDataRegs.GPACLEAR.bit.GPIO14 = 1;// 闭合继电器
#define Relay_Open_1 GpioDataRegs.GPASET.bit.GPIO14 = 1;    // 控制继电器断开
typedef unsigned int Uint16;
interrupt void EPWM_1_INT(void);
void VT_135_close(void); // VT₁、VT₃、VT₅ 关闭
void Pwm_32();
void Pwm_52();
void Pwm_54();
void Pwm_14();
void Pwm_16();
void Pwm_36();
//****************************************************************
// 全局变量定义与初始化
//****************************************************************
Uint16 Start_Stop_CMD = 0;      // 启停命令:初值为 0,写 1 启动,写 2 停止
Uint16 Motordir = 1;            // 电动机转动方向:写 0 逆时针;写 1 顺时针
Uint16 Motor_state_Flag = 2;    // 电动机运行状态标志:2,停机;0,启动中;1,转动
Uint16 Hall_state = 0;          // 霍尔位置传感器状态
Uint16 Hall_Fault_Flag = 0;     // 霍尔状态错误标志
Uint16 T1Period = 0;            // T1 定时器周期计数
float Rated_current = 3;        // 设置电动机额定电流的有效值,单位为 A
//===========================转子速度计算============================
Uint16 SpeedLoopPrescaler = 100;// 用于速度环计算频率控制
Uint16 Sp_Clca_CNT = 0;         // 速度计算计数器
Uint16 Comm_CNT = 0;            // 换相次数计数
Uint16 BaseSpeed = 3000;        // 额定转速
Uint16 SpeedRef_M100 = 0;       // 速度给定,标幺值*100,整数化,方便使用
//===========================PI控制器参数============================
float SpeedRef = 0;             // 速度给定,标幺值
float Sp_Fdb = 0;               // 速度反馈,标幺值
float Sp_Error = 0;             // 速度误差
float Sp_Up = 0;
float Sp_Ui = 0;
float Sp_OutPreSat = 0;
float Sp_SatError = 0;
float Sp_OutMax = 0.90;         // 输出高限
```

```c
float Sp_OutMin =-0.90;         // 输出低限
float Sp_Out = 0;               // 输出
float Sp_Kp = 0.4;
float Sp_Ki = 0.2;
//===================== 其他变量 =====================
Uint16 PWM_CMP = 0,PWM_CMP_t = 0;   // 产生 PWM 的比较值
Uint16 Locked_CNT = 0;              // 堵转计数变量
Uint16 AD_BUF[2] = {0,0};
Uint16 I_A = 0,I_B = 0,I_C = 0;
float32 IA_MAX = 0,IB_MAX = 0,IC_MAX = 0;
int16 ADC_U,ADC_V;                  // 电流霍尔传感器 A/D 转换值
int16 Bias_U = 0,Bias_V = 0;        // 电流霍尔传感器 A/D 偏置值
Uint16 O_Current_threshold = 0;
Uint16 O_Current_Flag = 0;
Uint16 State_Switching_Flag = 0;    // 电动机状态切换标志,置0不切换,置1需要切换
Uint32 Relay_ON_CNT = 0;            // 计数变量
_iq ia = 0,ib = 0,ic = 0;           // Q 格式,瞬时电流
void Pwm_14(void)
{
    EALLOW;
    GpioCtrlRegs.GPAMUX1.bit.GPIO0 = 1;     // Configure GPIO0(1A) as PWM
    GpioCtrlRegs.GPAMUX1.bit.GPIO1 = 1;     // Configure GPIO0(1B) as PWM

    GpioCtrlRegs.GPADIR.bit.GPIO2 = 1;
    GpioDataRegs.GPADAT.bit.GPIO2 = 1;
    GpioCtrlRegs.GPAMUX1.bit.GPIO2 = 0;     // Configure GPIO2(2A) as GPIO

    GpioCtrlRegs.GPADIR.bit.GPIO3 = 1;
    GpioDataRegs.GPADAT.bit.GPIO3 = 0;
    GpioCtrlRegs.GPAMUX1.bit.GPIO3 = 0;     // Configure GPIO0(2B) as GPIO

    GpioCtrlRegs.GPADIR.bit.GPIO4 = 1;
    GpioDataRegs.GPADAT.bit.GPIO4 = 1;
    GpioCtrlRegs.GPAMUX1.bit.GPIO4 = 0;     // Configure GPIO4(3A) as GPIO

    GpioCtrlRegs.GPADIR.bit.GPIO5 = 1;
    GpioDataRegs.GPADAT.bit.GPIO5 = 1;
    GpioCtrlRegs.GPAMUX1.bit.GPIO5 = 0;     // Configure GPIO0(3B) as GPIO
    EDIS;
}
void Pwm_36(void)
{
    EALLOW;
    GpioCtrlRegs.GPADIR.bit.GPIO0 = 1;
    GpioDataRegs.GPADAT.bit.GPIO0 = 1;
    GpioCtrlRegs.GPAMUX1.bit.GPIO0 = 0;     // Configure GPIO0(1A) as GPIO
```

```c
    GpioCtrlRegs.GPADIR.bit.GPIO1 = 1;
    GpioDataRegs.GPADAT.bit.GPIO1 = 1;
    GpioCtrlRegs.GPAMUX1.bit.GPIO1 = 0;      // Configure GPIO0(1B) as GPIO

    GpioCtrlRegs.GPAMUX1.bit.GPIO2 = 1;      // Configure GPIO2(2A) as PWM
    GpioCtrlRegs.GPAMUX1.bit.GPIO3 = 1;      // Configure GPIO0(2B) as PWM

    GpioCtrlRegs.GPADIR.bit.GPIO4 = 1;
    GpioDataRegs.GPADAT.bit.GPIO4 = 1;
    GpioCtrlRegs.GPAMUX1.bit.GPIO4 = 0;      // Configure GPIO4(3A) as GPIO

    GpioCtrlRegs.GPADIR.bit.GPIO5 = 1;
    GpioDataRegs.GPADAT.bit.GPIO5 = 0;
    GpioCtrlRegs.GPAMUX1.bit.GPIO5 = 0;      // Configure GPIO0(3B) as GPIO
    EDIS;
}
//=====注意================================================
// Pwm_16()、Pwm_32()、Pwm_52()、Pwm_54() 与 Pwm_14()、Pwm_36() 类似
//===== 此处省略了4个函数 ======================================
void BLDC_DIR1(void)
{
    if(Hall_state! = OLD_Hall_state)// 如果转子位置发生改变
    {
        Locked_CNT = 0;
        switch (Hall_state)
        {
            case 5:
                Pwm_14();   Comm_CNT ++;   break;
            case 1:
                Pwm_16();   Comm_CNT ++;   break;
            case 3:
                Pwm_36();   Comm_CNT ++;   break;
            case 2:
                Pwm_32();   Comm_CNT ++;   break;
            case 6:
                Pwm_52();   Comm_CNT ++;   break;
            case 4:
                Pwm_54();   Comm_CNT ++;   break;
            default:
                Relay_Open_1;
                Motor_state_Flag = 2; // 霍尔位置传感器信号错误,启动停止
                VT_135_close();
                Hall_Fault_Flag = 1;
                break;
        }
    }
}
```

```c
        else// 如果转子位置没有发生改变
        {
            Locked_CNT ++;
            if(Locked_CNT > 10000)
            {
                Locked_CNT = 0;
                Relay_Open_1;
                VT_135_close();
                POW_ERR_Flag = 4;
            }
        }
    }
}
void BLDC_DIR2(void)
{
    if(Hall_state! = OLD_Hall_state) // 如果转子位置发生改变
    {
        Locked_CNT = 0;
        switch (Hall_state)
        {
            case 5:
                Pwm_32();   Comm_CNT ++;   break;
            case 4:
                Pwm_36();   Comm_CNT ++;   break;
            case 6:
                Pwm_16();   Comm_CNT ++;   break;
            case 2:
                Pwm_14();   Comm_CNT ++;   break;
            case 3:
                Pwm_54();   Comm_CNT ++;   break;
            case 1:
                Pwm_52();   Comm_CNT ++;   break;
            default:
                Relay_Open_1;
                Motor_state_Flag = 2; // 霍尔位置传感器信号错误,启动停止
                VT_135_close();
                Hall_Fault_Flag = 1;
                break;
        }
    }
    else// 如果转子位置没有发生改变
    {
        Locked_CNT ++;
        if(Locked_CNT > 10000)
        {
            Locked_CNT = 0;
            Relay_Open_1;
```

```
                VT_135_close();
                POW_ERR_Flag = 4;
            }
        }
}

void Get_Hall(void)
{
    Uint16 temp_u = 0, temp_v = 0, temp_w = 0;
    temp_w = GpioDataRegs.GPCDAT.bit.GPIO78;         // W,读取霍尔位置传感器信号
    temp_v = GpioDataRegs.GPCDAT.bit.GPIO77;         // V,读取霍尔位置传感器信号
    temp_u = GpioDataRegs.GPCDAT.bit.GPIO76;         // U,读取霍尔位置传感器信号
    Hall_state = temp_u + (temp_v << 1) + (temp_w << 2); // 组合为一个换向控制字
    if(Motordir == 1)    BLDC_DIR1();
    if(Motordir == 0)    BLDC_DIR2();
    OLD_Hall_state = Hall_state;
}
void Ad_Sample(void)// 读取 A/D 转换数值并计算电流瞬时值
{
    while (AdcRegs.ADCST.bit.SEQ1_BSY == 1)   {;}
    // 读取
    AD_BUF[0] = AdcRegs.ADCRESULT0 >> 4;// ADCINB0 测 ib 信号
    AD_BUF[1] = AdcRegs.ADCRESULT1 >> 4;// ADCINB4 测 ic 信号
    if(Motor_state_Flag == 2)// 电动机未启动时,ADC 数值就是测量电路的直流偏置
    {
        Bias_V = AD_BUF[0];
        Bias_U = AD_BUF[1];
    }
    ADC_V = AD_BUF[0];// 测 ib 信号
    ADC_U = AD_BUF[1];// 测 ic 信号
    ic = _IQdiv(_IQmpy((_IQ(ADC_U) - _IQ(Bias_U)), _IQ(0.010986328125)), _IQ(Rated_current));
    ib = _IQdiv(_IQmpy((_IQ(ADC_V) - _IQ(Bias_V)), _IQ(0.010986328125)), _IQ(Rated_current));
    ia = - ic - ib;
}
void Calc_current(void)// 计算电流
{
    float32 IA, IB, IC;
    static Uint16 i = 0;
    IC = (ADC_U - Bias_U) * 0.10989010989;// 乘以 10 倍系数得到 10 倍电流
    IB = (ADC_V - Bias_V) * 0.10989010989;// 乘以 10 倍系数得到 10 倍电流
    IA = 0 - IB - IC;
    if(IB < 0.0)      {IB = - IB;}// 取绝对值
    if(IA < 0.0)      {IA = - IA;}// 取绝对值
    if(IC < 0.0)      {IC = - IC;}// 取绝对值
    if(IA > IA_MAX)IA_MAX = IA;// 求最大值
    if(IB > IB_MAX)IB_MAX = IB;// 求最大值
```

```c
        if(IC > IC_MAX) IC_MAX = IC; // 求最大值
        i++;
        if(i == 300) // 按照固定的时间间隔,计算有效值
        {
            I_A = IA_MAX/1.414; // 计算有效值
            I_B = IB_MAX/1.414; // 计算有效值
            I_C = IC_MAX/1.414; // 计算有效值
            i = 0;
            IB_MAX = 0; // 最大值变量清零,否则对下个周期的计算有影响
            IA_MAX = 0; // 最大值变量清零,否则对下个周期的计算有影响
            IC_MAX = 0; // 最大值变量清零,否则对下个周期的计算有影响
            if((I_A > O_Current_threshold) || (I_B > O_Current_threshold) || (I_C > O_Current_threshold))
                                                    // 大于过流设定值,则停机
            {
                Relay_Open_1; // 断开继电器
                VT_135_close();
                Pwm_DisEN_1; // 关掉 PWM
                O_Current_Flag = 1; // 标志位置1,过流
                Motor_state_Flag = 2; // 状态标志设为2,停机状态
            }
        }
}
void VT_135_close(void) // VT₁、VT₃、VT₅ 关闭
{
    EALLOW;
    // PWM1A(GPIO0). PWM2A(GPIO2). PWM3A(GPIO4) 高,经过反相后为低
    GpioCtrlRegs.GPADIR.bit.GPIO0 = 1;
    GpioCtrlRegs.GPADIR.bit.GPIO2 = 1;
    GpioCtrlRegs.GPADIR.bit.GPIO4 = 1;
    GpioDataRegs.GPASET.bit.GPIO0 = 1;
    GpioDataRegs.GPASET.bit.GPIO2 = 1;
    GpioDataRegs.GPASET.bit.GPIO4 = 1;
    GpioCtrlRegs.GPAMUX1.bit.GPIO0 = 0;    // Configure GPIO0(1A) as GPIO
    GpioCtrlRegs.GPAMUX1.bit.GPIO2 = 0;    // Configure GPIO2(2A) as GPIO
    GpioCtrlRegs.GPAMUX1.bit.GPIO4 = 0;    // Configure GPIO4(3A) as GPIO
    EPwm1Regs.CMPA.half.CMPA = 375;
    EPwm2Regs.CMPA.half.CMPA = 375;
    EPwm3Regs.CMPA.half.CMPA = 375;
    EDIS;
    Motor_state_Flag = 2;
    Locked_CNT = 0;
    Speed_dis = 0;
    SpeedRef = 0;
    SpeedRef_M100 = 0;
    O_Current_Flag = 0;
    Hall_Fault_Flag = 0;
```

```
    Comm_CNT = 0;
    Sp_Clca_CNT = 0;
    OLD_Hall_state = 0;
}
void main(void)
{
    InitSysCtrl();     // 系统初始化
    InitGpio();        // GPIO 初始化
    DINT;
    InitPieCtrl();
    IER = 0x0000;
    IFR = 0x0000;
    InitPieVectTable();
    EALLOW;
    PieVectTable.EPWM1_INT = &EPWM_1_INT;// PWM 脉宽计算等主要操作的定时中断
    EDIS;
    InitEPwm_1_2_3();// PWM 发生器相关初始化
    O_Current_threshold = 15 * Rated_current;// 1.5 倍后再放大 10 倍,用于和放大 10 倍后的电流有效值比较
    ADC_Soc_Init();// ADC 初始化
    VT_135_close(); // 关断三相上桥臂,三相无输出
    Ad_Sample();// 读取 A/D 转换数值
    Ad_Sample();
    DELAY_US(1000000);
    IER |= M_INT3;
    PieCtrlRegs.PIEIER3.bit.INTx1 = 1;// epwm1int
    EINT;
    ERTM;
    for(;;)
    {
    }
}
interrupt void EPWM_1_INT(void)
{
    if(Start_Stop_CMD == 1)// 启动
    {
        if(Motor_state_Flag == 2)
        {
            Relay_Close_0;// 闭合继电器
            State_Switching_Flag = 1;// 置 0,不切换;置 1,需要切换
            Motor_state_Flag = 0;// 启动状态
            SpeedRef_M100 = 6;// 给定初速(百分比)
            SpeedRef = SpeedRef_M100 * 1.0/100;// 给定初速标幺值
        }
        Start_Stop_CMD = 0;
    }
    if(Start_Stop_CMD == 2)// 停止
```

```c
{
    Relay_Open_1;// 断开继电器
    if(Motor_state_Flag == 0)// 为0,则电动机正处于闭合继电器前的1.5s延时中
    {
        Motor_state_Flag = 2;// 停机状态
    }
    State_Switching_Flag = 1;// 置0,不切换;置1,需要切换
    Start_Stop_CMD = 0;
}
Ad_Sample();// 读取A/D转换数值
Calc_current();// 计算电流最大值和有效值,过流和短路保护

if(State_Switching_Flag == 1)// 电动机状态切换标志,为1需要切换,为0则跳过
{
    if(Motor_state_Flag == 0)// 延时1.5s后继电器闭合,电动机转动
    {
        Relay_ON_CNT++;
        if(Relay_ON_CNT == 15000)// 启动延时1.5s
        {
            Motor_state_Flag = 1;// 启动经过1.5s,电动机转动状态
            State_Switching_Flag = 0;// 置0,不切换;置1,需要切换
            Relay_ON_CNT = 0;
        }
    }
    else// 停机
    {
        VT_135_close();
        Motor_state_Flag = 2;
        State_Switching_Flag = 0;// 置0,不切换;置1,需要切换
        Relay_ON_CNT = 0;
    }
}
if(Motor_state_Flag == 1)// 电动机运行标志Motor_state_Flag为1
{
    Sp_Clca_CNT++;// 测速计时变量加1,加1相当于0.1ms(10kHz)
    Get_Hall();// 读取霍尔位置传感器信号
    SpeedRef = SpeedRef_M100 * 1.0/100;// 给定初速(百分比)
    if(Sp_Clca_CNT == SpeedLoopPrescaler)// 变量加到100相当于10ms
    {
        Sp_Clca_CNT = 0;
        Sp_Fdb = Comm_CNT/6.0;
        Comm_CNT = 0;
//===================速度环PI=====================
        Sp_Error = SpeedRef - Sp_Fdb;
        Sp_Up = Sp_Kp * Sp_Error;
        Sp_Ui = Sp_Ui + Sp_Ki * Sp_Up + Sp_Ki * Sp_SatError;
```

```
            Sp_OutPreSat = Sp_Up + Sp_Ui;
            if(Sp_OutPreSat > Sp_OutMax)
                Sp_Out = Sp_OutMax;
            else if(Sp_OutPreSat < Sp_OutMin)
                Sp_Out = 0;
            else
                Sp_Out = Sp_OutPreSat;
            Sp_SatError = Sp_Out - Sp_OutPreSat;
            PWM_CMP_t = Sp_Out * T1Period;
//====================调节PWM占空比====================
            PWM_CMP = PWM_CMP_t;
            if(PWM_CMP < 375)
              {PWM_CMP = 375;}
            if(PWM_CMP > 3375)
              {PWM_CMP = 3375;}
            EPwm1Regs.CMPA.half.CMPA = PWM_CMP;
            EPwm2Regs.CMPA.half.CMPA = PWM_CMP;
            EPwm3Regs.CMPA.half.CMPA = PWM_CMP;
        }
    }
    EPwm1Regs.ETCLR.bit.INT = 1;// 清除中断标志位
    PieCtrlRegs.PIEACK.all = PIEACK_GROUP3;
}
```

4. 无位置传感器的无刷直流电动机控制

虽然位置传感器为转子位置提供了最直接有效的检测方法，但是，它增大了电动机的体积，同时，由于需要多条信号线，增加了电动机的工艺要求和成本。无位置传感器无刷直流电动机的制造工艺简单、体积小、可靠性高并且成本较低。无位置传感器无刷直流电动机的控制方式有多种，在要求不高的场合，可以用专用芯片如 TB6520P、TB6537P、ML4425、Si9993CS 等实现。

随着无刷直流电动机无位置传感器控制技术的发展和高速处理芯片的成熟，无位置传感器无刷直流电动机的控制和应用越来越广泛。下面介绍以 TMS320F28335 为控制核心实现无位置传感器的无刷直流电动机的控制。

1) 无刷直流电动机转子位置检测技术简介

无位置传感器无刷直流电动机的转子位置检测可通过硬件或者软件的方法实现，方法有多种，以下均以三相无刷直流电动机为例，简单介绍其中的几种方法。

(1) 反电动势积分法

这种方法是通过对电动机不导通相反电动势的积分信号来获取转子位置信息的。当截止相反电动势过零时开始积分，对应于换向瞬时设置一个门限，用来中止积分信号。反电动势和转速之间存在线性关系，反电动势沿斜线变化的斜率和转速密切相关，在整个转速范围内，积分门限保持不变，一旦达到积分门限，复位信号立即将积分器置零。为了避免积分器因电动机启动开始积分，复位信号保持足够时间以保证电流降为零后启动积分器。这种方法对开关噪声不敏感，积分门限可以根据转速信号自动调节，但由于误差积累这种方法在电动机低速运行时存在一定的问题。

(2) 续流二极管法

这种方法是通过监视并联在开关管两端的自由换向二极管的导通情况来确定电动机开关管的换向瞬时的。无刷直流电动机三相绕组中总有一相处于断开状态,于是通过监视6个续流二极管的导通/关断情况就可以获得6个开关管的开关顺序。这种方法同样适用于120°导通的三相六状态方波驱动的永磁无刷直流电动机。但这种方法有一个最大的不足之处:必须给比较电路提供6个独立的电源来检测续流二极管中的电流,而且在换向点存在位置误差。

(3) 直接反电动势法

三相无刷直流电动机每过60°就需要换相一次,每转一周需要6次换相,因此,需要6个换相信号。如图1-65所示,每相的感应电动势都有两个过零点,三相共有6个过零点。通过检测并计算出这6个过零点,再将其延迟30°,就可以获得6个换相信号。直接电动势法利用过零点进行位置检测,因此,也称此方法为过零点检测法。

2) 无位置传感器无刷直流电动机的DSP实现

(1) 位置检测实现

利用上述过零点检测理论,设计出如图1-66所示的转子位置检测电路。图中,R为相电阻,E_X为相感应电动势,I_X为相电流,U_X为相电压,U_n为星形连接的中性点电压。

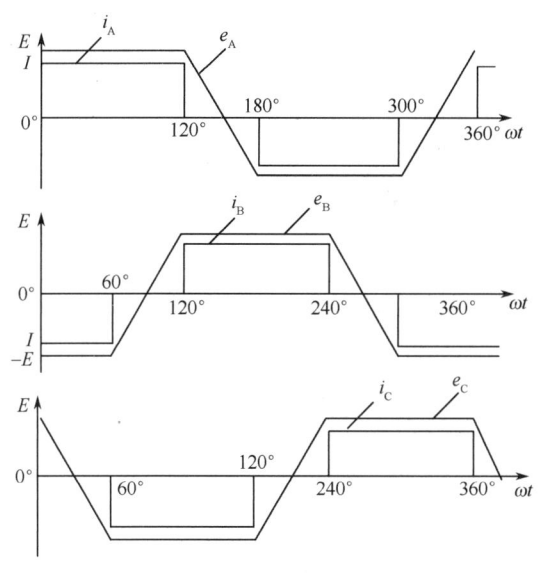

图 1-65 电流与感应电动势波形

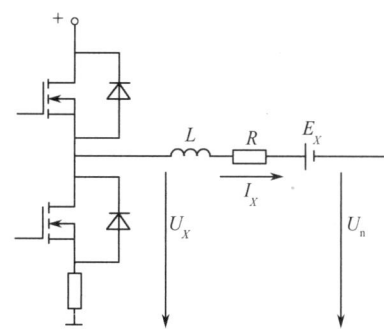

图 1-66 电动机转子某相电路模型

根据图1-66,列出相电压方程为

$$U_X = RI_X + L\frac{dI_X}{dt} + E_X + U_n \tag{1-34}$$

对于三相无刷直流电动机,每次只有两相通电,两相通电电流方向相反,同时另一相断电,相电流为零。因此,利用这个特点,将X分别为A、B、C相代入式(1-34)中,列出A、B、C三相的电压方程,并将三个方程相加,使$L\dfrac{dI_X}{dt}$和RI_X项抵消,便可得

$$U_A + U_B + U_C = E_A + E_B + E_C + 3U_n$$

由图 1-65 可知,无论哪一相的感应电动势的过零点都存在 $E_A + E_B + E_C = 0$ 的关系,所以,由上式可知,在感应电动势过零点有

$$U_A + U_B + U_C = 3U_n \tag{1-35}$$

对于断电的一相,I_X 为零。根据式(1-34),其感应电动势为

$$E_X = U_X - U_n \tag{1-36}$$

因此,只要测量出各相的相电压 U_A、U_B、U_C,根据式(1-35)计算出 U_n,就可以通过式(1-36)计算出任意一断电相的感应电动势。通过判断感应电动势的符号变化,就可确定过零点时刻。

(2) 硬件系统组成

图 1-67 是采用 TMS320F28335 实现无位置传感器无刷直流电动机控制和驱动电路。在该电路中,为了计算不通电相的感应电动势,需要检测三相电压。这里采用分压电阻的方法对三相电压进行检测,同时,为了检测过电流信号,对电流信号也进行了检测。各相电压信号都采用电容进行滤波,经过放大、限幅以后,分别与 TMS320F28335 的 ADCINA0 ~ ADCINA2 引脚相连。

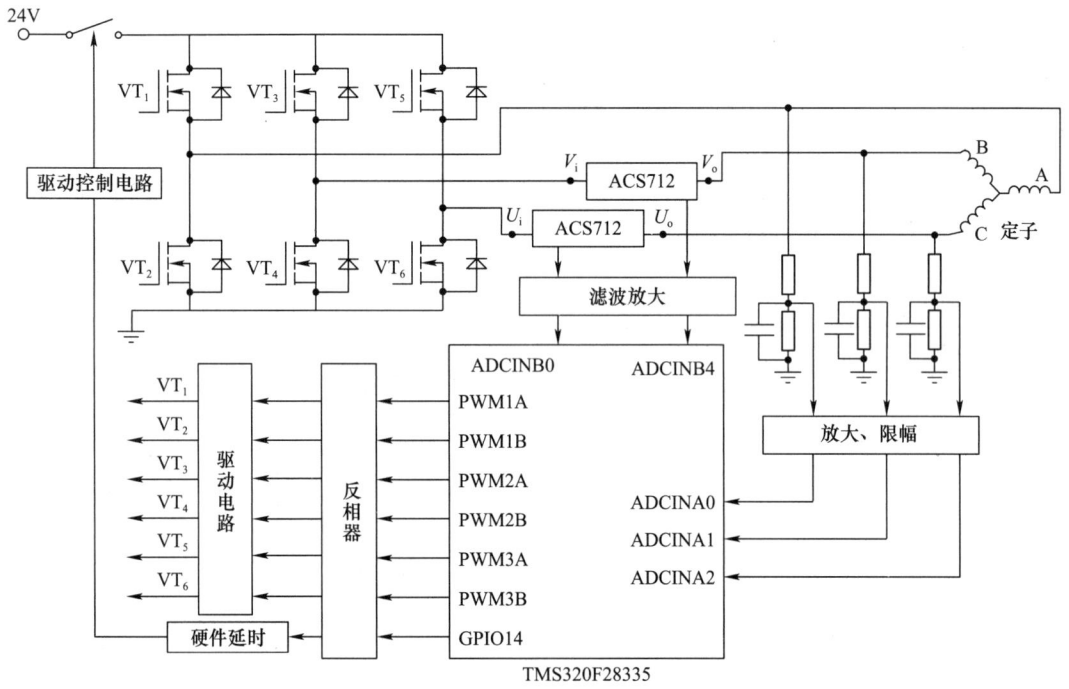

图 1-67 无位置传感器无刷直流电动机控制和驱动电路原理图

(3) 开关管的控制方式

本例采用 PWM 控制方式,单极性,开关管的工作状态和换相对应关系见表 1-11。这里,取换相控制字分别为 2、4、6、8、10、12。

在这种控制方式下,受控的两个对角开关管中的上桥臂采用固定频率的 PWM 控制,另一个开关管常开。

表 1-11　开关管的工作状态与换相的对应关系

换相控制字	对应有位置传感器的边沿状态	各开关管的工作状态					
		VT_1	VT_2	VT_3	VT_4	VT_5	VT_6
2	H_1 上升沿	PWM	断	断	开	断	断
4	H_3 下降沿	PWM	断	断	断	断	开
6	H_2 上升沿	断	断	PWM	断	断	开
8	H_1 下降沿	断	开	PWM	断	断	断
10	H_3 上升沿	断	开	断	断	PWM	断
12	H_2 下降沿	断	断	断	开	PWM	断

(4) 调节和感应电动势的计算

为了简单方便，电流调节和速度调节都采用比例调节。电流比例调节每隔 50μs 进行一次，与 PWM 同频率，速度比例调节每 100ms 进行一次。

每隔 50μs 对三个相电压采样一次，通过 ADC 转换成数字量。根据式 (1-35) 求得中性点电压。因为 DSP 的乘法运算比除法运算快得多，在计算中性点电压时不除以 3，而是保留 3 倍的中性点电压值。在用式 (1-36) 计算感应电动势时，使用 3 倍的相电压与 3 倍的中性点电压值相减，得到 3 倍的感应电动势值。我们对感应电动势的大小不感兴趣，而只对感应电动势的符号变化感兴趣，因此直接用 3 倍的感应电动势值去判断符号的变化，从而省去除法运算，提高了计算速度。

(5) 换相及其计算

换相的瞬间会产生电磁干扰，这时，检测相电压容易产生较大的误差。又因为换相后感应电动势不会立即进入过零点，所以在换相后加上一个延时，等待延时过后再进行相电压的检测。由图 1-65 可见，过零点与换相点间隔 30°。这就是说，在测得过零点后，还要延迟一段时间才能换相，延迟的这段时间称为延迟时间。在程序中，延迟时间采用以下方法估算：测得转子刚转过一转所用的时间，将这个时间除以 12，就可以得到转过 30° 所用的平均时间，用这个平均时间作为下一转的 6 个过零点与相应的换相点之间的延迟时间。

当速度增大或者减小时，采用这种估算延迟时间的方法会在系统动态响应中产生一个负反馈，即：当电动机减速时，估算的延迟时间要比实际所需的时间短，使换相点提前，造成电动机加速；当电动机加速时，估算的延迟时间要比实际所需的时间长，使换相点滞后，造成电动机减速。这种延迟时间的估算不会影响速度控制。

(6) 软件设计

根据图 1-67 所示的硬件构成进行软件设计。PWM 采用对称波形，固定频率 20kHz。利用定时器 1 的周期匹配触发 ADC，因此每隔 50μs 进行一次转换，转换结束后产生中断。

ADC 中断子程序流程图如图 1-68 所示。在 ADC 中断子程序中，主要进行读 ADC 转换结果、电流调节、速度调节、中性点电压计算、延迟时间计算、感应电动势符号判别和换相准备的操作，另外在磁定位过程中，根据电流调节的结果更新 PWM 的占空比、磁定位结束的判别操作。

在主程序中，初始化后进行磁定位，启动电动机操作，之后的主程序主要进行换相操作和每 50μs 一次的更新 PWM 占空比操作，这些操作是通过调用"更新比较值或换相"子程序来实现的。该程序流程图如图 1-69 所示。

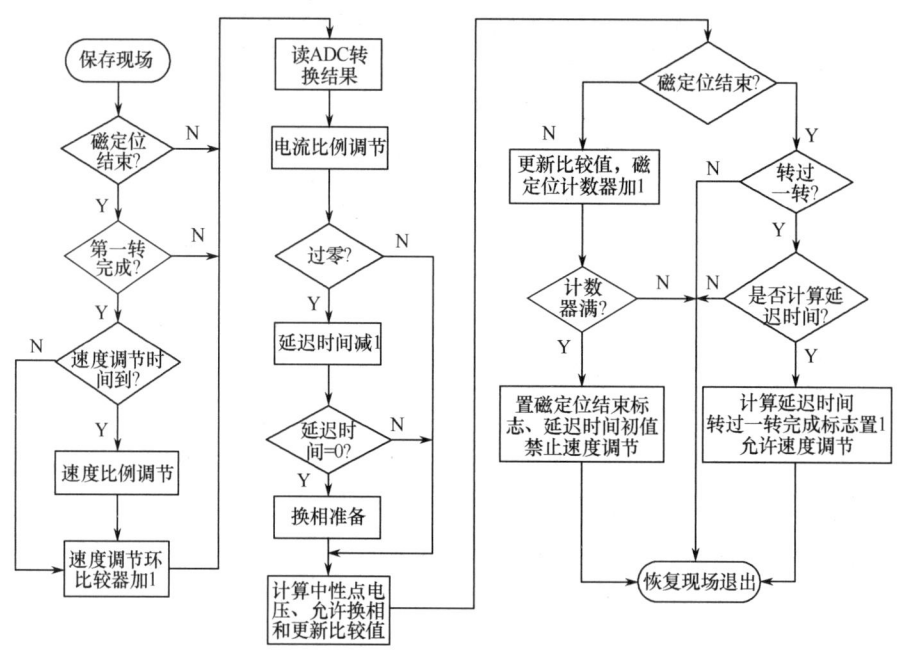

图 1-68 ADC 中断子程序流程图

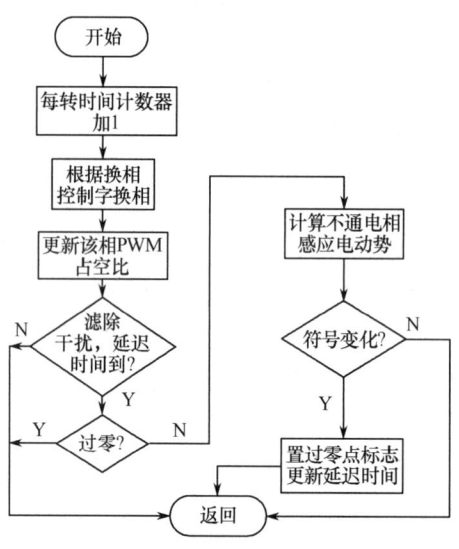

图 1-69 更新比较值或换相子程序流程图

需要注意的是,由于本例采用的转子位置检测方法是直接反电动势法,所以,电动机转速越低,其相电压越小,越难检测,因此不适合于转速较低的场合。

1.3 直流力矩电动机

直流力矩电动机属于低速伺服电动机,通常使用在堵转或低速情况下。其特点是堵转力矩大,空载转速低,不需要任何减速装置就可直接驱动负载,过载能力强。该电动机可作为位置和低速随动系统中的执行元件,不用齿轮而直接驱动负载,既消除了齿隙误差又缩短了传动链。

直流力矩电动机具有高精度、高耦合刚度、较高转矩惯量比、高线性度、直接驱动负载及低速运行等特点，广泛应用于各种雷达天线的驱动、光电跟踪等高精度传动系统以及一般仪器仪表驱动装置等自动控制系统中。

直流力矩电动机早在20世纪50年代初期就被提出，但由于当时对伺服系统的控制精度要求不高，使用高速伺服电动机再经齿轮等减速机构来驱动负载已能满足要求，致使直流力矩电动机没有得到实际应用。随着空间科学的迅速发展，直流力矩电动机逐渐受到人们的重视，并于20世纪60年代有了较大的发展。目前，在对重量、外形尺寸、控制功率等有一定限制而又要求快速响应、较高的速度精度及位置精度的伺服系统中，直流力矩电动机得到了广泛应用。

1.3.1 直流力矩电动机的结构与特点

1. 直流力矩电动机的结构

直流力矩电动机是一种永磁式低速直流伺服电动机，它的外形和普通直流伺服电动机完全相同，通常做成圆盘状，电枢长度与直径之比一般仅为0.2左右，并采用较多的极对数。圆盘状结构可使直流力矩电动机在一定的电枢体积和电枢电压下产生较大的转矩和较低的转速。

直流力矩电动机的结构有分装式和内装式两种。分装式结构包括定子、转子和电刷架三大部件，转子直接套在负载轴上，机壳由用户根据需要自行选配。内装式结构与一般电动机相同，机壳和负载轴已由制造厂在出厂时装配好。

图1-70为永磁式直流力矩电动机的结构示意图。图中定子是钢制的带槽的圆环，槽中镶嵌铝镍钴永久磁钢，组成环形桥式磁路。为了固定磁钢，在圆环面又套上一个铜环。

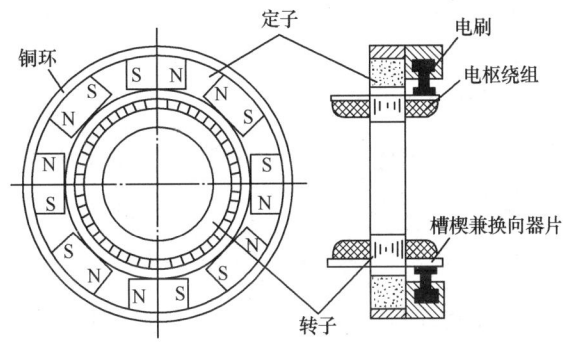

图1-70 永磁式直流力矩电动机的结构示意图

2. 直流力矩电动机的特点

由于直流力矩电动机与其他伺服电动机结构有较大区别，因此直流力矩电动机具有以下优点：

① 电动机具有高的转矩惯量比，使系统加速能力得以提高；
② 可直接耦合传动，省去齿轮传动链，消除了齿隙误差，提高了系统精度；
③ 电动机反应速度快，线性度好，结构紧凑。

3. 力矩电动机的分类

力矩电动机有直流力矩电动机和交流力矩电动机两种。交流力矩电动机又可以分为同步和异步两种，目前常用的是鼠笼型异步力矩电动机，它具有低转速和大转矩的特点。一般地，在纺织工业中经常使用交流力矩电动机，其工作原理和结构与单相异步电动机相同，但是由于鼠笼型转子的电阻较大，所以其机械特性较软。

1.3.2 直流力矩电动机的运行原理与特性

1. 电枢形状对转矩的影响

直流力矩电动机的工作原理与普通直流伺服电动机基本相同,为弄清直流力矩电动机的特点,下面首先分析一般的直流电动机,如图 1-71 所示为直流电动机工作原理图。

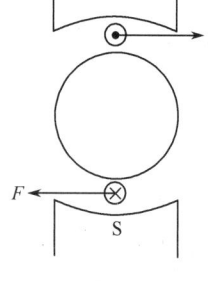

图 1-71 直流电动机工作原理图

根据电磁学基本知识可知,载流导体在磁场中要受到电磁力的作用。如果导体在磁场中的长度为 l,其中流过的电流为 i,导体所在处的磁通密度为 B,那么导体受到的电磁力的大小为

$$F = Bli \tag{1-37}$$

式中,F 的单位为牛顿(N);B 的单位为韦伯/平方米(Wb/m^2);l 的单位为米(m);i 的单位为安培(A)。

式(1-37) 给出了磁极下一根载流导体所受到的电磁力。此力作用在电枢外圆的切线方向,产生的电磁转矩为

$$t_i = F_i \frac{D_a}{2} = B_x l i_a \frac{D_a}{2} \tag{1-38}$$

式中,l 为导体在磁场中的长度,取为电枢铁芯长度;B_x 为导体所在处的气隙磁通密度;i_a 为流过导体的电流;D_a 为电枢直径。

假设气隙中平均磁通密度为 B_δ,电枢绕组总的导体数为 N,则电动机转子所受到的总电磁转矩为

$$T = \sum_{i=1}^{N} t_i = \sum_{1}^{N} B_x l i_a \frac{D_a}{2} = N B_\delta l i_a \frac{D_a}{2} \tag{1-39}$$

根据对上式的分析可知,在电枢体积不变的条件下,不同电枢直径电动机的电磁转矩不同。如图 1-72(a) 所示,根据上式可得电磁转矩为

$$T_a = N_a B_\delta l_a i_a \frac{D_{aa}}{2} \tag{1-40}$$

式中,N_a 为图 1-72(a) 中电枢绕组的总导体数;B_δ 为一个磁极下气隙磁通密度的平均值;l_a 为图 1-72(a) 中导体在磁场中的长度,即电枢铁芯长度;i_a 为流过导体的电流;D_{aa} 为图 1-72(a) 中电枢的直径。

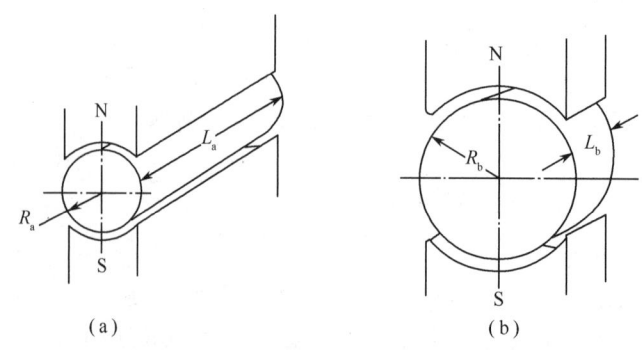

图 1-72 电枢体积不变的条件下不同直径时的电枢形状

因为电枢体积的大小在一定程度上反映了整个电动机的体积,因此可以在电枢体积不变的条件下,比较不同直径时所产生的转矩。

如果把图 1-72(a)中电枢的直径增大 1 倍,而保持体积不变,此时电动机的形状则如图 1-72(b)所示,即该图中电枢直径为 $D_{ab}=2D_{aa}$,则电枢长度变为 $l_b=l_a/4$。

假定两种情况下流过导体的电流一样,导体的直径也一样,但图 1-72(b)中电枢铁芯截面积增大到图 1-72(a)的 4 倍,所以槽面积及电枢总导体数 N_b 也近似增加到图 1-72(a)的 4 倍,即 $N_b=4N_a$。这样一来,$N_b l_b=4N_a \cdot l_a/4=N_a l_a$。也就是说,在电枢铁芯体积相同、导体直径不变的条件下,即使改变铁芯直径,导体数 N 和导体有效长度 l 的乘积仍不变。据此,可以得到图 1-72(b)的电磁转矩为

$$T_b = B_\delta i_a (N_a l_b) \frac{D_{ab}}{2} = B_\delta i_a N_a l_a \times 2 \frac{D_{aa}}{2} = 2T_a \tag{1-41}$$

式中,T_b 为图 1-72(b)时的电磁转矩;D_{ab} 为图 1-72(b)时的电枢直径。

从式(1-41)可见,在电动机体积不变、流过导体的电流一样的情况下,若电动机的电枢直径增大 1 倍,则相应的电磁转矩也增加 1 倍。

2. 电枢形状对空载转速的影响

如图 1-71 所示,由电磁学基本知识可知,一个磁极下一根导体的平均电动势为

$$e_p = B_\delta l v = B_\delta l \frac{\pi D_a n}{60} \tag{1-42}$$

式中,B_δ 为一个磁极下气隙的平均磁通密度;l 为导体在磁场中的长度;v 为导体运动的线速度或电枢圆周速度;n 为电动机转速。

如果电枢总导体数为 N,一对电刷之间的并联支路数为 2,则一对电刷所串联的导体数为 $N/2$,这样,反电动势为

$$E_a = B_\delta l N \frac{\pi D_a n}{120} \tag{1-43}$$

在理想空载时,电动机转速为 n_0,电枢电压 U_a 和反电动势 E_a 相等,可得

$$n_0 = \frac{120}{\pi} \frac{U_a}{B_\delta l N} \frac{1}{D_a} \tag{1-44}$$

已知当电枢体积和导体直径不变的条件下,Nl 的乘积近似不变。所以,当电枢电压和气隙平均磁通密度相同时,理想空载转速 n_0 和电枢直径近似成反比,即电枢直径越大,电动机的理想空载转速就越低。

从以上分析可知,在其他条件相同时,若增大电枢直径,减少其轴向长度,就有利于增加电动机的转矩和降低空载转速。这就是力矩电动机做成圆盘状的原因。

1.3.3 直流力矩电动机的性能特点

1. 机械特性和调节特性的线性度

在直流力矩电动机中同样存在着电枢反应的去磁作用,而且它的去磁程度与电枢电流或负载转矩有关,这将导致机械特性和调节特性的非线性。为了提高特性的线性度,通常,直流力矩电动机的磁路设计成高饱和状态,并选用磁导率小、滞回线较平的永磁材料(即永磁材料的矫顽力 H_c 大,剩磁磁通密度 B_r 小)做磁极,同时选取较大的气隙,这样可以使电枢反应的影响显著减小。

2. 力矩波动小,低速下能稳定运行

力矩波动是指直流力矩电动机转子处于不同位置时,堵转力矩的峰值与平均值之间存在的差值,它是直流力矩电动机重要的性能指标。这是因为直流力矩电动机通常运行在低速状态或长期堵转,力矩波动将导致运行不平稳或不稳定。力矩波动系数是指转子处于不同位置时,堵转力矩的峰值与平均值之差相对平均值的百分数。力矩波动的主要原因是绕组元件数、换向器片数有限使反电动势产生波动,电枢铁芯存在齿槽引起磁场脉动,以及换向器表面不平使电刷与换向器之间的滑动摩擦力矩有所变化等。

结构上采用圆盘状电枢,可增加电枢槽数、绕组元件数和换向器片数;适当加大电动机的气隙,采用磁性槽楔、斜槽等措施,都可使力矩波动减小。

3. 响应迅速,动态特性好

通过对直流伺服电动机动态分析可知,决定过渡过程快慢的两个时间常数是机械时间常数 τ_m 和电磁时间常数 τ_e。虽然直流力矩电动机的电枢直径大,转动惯量大,但由于它的堵转力矩很大,空载转速很低,因此其机械时间常数比较小,这样,电磁时间常数 τ_e 相对变大。已知 $\tau_e = L_a/R_a$,而电枢电感 L_a 又取决于电枢绕组的磁链(分为电枢反应磁链和漏磁链两部分)。可以证明,电枢反应磁链与电动机的磁极对数有关,磁极对数越多,电枢反应磁链就越小,相应电感 L_a 也越小。所以,直流力矩电动机采用多极结构有利于减小电磁时间常数。

此外,适当加大电动机的气隙,也有利于减小电枢反应磁链,相应地使电动机的电磁时间常数减小。

提高电枢铁芯的饱和度,可使槽漏磁回路的磁阻增加,以减小漏磁链。在直流力矩电动机中,因采用了多极结构又考虑到机械强度的要求,电枢轭部的磁通密度往往比较低。所以,提高铁芯的饱和度主要靠增大齿部的磁通密度来解决。电枢绕组漏磁链的减小,也有利于减小电磁时间常数。

4. 峰值堵转转矩和峰值电流

直流力矩电动机因经常处于低速和堵转状态,伺服系统又要求它在一定的转速范围内进行转速调节,这对它的机械特性和调节特性的线性度都有很高的要求。因此,直流力矩电动机的额定指标就常常给出一定使用条件(如电压和散热面大小)时的空载转速及堵转转矩。

电动机的连续堵转转矩是指它在长期堵转下,稳定温升不超过允许值时所能输出的最大堵转转矩。对应于这种情况下的电枢电压称为连续堵转电压,相应的电枢电流称为连续堵转电流。

因电动机的温升与散热情况有关,所以在不同的使用条件下,直流力矩电动机可以输出不同的连续堵转转矩。为此,在电动机铭牌上,往往根据出厂测试情况,给出不带散热面或带有规定散热面时的连续堵转转矩。

直流力矩电动机在运行时,会产生一个正比于电枢电流的去磁磁动势。为此,电动机在出厂前,必须经受规定电流的正、反两个方向的磁性稳定处理,使电动机工作在预定的滞回线上。该稳定磁化电流称为峰值电流。在这种情况下,直流力矩电动机所能输出的堵转转矩就是峰值堵转转矩。因此,直流力矩电动机的峰值堵转转矩是受电动机磁钢去磁条件所限制的最大堵转转矩。

为了使直流力矩电动机快速动作,往往在短时间内给电动机输入一个较大的电流,使电动机迅速加速。此电流值可以允许超过连续堵转电流,但决不允许超过峰值电流。否则,就会使

电动机磁钢失磁、转矩下降,并使电动机性能产生不可逆的变化。如果电动机磁钢一旦失磁,必须重新充磁才能恢复正常工作。

思考与练习题

1-1 一台他励直流电动机,如果励磁电流和负载转矩都不变,而仅仅提高电枢电压,电枢电流、转速如何变化?

1-2 已知一台直流电动机,其电枢电压 $U_a = 110V$,额定运行时的电枢电流 $I_a = 0.4A$,转速 $n = 3600r/min$,电枢电阻 $R_a = 50\Omega$,空载时转矩 $T_0 = 15N \cdot m$。该电动机额定负载转矩是多少?

1-3 用一对完全相同的直流电机组成电动机-发电机组,它们的励磁电压均为110V,电枢电阻 $R_a = 75\Omega$。已知当发电机不接负载,电动机电枢电压为110V时,电动机的电枢电流为0.12A,绕组的转速为4500r/min。

(1) 发电机空载时的电枢电压为多少?

(2) 电动机的电枢电压仍为110V,而发电机接 $0.5k\Omega$ 的负载时,电动机-发电机组的转速 n 为多大(设空载转矩为恒值)?

1-4 试用电压平衡方程式解释直流电动机的机械特性为什么是一条下倾的曲线;为什么功率放大器内阻越大,机械特性就越软。

1-5 直流伺服电动机在不带负载时,其调节特性有无失灵区?调节特性失灵区的大小与哪些因素有关?

1-6 若已知一台直流电动机的转动惯量为 J,如何从电动机的机械特性上估算出电动机的机电时间常数?

1-7 在直流伺服电动机的电枢绕组上分别施加50V和110V的阶跃电压,测得的电动机的时间常数是否相同?为什么?

1-8 一台直流伺服电动机的电磁转矩为0.2倍的额定电磁转矩时,测得始动电压为4V,并当电枢电压增加到49V时,测得其转速为1500r/min。当电动机为额定转矩、转速为 $n = 3000r/min$ 时,电枢电压 U_a 为多少?

1-9 一台永磁式直流电动机的额定电压为27V,转速为9000r/min,功率为28W,现测得的转动惯量 $J = 6.228 \times 10^{-6} kg \cdot m^2$,当 $U_a = 15V$ 时,理想空载转速 $n_0 = 4400r/min$,堵转转矩 $T_k = 0.01N \cdot m$。希望时间常数不大于30ms,问该电动机是否满足要求?

1-10 简述无刷直流电动机的组成及各部分的作用。

1-11 位置传感器在无刷直流电动机中起什么作用?

1-12 无位置传感器转子位置检测的方法有哪些?

1-13 无刷直流电动机三相星形连接两两导通方式与三相三角形连接三三导通方式有何不同?

1-14 无刷直流电动机三相星形连接三三导通方式与三相三角形连接两两导通方式有何不同?

1-15 什么是可逆PWM系统?什么是单极性驱动和双极性驱动?

1-16 简述直流力矩电动机的结构及特点。

第 2 章 永磁伺服电动机

主要内容
- 永磁同步伺服电动机的结构、原理与运行特性
- 永磁同步伺服电动机控制的原理与方法

知识重点

本章重点为：永磁同步伺服电动机的结构、原理、运行特性(机械特性、调节特性和动态特性)；永磁同步伺服电动机控制的原理与方法。

从第 1 章的介绍可知，伺服电动机按其使用的电源性质不同，可分为直流伺服电动机和交流伺服电动机两大类。传统的交流伺服电动机通常是采用笼型转子的两相伺服电动机以及空心杯转子的两相伺服电动机，所以常把交流伺服电动机称为两相伺服电动机。随着永磁材料、电力电子技术和计算机控制技术的发展，近些年永磁同步伺服电动机得到了很大的发展和广泛的应用。永磁同步伺服电动机主要由三部分组成：定子、转子和检测元件(转子位置传感器和测速装置)。其中定子有齿槽，内有三相绕组，形状与普通感应电动机的定子相同，但其外圆多呈多边形，且无外壳，以利于散热。本章主要介绍永磁同步伺服电动机的结构、原理、运行特性、控制及应用。

2.1 永磁同步伺服电动机

伺服系统常用于快速、准确、精密的位置控制场合，这就要求电动机具有过载能力大、转动惯量小、转矩脉动小、线性的转矩电流等特性，控制系统应有尽可能高的通频带和放大系数，以使整个伺服系统具有良好的动、静态性能。永磁同步伺服电动机用永磁体取代普通同步电动机转子中的励磁绕组，节省了励磁线圈、滑环和电刷，体积小、重量轻、效率高、转子无发热问题，控制系统也较简单。

2.1.1 永磁同步伺服电动机的结构与分类

永磁同步伺服电动机的分类方法比较多。按工作主磁场方向的不同，可分为径向磁场式和轴向磁场式；按永磁体位置的不同，可分为内转子式(常规式)和外转子式；按转子上有无启动绕组分，可分为无启动绕组的电动机(常称为调速永磁同步伺服电动机)和有启动绕组的电动机(常称为异步启动永磁同步伺服电动机)。异步启动永磁同步伺服电动机用于频率可调的伺服系统时，形成一台具有阻尼(启动)绕组的调速永磁同步伺服电动机。

永磁同步伺服电动机的定子与异步电动机的定子结构相似，主要由硅钢片、三相对称的绕组、固定铁芯的机壳及端盖等部分组成。对其三相对称的绕组通入三相对称的空间电流，就可以得到一个旋转的圆形空间磁场，旋转磁场的转速称为同步转速 n_s，$n_s = 60f/p$，其中，f 为定子电流频率，p 为电动机的极对数。

永磁同步伺服电动机的转子采用磁性材料组成，如钕铁硼等永磁材料，不再需要额外的直流励磁电路。这样的永磁材料具有很高的剩余磁通密度和很大的矫顽力，加上它的磁导率与空气磁导率相仿，对径向结构的电动机交轴(q 轴)和直轴(d 轴)磁路磁阻都很大，可以在很大程

度上减少电枢反应。永磁同步伺服电动机的转子按其形状可分为两类:凸极式转子和隐极式转子,如图2-1所示。凸极式转子是将永磁体安装在转子轴的表面,因为永磁材料的磁导率很接近空气磁导率,所以在交轴和直轴上的电感基本相同。隐极式转子则是将永磁体嵌入转子轴的内部,因此交轴的电感大于直轴的电感,并且,除了电磁转矩外,还有磁阻转矩存在。

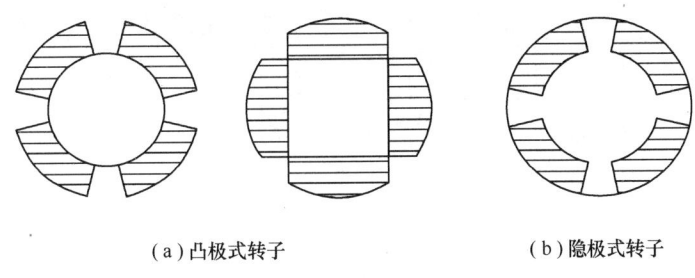

(a) 凸极式转子　　　　(b) 隐极式转子

图 2-1　永磁同步电动机转子类型

为了使永磁同步伺服电动机具有正弦感应电动势波形,其转子磁钢形状呈抛物线状,这使其气隙中产生的磁通密度尽量呈正弦分布。定子电枢采用短距分布式绕组,能最大限度地消除谐波磁动势。

转子磁路结构是永磁同步伺服电动机与其他电动机最主要的区别。转子磁路结构不同,电动机的运行性能、制造工艺和适用场合也不同。按照永磁体在转子上位置的不同,永磁同步伺服电动机的转子磁路结构一般可分为表面式、内置式和爪极式。

1. 表面式转子磁路结构

在这种结构中,永磁体通常呈瓦片形,并位于转子铁芯的外表面上,永磁体提供磁通的方向为径向,且永磁体外表面与定子铁芯内圆之间一般仅套上一个起保护作用的非磁性圆筒,或在永磁体表面包上无纬玻璃丝带作为保护层。有的调速永磁同步伺服电动机的永磁体用许多矩形小条拼装成瓦片形,这样能降低电动机的制造成本。表面式转子磁路结构又分为凸出式和插入式两种,如图2-2所示。

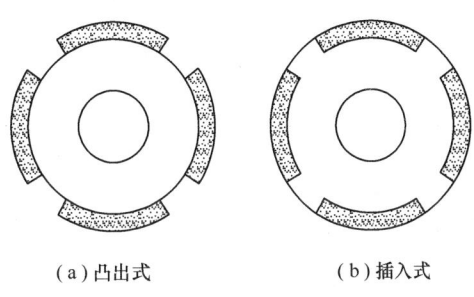

(a) 凸出式　　　(b) 插入式

图 2-2　表面式转子磁路结构

表面式转子磁路结构的制造工艺简单,成本低,应用较为广泛,尤其适宜于矩形波永磁同步伺服电动机。但因转子表面无法安放启动绕组,无异步启动能力,故不能用于异步启动永磁同步伺服电动机。

2. 内置式转子磁路结构

这种结构的永磁体位于转子内部,永磁体外表面与定子铁芯内圆之间有铁磁物质制成的极靴,极靴中可以放置铸铝笼或铜条笼,起阻尼或(和)启动作用,动、稳态性能好,广泛用于要求有异步启动能力或动态性能高的永磁同步伺服电动机。内置式转子内的永磁体受到极靴的保护,其转子磁路结构的不对称性所产生的磁阻转矩有助于提高电动机的过载能力和功率密度,而且易于"弱磁"扩速。按永磁体磁化方向与转子旋转方向的相互关系,其结构可分为径向式、切向式和混合式。

(1) 径向式结构

这类结构(见图2-3)的优点是漏磁系数小、轴上不需采取隔磁措施,极弧系数易于控制,转子的机械强度高,安装永磁体后转子不易变形。图 2-3(a)是早期采用的转子磁路结构,现已较少采用。图 2-3(b)和(c)中,永磁体轴向插入永磁体槽并通过隔磁磁桥限制漏磁通,结构简单可靠,转子机械强度高,因而近年来应用较为广泛。图 2-3(c)可比图 2-3(b)提供了更大的永磁体空间。

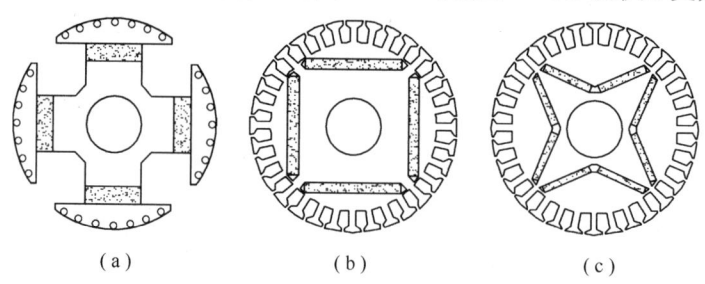

图 2-3 内置径向式转子磁路结构

(2) 切向式结构

这类结构(见图 2-4)的漏磁系数较大,并且需采用相应的隔磁措施,电动机的制造工艺和制造成本较径向式结构有所增加。其优点在于,一个极距下的磁通由相邻两个磁极并联提供,可得到更大的每极磁通,尤其当电动机极数较多、径向式结构不能提供足够的每极磁通时,这种结构的优势更为突出。此外,采用切向式结构的永磁同步伺服电动机的磁阻转矩在电动机总电磁转矩中的占比可达 40%,这对充分利用磁阻转矩,提高电动机功率密度和扩展电动机的恒功率运行范围非常有利。

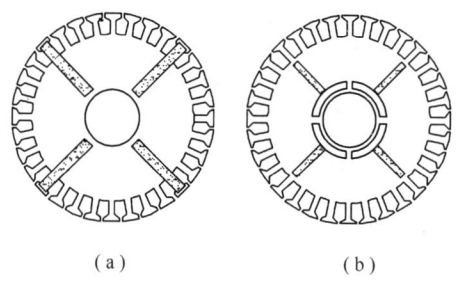

图 2-4 内置切向式转子磁路结构

(3) 混合式结构

这类结构(见图 2-5 所示)集中了径向式和切向式结构的优点,但其结构和制造工艺较复杂,制造成本也比较高。图 2-5(a)所示结构需采用非磁性轴或隔磁铜套,主要应用于采用剩余磁通密度较低的铁氧体等永磁材料的永磁同步伺服电动机。图 2-5(b)所示结构采用隔磁磁桥。需指出的是,这种结构的径向部分永磁体磁化方向长度约是切向部分永磁体磁化方向长度的一半。图 2-5(c)是由图 2-3(b)和(c)衍生出来的一种混合式转子磁路结构,其中,永磁体的径向部分和切向部分的磁化方向长度相等,采取隔磁磁桥来进行隔磁。

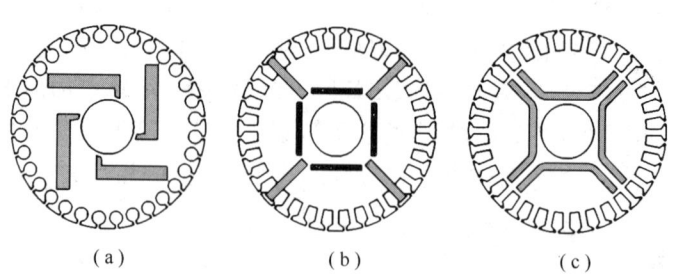

图 2-5 内置混合式转子磁路结构

3. 永磁同步伺服电动机与无刷直流电动机的区别

无刷直流电动机通常情况下转子磁极采用瓦片形磁钢,经过磁路设计,可以获得梯形波的气隙磁通密度,定子绕组多采用集中整距绕组,因此感应反电动势也呈梯形波。无刷直流电动机的控制需要位置反馈信息,必须有位置传感器或采用无位置传感器估计技术,构成自控式的调速系统。进行控制时,各相电流尽量成方波,逆变器输出电压按照有刷直流电动机 PWM 的方法进行控制即可。本质上,无刷直流电动机也是一种永磁同步伺服电动机,调速实际上也属于变压变频调速范畴。通常所说的永磁同步伺服电动机具有定子三相分布绕组和永磁转子,在磁路结构和绕组分布上保证了感应电动势的波形为正弦波,外加的定子电压和电流也应为正弦波(一般靠交流变压变频器提供)。永磁同步电动机控制系统常采用自控式,需要位置反馈信息,可以采用矢量控制(磁场定向控制)或直接转矩控制的先进控制策略。

2.1.2 永磁同步伺服电动机的运行原理及分析

1. 稳态运行和相量图

永磁同步伺服电动机与电励磁同步电动机有着相似的内部电磁关系,故可采用双反应理论进行分析。需要指出的是,由于永磁同步伺服电动机的转子直轴磁路中永磁体的磁导率很小,因此,其直轴电枢反应电抗小于交轴电枢反应电抗,即 $X_{ad} < X_{aq}$。而在电励磁同步电动机中,凸极面下气隙较小,两极之间的气隙较大,故直轴下单位面积的磁导要比交轴下单位面积的磁导大很多,因此,$X_{ad} > X_{aq}$。这与永磁同步伺服电动机截然不同,分析时应注意这一参数特点。

电动机稳定运行于同步转速时,根据双反应理论,可写出永磁同步伺服电动机的电压方程为

$$\dot{U} = \dot{E}_0 + \dot{I}R_1 + \mathrm{j}\dot{I}X_1 + \mathrm{j}\dot{I}_d X_{ad} + \mathrm{j}\dot{I}_q X_{aq}$$

式中,$\dot{E}_0$ 为永磁气隙基波磁场所产生的空载反电动势(V);$\dot{U}$ 为外施相电压(V);R_1 为定子绕组的每相电阻(Ω);X_1 为定子绕组漏电抗;X_{ad}、X_{aq} 分别为直、交轴电枢反应电抗(Ω);$\dot{I}_d$、$\dot{I}_q$ 分别为直、交轴电枢电流(A)。

又

$$I_d = I\sin\phi, \quad I_q = I\cos\phi$$

式中,ϕ 为 $\dot{I}$ 与 $\dot{E}_0$ 间的夹角,称为内功率因数角,并规定 $\dot{I}$ 超前 $\dot{E}_0$ 时 ϕ 为正。

而

$$X_d = X_{ad} + X_1, \quad X_q = X_{aq} + X_1$$

则上式可写为

$$\dot{U} = \dot{E}_0 + \dot{I}R_1 + \mathrm{j}\dot{I}_d X_d + \mathrm{j}\dot{I}_q X_q \tag{2-1}$$

由电压方程可画出永磁同步伺服电动机在不同情况下稳态运行时的几种典型相量图,如图 2-6 所示。图中,$\dot{E}_\delta$ 为气隙合成基波磁场所产生的电动势,称为气隙合成电动势(V);$\dot{E}_d$ 为气隙合成基波磁场直轴分量所产生的电动势,称为直轴内电动势(V);θ 为 $\dot{U}$ 超前 $\dot{E}_0$ 的角度,即功率角,或称转矩角;φ 为电压 $\dot{U}$ 超前定子相电流 $\dot{I}$ 的角度,即功率因数角。

图 2-6(a)、(b) 和 (c) 中的电流 $\dot{I}$ 均超前于空载反电动势 $\dot{E}_0$,这时的直轴电枢反应(图中的

$j\dot{I}_dX_{ad}$)均具有去磁性质,导致电动机直轴内电动势 E_d 小于空载反电动势 E_0。图 2-6(e)中的电流 $\dot{I}$ 滞后于空载反电动势 $\dot{E}_0$,这时的直轴电枢反应(图中的 $j\dot{I}_dX_{ad}$)均具有增磁性质,导致电动机直轴内电动势 E_d 大于空载反电动势 E_0。图 2-6(d)则为临界状态($\dot{I}$ 与空载反电动势 $\dot{E}_0$ 同相)下的相量图,由此可列出如下电压方程

$$\begin{cases} U\cos\theta = E'_0 + IR_1 \\ U\sin\theta = IX_q \end{cases} \quad (2-2)$$

从而可求得临界状态时的空载反电动势 E'_0 为

$$E'_0 = \sqrt{U^2 - (IX_q)^2} - IR_1 \quad (2-3)$$

式(2-3)可用于判断所设计的电动机是运行于增磁状态还是去磁状态,实际上 E_0 由永磁体产生的空载气隙磁通算出。如 $E_0 > E'_0$,则电动机运行于去磁状态,反之将运行于增磁状态。从图 2-6 还可以看出,要是电动机运行于单位功率因数[图 2-6(b)]或容性功率因数[图 2-6(a)]状态,只有在去磁状态时才能达到。

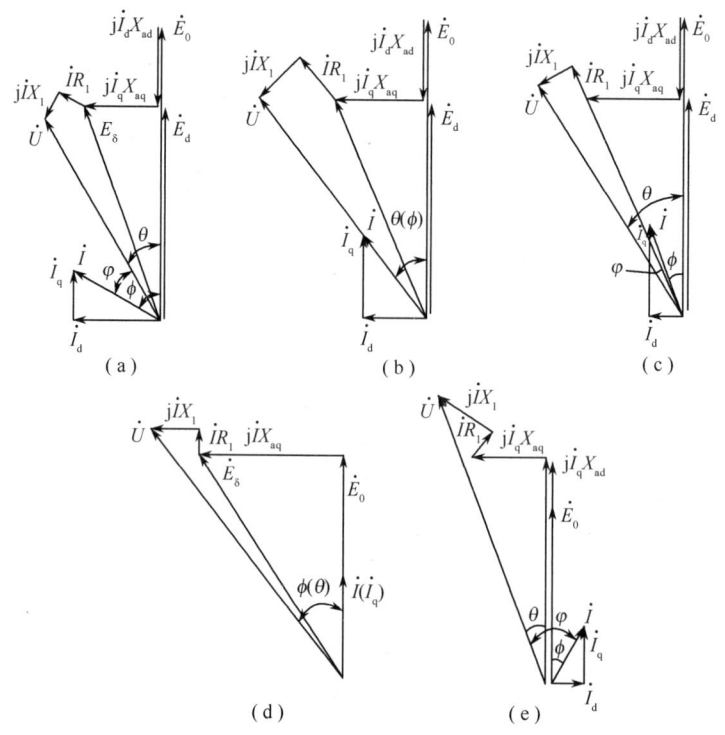

图 2-6 永磁同步电动机几种典型的相量图

2. 稳态运行性能分析计算

永磁同步伺服电动机的稳态运行性能包括效率、功率因数、输入功率等。电动机的这些稳态运行性能均可从电动机的基本电磁关系或相量图推导而得。

(1) 电磁转矩和功角特性

从图 2-6 和式(2-1)可得出

$$\phi = \arctan\frac{I_d}{I_q} \quad (2-4)$$

$$\varphi = \theta - \phi \tag{2-5}$$

$$U\sin\theta = I_q X_q + I_d R_1 \tag{2-6}$$

$$U\cos\theta = E_0 - I_d X_d + I_q R_1 \tag{2-7}$$

由式(2-6)和式(2-2)得

$$I_d = \frac{R_1 U\sin\theta + X_q(E_0 - U\cos\theta)}{R_1^2 + X_d X_q} \tag{2-8}$$

$$I_q = \frac{X_d \sin\theta - R_1(E_0 - U\cos\theta)}{R_1^2 + X_d X_q} \tag{2-9}$$

定子电流为

$$I_1 = \sqrt{I_d^2 + I_d^2} \tag{2-10}$$

电动机的输入功率为

$$P_1 = mUI_1\cos\phi = mUI_1\cos(\theta - \varphi) = mU(I_d\sin\theta + I_q\cos\theta)$$

$$= \frac{mU\left[E_0(X_q\sin\theta - R_1\cos\theta) + R_1 U + \frac{1}{2}U(X_d - X_q)\sin2\theta\right]}{R_1^2 + X_d X_q} \tag{2-11}$$

忽略定子电阻,由式(2-11)可得电动机的电磁功率为

$$P_{em} \approx P_1 \approx \frac{mE_0 U\sin\theta}{X_d} + \frac{mU^2}{2}\left(\frac{1}{X_q} - \frac{1}{X_d}\right)\sin2\theta \tag{2-12}$$

将上式除以机械角速度 Ω,即可得电动机的电磁转矩,即

$$T_{em} = \frac{P_{em}}{\Omega} = \frac{mp}{\omega}\left[\frac{E_0 U\sin\theta}{X_d} + \frac{U^2}{2}\left(\frac{1}{X_q} - \frac{1}{X_d}\right)\sin2\theta\right] \tag{2-13}$$

图 2-7 是永磁同步伺服电动机的功角特性曲线。图中,曲线 1 为式(2-13)第一项由永磁气隙磁场与定子电枢反应磁场相互作用产生的基本电磁转矩,即永磁转矩;曲线 2 为由于电动机 d 轴、q 轴不对称而产生的磁阻转矩;曲线 3 为曲线 1 和曲线 2 的合成。由于永磁同步伺服电动机直轴同步电抗 X_d 一般小于交轴同步电抗 X_q,磁阻转矩为一负正弦函数,因而功角特性曲线上转矩最大值所对应的功率角大于 90°,而不像电励磁同步电动机那样小于 90°,这是永磁同步伺服电动机一个值得注意的特点。

功角特性上的转矩最大值 T_{max} 被称为永磁同步伺服电动机的失步转矩,如果电动机负载转矩超过此值,则电动机将不再能保持同步转速。

(2) 工作特性曲线

设已知电动机的 E_0、X_d 和 R_1 等参数值,给定一系列不同的功率角 θ,便可求出相应的电动机输入功率、定子电流和功率因数角 φ 等,然后求出电动机此时的各个损耗,便可得到电动机的效率,从而得到电动机稳态运行性能(P_1 等)与输出功率 P_2 之间的关系曲线,即电动机的工作特性曲线。图 2-8 为用以上步骤求出的某台永磁同步伺服电动机的工作特性曲线。

对永磁同步电动机的稳态分析,由于电动机物理过程是相同的,因此同样可以应用到永磁同步伺服电动机的稳态分析。但是,由于永磁同步伺服电动机一般工作于动态过程,电动机的转速和转矩总是处于变化的状态,因此,必须采用永磁同步伺服电动机的暂态分析方法来分析电动机的动态控制过程,这通常采用电动机转子坐标系的 Park 方程来建立永磁同步伺服电动机的动态数学方程和传递函数,进而建立起基于 PID 调节器的伺服电动机的前向控制框图。同时,可以采用单片机或数字信号处理器对永磁同步伺服电动机进行全数字化离散控制。

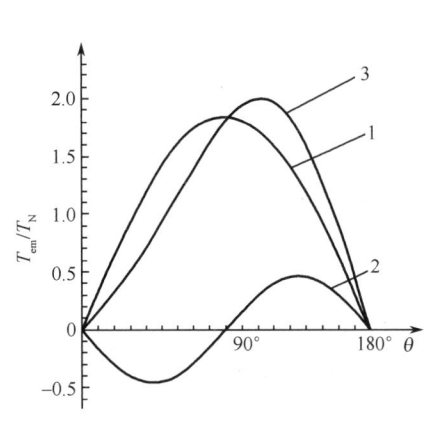

图 2-7 永磁同步伺服电动机的功角特性曲线

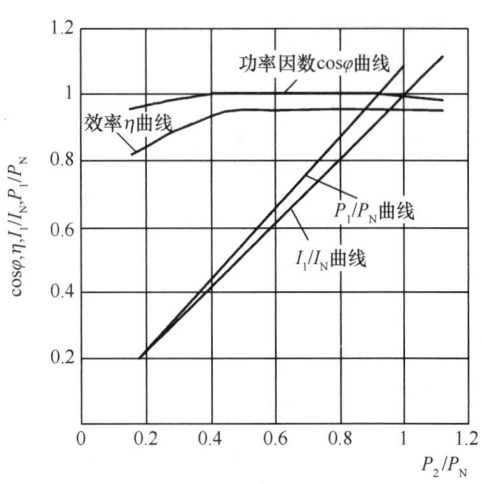

图 2-8 工作特性曲线

2.2 永磁同步伺服电动机的控制

本节将分析永磁同步伺服电动机控制系统的原理、结构和主要控制方法。三相永磁同步伺服电动机采用三相逆变器交流供电,其数学模型具有多变量、强耦合及非线性等特点,所以控制较为复杂。为使三相永磁同步伺服电动机具有高性能的控制特性,需要采用矢量变换并进行线性化解耦控制。下面首先讨论三相永磁同步伺服电动机的矢量控制方法和 SVPWM 空间矢量实现模式,然后进一步讨论以三相永磁同步伺服电动机为主驱动对象的主电路拓扑结构和电路参数设计,最后分析基于 TMS320F28335 的永磁同步伺服电动机的控制系统与软件设计。

2.2.1 三相永磁同步伺服电动机在静止 ABC 坐标系中的参数

无转子阻尼绕组的三相永磁同步伺服电动机在静止 ABC 坐标系中的示意图参见图 2-9。根据该图,为使分析简化起见,做如下假设:

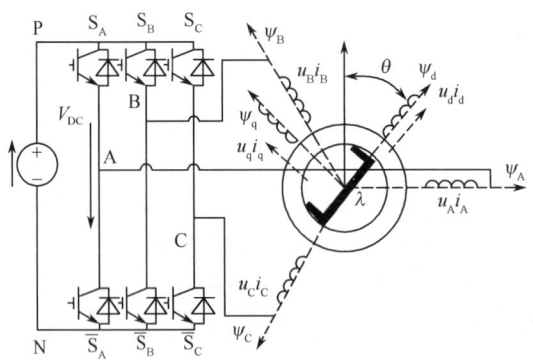

图 2-9 三相永磁同步伺服电动机在静止 ABC 坐标系中的示意图

① 饱和效应忽略不计;
② 感应反电动势呈正弦波;

③ 磁滞及涡流损耗不计；
④ 转子上没有阻尼绕组；
⑤ 电动机定子绕组是三相对称的。

三相永磁同步伺服电动机的定子绕组的每相电阻为 R_1，三相电压为 u_A、u_B、u_C，三相电流为 i_A、i_B、i_C，则永磁同步伺服电动机的电压矩阵方程为

$$\boldsymbol{U}_{ABC} = \boldsymbol{R}_{ABC} \cdot \boldsymbol{I}_{ABC} + p\boldsymbol{\Psi}_{ABC} \tag{2-14}$$

式中，$p = \dfrac{\mathrm{d}}{\mathrm{d}t}$ 是微分算子。

在式(2-14)中，电压列矢量为

$$\boldsymbol{U}_{ABC} = \begin{bmatrix} u_A & u_B & u_C \end{bmatrix}^\mathrm{T} \tag{2-15}$$

电流列矢量为

$$\boldsymbol{I}_{ABC} = \begin{bmatrix} i_A & i_B & i_C \end{bmatrix}^\mathrm{T} \tag{2-16}$$

电阻矩阵为

$$\boldsymbol{R}_{ABC} = \begin{bmatrix} R_1 & 0 & 0 \\ 0 & R_1 & 0 \\ 0 & 0 & R_1 \end{bmatrix}$$

磁链矩阵方程为

$$\boldsymbol{\Psi}_{ABC} = \boldsymbol{L}_{ABC}\boldsymbol{I}_{ABC} + \boldsymbol{\lambda}_{ABC} \tag{2-17}$$

三相永磁同步伺服电动机的定子电感的表达式为

$$\boldsymbol{L}_{ABC} = \begin{bmatrix} L_{s0} + L_{s2}\cos 2\theta & -M_{s0} + M_{s2}\cos\left(2\theta - \dfrac{2\pi}{3}\right) & -M_{s0} + M_{s2}\cos\left(2\theta + \dfrac{2\pi}{3}\right) \\ -M_{s0} + M_{s2}\cos\left(2\theta - \dfrac{2\pi}{3}\right) & L_{s0} + L_{s2}\cos\left(2\theta + \dfrac{2\pi}{3}\right) & -M_{s0} + M_{s2}\cos 2\theta \\ -M_{s0} + M_{s2}\cos\left(2\theta + \dfrac{2\pi}{3}\right) & -M_{s0} + M_{s2}\cos 2\theta & L_{s0} + L_{s2}\cos\left(2\theta - \dfrac{2\pi}{3}\right) \end{bmatrix}$$

$$\tag{2-18}$$

式(2-18)中，L_{s0} 是三相永磁同步伺服电动机自感的恒定值分量，其值与转子的位置无关，其中包括定子绕组的漏感分量；L_{s2} 是三相永磁同步伺服电动机自感的交变分量，为主电感分量。M_{s0} 是三相永磁同步伺服电动机互感的恒定值分量，其值与转子的位置无关，M_{s2} 是三相永磁同步伺服电动机互感的交变分量，为主电感分量。

三相永磁同步伺服电动机的永磁磁链在 ABC 静止坐标系中的投影为

$$\boldsymbol{\lambda}_{ABC}^{s} = \lambda\begin{bmatrix} \sin\theta & \sin\theta\left(\theta - \dfrac{2\pi}{3}\right) & \sin\theta\left(\theta + \dfrac{2\pi}{3}\right) \end{bmatrix}^\mathrm{T} \tag{2-19}$$

式中，λ 为转子永磁磁链的幅值；θ 为永磁磁链与定子轴线的转动角度，参照图 2-9。

永磁同步伺服电动机的电磁转矩方程为

$$T_e = \dfrac{3}{2}p\boldsymbol{\psi}_{ABC} \cdot \boldsymbol{I}_{ABC}$$

2.2.2 逆变器机电能量变换装置的坐标变换

逆变器相对于三相永磁同步伺服电动机采用转子坐标系，即 dqO 坐标系进行坐标变换。三相永磁同步伺服电动机坐标变换示意图参见图 2-9，图中，dqO 坐标系以角速度 ω 旋转，而 θ

是该坐标系的旋转角度。假定三相永磁同步伺服电动机的 dqO 坐标系中,变换矩阵为

$$K(\theta) = \sqrt{\frac{2}{3}} \begin{bmatrix} \sin\theta & \sin\left(\theta - \frac{2\pi}{3}\right) & \sin\left(\theta + \frac{2\pi}{3}\right) \\ \cos\theta & \cos\left(\theta - \frac{2\pi}{3}\right) & \cos\left(\theta + \frac{2\pi}{3}\right) \\ 1/\sqrt{2} & 1/\sqrt{2} & 1/\sqrt{2} \end{bmatrix} \qquad (2\text{-}20)$$

逆矩阵为

$$K^{-1}(\theta) = K^{\mathrm{T}}(\theta) = \sqrt{\frac{2}{3}} \begin{bmatrix} \sin\theta & \sin\left(\theta - \frac{2\pi}{3}\right) & \sin\left(\theta + \frac{2\pi}{3}\right) \\ \cos\theta & \cos\left(\theta - \frac{2\pi}{3}\right) & \cos\left(\theta + \frac{2\pi}{3}\right) \\ 1/\sqrt{2} & 1/\sqrt{2} & 1/\sqrt{2} \end{bmatrix}^{\mathrm{T}} \qquad (2\text{-}21)$$

则式(2-15)至式(2-19)新的表达式为

$$U_{\mathrm{ABC}} = K^{-1}(\theta) U_{\mathrm{dqO}} \qquad (2\text{-}22)$$

$$I_{\mathrm{ABC}} = K^{-1}(\theta) I_{\mathrm{dqO}} \qquad (2\text{-}23)$$

$$\psi_{\mathrm{ABC}} = K^{-1}(\theta) \psi_{\mathrm{dqO}} \qquad (2\text{-}24)$$

$$\lambda_{\mathrm{ABC}} = K^{-1}(\theta) \lambda_{\mathrm{dqO}} \qquad (2\text{-}25)$$

将式(2-22)至式(2-25)代入式(2-14),并用 $K(\theta)$ 左乘式(2-14),可得

$$K(\theta)K^{-1}(\theta)U_{\mathrm{dqO}} = K(\theta)RK^{-1}(\theta)I_{\mathrm{dqO}} + K(\theta)p[K^{-1}(\theta)\psi_{\mathrm{dqO}}] \qquad (2\text{-}26)$$

式(2-26)中,定义在 dqO 坐标系中电压矩阵为

$$U_{\mathrm{dqO}} = K(\theta) U_{\mathrm{ABC}} = [U_{\mathrm{dq}}]^{\mathrm{T}} \qquad (2\text{-}27)$$

定义在 dqO 坐标系中电流矩阵为

$$I_{\mathrm{dqO}} = K(\theta) I_{\mathrm{ABC}} = [I_{\mathrm{dq}}]^{\mathrm{T}} \qquad (2\text{-}28)$$

定义在 dqO 坐标系中磁链矩阵为

$$\psi_{\mathrm{dqO}} = K(\theta) \psi_{\mathrm{ABC}} = [\psi_{\mathrm{dq}}]^{\mathrm{T}} \qquad (2\text{-}29)$$

定义在 dqO 坐标系中电阻矩阵为

$$R_{\mathrm{dqO}} = K(\theta) R_{\mathrm{ABC}} K^{-1}(\theta) = [R_{\mathrm{dq}}]^{\mathrm{T}} \qquad (2\text{-}30)$$

2.2.3 逆变器机电能量变换装置电压方程的坐标变换

根据式(2-20)和式(2-21)的定义,那么逆变器能量变换装置在 dqO 坐标系中,电压矩阵方程为

$$U_{\mathrm{dqO}} = R_{\mathrm{dqO}} I_{\mathrm{dqO}} + K(\theta) p[K^{-1}(\theta) \psi_{\mathrm{dqO}}] \qquad (2\text{-}31)$$

式(2-31)按照复合微分法则展开后,有

$$U_{\mathrm{dqO}} = R_{\mathrm{dqO}} I_{\mathrm{dqO}} + K(\theta) p[K^{-1}(\theta)] \psi_{\mathrm{dqO}} + K(\theta)[K^{-1}(\theta)] p\psi_{\mathrm{dqO}} \qquad (2\text{-}32)$$

根据全微分链式法则

$$p[K^{-1}(\theta)] = \frac{\partial K^{-1}(\theta)}{\partial \theta} \frac{\mathrm{d}\theta}{\mathrm{d}t} = \frac{\partial K^{-1}(\theta)}{\partial \theta} \omega \qquad (2\text{-}33)$$

而

$$K(\theta)K^{-1}(\theta) = \begin{bmatrix} 1 & 0 \\ 0 & 1 \end{bmatrix} \qquad (2\text{-}34)$$

对于转子坐标系,可以证明

$$\boldsymbol{K}(\theta)\frac{\partial \boldsymbol{K}^{-1}(\theta)}{\partial \theta}=\begin{bmatrix}0 & -1\\ 1 & 0\end{bmatrix} \tag{2-35}$$

对于无转子阻尼绕组的三相永磁同步伺服电动机,其特点是转子上存在永磁磁链,同时转子上无绕组,因此,转子上的电压、电流变量等于零。而坐标变换采用转子坐标系,则根据式(2-31),三相永磁同步伺服电动机的电压方程可以推导为

$$\boldsymbol{U}_{\mathrm{dq}}^s = \boldsymbol{R}_{\mathrm{dq}}^s \boldsymbol{I}_{\mathrm{dq}}^s + \frac{\mathrm{d}\boldsymbol{\psi}_{\mathrm{dq}}^s}{\mathrm{d}t} + \mathrm{j}\omega\boldsymbol{\psi}_{\mathrm{dq}}^s \tag{2-36}$$

$$\boldsymbol{U}_{\mathrm{dq}}^s = \begin{bmatrix}u_{\mathrm{ds}}\\ u_{\mathrm{qs}}\end{bmatrix},\ \boldsymbol{I}_{\mathrm{dq}}^s = \begin{bmatrix}i_{\mathrm{ds}}\\ i_{\mathrm{qs}}\end{bmatrix},\ \boldsymbol{\psi}_{\mathrm{dq}}^s = \begin{bmatrix}\psi_{\mathrm{ds}}\\ \psi_{\mathrm{qs}}\end{bmatrix} \tag{2-37}$$

在 dqO 坐标系中,假定磁路是线性的,根据式(2-29),三相永磁同步伺服电动机的磁链方程可以表示成

$$\boldsymbol{\psi}_{\mathrm{dq}}^s = \boldsymbol{L}_{\mathrm{dq}}^s \boldsymbol{I}_{\mathrm{dq}}^s + \boldsymbol{\lambda}_{\mathrm{dqO}}^s \tag{2-38}$$

式(2-38)中,三相永磁同步伺服电动机电阻矩阵的变换公式为

$$\boldsymbol{R}_{\mathrm{dq}}^s = \boldsymbol{K}(\theta)\boldsymbol{R}_{\mathrm{ABC}}\boldsymbol{K}^{\mathrm{T}}(\theta) \tag{2-39}$$

式(2-38)中,三相永磁同步伺服电动机电感矩阵的变换公式为

$$\boldsymbol{L}_{\mathrm{dq}}^s = \boldsymbol{K}_{\mathrm{s}}(\theta)\boldsymbol{L}_{\mathrm{s}}\boldsymbol{K}_{\mathrm{s}}^{\mathrm{T}}(\theta) \tag{2-40}$$

式(2-38)中,三相永磁同步伺服电动机永磁磁链矩阵的变换公式为

$$\boldsymbol{\lambda}_{\mathrm{dq}}^s = \boldsymbol{K}_{\mathrm{s}}(\theta)\boldsymbol{\lambda}_{\mathrm{ABC}}^s \tag{2-41}$$

在确定坐标变换的矩阵后,根据式(2-39),变换后的 dqO 坐标系的电阻矩阵为

$$\boldsymbol{R}_{\mathrm{dq}}^s = \begin{bmatrix}R_1 & 0\\ 0 & R_1\end{bmatrix} \tag{2-42}$$

在确定坐标变换的矩阵后,根据式(2-40),变换后的 dqO 坐标系的电感矩阵为

$$\boldsymbol{L}_{\mathrm{dq}}^s = \begin{bmatrix}L_{\mathrm{d}} & 0\\ 0 & L_{\mathrm{q}}\end{bmatrix} \tag{2-43}$$

式(2-43)中,矩阵元素的表达式为

$$\begin{cases}L_{\mathrm{d}} = \cdots = L_{\mathrm{d}_{m\phi}} = L_{s0} + M_{s0} - M_{s2} - \frac{1}{2}L_{s2} = L_s + L_{md}\\ L_{\mathrm{q}} = \cdots = L_{\mathrm{q}_{m\phi}} = L_{s0} + M_{s0} + M_{s2} + \frac{1}{2}L_{s2} = L_s + L_{mq}\end{cases} \tag{2-44}$$

在确定坐标变换的矩阵后,根据式(2-41),变换后的 dqO 坐标系的永磁磁链矩阵为

$$\boldsymbol{\lambda}_{\mathrm{dq}}^s = \begin{bmatrix}\lambda\\ 0\end{bmatrix} \tag{2-45}$$

将式(2-42)、式(2-43)和式(2-45)代入式(2-36)中,得到无转子阻尼绕组永磁电动机的电压方程为

$$u_{\mathrm{d}} = R_1 i_{\mathrm{d}} + L_{\mathrm{d}} p i_{\mathrm{d}} - \omega L_{\mathrm{q}} i_{\mathrm{q}} \tag{2-46}$$

$$u_{\mathrm{q}} = R_1 i_{\mathrm{q}} + L_{\mathrm{q}} p i_{\mathrm{q}} + \omega L_{\mathrm{d}} i_{\mathrm{d}} + \omega \lambda \tag{2-47}$$

电动机的磁链方程为

$$\psi_{\mathrm{d}} = \lambda + L_{\mathrm{d}} i_{\mathrm{d}} \tag{2-48}$$

$$\psi_{\mathrm{q}} = L_{\mathrm{q}} i_{\mathrm{q}} \tag{2-49}$$

在式(2-46)和式(2-47)中,只有电动机的定子变量,显然,其定子端电压是由开关变量所控制的。在式(2-46)和式(2-47)中,三相永磁同步伺服电动机的定子参数还可以根据公式

$X_d = X_{ad} + X_l, X_q = X_{aq} + X_l$ 导出,其中

$$\lambda = \frac{E_0}{\omega_N} \tag{2-50}$$

式中,ω_N 是三相永磁同步伺服电动机的额定角速度。

而定子 d 轴的电感为

$$L_d = \frac{X_d}{\omega_N} \tag{2-51}$$

而定子 q 轴的电感为

$$L_q = \frac{X_q}{\omega_N} \tag{2-52}$$

2.2.4 无转子阻尼绕组的三相永磁同步伺服电动机的电磁转矩

在式(2-46)和式(2-47)中,三相永磁同步伺服电动机定子的 d 轴旋转电动势为

$$e_d = -\omega \psi_q = -\omega L_q i_q \tag{2-53}$$

q 轴旋转电动势为

$$e_q = \omega(\lambda + L_q i_q) \tag{2-54}$$

三相永磁同步伺服电动机的电磁功率定义为电磁转矩与电动机的转子角速度的乘积,如果考虑多极电动机的极对数,则电磁转矩的表达式为

$$T_e = \frac{3}{2}\left(\frac{P}{2}\right)\frac{P_e}{\omega} = \frac{3}{2}\left(\frac{P}{2}\right)\frac{e_d i_d + e_q i_q}{\omega} \tag{2-55}$$

将式(2-53)和式(2-54)代入式(2-55),则电磁转矩表达式可以进一步化简为

$$T_e = \frac{3}{2}\left(\frac{P}{2}\right)[\lambda i_q + (L_d - L_q)i_d i_q] \tag{2-56}$$

式中,$\left(\frac{P}{2}\right)$ 为电动机的极对数。

无转子阻尼绕组的三相永磁同步伺服电动机由于无法产生异步转矩,因此,无法在电网中直接启动,必须采用逆变器进行控制。

2.2.5 基于统一模型电动机方法的三相永磁同步伺服电动机的动态方程

采用统一模型电动机方法也可以建立三相永磁同步伺服电动机的动态方程,其具体步骤如下:首先分析图 2-10,图中三相永磁同步伺服电动机直接等效为定子具有两个伪静止 d-q 绕组的统一模型电动机,该电动机采用电动机法则确定正方向,即正电流产生正磁链,正电流与正磁链符合右手法则;电压和电流方向也符合电动机法则,假定转子的旋转方向为逆时针,坐标系也按照逆时针方向正转,对于定子绕组承受的力矩,与旋转方向相反为正力矩方向。ω_a 为定子导体切割磁力线的角速度,其虚拟运动的方向与转子旋转方向正好相反。

根据图 2-10 中的标识可以直接列写三相永磁同步伺服电动机的动态方程组,其中定子 d 轴上存在 1 个电感线圈,电感线圈存在电阻压降和楞次电动势,同时由于 d 轴线圈与 q 轴的磁链存在相对运动,必然产生旋转电动势,其中旋转电动势的数值为

$$\omega \cdot \psi_q = \omega \cdot L_q i_q \tag{2-57}$$

而旋转电动势的方向按照右手法则判断,可知该旋转电动势项为负值,因此定子 d 轴上线圈的电压方程为

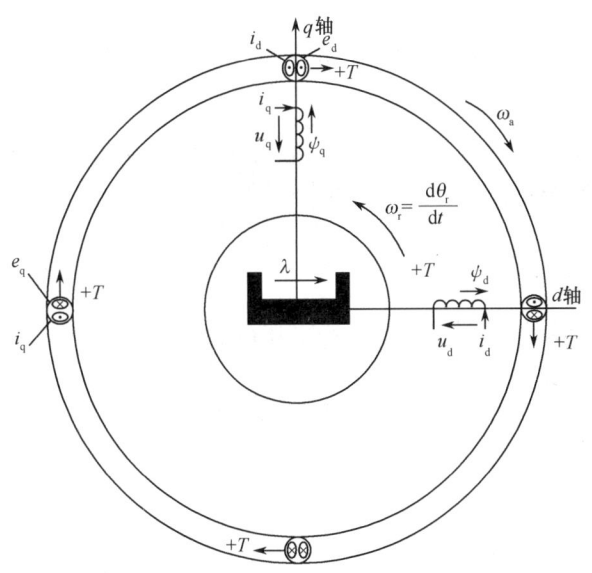

图 2-10 统一模型电动机示意图

$$u_d = R_1 i_d + L_d p i_d - \omega L_q i_q \tag{2-58}$$

同理,根据图 2-10,定子 q 轴上也存在 1 个电感线圈,电感线圈存在电阻压降和楞次电动势,同时由于 q 轴线圈与 d 轴的磁链也存在相对运动,必然产生旋转电动势,其中旋转电动势的数值为

$$\omega \psi_d = \omega \lambda + \omega L_d i_d \tag{2-59}$$

而旋转电动势的方向按照右手法则判断,可知该旋转电动势项为正值,因此定子 q 轴上线圈的电压方程为

$$u_q = R_1 i_q + L_q p i_q + \omega L_d i_d + \omega \lambda \tag{2-60}$$

根据三相永磁同步伺服电动机的磁路特点,可以进一步分析出电动机的磁链方程的表达式。图 2-10 中 d 轴上存在一个永磁体和一个线圈,因此定子 d 轴上线圈的磁链方程为

$$\psi_d = \lambda + L_d i_d \tag{2-61}$$

而 q 轴上仅存在一个线圈,因此定子 q 轴上线圈的磁链方程为

$$\psi_q = L_q i_q \tag{2-62}$$

电动机的转矩采用如下方式合成:d 轴磁链 ψ_d 和 q 轴电流 i_q 相互作用产生的转矩分量与转矩的正方向相同时,为正值,即 $T_q = + \psi_d i_q$;q 轴磁链 ψ_q 和 d 轴电流 i_d 相互作用产生的转矩分量与转矩的正方向相反时,为负值,即 $T_d = - \psi_q i_d$。

电动机的转矩方程为两个转矩分量的合成,即

$$T_e = T_q + T_d = \frac{3}{2}\left(\frac{P}{2}\right)[\lambda i_q + (L_d - L_q) i_d i_q] \tag{2-63}$$

根据动力学法则,三相永磁同步伺服电动机的转子运动方程为

$$T_e = F\omega + T_L + J\frac{d\omega}{dt} \tag{2-64}$$

式中,F 是摩擦系数;ω 是电动机的角速度;T_L 是负载转矩;J 是电动机轴的总转动惯量,包括

转子转动惯量和负载转动惯量。

对于电动机的转动角度而言,角度值与角速度之间的关系为

$$\omega = \mathrm{d}\theta/\mathrm{d}t \tag{2-65}$$

对于伺服电动机而言,系统的最终控制量 θ_l 是角度或者是位置、位移或长度量,因此,系统的最终控制变量和电动机的转动角度存在如下关系

$$\theta_l = K\theta \tag{2-66}$$

2.3 三相永磁同步伺服电动机的基本控制方法

基于统一模型电动机的方法建立了三相永磁同步伺服电动机的动态方程后,可以根据该方程推导出电动机的控制策略。

2.3.1 位置环的控制策略

位置环一般采用比例(P)控制、比例前馈控制或比例-微分(PD)控制,若位置环采用比例调节器,而在速度环采用 PI 调节器,且位置环的截止频率远小于速度环各时间常数的倒数时,速度环的闭环传递函数可以近似等效为一阶惯性环节。

假定位置环的增益为 K_θ,速度环的时间常数和增益分别为 τ_w 和 K_w,则可以得到交流位置伺服系统等效结构,如图 2-11 所示。

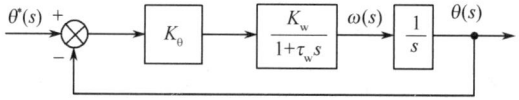

图 2-11 交流位置伺服系统等效结构

由图 2-11 可以得到交流位置伺服系统的闭环传递函数为

$$G(s) = \frac{\theta}{\theta^*} = \frac{K_\theta K_w/\tau_w}{s^2 + s/\tau_w + K_\theta K_w/\tau_w} \tag{2-67}$$

设 $K_P = K_\theta K_w$,则由式(2-67)可得

$$G(s) = \frac{\theta}{\theta^*} = \frac{\omega_n^2}{s^2 + 2\xi\omega_n s + \omega_n^2} \tag{2-68}$$

式中

$$\xi = \frac{1}{2}\sqrt{\frac{1}{K_P \tau_w}}, \quad \omega_n = \sqrt{\frac{K_P}{\tau_w}}$$

当输入为一斜坡函数位置指令 $\theta^*(s) = v/s^2$ 时,稳态位置跟踪误差为

$$\varepsilon = \frac{v}{K_P} \tag{2-69}$$

从式(2-69)可知,若 K_P 越大,v 越小,则位置跟踪误差越小,位置控制精度越高,但受整个伺服系统稳定性及机械负载部分的影响,K_P 的选择不能很大,这就限制了位置控制精度的提高。

因为位置伺服系统要求快速响应且无超调,所以应使位置伺服系统处于临界阻尼状态或欠阻尼状态,当校正后速度环的截止频率 $f_w = 1/\tau_w$ 确定后,K_P 可由 $\xi \geqslant 1$ 确定,即

$$K_P \leqslant 1/(4\tau_w) \tag{2-70}$$

式中，$K_P = 1/(4\tau_w)$ 为最优的位置环增益。

2.3.2 速度环的控制策略

根据三相永磁同步伺服电动机的转子运动方程，可以采用简单类比方法，构造电动机速度环的控制策略，即

$$T_e = F\omega + T_L + J\frac{d\omega}{dt} \tag{2-71}$$

其对应的拉普拉斯变换形式为

$$\omega(s) = \frac{1}{Js}[T_e - T_L - F\omega(s)] \quad (2-72)$$

设速度环采用比例-积分-微分（PID）控制策略，则有

$$T_e = \left(K_P + \frac{K_I}{s} + K_D s\right)\Delta\omega \quad (2-73)$$

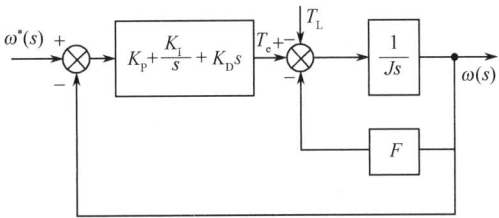

图 2-12　速度调节器的控制简化框图

式中，$\Delta\omega = \omega^* - \omega$。根据式(2-73)，可以构造速度调节器的控制简化框图，如图 2-12 所示。

2.3.3 电流环的控制模型

根据三相永磁同步伺服电动机的电压方程，可以采用简单类比方法，构造电动机电流环的控制策略。电动机的 q 轴电压方程为

$$u_q = R_1 i_q + L_q p i_q + \omega\psi_d \tag{2-74}$$

其对应的拉普拉斯变换形式为

$$i_q(s) = \frac{1/R_1}{1+\tau_q s}u_q(s) - \frac{1/R_1}{1+\tau_q s}\psi_d\omega(s) \tag{2-75}$$

式中，$\tau_q = \dfrac{L_q}{R_1}$ 为电动机的定子 q 轴绕组的时间常数。

直轴磁链方程为

$$\psi_d = \lambda + L_d i_d \tag{2-76}$$

当采用矢量控制时，可使定子 d 轴电流 $i_d \approx 0$，则有 $L_d i_d \ll \lambda$，因此 $\psi_d \approx \lambda$，近似为常数。令 $E_f = \lambda\omega$，则 $E_f(s) = \lambda\omega(s)$，则电动机的 q 轴电流方程的拉普拉斯变换形式为

$$i_q(s) = \frac{1/R_1}{1+\tau_q s}[u_q(s) - E_f(s)] \tag{2-77}$$

电动机的 d 轴电压方程为

$$u_d = R_1 i_d + L_d p i_d - \omega\psi_q \tag{2-78}$$

则电动机的 d 轴电流方程的拉普拉斯变换形式为

$$i_d(s) = \frac{1/R_1}{1+\tau_d s}[u_d(s) + L_q i_q(s)\omega(s)] \tag{2-79}$$

根据式(2-71)可得

$$T_e - T_L = J\frac{d\omega}{dt} + F\omega \qquad (2\text{-}80)$$

对于三相永磁伺服电动机而言,可以假定等值负载电流为

$$i_L = \frac{T_L}{\lambda} \qquad (2\text{-}81)$$

对于电磁转矩而言,由于$(L_d - L_q)i_d i_q \ll \lambda i_q$,因此电磁转矩可以近似为$T_e \approx \lambda i_q$,故三相永磁伺服电动机的$q$轴电流近似为

$$i_q \approx \frac{T_e}{\lambda} \qquad (2\text{-}82)$$

因此式(2-80)可以转化为

$$i_q - i_L = \frac{J}{\lambda}\frac{d\omega}{dt} + \frac{F\omega}{\lambda} \qquad (2\text{-}83)$$

上述方程可以进一步转化为拉普拉斯变换形式,即

$$i_q(s) - i_L(s) = \frac{F}{\lambda}(\tau_m s + 1)\omega(s) \qquad (2\text{-}84)$$

式中,$\tau_m = J/F$,为三相永磁伺服电动机的机械惯性时间常数,显然,该时间常数与电动机的转动惯量J成正比,与电动机的摩擦系数F成反比。

综上可知,电动机的转速可以表示为

$$\omega(s) = \frac{K_m}{1 + \tau_m s}[i_q(s) - i_L(s)] \qquad (2\text{-}85)$$

式中,$K_m = \lambda/F$,为三相永磁伺服电动机的电流增益系数,显然,该增益系数与电动机的永磁磁链λ成正比,与电动机的摩擦系数F成反比。

显然,根据式(2-84)和式(2-85)可以构造三相永磁同步伺服电动机的动态结构图,如图2-13所示。

从图2-13可以看出,三相永磁同步伺服电动机的动态结构图中有两个输入量,一个是定子q轴输入电压,另一个是扰动负载等效输入电流i_L,而输出是电动机的角速度。这样的结构与直流伺服电动机类似,因此可以采用类似直流伺服电动机的系统设计方法来设计永磁同步伺服电动机的系统。

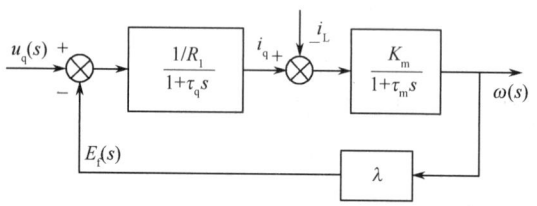

图2-13 三相永磁同步伺服电动机的动态结构图

2.3.4 电流环的PID控制

同样,根据电压方程的简单类比方法,也可以建立电流环的PID控制策略。

对于定子q轴电压方程,即式(2-84)中,定子q轴输出电压u_q与定子q轴输出电压的给定值u_q^*相对应;电阻分量$R_1 i_q$与PID调节器的比例项$K_{Pd} \cdot \Delta i_q$相对应;由于电流的时间常数远小于电动机的机械惯性时间常数,即$\tau_q \ll \tau_m$,则在电流变化时,可以认为电动机的转速是恒定的,因此旋转电动势分量$\lambda\omega$与PID调节器的积分项$K_{Iq}\int \Delta i_q dt$相对应;楞次感应电动势分量与PID调节器的微分项$K_{Dq}\frac{d\Delta i_q}{dt}$相对应。则定子$q$轴电流PID调节器的数学方程式为

$$u_q^* = K_{Pq}\Delta i_q + K_{Iq}\int \Delta i_q dt + K_{Dq}\frac{d\Delta i_q}{dt} \quad (2\text{-}86)$$

式中，K_{Pq} 为 q 轴电流 PID 调节器的比例系数；K_{Iq} 为 q 轴电流 PID 调节器的积分系数；K_{Dq} 为 q 轴电流 PID 调节器的微分系数。

同理，可以得到定子 d 轴电流 PID 调节器数学方程式为

$$u_d^* = K_{Pd}\Delta i_d + K_{Id}\int \Delta i_d dt + K_{Dd}\frac{d\Delta i_d}{dt} \quad (2\text{-}87)$$

式中，K_{Pd} 为 d 轴电流 PID 调节器的比例系数；K_{Id} 为 d 轴电流 PID 调节器的积分系数；K_{Dd} 为 d 轴电流 PID 调节器的微分系数。

q 轴电流 PID 调节器数学方程式同样也可以转化为

$$u_q^*(s) = \left(K_{Pq} + \frac{K_{Iq}}{s} + K_{Dq}s\right)\Delta i_q \quad (2\text{-}88)$$

d 轴电流 PID 调节器数学方程式同样也可以转化为

$$u_d^*(s) = \left(K_{Pd} + \frac{K_{Id}}{s} + K_{Dd}s\right)\Delta i_d \quad (2\text{-}89)$$

对于电流 PID 调节器，可以认为是无偏差调节系统，则

$$u_q^* = u_q, \quad u_d^* = u_d \quad (2\text{-}90)$$

根据 q 轴电流环的相关式(2-78)、式(2-85) 和式(2-90)，可以构造 q 轴电流 PID 调节器的控制简化框图，如图 2-14 所示。从图中可以分析得出伺服电动机定子 q 轴电流 PID 调节器，假定 $i_d \approx 0$，在小信号系统分析中，近似具有解耦控制特性。

同样，根据 d 轴电流环的相关式(2-79)、式(2-89) 和式(2-90)，可以构造 d 轴电流 PID 调节器的控制简化框图，如图 2-15 所示。在 d 轴电流环中，显然 u_d 为负值，且必须满足式(2-91)所列条件，才能够使 $i_d \approx 0$。

$$u_d(s) = -\omega(s)L_q i_q(s) \quad (2\text{-}91)$$

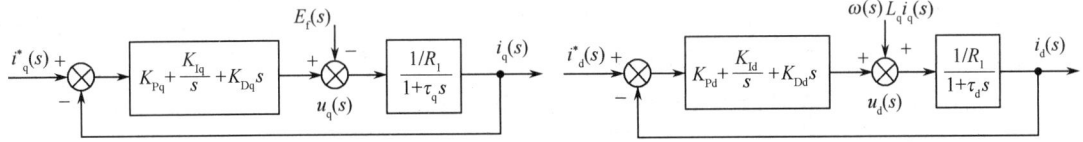

图 2-14 伺服电动机定子 q 轴电流 PID 调节器的控制简化框图

图 2-15 伺服电动机定子 d 轴电流 PID 调节器的控制简化框图

2.3.5 三相永磁同步伺服电动机的三闭环控制系统

根据三相永磁同步伺服电动机的控制方程式，分别构造出位置闭环、速度闭环和电流闭环的 PID 控制策略。但是，作为一个全面和完整的三相永磁同步伺服电动机的控制策略，还应包括测量和控制单元，以及相关的 SVPWM 空间矢量控制方法。测量和控制单元应包括霍尔电流传感器、三相 PWM 逆变器、光电编码器或者其他角度和速度传感器，通过相关的软件和硬件构造出一个三相永磁同步伺服电动机的三闭环控制系统。采用数字信号处理器(DSP)为硬件的控制系统，可以采用图 2-16 所示的控制框图来构造三相永磁同步伺服电动机的三闭环控制系统。

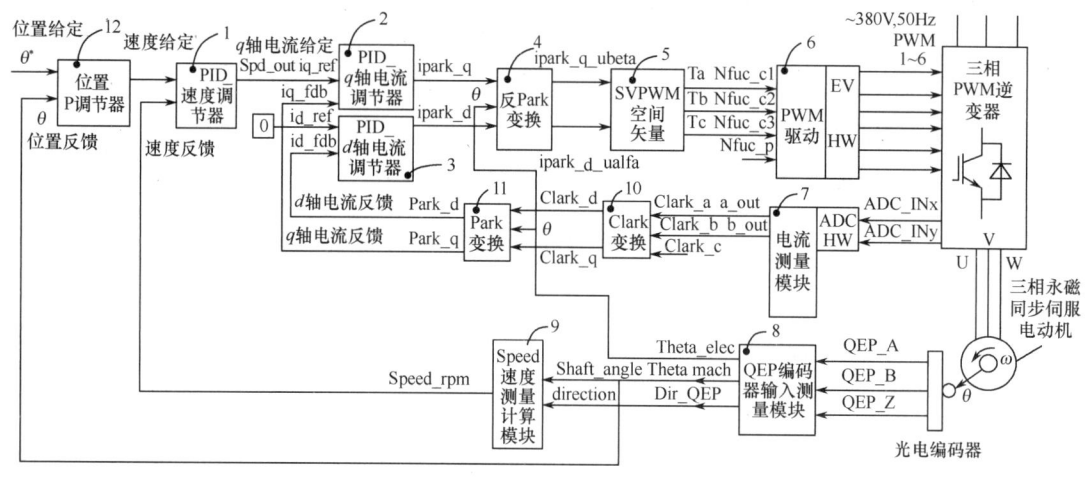

图 2-16 三相永磁同步伺服电动机的三闭环控制系统框图

2.4 三相永磁同步伺服逆变器的 SVPWM 技术

对于三相永磁同步伺服电动机的三闭环控制系统而言，目前广泛采用的是空间矢量脉宽调制（Space Vector PWM，SVPWM）。该方法与正弦脉宽调制（SPWM）不同，它从电动机的角度出发，着眼于如何使电动机获得幅值恒定的圆形旋转磁场，即正弦磁通。SVPWM 以三相对称正弦电压供电时交流电动机的理想磁通圆为基准，用逆变器不同的开关模式所产生的实际磁通去逼近基准圆磁通，并由它们比较的结果决定逆变器的开关状态，形成 PWM 波形。由于该控制策略把逆变器和电动机看成一个整体来处理，所得模型简单，便于微处理器实时控制，并具有转矩脉动小、噪声低、电压利用率高的优点，因此目前在开环调速系统或闭环控制系统中均得到了广泛应用。应该指出的是，对于有源前端而言，SVPWM 的控制策略仍然是适用的，采用 SVPWM 技术同样可以提高直流电压的利用率，有效缩小有源前端逆变器的开关器件的尺寸。多三相逆变器的 SVPWM 技术是在标准的三相 SVPWM 的基础上，通过空间实时相移技术，使每个独立三相逆变器的 SVPWM 波形在空间实时相移到与电动机绕组空间相对应的角度，从而使每组 SVPWM 波与相对应的电动机绕组总保持相对静止状态。

2.4.1 直角坐标系下二电平广义逆变器 SVPWM 波

二电平广义逆变器 SVPWM 本质上对应的开关策略是：在三相电压源逆变器的拓扑结构中，开关状态函数仅仅是由上桥臂开关器件的开关状态所确定的，下桥臂的开关状态与上桥臂是互补的。三相电压的开关状态由 8 个基本开关状态所确定，其中包括 6 个非零矢量和 2 个零矢量。SVPWM 法由 3 个矢量来等效合成广义逆变器控制所需的理想空间电压矢量 V_{out}，即 V_{out} 的幅值和相位是一个 60°区间的两个非零矢量和一个零矢量共同作用的合成。这种特殊的开关策略引入了虚拟的 3 次谐波调制电压，有效提高了 PWM 波的线性调制区域。与 SPWM 相比，SVPWM 在输出电压和电流中产生的谐波畸变更小，并且对直流母线电压有更高的利用率，其相电压的基波有效值是 SPWM 的 1.1547 倍。在同样功率输出的情况下，可以有效缩小开关器件的尺寸或提高系统的过载能力。由于矢量控制是基于直角坐标系的解耦控制方式，因此与开环控制所采用的基于幅值或相位的 SVPWM 有所不同，研究基于直角坐标系的SVPWM产生策略在算法的实时性与执行效率方面对DSP系统就更为重要。基于直角坐标系的SVPWM可以提高异步电动机和永磁同步电动机中广泛采用的矢量控制算法的效率,尽可能避免消耗较多资源的三角函数和反三角函数的运算,最大限度地利用DSP所擅长的乘、加法运算能力。

2.4.2 直角坐标系下SVPWM的基本概念

采用三相桥式逆变器主电路的SVPWM拓扑结构如图2-17所示。对于上、下桥臂中同一位置的开关器件,无论是IGBT、IPM等主开关还是续流二极管,其导通的开关状态函数是相同的,因此等效为同一个理想开关。

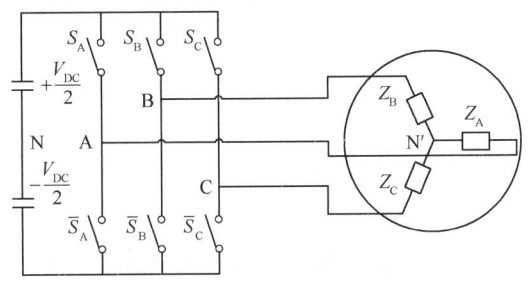

图2-17 SVPWM拓扑结构图

根据图2-17,可以得出在直流电压V_{DC}确定已知的情况下,开关状态函数各种不同的组合方式及相应的线电压和相电压的表达式,见表2-1。

表2-1 三相逆变器开关状态函数与电压的关系

S_C	S_B	S_A	V_{AN}	V_{BN}	V_{CN}	V_{AB}	V_{BC}	V_{CA}
0	0	0	0	0	0	0	0	0
0	0	1	$2V_{DC}/3$	$-V_{DC}/3$	$-V_{DC}/3$	V_{DC}	0	$-V_{DC}$
0	1	0	$-V_{DC}/3$	$2V_{DC}/3$	$-V_{DC}/3$	$-V_{DC}$	V_{DC}	0
0	1	1	$V_{DC}/3$	$V_{DC}/3$	$-2V_{DC}/3$	0	V_{DC}	$-V_{DC}$
1	0	0	$-V_{DC}/3$	$-V_{DC}/3$	$2V_{DC}/3$	0	$-V_{DC}$	V_{DC}
1	0	1	$V_{DC}/3$	$-2V_{DC}/3$	$V_{DC}/3$	V_{DC}	$-V_{DC}$	0
1	1	0	$-2V_{DC}/3$	$V_{DC}/3$	$V_{DC}/3$	$-V_{DC}$	0	V_{DC}
1	1	1	0	0	0	0	0	0

当电动机绕组为星形接法时,V_{AN}、V_{BN}、V_{CN}为逆变器三相电压输出电压,6个开关器件分别被各自的门极信号S_A、S_B、S_C、$\overline{S}_A$、$\overline{S}_B$、$\overline{S}_C$控制。根据开关矢量$[S_A, S_B, S_C]$的0/1选取,电动机的三相电压可以表示为

$$\begin{bmatrix} V_{AN} \\ V_{BN} \\ V_{CN} \end{bmatrix} = \frac{V_{DC}}{3} \begin{bmatrix} 2 & -1 & -1 \\ -1 & 2 & -1 \\ -1 & -1 & 2 \end{bmatrix} \begin{bmatrix} S_A \\ S_B \\ S_C \end{bmatrix} \tag{2-92}$$

同时,可以确定逆变器开关器件的8种组合状态,并得到不同状态下电动机定子电压的矢量表达式为

$$\boldsymbol{U}_{K\theta} = \begin{cases} \dfrac{2}{3}V_{DC}\mathrm{e}^{jK\theta}, & K=1,2,\cdots,6; \theta=60° \\ 0, & K=0,7 \end{cases} \tag{2-93}$$

在 $\alpha\beta$ 直角坐标系中,经过 Clark(克拉克)变换可以得到三相电压与直角坐标系中正交电压分量的转换关系,电压分量 $V_{s\alpha}$、$V_{s\beta}$ 可表示为

$$\begin{bmatrix} V_{s\alpha} \\ V_{s\beta} \end{bmatrix} = \frac{2}{3}\begin{bmatrix} 1 & -\dfrac{1}{2} & -\dfrac{1}{2} \\ 0 & \dfrac{\sqrt{3}}{2} & -\dfrac{\sqrt{3}}{2} \end{bmatrix}\begin{bmatrix} V_{AN} \\ V_{BN} \\ V_{CN} \end{bmatrix} \tag{2-94}$$

将式(2-92)代入式(2-94)可以得到开关矢量 $[S_A,S_B,S_C]$ 与电压分量 $V_{s\alpha}$、$V_{s\beta}$ 的关系,见表 2-2。显然,$V_{s\alpha}$、$V_{s\beta}$ 同样包括 8 个基本空间电压矢量,即 6 个有效电压矢量和 2 个零矢量。其中 6 个有效电压矢量的模长为 $\dfrac{2}{3}V_{DC}$,其代表了在 60°的整数倍方向上合成电压矢量的作用效果。式(2-94)化简可得

$$\begin{cases} V_{s\alpha} = V_{AN} \\ V_{s\beta} = (2V_{BN}+V_{AN})/\sqrt{3} \end{cases} \tag{2-95}$$

表 2-2　三相逆变器开关矢量与电压分量的关系

S_C	S_B	S_A	$V_{s\alpha}$	$V_{s\beta}$	矢量	分区(Sector)
0	0	0	0	0	$\boldsymbol{O}_0$	0
0	0	1	$2V_{DC}/3$	0	$\boldsymbol{U}_0$	1
0	1	0	$V_{DC}/3$	$V_{DC}/\sqrt{3}$	$\boldsymbol{U}_{120}$	2
0	1	1	$V_{DC}/3$	$V_{DC}/\sqrt{3}$	$\boldsymbol{U}_{60}$	3
1	0	0	$-V_{DC}/3$	$-V_{DC}/\sqrt{3}$	$\boldsymbol{U}_{240}$	4
1	0	1	$V_{DC}/3$	$-V_{DC}/\sqrt{3}$	$\boldsymbol{U}_{300}$	5
1	1	0	$-2V_{DC}/3$	0	$\boldsymbol{U}_{180}$	6
1	1	1	0	0	$\boldsymbol{O}_{111}$	7

从表 2-2 可得逆变器开关状态电压矢量图,将矢量图的空间区域分为 6 个象限,每个象限间隔 60°,如图 2-18 所示。

合成电压矢量的表达式为

$$\boldsymbol{U}_{OUT} = U_\alpha + jU_\beta \tag{2-96}$$

SVPWM 技术的核心是离散控制 8 个空间电压矢量的导通时间,使 8 个电压矢量的合成作用在整个 360°区域内来逼近原本由 U_α、U_β 产生的合成电压矢量 $\boldsymbol{U}_{OUT}$。如图 2-19 所示,$\sum U_{s\alpha}$ 代表了由 $\boldsymbol{U}_0$、$\boldsymbol{U}_{60}$ 合成作用时的 α 轴分量,$\sum U_{s\beta}$ 代表了由 $\boldsymbol{U}_0$、$\boldsymbol{U}_{60}$ 合成作用时的 β 轴分量,得

$$\begin{cases} \sum U_{s\alpha} = \dfrac{2V_{DC}}{3} + \dfrac{V_{DC}}{3} = V_{DC} \\ \sum U_{s\beta} = \dfrac{V_{DC}}{\sqrt{3}} \end{cases} \tag{2-97}$$

SVPWM 的目标就是尽可能地模拟定子电压矢量在空间的变化趋势。虽然电压矢量不能通过 U_α、U_β 直接获得,但利用开关状态函数的 8 种基本组合就能够方便地实现定子电压矢量的模拟。

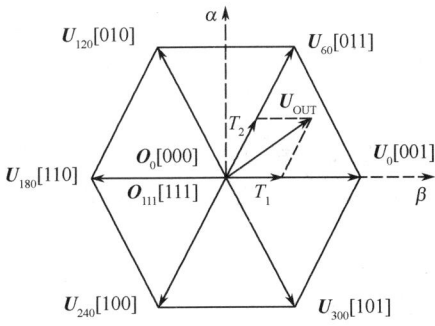

图 2-18 逆变器开关状态电压矢量图

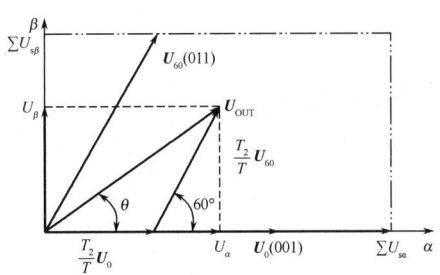

图 2-19 0~60°区域逆变器 SVPWM 技术电压矢量图

假定在某一时刻合成电压矢量处于 0~60°区域,则此时 U_{OUT} 是由 U_0、U_{60}、O_{000}、O_{111} 这 4 个基本电压矢量所合成的。由图 2-19 可以得出在第一个 60°的区域内有关矢量的几何关系,为

$$\begin{cases} T = T_1 + T_2 + T_0 \\ \boldsymbol{U}_{OUT} = \dfrac{T_1}{T}\boldsymbol{U}_0 + \dfrac{T_2}{T}\boldsymbol{U}_{60} \end{cases} \tag{2-98}$$

式中,T_1、T_2 为周期 T 内相邻开关状态的累计导通时间;T 为离散采样周期;T_0 为周期 T 内零状态的累计导通时间。

对式(2-98)进行矢量分解,可得

$$\begin{cases} U_\alpha = \dfrac{T_1}{T}\mid \boldsymbol{U}_0 \mid + \dfrac{T_2}{T}\mid \boldsymbol{U}_{60} \mid \cos 60° \\ U_\beta = \dfrac{T_2}{T}\mid \boldsymbol{U}_{60} \mid \sin 60° \end{cases} \tag{2-99}$$

2.4.3 电压幅值的归一化

式(2-98)中采用的是实际值,为了规范计算过程,需要采用标幺值,对计算进行归一化处理。由表 2-2 可以得知,U_0、U_{60} 模的长度为 $2V_{DC}/3$。如果令

$$\boldsymbol{U}_{OUT} = U_\alpha + jU_\beta = U_\varphi e^{-j\theta} \tag{2-100}$$

其中,U_φ 是相电压的峰值,由式(2-98)可以得出以幅值-角度形式表示的 T_1、T_2、T_0 表达式,分别为

$$\begin{cases} T_1 = \dfrac{\sqrt{3}U_\varphi T}{V_{DC}}\sin\left(\dfrac{\pi}{3} - \theta\right) \\ T_2 = \dfrac{\sqrt{3}U_\varphi T}{V_{DC}}\sin\theta \\ T_0 = T\left[1 - \dfrac{\sqrt{3}U_\varphi}{V_{DC}}\cos\left(\dfrac{\pi}{6} - \theta\right)\right] \end{cases} \tag{2-101}$$

其中 $0 \leqslant \theta \leqslant \dfrac{\pi}{3}$。

设零矢量 O_{000} 的作用时间为 $T_{00} = (1-k)T_0$,$T_{07} = kT_0$,可以看到零矢量的两个分量的作用时间可以按照比例因子进行调整,从而得出不同类型的 SVPWM 方案。可以得出:随着合成电压矢量 U_φ 长度的增加,T_1、T_2 也逐渐增加,T_0 逐渐减小。但是要满足 U_φ 在线性区内的要

求,必须 $T_0 \geqslant 0$,即

$$U_\varphi \leqslant \frac{V_{DC}}{\sqrt{3}\cos\left(\frac{\pi}{6}-\theta\right)} \qquad (2\text{-}102)$$

要使在任何 θ 下式(2-102)总成立,则 $U_\varphi \leqslant V_{DC}/\sqrt{3}$。取最大相电压 $V_{DC}/\sqrt{3}$ 作为电压的基值,则标幺化后的 $U_0 = U_{60} = (2V_{DC}/3)(V_{DC}/\sqrt{3}) = 2/\sqrt{3}$。由于需要尽可能地避免占用资源较多的三角函数运算,将式(2-168)转变为

$$\begin{cases} T_1 = \dfrac{T}{2}(\sqrt{3}U_\alpha - U_\beta) \\ T_2 = TU_\beta \end{cases} \qquad (2\text{-}103)$$

(注:公式中的 U_α、U_β 已经利用 $V_{DC}/\sqrt{3}$ 进行了归一化。)

可以采用时间的标幺值来简化计算,由下列公式定义 t_1、t_2:

$$\begin{cases} t_1 = \dfrac{T_1}{T} = \dfrac{1}{2}(\sqrt{3}U_\alpha - U_\beta) \\ t_2 = \dfrac{T_2}{T} = U_\beta \end{cases} \qquad (2\text{-}104)$$

类似地可以得到,当 $\boldsymbol{U}_{OUT}$ 处于 $60°\sim120°$ 区间时,$\boldsymbol{U}_{120} = \boldsymbol{U}_{60}2/\sqrt{3}$,则

$$\begin{cases} t_1 = \dfrac{T_1}{T} = \dfrac{1}{2}(-\sqrt{3}U_\alpha + U_\beta) \\ t_2 = \dfrac{T_2}{T} = \dfrac{1}{2}(\sqrt{3}U_\alpha + U_\beta) \end{cases} \qquad (2\text{-}105)$$

假定根据下列方程式定义 3 个变量 X、Y、Z:

$$\begin{cases} X = U_\beta \\ Y = \dfrac{1}{2}(\sqrt{3}U_\alpha + U_\beta) \\ Z = \dfrac{1}{2}(-\sqrt{3}U_\alpha + U_\beta) \end{cases} \qquad (2\text{-}106)$$

2.4.4 电压矢量的分区

显然,当 $\boldsymbol{U}_{OUT}$ 处于 $0°\sim60°$ 区域时,$t_1 = -Z$,$t_2 = X$;当 $\boldsymbol{U}_{OUT}$ 处于 $60°\sim120°$ 区间时,$t_1 = Z$,$t_2 = Y$。通过类似的方法可以得到整个 $360°$ 区域内以变量 X、Y、Z 作为自变量的 t_1、t_2 表达式。这种方法可以利用计算效率很高的一维查表算法,尽可能避免耗用资源较多的三角函数运算和矩阵运算。表 2-3 列出了整个 $360°$ 区域 t_1、t_2 的计算与分区结果。快速确定分区是 SVPWM 的关键步骤之一,因此有必要建立一组辅助函数来确定分区。

表 2-3 以 X、Y、Z 为自变量所确定的 t_1、t_2 分区

分区(Sector)	$U_0 \sim U_{60}$	$U_{60} \sim U_{120}$	$U_{120} \sim U_{180}$	$U_{180} \sim U_{240}$	$U_{240} \sim U_{300}$	$U_{300} \sim U_{360}$
分区数(Number)	1	3	2	6	4	5
t_1	$-Z$	Z	X	$-X$	$-Y$	Y
t_2	X	Y	$-Y$	Z	$-Z$	$-X$

分区函数建立的规则是当电压合成矢量 $\boldsymbol{U}_{OUT}$ 每转过 $60°$ 区域,分区函数的输出值改变一次,改变的值与所处区间的分区数为一一对应的关系,同时数值改变的边界应是 6 个非零有效

基本空间电压矢量的方向。根据以上规则，可以建立分区函数为

$$\begin{cases} U_{\text{ref1}} = U_\beta \\ U_{\text{ref2}} = \dfrac{-U_\beta + \sqrt{3}U_\alpha}{2} \\ U_{\text{ref3}} = \dfrac{-U_\beta - \sqrt{3}U_\alpha}{2} \end{cases} \tag{2-107}$$

定义三个变量 a、b、c，分区（Sector）判断规则是：

    IF $U_{\text{ref1}} > 0$, THEN $a = 1$, ELSE $a = 0$；

    IF $U_{\text{ref2}} > 0$, THEN $b = 1$, ELSE $b = 0$；

    IF $U_{\text{ref3}} > 0$, THEN $c = 1$, ELSE $c = 0$。

则
$$\text{分区数(Number)} = 4c + 2b + a \tag{2-108}$$

具体地，基于直角坐标系的 SVPWM 算法的实现可以归纳为下列步骤：

① 确定 $\boldsymbol{U}_{\text{OUT}}$ 所在的分区数；

② 计算 X、Y、Z；

③ 计算时间标幺值 t_1、t_2。通常情况下，$t_1 + t_2 \leqslant 1$，如果 $t_1 + t_2 > 1$，需进行状态饱和补偿，用补偿计算值作为新的状态时间，即

$$t_{1\text{sat}} = \frac{1}{t_1 + t_2} t_1, \quad t_{2\text{sat}} = \frac{1}{t_1 + t_2} t_2 \tag{2-109}$$

④ 确定循环周期值 t_{aon}、t_{bon}、t_{con}；

⑤ 将循环周期值 t_{aon}、t_{bon}、t_{con} 赋给 T_a、T_b、T_c。

循环周期值 t_{aon}、t_{bon}、t_{con} 变量由下列公式确定：

$$\begin{cases} t_{\text{aon}} = \dfrac{\text{PWMPRD} - t_1 - t_2}{2} \\ t_{\text{bon}} = t_{\text{aon}} + t_1 \\ t_{\text{con}} = t_{\text{bon}} + t_2 \end{cases} \tag{2-110}$$

根据分区数把正确的循环周期值 t_{xon} 赋给正确的逆变器的相变量，即 T_a、T_b、T_c，表 2-4 列出了赋值规律。

表 2-4　循环周期值 t_{xon} 赋值逆变器的相变量表

分区	$\boldsymbol{U}_0 \sim \boldsymbol{U}_{60}$	$\boldsymbol{U}_{60} \sim \boldsymbol{U}_{120}$	$\boldsymbol{U}_{120} \sim \boldsymbol{U}_{180}$	$\boldsymbol{U}_{180} \sim \boldsymbol{U}_{240}$	$\boldsymbol{U}_{240} \sim \boldsymbol{U}_{300}$	$\boldsymbol{U}_{300} \sim \boldsymbol{U}_{360}$
分区数	1	3	2	6	4	5
T_a	t_{aon}	t_{bon}	t_{con}	t_{con}	t_{bon}	t_{aon}
T_b	t_{bon}	t_{aon}	t_{aon}	t_{bon}	t_{con}	t_{con}
T_c	t_{con}	t_{con}	t_{bon}	t_{aon}	t_{aon}	t_{bon}

式 (2-110) 给出的是对称 SVPWM，也称为七段式 SVPWM，其相对于非对称 SVPWM 的优势在于，它在每个周期的开始和结尾处有两个零矢量区段。在交流电动机（包括异步电动机、永磁同步电动机、同步电动机等）中，对称 SVPWM 信号比非对称 SVPWM 信号引起的谐波畸变小。

图 2-20 所示为 0°～60°区域内对称 SVPWM 信号的原理图。

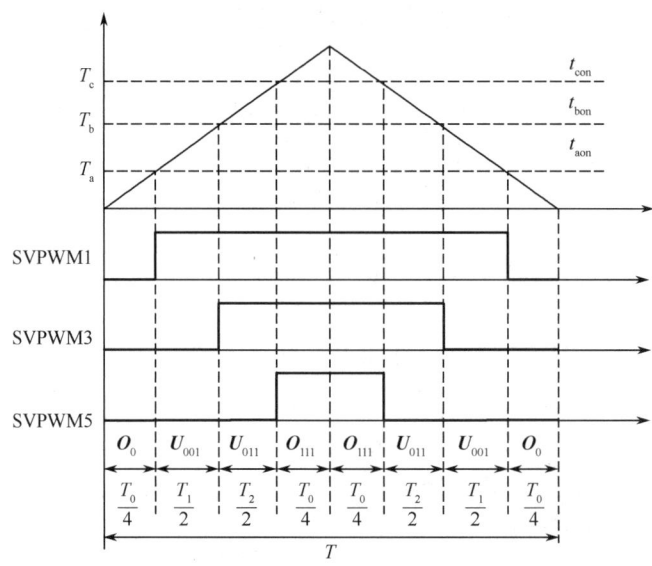

图 2-20　0°～60°区域内对称 SVPWM 信号的原理图

2.5　三相永磁同步伺服电动机的 DSP 控制

三相永磁同步伺服电动机控制器的功率部分通常都采用三相全桥式电压型逆变器。由 SVPWM 产生的开关控制信号去控制开关器件的导通和关断,从而实现输出电压的规律变换。DSP 芯片外加一些外围电路组成控制器的数字控制部分。下面介绍以 DSP 为控制核心构成的三相永磁同步伺服电动机系统。

本例所用的三相永磁同步伺服电动机有 4 对磁极,额定转速为 3000r/min,额定功率为 100W,直流供电电压为 24V。

(1) 控制电路

图 2-21 是用 TMS320F28335 实现三相永磁同步伺服电动机调速的控制电路。图中,TMS320F28335 通过 PWM1A～PWM3B 引脚经反相器连接到 6 个开关管,实现定频 PWM 控制。TMS320F28335 的 GPIO14 引脚经反相器、硬件延时和驱动电路控制串入 24V 直流电源的继电器,实现对供电电源的控制。由于在每个时刻三相绕组电流之和都为零,只用两个霍尔电流传感器 ACS712 就可实现三相电流感测。霍尔电流传感器的输出经滤波放大电路连接到 TMS320F28335 的 ADC 输入端 ADCINB0、ADCINB1。三个间隔 120°电角度分布的霍尔位置传感器 H_1、H_2、H_3 经信号整形电路后分别与 TMS320F28335 的三个引脚 GPIO76、GPIO77、GPIO78 相连,用于转子的初始定位。与电动机转子同轴的增量式光电编码器,其输出端 A、B 和 Z 先经过信号整形电路,然后与 TMS320F28335 的正交编码脉冲(eQEP)模块的输入引脚 GPIO50、GPIO51、GPIO53 相连,用于测量电动机的转速和位置。

(2) 电流的检测和计算

霍尔电流传感器采用的是 ACS712ELCTR-20A-T,其使用方法可参见第 1 章中的相关内容。

(3) 位置检测和速度计算

本例使用的增量式光电编码器为 2500 线,编码器每转过一圈,其 A 端、B 端各输出 2500 个

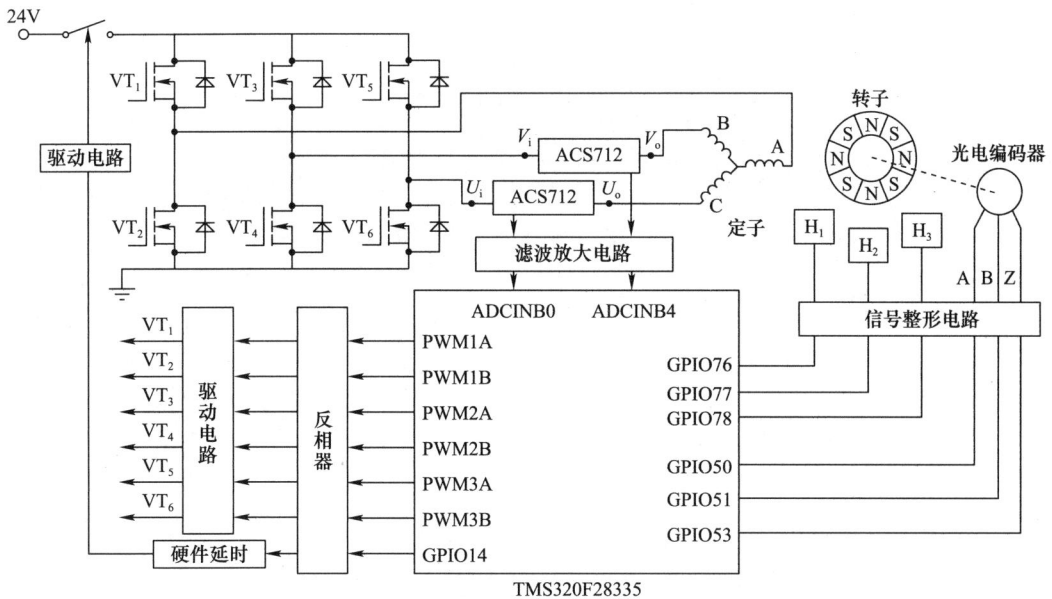

图 2-21 基于 TMS320F28335 的三相永磁同步伺服电动机控制电路

脉冲。eQEP 模块利用输入脉冲的 4 个边沿将其变为 4 倍频的计数脉冲信号。编码器每转过一圈对应的机械角度为 360°，而 eQEP 模块内计数值变化 10000 次，则每个计数值所对应的机械角度（用 Q15 格式表示）为 _IQ15(360/10000) = 1179。如果计数值为 RawCNT，则其对应的机械角度 MechTheta = _IQmpy(1179, RawCNT)。

编码器每转过一圈对应 eQEP 模块内计数值的变化量为 10000，如果单位时间间隔 Δt 内的计数值的变化量为 1，可以根据下式计算出电动机每分钟的转速 sp 为

$$\mathrm{sp} = \frac{1}{10000 \times \Delta t} \times 60$$

将 PWM 中断的频率设置为 10kHz，每 10 次 PWM 中断执行一次速度计算，则 Δt 为 0.001s，电动机的额定转速 Basespeed 为 3000r/m，则电动机转速反馈量的标幺值 sp_pu 为

$$\mathrm{sp\_pu} = \frac{\mathrm{sp}}{\mathrm{Basespeed}} = \frac{60}{10000 \times 0.001 \times 3000} = 0.002$$

将其变为 Q15 格式，表示为 _IQ15(0.002) = 65。

如果单位时间间隔 Δt 内的计数值的变化量为 QCNT_Delta(Q 格式)，则电动机转速反馈量的标幺值 Speed = _IQmpy(QCNT_Delta, 65)。

(4) DSP 编程

根据以上所述，设计一个用 TMS320F28335 控制三相永磁同步伺服电动机调速的例子，采用图 2-21 所示的硬件电路，其中 TMS320F28335 的系统时钟频率为 150MHz，PWM 频率为 10kHz。通过定时器周期匹配事件启动 A/D 转换，使每个定时器中断都对电流进行一次采样，每 10 次定时器中断进行一次速度计算。该例中定时器中断的程序流程图如图 2-22 所示。

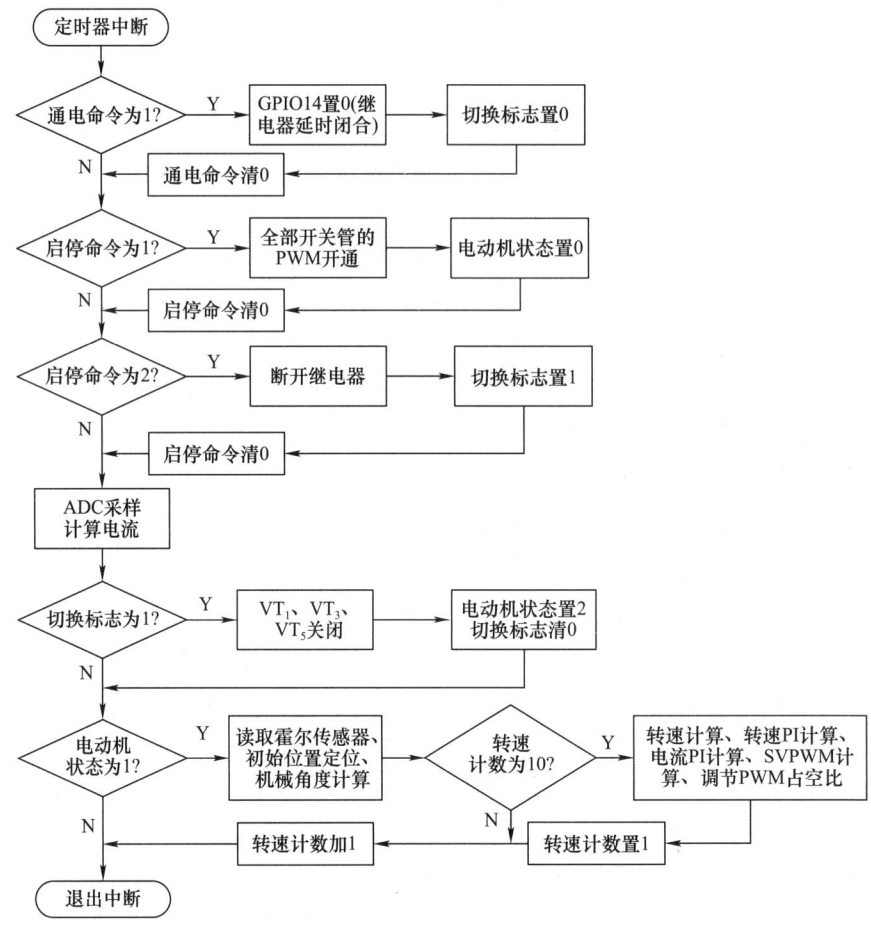

图 2-22 定时器中断的程序流程图

程序运行时,首先将变量 POW_ON_CMD(通电命令)写为 1,控制继电器吸合,然后通过将变量 Start_Stop_CMD(启停命令)写为 1 来启动电动机。电动机转速通过变量 SpeedRef_M100 控制,该变量代表给定转速标幺值的 100 倍,其初值为 0,即电动机初始给定转速为 0;如果将 SpeedRef_M100 修改为 2,则意味着转速给定的标幺值为 0.02,考虑到额定转速为 3000r/min,标幺值为 0.02 对应的给定转速为 180r/min。将变量 Start_Stop_CMD 写为 2 来停止电动机。电动机旋转方向通过变量 Motordir 控制,其初值为 1,代表电动机正向旋转,修改 Motordir 必须在电动机未启动时进行。在电动机未启动时,将其修改为 0,然后将 Start_Stop_CMD 写为 1,则电动机按反向转动的方式启动。

用 TMS320F28335 控制永磁同步伺服电动机调速的主要程序代码如下,文件 svgen.h 和 pi.h 在 controlSUITE 软件安装目录 \libs\app_libs\motor_control\math_blocks\v4.0 中。

```
#include "DSP2833x_Device.h"
#include "DSP2833x_Examples.h"
#include "svgen.h"
#include "pi.h"
interrupt void EPWM_1_INT(void);
void Init_OCur_threshold(void);
Uint16 POW_ON_CMD = 0;          // 通电命令:写1闭合继电器,接通电源,准备启动
```

```
Uint16 Start_Stop_CMD = 0;                  // 启停命令:初值为0,写1启动,写2停止
Uint16 Motordir = 1;                        // 电动机转动方向:写0反转;写1正转
SVGEN SVGEN_1;
PI_CONTROLLER PI_id = {0, 0, 0, _IQ(0.3), _IQ(0.002), _IQ(1), _IQ((-1)), 0, 0, 0, 0, _IQ(1)};
PI_CONTROLLER PI_iq = {0, 0, 0, _IQ(0.3), _IQ(0.002), _IQ(1), _IQ((-1)), 0, 0, 0, 0, _IQ(1)};
PI_CONTROLLER PI_speed = {0, 0, 0, _IQ(8), _IQ(0.005), _IQ(0.95), _IQ((-0.95)), 0, 0, 0, 0, _IQ(1)};
// * * * * * * 全局变量定义与初始化 * * * * * * * * * * * * * * * * * * * * * * * *
Uint16 T1Period = 0;                        // T1定时器周期(Q0)
float32 Modulation = 0.25;                  // 调制比
int16 MPeriod = 0;
int32 Tmp = 0;
_iq PolePairs = _IQ(4);
//================转子初始位置定位=====================
Uint16 LocationFlag = 1, LocationEnd = 0, Position = 1;
Uint16 PositionPhase60 = 1, PositionPhase120 = 2, PositionPhase180 = 3;
Uint16 PositionPhase240 = 4, PositionPhase300 = 5, PositionPhase360 = 6;
//=================转子速度计算=======================
Uint16 SpeedLoopPrescaler = 10;             // 速度环定标
Uint16 Sp_Clca_CNT = 1;                     // 速度计算计数
Uint16 Hall_Fault_Flag = 0;
float32 SpeedRef = 0;                       // 速度给定,标幺值
_iq NewRawCNT = 0, OldRawCNT = 0;
_iq QCNT_Delta = 0;
_iq Speed = 0;                              // 速度,标幺值
_iq SpeedRpm = 0;                           // 速度,单位:r/min
//=================转子角度计算=======================
Uint16 DirectionQep = 0;                    // 转子旋转方向
_iq RawCNT = 0, TotalPulse = 0;
_iq MechTheta = 0;                          // 机械角度,单位:度
_iq ElecTheta = 0;                          // 电气角度,单位:度
_iq AnglePU = 0;                            // 角度标幺化
_iq Cosine = 0, Sine = 0;
//================控制绕组电流计算=====================
_iq ia = 0, ib = 0, ic = 0, ialfa = 0, ibeta = 0, id = 0, iq = 0;
//================PI控制器参数计算=====================
_iq ID_Given = 0;
_iq IQ_Given = 0;
Uint16 First_SpLoop_Flag = 0;
//==================SVPWM计算========================
_iq Ualfa = 0, Ubeta = 0, Ud = 0, Uq = 0;
_iq MfuncD1 = 0, MfuncD2 = 0, MfuncD3 = 0;
//
=====================================================
Uint16 Motor_state_Flag = 2;                // 电动机运行状态标志,1:转动;2:停机
Uint16 SpeedRef_M100 = 0;
```

```c
Uint16 HallAngle = 0;
Uint16 BuChang = 416; // 416 = 2500×4/(4×6),编码器2500线,4倍频,极对数为4,
// 1对极每转换相6次,416是60度电角度对应的QEP计数值
float32 Rated_current = 4.2;      // 设置电动机的额定电流有效值,单位为A
Uint16 BaseSpeed = 3000;          // 设置电动机的额定转速
void   QEP_Init(void)
{     EALLOW;
    EQep1Regs.QUPRD = 1500000;           // Unit Timer for 100Hz at 150 MHz SYSCLKOUT
    EQep1Regs.QDECCTL.all = 0x400;
    EQep1Regs.QEPCTL.all = 0x820a;       //
    EQep1Regs.QPOSCNT = 0;
    EQep1Regs.QPOSINIT = 0;
    TotalPulse = _IQmpy(_IQ(4), _IQ(2500)); // 编码器2500线
    EQep1Regs.QPOSMAX = (Uint16)(TotalPulse >> 15);
    EQep1Regs.QCAPCTL.all = 0x8075;
    EDIS;
}
void VT_ALL_PWM(void)
{     EALLOW;
    GpioCtrlRegs.GPAMUX1.bit.GPIO0 = 1;   // Configure GPIO0 as EPWM1A
    GpioCtrlRegs.GPAMUX1.bit.GPIO1 = 1;   // Configure GPIO1 as EPWM1B
    GpioCtrlRegs.GPAMUX1.bit.GPIO2 = 1;   // Configure GPIO2 as EPWM2A
    GpioCtrlRegs.GPAMUX1.bit.GPIO3 = 1;   // Configure GPIO3 as EPWM2B
    GpioCtrlRegs.GPAMUX1.bit.GPIO4 = 1;   // Configure GPIO4 as EPWM3A
    GpioCtrlRegs.GPAMUX1.bit.GPIO5 = 1;   // Configure GPIO5 as EPWM3B
    EDIS;
}
// #define ETPS_DRV
// #define IDSP_DRV
void VT_135_close(void)
{     EALLOW;
    GpioCtrlRegs.GPADIR.bit.GPIO0 = 1;
    GpioCtrlRegs.GPADIR.bit.GPIO2 = 1;
    GpioCtrlRegs.GPADIR.bit.GPIO4 = 1;
    // GPIO0 GPIO2 GPIO4 —> pwm 1.3.5 强制低,GPIO1 GPIO3 GPIO5 —> pwm 2.4.6 有效
    GpioDataRegs.GPASET.bit.GPIO0 = 1;
    GpioDataRegs.GPASET.bit.GPIO2 = 1;
    GpioDataRegs.GPASET.bit.GPIO4 = 1;
    GpioCtrlRegs.GPAMUX1.bit.GPIO0 = 0;   // Configure GPIO0 as EPWM1A
    GpioCtrlRegs.GPAMUX1.bit.GPIO2 = 0;   // Configure GPIO2 as EPWM2A
    GpioCtrlRegs.GPAMUX1.bit.GPIO4 = 0;   // Configure GPIO4 as EPWM3A
    EPwm1Regs.CMPA.half.CMPA = 3375;      //
    EPwm2Regs.CMPA.half.CMPA = 3375;      //
    EPwm3Regs.CMPA.half.CMPA = 3375;      //
    EDIS;
    Motor_state_Flag = 2;    // 电动机运行状态标志,1:转动;2:停机
```

```c
    LocationFlag = 1;
    Position = 1;
    speed_dis = 0;
    IQ_Given = 0;
    OldRawCNT = 0;
    SpeedRef = 0;
    SpeedRef_M100 = 0;
    Modulation = 0.25;      // 调制比
    O_Current_Flag = 0;
    Hall_Fault_Flag = 0;
    First_SpLoop_Flag = 0;
}
void main(void)
{
    InitSysCtrl();
    InitGpio();
    DINT;
    InitPieCtrl();
    IER = 0x0000;
    IFR = 0x0000;
    InitPieVectTable();
    EALLOW;
    PieVectTable.EPWM1_INT = &EPWM_1_INT;
    EDIS;
    InitEPwm_1_2_3();       // PWM初始化
    EALLOW;
    SysCtrlRegs.PCLKCR0.bit.TBCLKSYNC = 1;
    EDIS;
    QEP_Init();             // QEP初始化
    O_Current_threshold = 15 * Rated_current;
    Rated_current = 1.414 * Rated_current;
    ADC_Soc_Init();
    VT_135_close();         // 关闭桥臂回路,VT₁、VT₃、VT₅强制为低,VT₂、VT₄、VT₆有效
    Ad_sample();
    Ad_sample();
    DELAY_US(1000000);
    IER |= M_INT3;
    PieCtrlRegs.PIEIER3.bit.INTx1 = 1;// epwm1int
    EINT;           // Enable Global interrupt INTM
    ERTM;           // Enable Globalrealtime interrupt DBGM
for(;;)
    {
    }
}
interrupt void EPWM_1_INT(void)
    {if(POW_ON_CMD == 1)// 接通电源
```

```c
    if(Motor_state_Flag == 2)
    {   Relay_Close_0;// 闭合继电器
        State_Switching_Flag = 0;
    }
    POW_ON_CMD = 0;
}
if(Start_Stop_CMD == 1)// 启动
{   Motor_state_Flag = 1;
    VT_ALL_PWM();
    Start_Stop_CMD = 0;
}
if(Start_Stop_CMD == 2)// 停止
{   Relay_Open_1;// 断开继电器
    State_Switching_Flag = 1;
    POW_ERR_Flag = 0;
    Start_Stop_CMD = 0;
}
if(State_Switching_Flag == 1)//
{   VT_135_close();
    Motor_state_Flag = 2;// 电动机运行状态标志,1:转动;2:停机
    State_Switching_Flag = 0;
}
Ad_sample();
Calc_current();
if(Motor_state_Flag == 1)// 电动机运行状态标志,1:转动;2:停机
{   //===== 初始位置定位 =============================
    if(LocationFlag! = LocationEnd)
    {   Modulation = 0.9;
        HallAngle = 0;
        if(GpioDataRegs. GPCDAT. bit. GPIO78)    {HallAngle += 1; }// W
        if(GpioDataRegs. GPCDAT. bit. GPIO77)    {HallAngle += 2; }// V
        if(GpioDataRegs. GPCDAT. bit. GPIO76)    {HallAngle += 4; }// U
        switch(HallAngle)
        {   case 5:
                Position = PositionPhase60;
                LocationFlag = LocationEnd;// 定位结束
                EQep1Regs. QPOSCNT = BuChang * 0 + BuChang/2;// 0+30
                OldRawCNT = _IQ(EQep1Regs. QPOSCNT);
                break;
            case 1:
                Position = PositionPhase360;
                LocationFlag = LocationEnd;// 定位结束
                EQep1Regs. QPOSCNT = BuChang * 5 + BuChang/2;// 300+30
                OldRawCNT = _IQ(EQep1Regs. QPOSCNT);
                break;
            case 3:
```

```
                Position = PositionPhase300;
                LocationFlag = LocationEnd;// 定位结束
                EQep1Regs. QPOSCNT = BuChang * 4 + BuChang/2;// 240 + 30
                OldRawCNT = _IQ(EQep1Regs. QPOSCNT);
                break;
            case 2:
                Position = PositionPhase240;
                LocationFlag = LocationEnd;// 定位结束
                EQep1Regs. QPOSCNT = BuChang * 3 + BuChang/2;// 180 + 30
                OldRawCNT = _IQ(EQep1Regs. QPOSCNT);
                break;
            case 6:
                Position = PositionPhase180;
                LocationFlag = LocationEnd;// 定位结束
                EQep1Regs. QPOSCNT = BuChang * 2 + BuChang/2;// 120 + 30
                OldRawCNT = _IQ(EQep1Regs. QPOSCNT);
                break;
            case 4:
                Position = PositionPhase120;
                LocationFlag = LocationEnd;// 定位结束
                EQep1Regs. QPOSCNT = BuChang * 1 + BuChang/2;// 90 + 30
                OldRawCNT = _IQ(EQep1Regs. QPOSCNT);
                break;
            default:
                Relay_Open_1;// 继电器断开,切断主电路
                Motor_state_Flag = 2;// 电动机运行状态标志,2:停机
                VT_135_close();
                Hall_Fault_Flag = 1;// 霍尔信号错误启动停止
                break;
        }
}
//======= 初始位置定位结束,开始闭环控制 ====================
else if(LocationFlag == LocationEnd)
{   //===== QEP角度计算 ============================
    DirectionQep = EQep1Regs. QEPSTS. bit. QDF;// 旋转方向判定
    RawCNT = _IQ(EQep1Regs. QPOSCNT);
    MechTheta = _IQmpy(1179,RawCNT);// 计算机械角度
    if(MechTheta > _IQ(360)){MechTheta = MechTheta - _IQ(360);}
    if(MechTheta < _IQ(-360)){MechTheta = MechTheta + _IQ(360);}
    ElecTheta = _IQmpy(PolePairs,MechTheta);
    AnglePU = _IQdiv(ElecTheta,_IQ(360)) + 14876;//
    Sine = _IQsinPU(AnglePU);
    Cosine = _IQcosPU(AnglePU);
    //===== QEP 速度计算 ============================
    if (Sp_Clca_CNT >= SpeedLoopPrescaler)// PWM 中断频率为 10kHz,计数 10 次为 1ms
    {   DirectionQep = EQep1Regs. QEPSTS. bit. QDF;// 旋转方向判定
```

```
NewRawCNT = _IQ(EQep1Regs.QPOSCNT);
if(DirectionQep == 1) // 递增计数,转速为负给定时,DirectionQep = 1
{   QCNT_Delta = OldRawCNT - NewRawCNT ;// 为负
    if(QCNT_Delta > _IQ(0)) {QCNT_Delta = QCNT_Delta - TotalPulse;}
}
else if(DirectionQep == 0) // 递减计数,转速为正给定时,DirectionQep = 0
{   QCNT_Delta = OldRawCNT - NewRawCNT;// 为正
    if(QCNT_Delta < _IQ(0)) {QCNT_Delta = QCNT_Delta + TotalPulse;}
}
Speed = _IQmpy(QCNT_Delta,65);
OldRawCNT = NewRawCNT;
Sp_Clca_CNT = 1;
QCNT_Delta = 0;
// ================ 速度环 PI ================
if(Motordir == 1)
    SpeedRef = SpeedRef_M100 * 1.0/100;
else
    SpeedRef = SpeedRef_M100 * 1.0/-100;
PI_speed.Ref = _IQ(SpeedRef);
PI_speed.Fbk = Speed;
PI_MACRO(PI_speed);
IQ_Given = PI_speed.Out;

First_SpLoop_Flag = 1;
}
else
{ Sp_Clca_CNT ++; }
if(First_SpLoop_Flag == 1)// 第一次速度环计算完成之前,不进行电流环计算
{   ialfa = ia;
ibeta = _IQmpy(ia,_IQ(0.57735026918963)) + _IQmpy(ib,_IQ(1.15470053837926));
    id = _IQmpy(ialfa,Cosine) + _IQmpy(ibeta,Sine);
    iq = _IQmpy(ibeta,Cosine) - _IQmpy(ialfa,Sine);
// ====== IQ 电流 PID 调节控制 ================
PI_iq.Ref = IQ_Given;
PI_iq.Fbk = iq;
PI_MACRO(PI_iq);
Uq = PI_iq.Out;
// ====== ID 电流 PID 调节控制 ================
PI_id.Ref = ID_Given;
PI_id.Fbk = id;
PI_MACRO(PI_id);
Ud = PI_id.Out;
// ======= IPark 变换 ================
Ualfa = _IQmpy(Ud,Cosine) - _IQmpy(Uq,Sine);
Ubeta = _IQmpy(Uq,Cosine) + _IQmpy(Ud,Sine);
// ======= SVPWM 实现 ================
```

```
            SVGEN_1.Ualpha = Ualfa;
            SVGEN_1.Ubeta = Ubeta;
            SVGENDQ_MACRO(SVGEN_1);
            MfuncD1 = SVGEN_1.Ta;
            MfuncD2 = SVGEN_1.Tb;
            MfuncD3 = SVGEN_1.Tc;
            //=========比较器参数赋值=====================
            MPeriod = (int16)(T1Period * Modulation);              // Q0 = (Q0 * Q0)
            Tmp = (int32)MPeriod * (int32)MfuncD1;                 // Q15 = Q0 * Q15,
            EPwm1Regs.CMPA.half.CMPA = (int16)(Tmp >> 16) + (int16)(T1Period >> 1);
            Tmp = (int32)MPeriod * (int32)MfuncD2;                 // Q15 = Q0 * Q15,
            EPwm2Regs.CMPA.half.CMPA = (int16)(Tmp >> 16) + (int16)(T1Period >> 1);
            Tmp = (int32)MPeriod * (int32)MfuncD3;                 // Q15 = Q0 * Q15,
            EPwm3Regs.CMPA.half.CMPA = (int16)(Tmp >> 16) + (int16)(T1Period >> 1);
        }
    }
}
EPwm1Regs.ETCLR.bit.INT = 1;// 清除中断标志位
PieCtrlRegs.PIEACK.all = PIEACK_GROUP3;
    }
```

思考与练习题

2-1 简述永磁同步伺服电动机与无刷直流电动机的区别。

2-2 画图说明永磁同步伺服电动机与电励磁同步电动机功角特性的不同,为什么?

2-3 简述三相永磁同步伺服电动机三闭环控制的原理,并说明与常规的速度控制的差异。

第 3 章 步进电动机

主要内容
- 步进电动机的工作原理
- 反应式步进电动机的运行特性
- 步进电动机的主要性能指标
- 驱动电源
- 步进电动机的微处理器控制

知识重点

本章重点为：步进电动机的原理与运行特性，驱动电源组成和原理；步进电动机的专用控制芯片及微处理器控制。

随着计算机技术的发展，步进电动机在自动控制系统中得到了广泛的应用，例如数控机床、绘图机、计算机外围设备、自动记录仪表、钟表和数模转换装置等。

步进电动机是一种数字电动机，它是受脉冲信号控制，并将电脉冲信号转换成相应的角位移或线位移的控制电动机。它由专用电源供给脉冲，每输入一个脉冲，步进电动机就移进一步，所以称为步进电动机。又因其绕组上所加的电源是脉冲电压，有时也称为脉冲电动机。

步进电动机受脉冲信号控制。它的直线位移量或角位移量与脉冲数成正比，所以电动机的直线速度或转速也与脉冲频率成正比，通过改变脉冲频率的高低就可以在很大的范围内调节电动机的转速，并能快速启动、制动和反转。由于步进电动机受脉冲控制，电动机的步距角和转速大小不受电压波动和负载变化的影响，也不受环境条件如温度、气压、冲击和振动等影响，它仅与脉冲频率有关。它每转一周都有固定的步数，在不失步的情况下运行，步距误差不会长期积累。这些特点使它完全适用于在数字控制的开环系统中作为伺服元件，并使整个系统大为简化且运行可靠。当采用了速度和位置检测装置后，它也可以用于闭环系统中。

步进电动机的种类繁多，按其运动形式分为旋转式步进电动机和直线式步进电动机两大类；按其工作原理又可分为反应式、永磁式和混合式三类。

3.1 步进电动机的工作原理

3.1.1 反应式步进电动机的工作原理

反应式步进电动机不像传统交/直流电动机那样依靠定、转子绕组电流所产生的磁场间的相互作用形成转矩与转速，它遵循磁通总是沿磁阻最小的路径闭合的原理，产生磁拉力形成转矩，即磁阻性质的转矩。所以反应式步进电动机也称为磁阻式步进电动机，图 3-1 所示为一台三相反应式步进电动机的工作原理图。它的定子上有 6 个极，每个极上都装有控制绕组，每相对的两极组成一相。转子由 4 个均匀分布的齿组成，其上没有绕组。当 A 相控制绕组通电时，因磁通要沿着磁阻最小的路径闭合，将使转子齿 1、3 和定子极 A-X 对齐，如图 3-1(a)所示。当A相断电、B相控制绕组通电时,转子将在空间逆时针转过30°,即步距角$\theta_s=30°$,转子齿2、4与定子极B-Y对齐,如图3-1(b)所示。如再使B相断电,C相控制绕组通电,转子又在空间逆时针转过$\theta_s=30°$,使转子齿1、3和定子极C-Z对齐,如图3-1(c)所示。如此循环往复,按A→B→C→A顺序通电,电动机便按一定的方向转动。电动机的转速取决于控制绕组与电源接通或断开的变化频率。若按A→C→B→A的顺序通电,则电动机反向转动。控制绕组与电源的接通或断开,通常是由电子逻辑线路或微处理器来控制完成的,具体内容将在3.5节讲述。

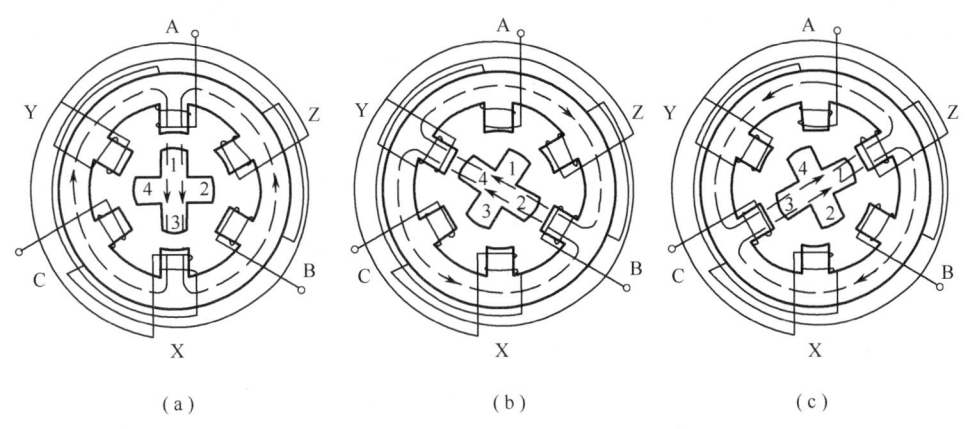

图3-1 三相反应式步进电动机的工作原理图

3.1.2 反应式步进电动机的运行方式

定子控制绕组每改变一次通电方式,称为一拍。步进电动机按其通电方式可分为单拍通电运行方式,双拍通电运行方式和单、双拍通电运行方式。每一拍转过的机械角度称为步距角,通常用θ_s表示。即使同一台步进电动机,如果运行方式不同,其步距角也不相同。

1. 单拍通电运行方式

如图3-1按A→B→C→A顺序通电的方式称为三相单三拍通电运行方式。"单"是指每次只有一相控制绕组通电,"三拍"是指经过三次切换后控制绕组回到了原来的通电状态,完成了一个循环。对于图3-1的步进电动机,在三相单三拍通电运行方式中,步进电动机的步距角$\theta_s=30°$。

2. 双拍通电运行方式

在实际使用中,单三拍通电运行方式由于在切换时一相控制绕组断电后而另一相控制绕组才开始通电,这种情况容易造成失步。此外,由单一控制绕组通电吸引转子,也容易使转子在平衡位置附近产生振荡,故运行的稳定性较差,所以很少采用。通常将它改为"双三拍"通电运行方式,即按AB→BC→CA→AB的顺序通电,也就是每拍都有两个绕组同时通电,假设此时电动机为正转,那么按AC→CB→BA→AC的通电顺序运行时电动机则反转。在双三拍通电运行方式下,步进电动机的转子位置如图3-2所示,当A、B两相同时通电时,转子齿的位置同时受到两个定子极的作用,只有在A相极和B相极对转子齿所产生的磁拉力相等时转子才平衡,如图3-2(a)所示;当B、C两相同时通电时,转子齿的位置同时受到两个定子极的作用,只有在B相极和C相极对转子齿所产生的磁拉力相等时转子才平衡,如图3-2(b)所示;当C、A两相同时通电时,原理同上,如图 3-2(c)所示。从上述分析可以看出双拍通电运行时,同样三拍为一个循环,所以,按双三拍通电方式运行时,它的步距角与单三拍通电运行方式相同,也是 30°。

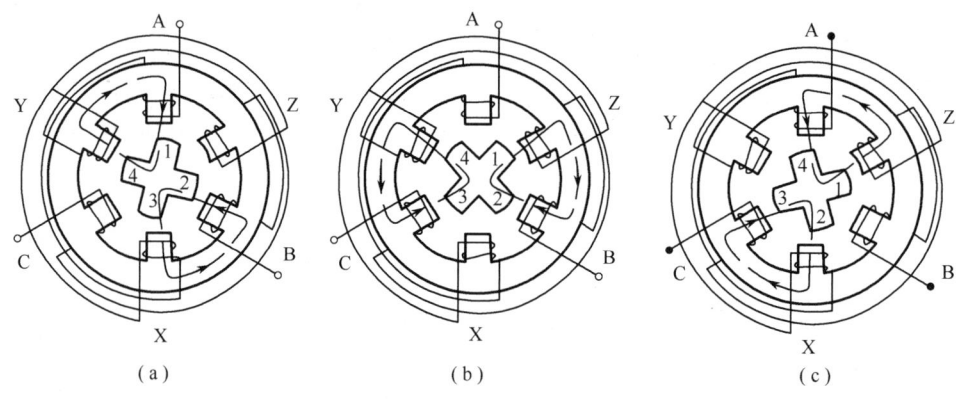

图 3-2　双拍运行时的三相反应式步进电动机

3. 单、双六拍通电运行方式

若控制绕组的通电顺序为：A→AB→B→BC→C→CA→A,或者 A→AC→C→CB→B→BA→A,称步进电动机工作在三相单、双六拍通电方式。即先 A 相绕组通电；之后 A、B 相绕组同时通电；然后断开 A 相控制绕组,由 B 相控制绕组单独通电；再使 B、C 相控制绕组同时通电,以此进行。在这种通电运行方式下,定子三相控制绕组需经过 6 次切换通电状态才能完成一个循环,故称"六拍"。在通电时,有时是单个控制绕组通电,有时又是两个控制绕组同时通电,因此称为"单、双六拍"。在这种通电运行方式下,步距角也有所不同。如图 3-3 所示,当 A 相控制绕组通电时,和单三拍运行的情况相同,转子齿 1、3 和定子极 A-X 分别对齐,如图 3-3(a)所示。当 A、B 相控制绕组同时通电时,转子齿 2、4 在定子极 B-Y 的吸引下使转子沿逆时针方向转动,直至转子齿 1、3 和定子极 A、X 之间的作用力与转子齿 2、4 和定子极 B-Y 之间的作用力相平衡为止,如图 3-3(b)所示。A、B 两相同时通电时和双拍运行方式相同。当断开 A 相控制绕组而由 B 相控制绕组通电时,转子将继续沿逆时针方向转过一个角度,使转子齿 2、4 和定子极 B、Y 对齐,如图 3-3(c)所示。在这种通电方式下,$\theta_s=30°/2=15°$。若继续按 BC→C→CA→A 的顺序通电,步进电动机就按逆时针方向连续转动。若通电顺序变为 A→AC→C→CB→B→BA→A,电动机将按顺时针方向反向转动。

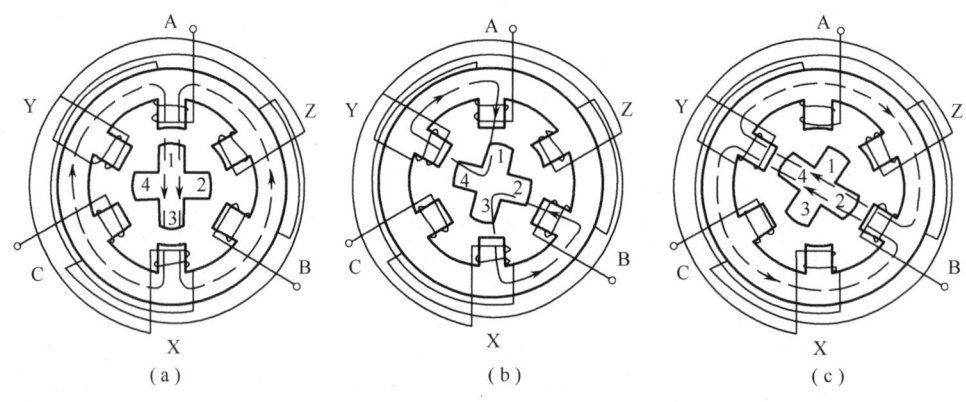

图 3-3　单、双六拍运行时的三相反应式步进电动机

从上述分析可知,即使同一台步进电动机,若通电运行方式不同,其步距角也不相同。所以一般步进电动机会给出两个步距角,如3°/1.5°、1.5°/0.75°等。

3.1.3 小步距角步进电动机

上述反应式步进电动机的结构虽然简单,但是步距角较大,往往满足不了系统的精度要求,若在数控机床中使用就会影响到加工工件的精度。所以,在实际中常采用图3-4所示的一种小步距角的三相反应式步进电动机。图3-4所示的电动机,它的定子上有6个极,上面装有控制绕组,这些绕组组成A、B、C三相。转子上均匀分布40个齿。定子的每个极面上也各有5个齿,定、转子的齿宽和齿距都相同。当A相控制绕组通电时,电动机中产生沿A极轴线方向的磁场,因磁通总是沿磁阻最小的路径闭合的,转子受到磁阻转矩的作用而转动,直至转子齿和定子A极面上的齿对齐为止。因转子上共有40个齿,每个齿的齿距为360°/40=9°,而每个定子磁极的极距为360°/6=60°,所以每个极距所占的齿距数不是整数。从图3-5给出的步进电动机定、转子展开图中可以看出,当A极面下的定、转子齿对齐时,Y极和Z极面下的齿就分别和转子齿相错位三分之一的转子齿距,即3°。

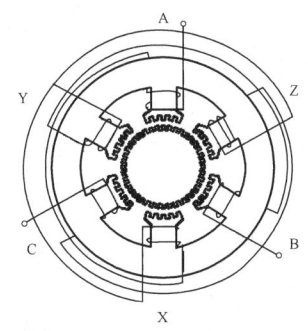

图3-4 小步距角的三相
反应式步进电动机

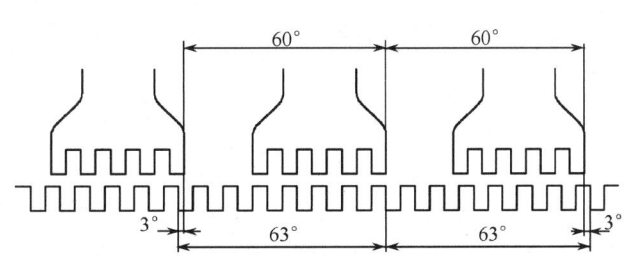

图3-5 三相反应式步进电动机的定、转子展开图

设反应式步进电动机的转子齿数 Z_r 的大小由步距角的要求所决定。但是为了能实现"自动错位",转子的齿数必须满足一定的条件,而不能是任意数值。当定子的相邻极为相邻相时,在某一极下若定、转子的齿对齐时,则要求在相邻极下的定、转子齿之间应错开转子齿距的 $1/m$,即它们之间在空间位置上错开 $360°/mZ_r$,由此可得出这时转子齿数应符合

$$\frac{Z_r}{2p} = K \pm \frac{1}{m} \tag{3-1}$$

式中,$2p$ 为反应式步进电动机的定子极数;m 为电动机的相数;K 为正整数。

从图3-4中可以看到,若断开A相控制绕组而由B相控制绕组通电,这时电动机中产生沿B极轴线方向的磁场。同理,在磁阻转矩的作用下,转子按顺时针方向转过3°,使定子B极面下的齿和转子齿对齐,相应定子A极和C极面下的齿又分别和转子齿相错三分之一的转子齿距。以此类推,当控制绕组按 A→B→C→A 顺序循环通电,转子就沿顺时针方向以每拍转过3°的方式转动。若改变通电顺序,即按 A→C→B→A 顺序循序通电,转子便沿反方向同样以每拍转过3°的方式转动。此时为单三拍通电运行方式。若采用三相单、双六拍通电方式,与前述道理一样,只是步距角将要减小一半,即1.5°。

由以上分析可知,步进电动机的步距角 θ_s 由转子的齿数 Z_r、控制绕组的相数 m 和通电方

式所决定,它们之间关系为

$$\theta_s = \frac{360°}{mZ_rC} \tag{3-2}$$

式中,C 为通电状态系数。采用单拍或双拍通电运行方式时,$C=1$;采用单、双拍通电运行方式时,$C=2$。

若步进电动机通电的脉冲频率为 f,由于转子经过 Z_rC 个脉冲旋转一周,则步进电动机的转速为

$$n = \frac{60f}{mZ_rC} \tag{3-3}$$

式中,f 的单位是 1/s;n 的单位是 r/min。

步进电动机除做成三相外,也可以做成二相、四相、五相、六相或更多的相数。由式(3-2)可知,步进电动机的相数和转子齿数越多,则步距角就越小。常见的步距角有 3°/1.5°、1.5°/0.75°等。从式(3-3)又可知,相数多的步进电动机在脉冲频率一定时转速也越低。步进电动机的相数越多,相应电源就越复杂,造价也越高。所以,步进电动机一般最多做到六相,只有个别步进电动机做成更多的相数。

3.1.4 反应式步进电动机的结构

反应式步进电动机的结构有单段式和多段式两种形式。

1. 单段式

如图 3-4 所示的结构即为单段式结构。其相数沿径向分布,所以又称径向分相式。单段式结构是目前步进电动机中使用最多的一种形式,转子上没有绕组,沿圆周有均匀布置的齿,其齿距与定子的齿距必须相等。定子的磁极数通常为相数的 2 倍,即 $2p=2m$。每个磁极上都装有控制绕组,并接成 m 相。这种结构形式使电动机制造简便,精度易于保证,步距角又可以做得较小,容易得到较高的启动频率和运行频率。其缺点是在电动机的直径较小而相数又较多时,沿径向分相较为困难。此外,这种电动机消耗的功率较大,断电时无定位转矩。

2. 多段式

多段式是指定、转子铁芯沿电动机轴向按相数分成 m 段,所以又称为轴向分相式。按其磁路的特点不同,多段式又可分为径向磁路多段式和轴向磁路多段式两种。

(1) 径向磁路多段式步进电动机

径向磁路多段式步进电动机的结构如图 3-6 所示。定、转子铁芯沿电动机轴向按相数分段,每段定子铁芯的磁极上只放置一相控制绕组。控制绕组产生的磁场方向为径向,定子的磁极数是由结构决定的,最多可与转子齿数相等,少则可为二极、四极、六极等。定、转子圆周上冲有齿形相近并有相同齿距的齿槽。每段铁芯上的定子齿都和转子齿处于相同的位置,转子齿沿圆周均匀分布并为定子极数的倍数。定子铁芯(或转子铁芯)每相邻两段错开 $1/m$ 齿距。它的步距角同样可以做得较小,并使电动机的启动和运行频率较高。但铁芯段的错位工艺比较复杂。

(2) 轴向磁路多段式步进电动机

轴向磁路多段式步进电动机的结构如图 3-7 所示。定、转子铁芯均沿电动机轴向按相数分段,每组定子铁芯中间放置一相环形的控制绕组,控制绕组产生的磁场方向为轴向。定、转子圆周上冲有齿形相近和齿数相同的均匀分布齿槽。定子铁芯(或转子铁芯)每两相邻段错开

$1/m$ 齿距。这种结构使电动机的定子空间利用率较高,环形控制绕组的绕制较方便,转子的惯量较低,步距角也可以做得较小,因此启动频率和运行频率都较高。但在制造时,铁芯分段和错位工艺较复杂,精度不易保证。

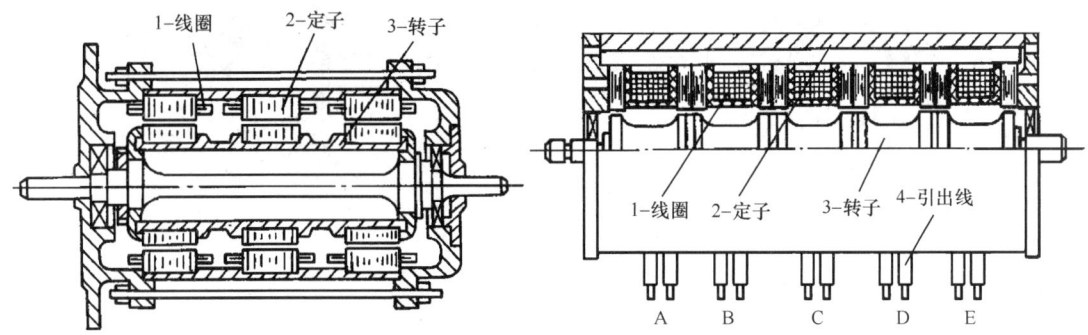

图 3-6 径向磁路多段式步进电动机　　图 3-7 轴向磁路多段式步进电动机

3.1.5 其他形式的步进电动机

1. 永磁式步进电动机

永磁式步进电动机的典型结构如图 3-8 所示。它的定子和反应式步进电动机的定子结构相似,也为凸极式,装设两相或多相控制绕组。转子是一对极或多对极的凸极式永久磁钢。转子的极数应与定子每相的极数相同。图 3-8 中,定子为两相集中绕组,每相有两对磁极,因此转子也是两对极的永磁转子。这种电动机的特点是步距角较大,启动频率和运行频率较低,并且还需要采用正、负脉冲供电。但它消耗的功率比反应式步进电动机小,由于有永磁极的存在,在断电时具有定位转矩。永磁式步进电动机主要应用在新型自动化仪表制造领域。

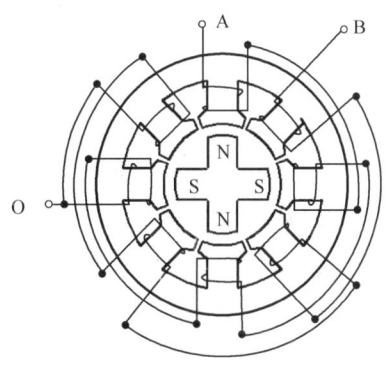

图 3-8 永磁式步进电动机的典型结构

2. 混合式步进电动机

混合式步进电动机最常见的为两相,现以两相混合式步进电动机为例进行分析。

(1) 混合式步进电动机的结构

混合式步进电动机的结构如图 3-9 所示。它的定子与单段反应式步进电动机的定子结构相似,定子有 8 个磁极,每相下有 4 个磁极,转子由环形磁钢和两端铁芯组成。两端转子铁芯的外圆周上冲有均匀分布的齿槽,它们彼此相差 $1/2$ 齿距,即同一磁极下若一端齿与齿对齐时,另一端齿与槽对齐。定、转子齿数的配合与单段反应式步进电动机相似。当一相磁极下齿与齿对齐时,相邻相定、转子的相对位置错开 $1/m$,所以其步距角为 $\theta_s = \dfrac{360°}{mZ_rC}$,和反应式步进电动机相同,混合式步进电动机的步距角用电角度表示为

$$\theta_{se} = \frac{2\pi}{N} = \frac{2\pi}{mC} \tag{3-4}$$

式中,N 表示电动机的运行拍数,$N = mC$。

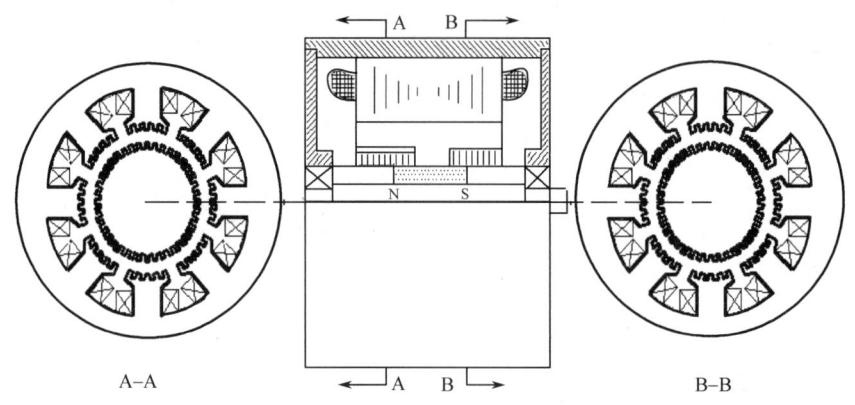

图 3-9 混合式步进电动机的结构

步进电动机可以做成较小的步距角,因而也有较高的启动频率和运行频率,消耗的功率较小,并有定位转矩。它兼有反应式和永磁式步进电动机两者的优点,但它需要有正、负脉冲供电,在制造电动机时工艺也较为复杂。

(2) 工作原理

混合式步进电动机的气隙中有两个磁动势,一个是永磁体产生的磁动势,另一个是控制绕组电流产生的磁动势,两个磁动势相互作用使步进电动机转动。与反应式步进电动机相比,混合式步进电动机混入了永磁体产生的磁动势,所以称为混合式步进电动机。

① 控制绕组中无电流:当控制绕组中无电流时,控制绕组电流产生的磁动势为零,气隙中只有永磁体产生的磁动势,如果电动机结构完全对称,定子各磁极下的气隙磁动势完全相等,此时电动机无电磁转矩。永磁体的磁路方向为轴向,永磁体产生的磁通总是沿磁阻最小的路径闭合,这使转子处于一种稳定状态保持不变,因此具有定位转矩。

② 控制绕组通电:当控制绕组通电时,控制绕组电流便产生磁动势,它与永磁体产生的磁动势相互作用,使步进电动机转动,其原理与反应式步进电动机基本相同,不再赘述。

③ 通电方式:与反应式步进电动机的通电方式类似,混合式步进电动机的通电方式有单拍通电运行方式,双拍通电运行方式,单、双拍通电运行方式三种。

单 4 拍通电顺序为:A→B→(−A)→(−B)→A。

双 4 拍通电顺序为:AB→B(−A)→(−A)(−B)→(−B)A→AB。

单、双 8 拍通电顺序为:A→AB→B→B(−A)→(−A)→(−A)(−B)→(−B)→(−B)A→A。

单、双 8 拍的步距角是单 4 拍或双 4 拍步距角的 1/2。假设 $Z_r=50$,单 4 拍或双 4 拍运行时每拍转子转动 1/4 个齿距,每转一周需 200 步,而采用单、双 8 拍时,每拍转子转动 1/8 个齿距,每转一周需 400 步。

3.2 反应式步进电动机的运行特性

3.2.1 反应式步进电动机的静态特性

步进电动机的静态特性是指控制绕组的一相或几相通入直流电流,且通电状态保持不变,电动机处于稳定状态下电动机的矩角特性、最大静转矩特性及矩角特性族。在实际工作时,虽然步进电动机总在动态情况下运行,但静态特性是分析步进电动机运行性能的基础。

1. 矩角特性

通电状态保持不变且步进电动机在空载情况下,转子最后稳定平衡的位置称为稳定平衡位置。从理论上讲,此时电动机的静转矩(电磁转矩)为零。当有扰动作用时,转子偏离稳定平衡位置,偏离的电角度 θ 称为失调角。静转矩与失调角的关系,即 $T = f(\theta)$,称为矩角特性。在反应式步进电动机中,转子一个齿距所对应的电角度应为 2π 或 $360°$。

如图 3-10 所示,假设 θ 增大的方向为静转矩的正方向,当一相通电时,该极下定、转子齿正好对齐,即 $\theta = 0°$ 时,静转矩 $T = 0$;若转子齿正对定子槽中间,即 $\theta = 180°$,静转矩 $T = 0$;当 $\theta > 0°$ 时,T 为负值;当 $\theta < 0°$ 时,T 为正值。

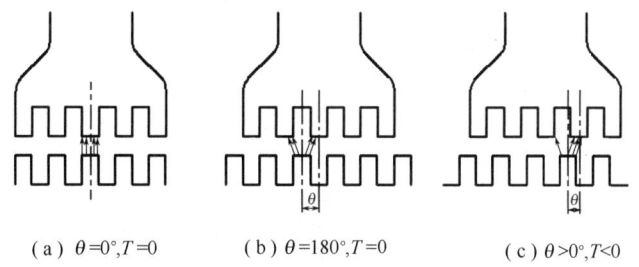

(a) $\theta = 0°, T = 0$ (b) $\theta = 180°, T = 0$ (c) $\theta > 0°, T < 0$

图 3-10 不同失调角时的静转矩

根据电动机的机电转换原理,可推导出反应式步进电动机的矩角特性的数学表达式。

若忽略电动机磁路铁芯部分的磁场能量或磁共能变化的影响,只考虑气隙磁共能的变化。当只有一相绕组通电时,储存在电动机气隙中的磁场能为

$$W = \frac{1}{2}LI^2 \tag{3-5}$$

式中,L 为每相绕组的电感;I 为通入控制绕组中的电流。

当控制绕组电流 I 不变时,静转矩的大小等于磁场能量对机械角位移的变化率,即

$$T = \frac{dW_m}{d\beta} \tag{3-6}$$

式中,β 为电动机转子的机械偏转角,即定、转子齿中心线之间的夹角,也可以用失调角来表示,即 $\beta = \theta/Z_r$。

每相的电感为

$$L = \frac{N\Phi}{I} = N^2 \Lambda \tag{3-7}$$

式中,N 为每极控制绕组的匝数;Λ 为定子每极气隙的磁导。

步进电动机中气隙磁导 Λ 可用气隙比磁导 λ 来表示。λ 是指电动机单位铁芯长度上一个齿距内定、转子之间的气隙磁导,则

$$\Lambda = Z_s l \lambda \tag{3-8}$$

式中,Z_s 为定子每极的齿数;l 为电动机的铁芯长度。

根据相关文献可知,气隙比磁导 λ 的大小与齿形、齿宽与齿距的比值,气隙与齿距的比值,以及齿部的饱和度有关。通常将气隙比磁导 λ 用傅里叶级数表示为

$$\lambda = \lambda_{av} + \sum_{n=1}^{\infty} \lambda_m \cos\theta \tag{3-9}$$

式中,λ_{av} 为气隙比磁导的平均值;λ_n 为气隙比磁导中 n 次谐波的幅值。

若略去气隙比磁导中高次谐波的影响,则

$$\lambda = \lambda_{av} + \lambda_1 \cos\theta$$

$$\lambda_{av} = \frac{1}{2}(\lambda_{max} + \lambda_{min}), \quad \lambda_1 = \frac{1}{2}(\lambda_{max} - \lambda_{min}) \tag{3-10}$$

式中,λ_{max} 为气隙比磁导的最大值,即 $\theta=0$ 时气隙比磁导的值;λ_{min} 为气隙比磁导的最小值,即 $\theta=\pm\pi$ 时气隙比磁导的值。

考虑到每相控制绕组安放在相对的两个定子磁极下,则

$$T = 2 \times \frac{\mathrm{d}W_m}{\mathrm{d}\beta} = 2 \times \frac{\mathrm{d}\left(\frac{1}{2}LI^2\right)}{\mathrm{d}\left(\frac{\theta}{Z_r}\right)} = Z_r I^2 \frac{\mathrm{d}L}{\mathrm{d}\theta} = Z_r I^2 \frac{\mathrm{d}(N^2\Lambda)}{\mathrm{d}\theta} = Z_r I^2 N^2 \frac{\mathrm{d}\Lambda}{\mathrm{d}\theta} \tag{3-11}$$

将 $F_\delta = IN$,$\Lambda = Z_s l \lambda$ 代入上式得

$$T = Z_s Z_r l F_\delta^2 \frac{\mathrm{d}\lambda}{\mathrm{d}\theta} \tag{3-12}$$

将式(3-9)代入式(3-12),得

$$T = -Z_s Z_r l F_\delta^2 \lambda_1 \sin\theta \tag{3-13}$$

上式表示了步进电动机的静转矩 T 与失调角 θ 之间的关系,即矩角特性,如图 3-11 所示。理想的矩角特性是一个正弦波形。

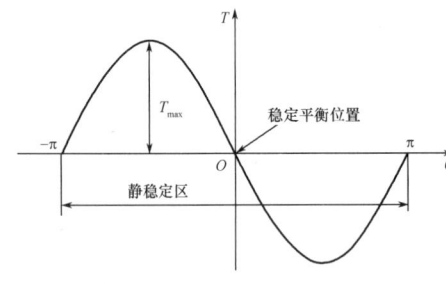

图 3-11 步进电动机的矩角特性

由上述分析可知,在静转矩的作用下,转子有一定的稳定平衡位置。当电动机处于空载时,其稳定平衡位置对应于 $\theta=0$ 处。而 $\theta=\pm\pi$ 处则为不稳定平衡位置。在静态情况下,如转子受到外力矩的作用使其偏离它的稳定平衡位置,但没有超出相邻的不稳定平衡位置,则在外力矩消除后,电动机转子在静转矩作用下仍可以回到原来的稳定平衡位置。所以两个不稳定平衡位置之间的区域称为静稳定区,即 $-\pi < \theta < \pi$,如图 3-11 所示。在这一区域,当转子上有负载转矩,并且与静转矩相平衡时,转子能稳定在某一位置,当负载转矩消失时,转子又能回到初始稳定平衡位置。

2. 最大静转矩及最大静转矩特性

(1) 最大静转矩

矩角特性上静转矩的最大值称为最大静转矩。由式(3-13)可知,当一相控制绕组通电时,在 $\theta=\pm 90°$ 时有最大静转矩,为

$$T_{max} = Z_s Z_r l F_\delta^2 \lambda_1 \tag{3-14}$$

当多相控制绕组同时通电时,最大静转矩为

$$T_{max} = K Z_s Z_r l F_\delta^2 \lambda_1 \tag{3-15}$$

式中,K 为转矩增大系数。

当两相控制绕组同时通电时,如图 3-12 所示。

$$K = 2\cos(\pi/m)$$

同理可求,当三相控制绕组同时通电时,$K = 1 + 2\cos(2\pi/m)$。

(2) 最大静转矩特性

在一定通电状态下，最大静转矩与控制绕组内电流的关系，即 $T_{max}=f(I)$，称为最大静转矩特性，如图 3-13 所示。

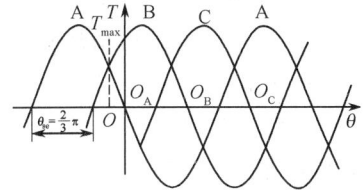

图 3-12 两相控制绕组同时通电时的最大转矩

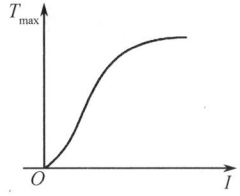

图 3-13 最大静转矩特性

由式(3-15)可以看出，当电动机的磁路不饱和时，最大静转矩 T_{max} 与控制绕组中的电流 I 的平方成正比。电流增大时，由于受磁路饱和的影响，气隙磁动势 F_δ 的增加变慢，最大静转矩 T_{max} 的上升速度就低于电流平方的增加速度。

3. 矩角特性族

步进电动机的矩角特性族是对应于不同的通电状态的矩角特性的总和。以三相单三拍步进电动机为例，若将失调角的坐标统一取在 A 相磁极的轴线上，显然 A 相通电状态时矩角特性如图 3-14(a)中曲线 A 所示，稳定平衡位置为 O_A 点；B 相通电状态时，转子转过 1/3 齿距，相当于转过 $2\pi/3$ 电角度，转子空载时的稳定平衡位置为 O_B，矩角特性如图中曲线 B 所示；同理，C 相通电状态时的矩角特性如图中曲线 C 所示。这三条曲线构成了三相单三拍通电方式的矩角特性曲线族。总之，矩角特性族中的每条曲线一次错开一个用电角度表示的步距角 θ_{se}，即

$$\theta_{se}=Z_r\theta_s \tag{3-16}$$

A、B、C 三条曲线构成三相单三拍 A→B→C→A 通电方式时的矩角特性族。同理，不难得到三相单、双六拍(A→AB→B→BC→C→CA→A)通电方式时的矩角特性族，如图 3-14(b)所示。

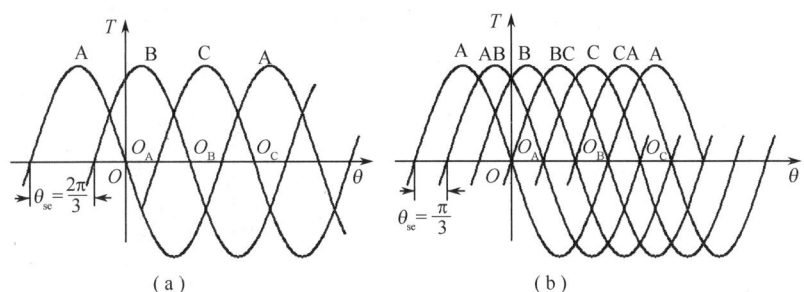

图 3-14 矩角特性族

3.2.2 反应式步进电动机的动态特性

动态特性是指步进电动机在脉冲作用下连续运行的特性。为更好地分析步进电动机的动态特性，首先分析其单步运行的状态。

1. 单脉冲运行

步进电动机的单脉冲运行是指电动机仅仅改变一次通电状态时的运行方式。

（1）动稳定区

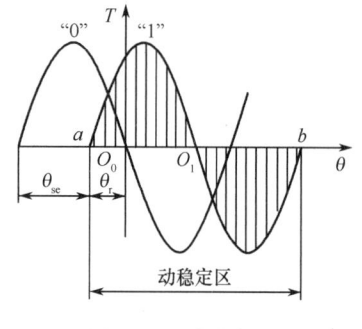

图 3-15 动稳定区

设步进电动机初始状态时的矩角特性如图 3-15 中的曲线"0"所示。若电动机空载，则转子处于稳定平衡位置 O_0 处。输入一个脉冲，通电状态改变后，矩角特性变为曲线"1"，转子新的稳定平衡位置为 O_1 点。在改变通电状态后，只有当转子起始位置位于 ab 之间时，才能使它向 O_1 点运动达到该稳定平衡位置。步进电动机动稳定区是指从一种通电状态切换到另一种通电状态时，不会引起失步的区域。因此，区间 ab 称为电动机空载时的动稳定区，用失调角表示应为 $-\pi+\theta_{se}<\theta<\pi+\theta_{se}$。

动稳定区的边界 a 点到稳定平衡位置 O_0 点的区域 θ_r 称为裕量角。裕量角越大，从一个动稳定区到达另一个动稳定区的时间就越短，步进电动机运行越稳定。若其值趋于零，则步进电动机就不能稳定工作，也就没有带负载的能力。裕量角 θ_r 用电角度表示为

$$\theta_r = \pi - \theta_{se} \tag{3-17}$$

由式(3-4)得

$$\theta_r = \pi - \frac{2\pi}{mC} = \frac{\pi}{mC}(mC-2) \tag{3-18}$$

由式(3-18)可知，电动机的相数越多，步距角就越小，相应的裕量角也就越大，运行的稳定性也越好。当采用单拍通电运行或双拍通电运行且 $C=1$ 时，正常结构的反应式步进电动机最少的相数不应小于 3。

（2）最大负载转矩（启动转矩）

步进电动机在负载情况下，假设负载转矩为 $T_{L1}<T_{st}$，若 A 相绕组通电，则电动机的稳定平衡位置在图 3-16(a)曲线"0"上的 O'_0 点。当通电状态由 A 相变为 B 相，转子仍位于位置 a 处还来不及改变，这时可看到 a 点对应于新的矩角特性曲线"1"上 b' 点的电磁转矩值大于 T_{L1}，将使转子加速并向 θ 增大的方向运动。电动机最后达到新的稳定平衡位置 O'_1 点。

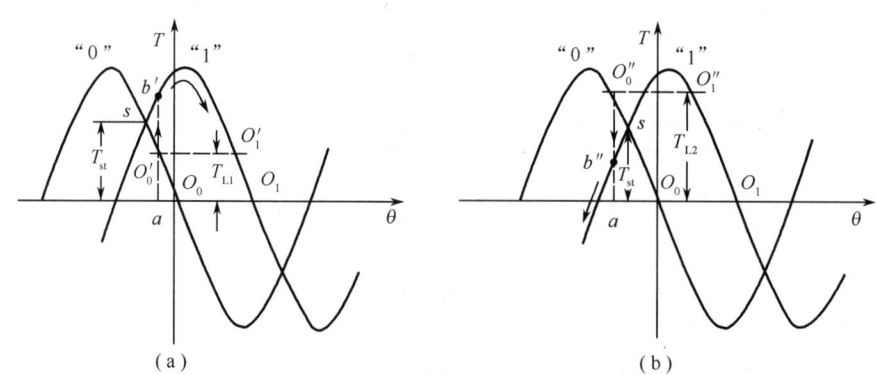

图 3-16 最大负载转矩

若负载转矩 $T_{L2}>T_{st}$，若 A 相绕组通电，则电动机的稳定平衡位置对应于图 3-16(b)曲线"0"上的 O'_0 点。当输入一个脉冲，通电状态由 A 相变为 B 相，转子仍位于位置 a 处还来不及

改变,这时可看到 a 点对应于新的矩角特性曲线"1"上 b″点的电磁转矩值小于 T_{L2}。这样,转子便不能达到新的稳定平衡位置,而是向失调角 θ 减小的方向滑动。也就是说,尽管这时电动机的最大静转矩 T_{max} 比负载转矩 T_{L2} 要大,电动机能在静态情况下保持稳定,而它却不能带动负载转矩 T_{L2} 做步进运动。此时的步进电动机处于失步状态。

由上述分析可知,步进电动机能带动的最大负载转矩要比最大静转矩小。电动机能带动的最大负载转矩值可由矩角特性族上相邻的两条矩角特性的交点所决定,即图 3-16 中的 s 点。T_{st} 就是最大负载转矩,当负载转矩大于该值时,步进电动机就不能启动,所以也称它为步进电动机的启动转矩。

若矩角特性曲线为幅值相同的正弦波形时,可得出

$$T_{st} = T_{max} \sin \frac{\pi - \theta_{se}}{2} = T_{max} \cos \frac{\theta_{se}}{2} = T_{max} \cos \frac{\pi}{mC} \tag{3-19}$$

同理,由式(3-19)可知,当通电状态系数 $C=1$ 时,正常结构的反应式步进电动机最少的相数必须为 3。如果电动机的相数增多,通电状态系数较大时,它的最大负载转矩值也随之增大。

此外,矩角特性曲线的波形对电动机带动负载的能力也有较大的影响。矩角特性是平顶波形时,T_{st} 接近于 T_{max},电动机带负载的能力就较大。因此,步进电动机理想的矩角特性应是矩形波。T_{st} 是步进电动机能带动负载转矩的极限值。在实际运行时,电动机具有一定的转速,因此最大负载转矩比 T_{st} 将有所减小。通常应使折合到电动机轴上的负载转矩 $T_L = (0.3 \sim 0.5) T_{max}$。

(3) 转子的自由振荡

由于转子具有惯性,在稳定平衡位置存在一个振荡过程。如果开始时 A 相通电,转子处于失调角为 $\theta=0°$ 的位置。当绕组换接并使 B 相通电时,这时 B 相定子齿轴线与转子齿轴线错开 θ_{se} 角,矩角特性向前移动了一个步距角 θ_{se},转子在电磁转矩作用下由 a 点向新的稳定平衡位置 $\theta=\theta_{se}$ 的 b 点(B 相定子齿轴线和转子齿轴线重合)的位置做步进运动。到达 b 点位置时,电磁转矩为 0,但转速不为 0。由于惯性作用,转子要越过稳定平衡位置继续运动。当 $\theta > \theta_{se}$ 时,电磁转矩为负值,因而电动机减速。失调角 θ 越大,负的电磁转矩越大,电动机减速越快,直至速度为 0 的 c 点。如果电动机没有受到阻尼作用,c 点所对应的失调角为 $2\theta_{se}$,这时 B 相定子齿轴线与转子齿轴线反方向错开 θ_{se} 角。以后电动机在负电磁转矩作用下向反方向转动,又越过稳定平衡位置回到出发点 a。这样,绕组每换接一次,如果无阻尼作用,电动机就环绕新的稳定平衡位置来回做不衰减的振荡,此称为自由振荡,如图 3-17 所示。

自由振荡的频率 f_0 由电动机本身的电磁参数和机械参数决定,可以由运动方程式求得。在空载并不计阻尼转矩时,电磁转矩与加速转矩相平衡,即

$$T = -T_{max} \sin(\theta - \theta_{se}) = J \frac{d\Omega}{dt}$$

为简化起见,先不考虑电路时间常数的影响,即认为在改变通电状态时,原先通电相的电流立即降为零,新通电相的电流立即达到稳态值,也就是认为电路的时间常数为零。这样电磁转矩与静态的矩角特性完全一致,如图 3-16 中曲线所示,当步距角 θ_{se} 不太大时,转角变动的范围就较小,初步近似地认为

$$\sin(\theta - \theta_{se}) \approx \theta - \theta_{se} = Z_r(\beta - \theta_s)$$

则有
$$-T_{max} Z_r (\beta - \theta_s) = J \frac{d\Omega}{dt}$$

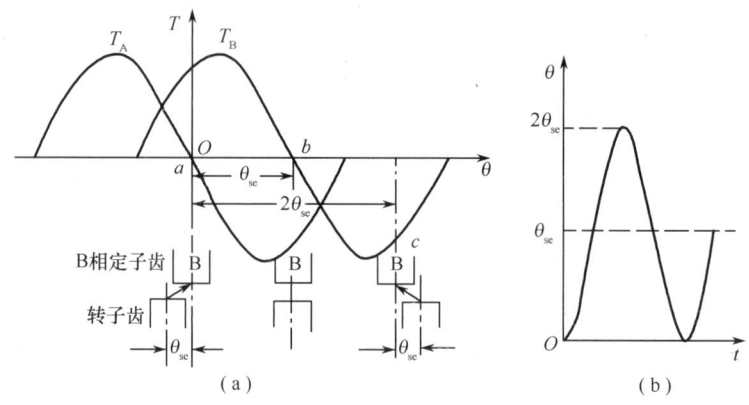

图 3-17 步进电动机转子的自由振荡

由初始条件 $t=0$ 时,$\beta=0$,$\Omega=0$,求解微分方程得

$$\Omega_0 = \sqrt{\frac{Z_r T_{\max}}{J}} \tag{3-20}$$

由此可得出自由振荡频率为

$$f_0 = \frac{1}{2\pi}\sqrt{\frac{Z_r T_{\max}}{J}} \tag{3-21}$$

式中,J 为转动部分的转动惯量,包括转子本身的转动惯量和负载的转动惯量。

由上式可知,转子的自由振荡频率与转子的齿数、最大转矩以及转动部分的转动惯量有关。实际步进电动机的自由振荡过程因存在摩擦等阻尼力矩的影响,总是衰减的。电动机的转子经过几次振荡以后,就停止在新的稳定平衡位置,如图 3-18 所示。衰减的速度取决于电动机的电磁阻尼和机械阻尼的大小。

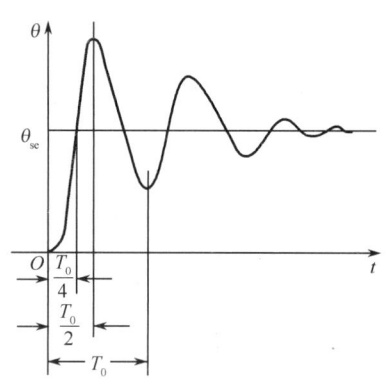

图 3-18 单脉冲运行的转子振荡过程

3.2.3 连续脉冲运行

1. 连续脉冲运行的矩频特性

在实际运行中,步进电动机一般处于连续转动状态,在运行过程中具有良好的动态性能是保证控制系统可靠工作的前提。例如,在控制系统的控制下,步进电动机经常做启动、制动、正转、反转等动作,并在各种频率下(对应于各种转速)运行,这就要求电动机的步数与脉冲数严格相等,即不失步也不越步,而且转子的运动应是平稳的。但这些要求常常并不都能满足,例如由于步进电动机的动态性能不好或使用不当,会造成运行中的失步,这样,由步进电动机的"步进"所保证的系统精度就失去了意义。此外,当提高使用频率时,步进电动机的快速性也是动态性能的重要内容之一。所以,有必要对步进电动机的动态特性进行一定的分析。

假设步进电动机单步运行时的最大负载转矩为 T_L,但当控制脉冲频率逐步增加、电动机转速逐步升高时,步进电动机所能带动的负载转矩将逐步下降。这就是说,电动机连续转动时所产生的最大输出转矩 T 是随着脉冲频率 f 的升高而减少的。T 与 f 两者间的关系曲线称为步进电动机运行的矩频特性,它是一条如图 3-19 所示的下降曲线。

为了正确选用步进电动机,必须考虑到负载转动惯量的大小对电动机启动过程的影响。图 3-20 所示为步进电动机连续运行时的惯频特性。

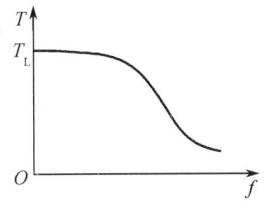

图 3-19　矩频特性　　　　图 3-20　连续运行时的惯频特性

当频率增高后,步进电动机的带负载能力就要下降,主要原因就是定子绕组电感的影响。因为步进电动机每相绕组是一个电感线圈,它具有一定的电感 L,而电感有延缓电流变化的特性。以图 3-29 的电源为例,当控制脉冲要求某一相绕组通电时,虽然三极管 VT_1 已经导通,绕组已加上电压,但绕组中的电流不会立即上升到规定的数值,而是按指数规律上升。同样,当控制脉冲使 VT_1 截止,即要求这相绕组断电时,绕组中的电流不会立即下降到 0,而是通过放电回路按指数规律下降。每相电压控制信号和绕组中电流的波形如图 3-21 所示。电流上升的速度与通电回路的时间常数 τ 有关。

$$\tau = \frac{L}{R}$$

式中,L 为绕组的电感;R 为通电回路的总电阻。

当输入脉冲频率比较低时,每相绕组通电和断电的周期 T 比较长,电流 i 的波形接近于理想的矩形波,如图 3-22(a)所示,这时通电时间内电流的平均值较大;当频率升高后,周期 T 缩短,电流 i 的波形就和理想的矩形波有较大的差别,如图 3-22(b)所示;当频率进一步升高,周期 T 进一步缩短时,电流 i 的波形将接近于三角形,幅值也降低,因而电流的平均值大大减小,如图 3-22(c)所示。由式(3-11)可知,转矩近似与电流平方成正比。这样频率越高,绕组中的平均电流越小,电动机产生的平均转矩大大下降,负载能力也就大大下降了。

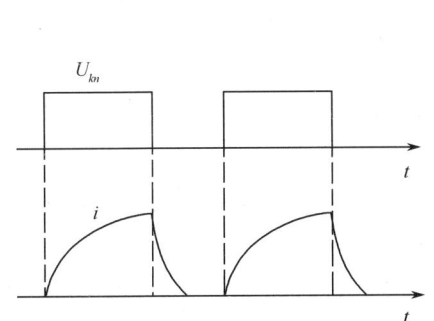
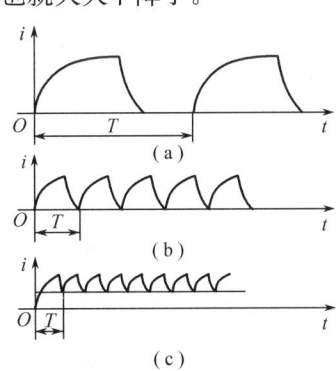

图 3-21　每相电压控制信号和绕组中电流的波形　　图 3-22　不同频率时的电流波形

此外,随着频率上升,转子转速升高,在定子绕组中产生的附加旋转电动势使电动机受到更大的阻尼转矩,电动机铁芯中的涡流损耗也将很快增加。这些都是使步进电动机输出功率和输出转矩下降的因素。所以,输入脉冲频率增高后,步进电动机的负载能力逐渐下降,到某一频率以后,步进电动机已带不动任何负载,只要受到很小的扰动,就会振荡、失步以致停转。

2. 脉冲频率对电动机工作的影响

外加脉冲频率的不同对步进电动机运行的影响也不相同,在步进电动机的运行频率中,人们一般习惯将频率分为三个区段,即极低频段、低频段和高频段。

(1) 极低频段

极低频段是指每一脉冲的间隔时间足够长,转子的振荡过程已完全衰减,转子可以处于新的稳定平衡位置。这种情况下,电动机的运行与加单脉冲时没有区别,它总是能稳定运行。如图 3-23 所示为极低频段的运行特征。

(2) 高频段

高频段是指外加脉冲频率 f 大于 $4f_0$ 的频段。这时外加脉冲的间隔时间 $1/f$ 小于自由振荡周期 T_0 的 $1/4$,即加第一个脉冲后,电动机转子不仅没有出现振荡过程,而且还没有来得及达到新的稳定平衡位置,第二个脉冲就紧接着加上去。此时电动机的运行已由步进变成了连续的平滑转动,转速也比较稳定。如图 3-24 所示为高频段的运行特征。

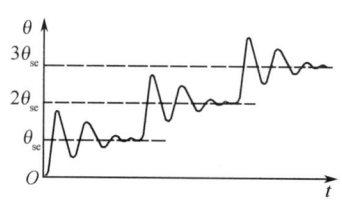

图 3-23 极低频段的运行特征

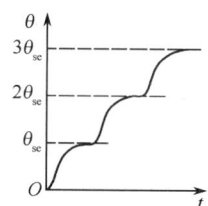

图 3-24 高频段的运行特征

但频率过高也会出现高频振荡,严重时会使电动机失步甚至无法工作,其主要原因:当达到某一频段时,控制绕组内电流产生振荡,相应地使转子转动呈现不均匀性,以致失步。但脉冲频率如能快速越过这一频段达到更高值,电动机仍能继续稳定运行。这一现象称为高频振荡。

(3) 低频段

低频段是指极低频段与高频段之间的频段。在低频段内,脉冲间隔时间较长。电动机一般来说可正常运行。但是,也可能出现下列情况,在其中一相加一个脉冲后,电动机转子的运动是一个振荡过程,转子的角位移由零增大到接近于 2 倍步距角后,又向减小的方向运动,直至减小到接近零的位置,然后往复振荡。在特殊情况下,如果脉冲频率等于电动机的自由振荡频率 f_0,则在第一个脉冲时间内,转子恰好振荡一个周期,即转子角位移又回到接近零的位置。在这一瞬间加入第二个脉冲,由于转子位置在第一个脉冲时间内没有改变,因而离开新的稳定平衡位置为 2 倍步距角。相应在第二个脉冲时间内,转子振荡过程的最大振幅就不是一个步距角,而是 2 倍步距角,但振荡频率不变。这样在加入第三个脉冲的瞬间,转子的位置仍处于接近角位移为零的位置。同样继续下去,转子振荡的振幅越来越大,电动机启动不起来,这就是低频共振现象。f_0 称为电动机的自由振荡频率,即自然频率,也称为主共振频率。如图 3-25

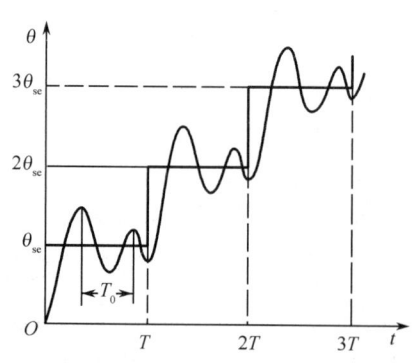

图 3-25 低频段共振时的运动特征

所示为低频段共振的运行特征。如果电动机没有阻尼,当脉冲频率等于自由振荡频率时,电动机就完全失控,转子则处于来回振荡状态而不能启动。若电动机有较强阻尼,即使在自由振荡频率,也能保持不失步,仍可以启动起来,只是有比较明显的振荡。

自由振荡频率由步进电动机的电磁参数和机械参数所决定,是客观存在的。因此,当外加脉冲频率与自由振荡频率相一致时,共振现象是不可避免的。设计良好的步进电动机不是不存在低频共振现象,而是要使它不明显,振荡尽可能小,至少应保持电动机不失步。当然,实际运行时应避开电动机的低频共振区。

需要说明的是,出现低频共振现象不只是在一个特定的脉冲频率值,而是在它附近的一个频率区间。只是在 $f=f_0$ 时,共振现象最为明显。步进电动机加入一个脉冲时,它产生振荡的最大振幅是一个步距角。步距角小时,振荡也要小一些。所以相数多并运行在拍数多的通电方式时,步进电动机低频共振的危险性要少一些。可见,三相反应式步进电动机在三拍通电方式运行时,低频共振问题最为严重。增大步进电动机的阻尼,可以对电动机的振荡起抑制作用。反应式步进电动机内部电磁阻尼的作用往往不大,为改善电动机在高频段和低频振荡区的运行,有时需要外加机械阻尼器。

3. 启动频率及启动特性

(1) 启动频率

步进电动机的启动频率 f_{st},是指它在一定负载转矩下能够不失步地启动的最高脉冲频率。它的大小与电动机本身的参数、负载转矩及转动惯量的大小,以及电源条件等因素有关。是步进电动机的一项重要技术指标。

步进电动机在启动时,转子要从静止状态加速,电动机的电磁转矩除克服负载转矩外,还要使转子加速。所以启动时步进电动机的负担要比连续运行时重。当启动频率过高时,转子的运行速度跟不上定子磁场的变化,转子就要落后稳定平衡位置一个角度。当落后的角度使转子的位置在动稳定区之外时,步进电动机就要失步或振荡,电动机就不能启动。为此,对启动频率就要有一定的限制。电动机一旦启动后,如果再逐渐升高脉冲频率,由于这时转子的角加速度 $\dfrac{d\Omega}{dt}$ 较小,惯性转矩不大,因此电动机仍能升速。显然,连续运行频率要比启动频率高。

要提高启动频率,可以从以下几个方面考虑:

① 增加电动机的相数、运行的拍数和转子的齿数;
② 增大最大静转矩;
③ 减小电动机的负载转矩及转动惯量;
④ 减小电路的时间常数;
⑤ 减小电动机内部或外部的阻尼转矩等。

(2) 启动特性

当电动机带着一定的负载转矩启动时,作用在电动机转子上的加速转矩为电磁转矩与负载转矩之差。负载转矩越大,加速转矩就越小,电动机就越不容易启动,其启动的脉冲频率就应越低。在转动惯量 J 为常数时,启动频率 f_{st} 和负载转矩 T_L 之间的关系,即 $f_{st}=f(T_L)$,称为启动矩频特性,如图 3-26 所示。

另外,在负载转矩一定时,转动惯量越大,转子速度的增加越慢,启动频率也越低。启动频率 f_{st} 和转动惯量 J 之间的关系,即 $f_{st}=f(J)$,称为启动惯频特性,如图 3-27 所示。

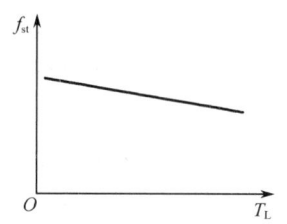
图 3-26　步进电动机的启动矩频特性

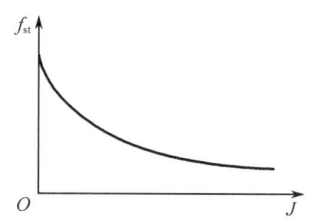
图 3-27　步进电动机的启动惯频特性

3.3　步进电动机的主要性能指标

1. 步距角 θ_s

每输入一个脉冲信号时(一拍)转子转过的角度称为步距角。步距角是一个实际的机械角度,其大小会直接影响步进电动机的启动和运行频率。外形尺寸相同的步进电动机,步距角小的往往启动及运行频率比较高,但转速和输出功率不一定高。

步进电动机驱动的对象多为直线运动,需加装如滚珠丝杠等机械装置将旋转运动变为直线运动。此时,步距角 θ_s 可根据系统要求的脉冲当量(每一脉冲步进电动机带动负载移动的直线位移量)和滚珠丝杠螺距由下式确定

$$\theta_b = \frac{360°\delta_p}{Ti}$$

式中,δ_p 为脉冲当量(mm);T 为滚珠丝杠螺距(mm);i 为传动比。

2. 静态步距角误差 $\Delta\theta_s$

静态步距角误差即实际的步距角与理论的步距角之间的差值,通常用理论步距角的百分数或绝对值来衡量。静态步距角误差小,表示步进电动机的精度高。$\Delta\theta_s$ 通常是在空载情况下测量的。

3. 最大静转矩 T_{max}

最大静转矩是指步进电动机在规定的通电相数下矩角特性上的转矩最大值,即

$$T_{max} = KZ_sZ_rlF_\delta^2\lambda_1$$

绕组电流越大,最大静转矩也越大,通常技术数据中所规定的最大静转矩是指每相绕组通上额定电流时所得的值。一般说来,最大静转矩较大的步进电动机,可以带动较大的负载。

按最大静转矩的大小可以把步进电动机分为伺服步进电动机和功率步进电动机。前者输出转矩较小,有时需要经过液压力矩放大器或伺服功率放大系统放大后再去带动负载。而功率步进电动机的最大静转矩一般大于 5N·m,它不需要力矩放大装置就能直接带动负载。这不仅大大简化了系统,而且提高了传动的精度。所以功率步进电动机是当前步进电动机的发展方向之一。

4. 启动频率和启动矩频特性

启动频率又称突跳频率,是指步进电动机能够不失步启动的最高脉冲频率,它是步进电动机的一项重要指标。产品资料中一般都有空载启动频率的数据。但在实际使用时,步进电动机大多要在带负载的情况下启动,这时,启动频率是一个重要指标。启动频率与负载转矩及转动惯量的大小有关。负载的转动惯量一定,负载转矩增加;或负载转矩一定,负载的转动惯量增加,都会使启动频率下降。在一定的负载转动惯量下,启动频率随负载转矩变化的特性称为

启动矩频特性,在产品资料中通常以表格或曲线形式给出。

5. 运行频率和运行矩频特性

步进电动机启动后,在控制脉冲频率连续上升时,能维持不失步运行的最高频率称为运行频率。产品资料中通常给出的也是空载情况下的运行频率。当电动机带着一定负载运行时,运行频率与负载转矩的大小有关,两者的关系称为运行矩频特性,在产品资料中通常也是以表格或曲线形式给出的。提高步进电动机的运行频率对于提高生产效率和系统的快速性具有很大的实际意义。由于运行频率比启动频率要高得多,所以在使用时通常通过自动升、降频控制线路,先在低频(不大于启动频率)下使步进电动机启动,然后逐渐升频到运行频率使电动机处于连续运行状态。升频时间视具体情况而定,但一般不大于1s。

另外,步进电动机的启动频率、运行频率及其矩频特性都与电源形式有密切关系。使用时首先必须了解给出的性能指标是在什么形式的电源下测定的。一般使用高低压切换型电源,其性能指标较高;若使用时改为单一电压型电源,则性能指标要相应降低。

6. 额定电流

额定电流是指步进电动机静止时每相绕组允许通过的最大电流。当电动机运转时,每相绕组通的是脉冲电流,电流表指示的读数为脉冲电流平均值,并非额定电流(此值比额定电流低)。绕组电流太大,电动机温升会超过允许值,严重时会烧毁电动机。

7. 额定电压

额定电压是指驱动电源提供的直流电压。一般它不等于加在绕组两端的电压。国家标准规定步进电动机的额定电压应如下。

单一电压型电源:6V、12V、27V、48V、60V、80V。
高低压切换型电源:60/12V、80/12V。

3.4 驱动电源

与普通电动机相比,步进电动机需由专门的驱动电源供电,驱动电源和步进电动机是一个有机整体,步进电动机的运行性能是步进电动机及其驱动电源两者配合的综合表现。

3.4.1 驱动电源的组成及作用

驱动电源的基本部分包括变频信号源、脉冲分配器和脉冲功率放大器,如图3-28所示。

图3-28 步进电动机及其驱动电源的方框图

1. 变频信号源

变频信号源是一个脉冲频率由几赫兹到几万赫兹可连续变化的信号发生器。变频信号源可以采用多种线路,最常见的有多谐振荡器和单结晶体管构成的弛张振荡器两种。它们都是通过调节电阻R和电容C的大小来改变电容充放电的时间常数,以达到选取脉冲频率的目的。随着微处理器在步进电动机中的应用,利用微处理器产生脉冲代替传统的变频信号源已得到广泛的应用。

2. 脉冲分配器

传统的脉冲分配器是由门电路和双稳态触发器组成的逻辑电路,其作用是将单路脉冲信号转换成多相循环变化的脉冲信号。它有一路输入,多路输出。随着连续脉冲信号的输入,各路输出电压轮流变高和变低。例如,三相脉冲分配器有 A、B、C 三路输出,采用单三拍运行方式时,当变频信号将连续脉冲信号送入脉冲分配器后,三路输出电压将按 A→B→C→A…的次序轮流变高和变低。三路电压分别经脉冲功率放大器向步进电动机的三相绕组供电,步进电动机就一步一步地旋转起来。脉冲分配器一般还有一个旋转方向控制端,根据方向控制端电平的高低,决定三路输出电压的轮流顺序是 A→B→C→A…还是 A→C→B→A…,完成对步进电动机的正反转控制。利用微处理器进行并行控制时可不用脉冲分配器,具体内容将在后面介绍。

3. 脉冲功率放大器

从脉冲分配器或微处理器输出的电流只有几毫安,不能直接驱动步进电动机。因为一般步进电动机需要几安到几十安的电流,因此在脉冲分配器后面应装设脉冲功率放大电路,用放大后的信号去驱动步进电动机。脉冲功率放大电路的种类很多,它们对步进电动机性能的影响也各不相同。

3.4.2 驱动电源的分类

步进电动机的驱动电源有多种形式,相应地分类方法也很多。按配套的步进电动机容量大小来分,有功率步进电动机驱动电源和伺服步进电动机驱动电源两类;按电源输出脉冲的极性来分,有单极性电源和正、负双极性电源两种,后者常作为永磁式步进电动机或混合式步进电动机的驱动电源;按功率元件来分,有晶体管驱动电源、高频晶闸管驱动电源和可关断晶闸管驱动电源等多种;按脉冲的供电方式来分,有单一电压型电源,高、低压切换型电源,电流控制高、低压切换型电源,细分电路电源等。

1. 单极性电源

(1) 单一电压型电源

单一电压型电源原理图如图 3-29 所示,为一相控制驱动电路。当信号脉冲输入时,晶体管 VT_1 导通,电容 C 在起始充电瞬间相当于将电阻 R 短接,控制绕组电流迅速上升。当电流达到稳定状态后,利用串联电阻 R 来限流。当 VT_1 关断时,R_1 与 VD_1 组成续流回路,防止过电压击穿 VT_1。在整个工作过程中只有一种电源供电。步进电动机的每相控制绕组只需要由一个功率元件提供脉冲。这种线路的特点是结构简单,电阻 R 和控制绕组串联后可增大回路的时间常数。但由于电阻 R 上要消耗功率,所以电源的效率降低,用这种电源供电的步进电动机启动频率和运行频率都比较低。

(2) 高、低压切换型电源

高、低压切换型电源原理图如图 3-30 所示。步进电动机的每相控制绕组需要有两个功率元件串联,它们分别由高压和低压两种不同的电源供电。在通电起始阶段,VT_1、VT_2 同时导通,高压控制回路使高压电源供电,此时 VD_1 截止,阻断低压电源,电流加速上升,电流波形的前沿得以改善,转矩提高。高压供电停止后,VT_1 截止,VD_1 导通,低压电源开始供电。低压电源中串联一个数值较小的电阻 R_1,其目的是调节控制绕组的电流,使各相电流平衡。VD_2 和 R_2 组成续流回路。这种电源的效率较高,启动频率和运行频率也比单一电压型电源要高,但需高、低压两种电源。

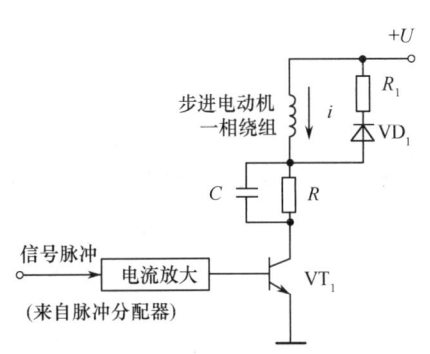

图 3-29 单一电压型电源原理图

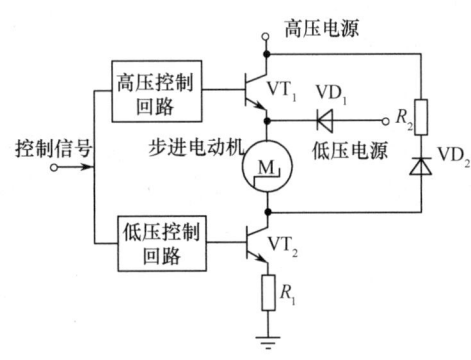

图 3-30 高、低压切换型电源原理图

(3) 电流控制高、低压切换型电源

以上两种电源均属于开环型电源,控制精度相对较低。电流控制的高、低压切换型电源的原理图如图 3-31 所示,与高、低压切换型电源电路类似,只是在线路中增加了电流反馈环节。它是在高、低压切换型电源的基础上使高压部分的电流断续加入,以补偿因步进电动机控制绕组中旋转电动势所引起的电流波形顶部下凹造成的转矩下降。电流控制的高、低压切换型电源根据主回路电流的变化情况,反复地接通和关断高压电源,使电流波形顶部维持在要求的范围内,步进电动机的运行性能得到了显著提高,相应使启动频率和运行频率升高。但因在线路中增加了电流反馈环节,其结构较为复杂,成本提高。

(4) 细分电路电源

为提高加工精度,往往要求步进电动机具有很小的步距角,单从步进电动机本身来解决是有限度的,特别是小机座号的步进电动机。而细分电路电源可使步进电动机的步距角减小,从而使步进运动变成近似的匀速运动。这样,步进电动机就能像伺服电动机一样平滑运转。细分电路电源的原理是将原来供电的矩形脉冲电流改为阶梯波形电流,如图 3-32 所示。这样在输入电流的每个阶梯时,步进电动机的步距角减小,从而提高其运行的平滑性。从图 3-32 中可以看到,供给电动机的电流是由零经过 5 个均匀宽度和幅度的阶梯上升到稳定值,下降时,又是经过同样的阶梯从稳定值降至零。这样可以使电动机内形成一个基本上连续的旋转磁场,使电动机能基本上接近于平滑运转。

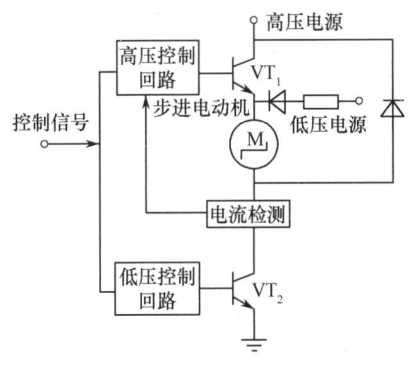

图 3-31 电流控制的高、低压切换型电源的原理图

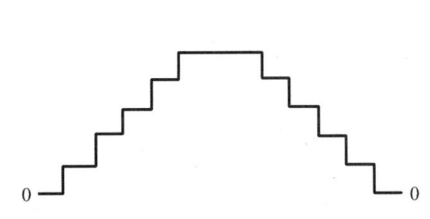

图 3-32 阶梯波形电流

细分电路电源先通过顺序脉冲形成器将各个顺序脉冲电流依次放大,并将这些脉冲电流

在电动机的控制绕组中进行叠加而形成阶梯波形电流。顺序脉冲形成器通常可以用移位形式的环形脉冲分配器来实现。

2. 正、负双极性电源

上述电源电流只向一个方向流动，属于单极性驱动电源，它适用于反应式步进电动机。而永磁式和混合式步进电动机工作时则要求绕组由正、负双极性电源驱动，即绕组电流能正、反向流动。双极性电源驱动的原理图如图 3-33 所示。如果没有正、负双极性电源，这时一般采用 H 桥式驱动，如图 3-34 所示。

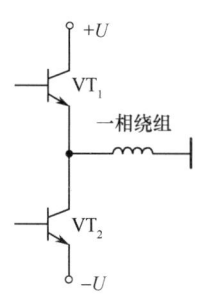
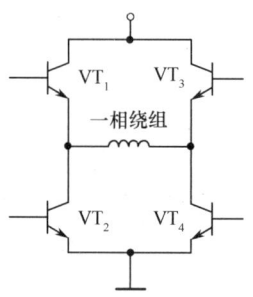

图 3-33　正、负双极性电源驱动的原理图　　　图 3-34　H 桥式驱动

3. 专用集成芯片简介

随着集成电路的迅速发展，已有众多用于步进电动机的集成芯片出现，这使得步进电动机驱动电源的设计变得简单且高效，下面简单介绍几种常用芯片的应用。

(1) CH250

CH250 是三相步进电动机专用驱动芯片，可以通过设置引脚 1、2 和引脚 14、15 电平的高低，完成对三相步进电动机双三拍、单三拍、单双六拍，以及正、反转的控制。如图 3-35 所示为 CH250 实现三相六拍运行状态控制的接线图。

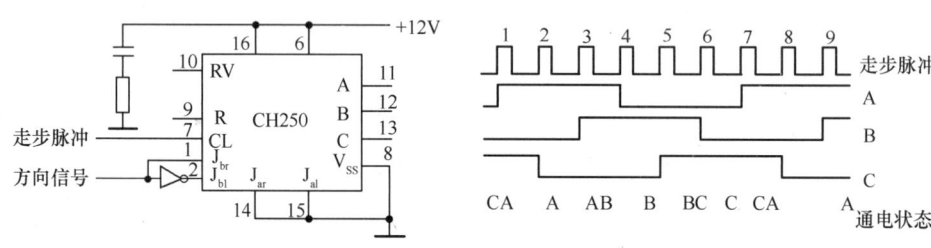

图 3-35　CH250 实现三相六拍运行状态控制的接线图

(2) L297

L297 是两相或四相步进电动机专用驱动芯片。图 3-36 是 L297 的原理框图。它主要包含以下三部分。

① 译码器(脉冲分配器)：它将输入的走步脉冲(STEP)、正/反转方向信号(CW/CCW)、半步/全步信号(半步相应于单双拍)综合以后，产生合乎要求的各相通断信号。

② 斩波器：由比较器、触发器和振荡器(OSC)组成，用于检测电流采样值和参考电压值，并进行比较。由比较器输出信号来置零触发器，再通过振荡器按一定频率形成斩波信号。

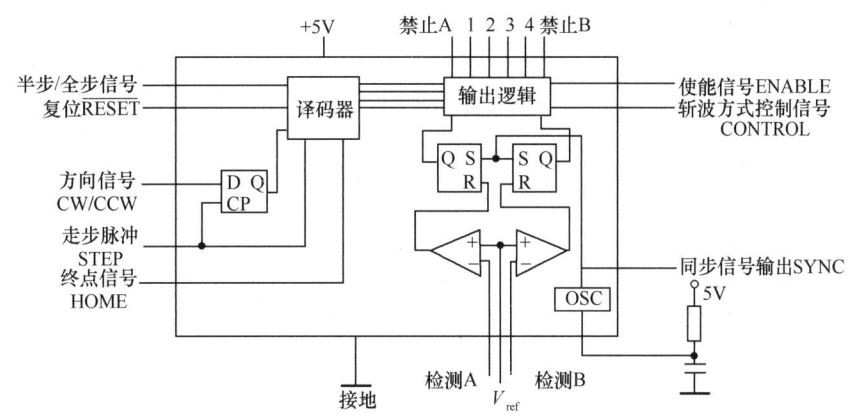

图 3-36 L297 的原理框图

③ 输出逻辑：它综合了译码器信号与斩波信号,产生 A、B、C、D(1、3、2、4)四相信号以及禁止信号。斩波方式控制信号(CONTROL)用来选择斩波信号的控制方式。当 CONTROL 为低电平时,斩波信号作用于禁止信号；而当 CONTROL 为高电平时,斩波信号作用于 A、B、C、D 信号。使能信号(ENABLE)为低电平时,禁止信号及 A、B、C、D 信号均被强制为低电平。

（3）L6217A

L6217A 是适合于双极性两相步进电动机微步距驱动的集成电路,其原理框图如图 3-37 所示。L6217A 以脉宽调制(PWM)方式控制各相平均电流的绝对值和方向。电流的方向指令通过引脚 PH 输入芯片,当 PH 为高电平时,平均电流为正方向；当 PH 为低电平时,平均电流为反方向。电流绝对值指令则由微机输入 L6217A 的并行数据口 D0～D6 的 7 位二进制数,经内部两个 DAC 转换得到。L6217A 内两个 H 桥的输出接步进电动机的两相绕组。H 桥经外接的电流采样电阻接地,从而得到相电流反馈信号。引脚 $\overline{STROBE}$ 上的信号用以将输入数据送入 A/B 锁存器,低电平有效。运行时,L6217A 让 H 桥按电流方向指令开通相应的桥臂,电动机绕组电流上升。同时,芯片内的比较器将指令电流信号和反馈电流信号进行比较,当电动机绕组电流达到预定数值时,比较器翻转,触发芯片内的单稳电路,使单稳电路翻转一段时间,时间由引脚 PTA、PTB 外接的 R、C 值决定。在此单稳延时时间内,H 桥的上桥臂关断,而下桥臂仍然导通,绕组电流通过续流二极管续流,绕组电流下降。过了这段单稳延时时间,单稳电路恢复到原状态,H 桥中相应的桥臂重新导通,电动机绕组电流又开始上升。如此反复,实现 PWM 电流闭环斩波调节,使绕组电流维持在指令值附近。使用单片 L6217A,可实现最大达 26V、0.4A 的两相混合式步进电动机双极性电流斩波微步距控制。要驱动更大功率的步进电动机,可外接大功率 H 桥电路。例如,外接 L6202,可提供每相 1.5A 电流；若外接 L6203,则每相电流可达 3A。也可外接分立功率器件,以得到更高电压、更大电流的驱动能力。

相近的集成电路还有日本东芝公司生产的步进电动机驱动集成电路 TA7289、美国 IXYS 公司生产的步进电动机微步距控制器 IXMS150、NSC 公司生产的 H 桥驱动集成电路 LMD18245 等。

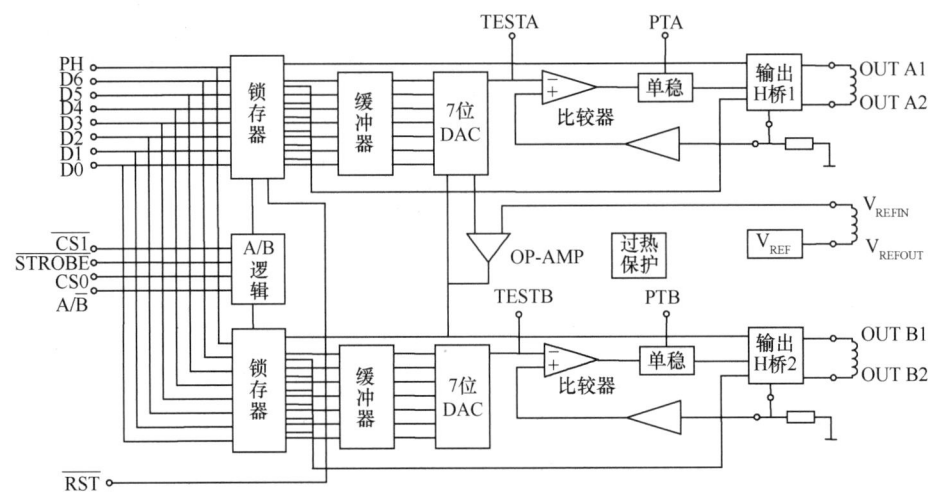

图 3-37　L6217A 原理框图

3.5　步进电动机的微处理器控制

随着电子技术的发展,利用微处理器对步进电动机进行控制在实际中已得到广泛的应用。利用微处理器对步进电动机进行定位控制,有开环控制和闭环控制两类。

开环控制因没有位置反馈,不需要光电编码器等位置传感器,因此控制系统的价格低。在开环控制时,为了保证定位不出错,步进电动机的运行频率不能设计得太高,电动机的机械负载不能太大,所以系统设计时要留出足够的裕度,否则会因负载短时超重而导致步进电动机失步,致使定位出错。

在闭环控制时,光电编码器等位置传感器将电动机的实际位置反馈给微处理器,微处理器发现电动机的实际位置没有达到给定值,即出现了步进电动机的失步现象,微处理器就会补发脉冲,直到步进电动机的实际位置和给定值一致或相当接近为止。

从理论上讲,闭环控制比开环控制可靠,但是步进电动机闭环控制系统的价格比较高,还容易引起持续的机械振荡。如果要保证动态性能优良,不如选用直流或交流位置伺服系统。因此,步进电动机主要用于开环控制系统中。

但是不论是开环控制还是闭环控制,使用微处理器对步进电动机进行控制时,控制方法可分为串行控制和并行控制两类。目前用于步进电动机控制的微处理器种类很多,例如 MS-51 系列单片机、MSP430 系列单片机、DSP 等,但其控制原理基本相同,下面主要以 89C51 单片机控制步进电动机为例进行分析。

3.5.1　并行控制

在并行控制中,不需要专用的脉冲分配器,其功能可以由 89C51 单片机用纯软件的方法实现或用软件和硬件结合的方法实现。如图 3-38 所示,89C51 通过并行口,直接发出多相脉冲信号,再通过功率放大后,送入步进电动机的各相绕组。这样就不再需要脉冲分配器,但这种并行控制方式占用单片机的硬件资源较多。

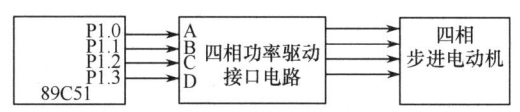

图 3-38 用纯软件代替脉冲分配器原理框图

1. 纯软件方法

在这种方法中,脉冲分配器的功能全部由软件来完成。以图 3-38 为例,其中 89C51 的 P1.0～P1.3 这 4 个引脚作为并行口输出,依次循环输出驱动四相步进电动机所需的 8 个状态:A→AB→B→BC→C→CD→D→DA→A…,即单、双八拍通电运行方式。

采用纯软件方法,需要在单片机的程序存储器(ROM)中开辟一个存储空间以存放这 8 种状态,形成一张状态表。控制系统的应用程序按照电动机正、反转的要求,顺序将状态表的内容取出来送至 89C51 的 P1 口。现假定从 ROM 的地址 0F00H 处开始,用 8 字节存储四相八拍正转工作状态表;从 ROM 的地址 0FFAH 处开始,用 8 字节存储四相八拍反转工作状态表。再假定功率驱动接口设计成反相放大;P1 口为低电平时绕组通电,为高电平时绕组断电。四相单、双八拍运行状态表见表 3-1。

表 3-1 四相单、双八拍运行状态表

地址	存储内容		通电状态	方向	地址	存储内容		通电状态	方向
	二进制数	十六进制数				二进制数	十六进制数		
0F00H	11111110	0FEH	A	正转	0FFAH	11110110	0F6H	DA	反转
0F01H	11111100	0FCH	AB		0FFBH	11110111	0F7H	D	
0F02H	11111101	0FDH	B		0FFCH	11110011	0F3H	CD	
0F03H	11111001	0F9H	BC		0FFDH	11111011	0FBH	C	
0F04H	11111011	0FBH	C		0FFEH	11111001	0F9H	BC	
0F05H	11110011	0F3H	CD		0FFFH	11111101	0FDH	B	
0F06H	11110111	0F7H	D		1000H	11111100	0FCH	AB	
0F07H	11110110	0F6H	DA		1001H	11111110	0FEH	A	

于是对电动机的控制可变成顺序查表以及写 P1 口的软件处理过程。若设定 R0 作为状态计数器,按每拍加 1 进行操作;对于八拍运行,从 0 开始,最大计数值为 7。步进电动机正转子程序如下:

```
CW:     INC     R0              ;正转加 1
        CJNE    R0,#08H,CW1     ;计数值不是 8,正常计数
        MOV     R0,#00H         ;计数值超过 7,则清零,回到表首
CW1:    MOV     A,R0            ;计数值送 A
        MOV     DPTR,#0F00H     ;正转状态表首地址为 0F00H
        MOVC    A,@A+DPTR       ;取出表中状态
        MOV     P1,A            ;送输出口
        RET
```

反转程序与正转程序的差别仅在于指针应指向反转状态表的表首地址 0FFAH。步进电动机反转子程序如下:

```
CCW:    INC     R0              ;反转加 1
```

		CJNE	R0,#08H,CCW1	;计数值不是8,正常计数
		MOV	R0,#00H	;计数值超过7,则清零,回到表首
CCW1:		MOV	A,R0	;计数值送A
		MOV	DPTR,#0FFAH	;反转状态表首地址为0FFAH
		MOVC	A,@A+DPTR	;取出表中状态
		MOV	P1,A	;送输出口
		RET		

当然,若对地址为0F07H～0F00H的状态表,每次逆向查表,同样可以实现反转,这只要把正转子程序中的CW部分修改如下:

CCWN:	DEC	R0		;反转减1
	CJNE	R0,#FFH,CW1		;在正常范围,正常计数
	MOV	R0,#07H		;计数值退出正常范围,修改指针

采用上述程序实现反转,可省去状态表中地址为0FFAH～1001H的部分,而且可以采用同一个计数器指针R0,在正转任意步后接着反转时,不用为了避免乱步而调整指针的位置。

用纯软件方法代替脉冲分配器是比较灵活的。例如要求用89C51的P1口输出A、B、C、D四相脉冲,以控制四相混合式步进电动机,则可采用更简单的方法如下:假定P1口为低电平时绕组通电,并用P1口的P1.1、P1.3、P1.5、P1.7分别驱动A、B、C、D四相功率驱动接口电路,则四相单、双八拍的工作状态如表3-2所示。

表3-2 四相单、双八拍的工作状态

D		C		B		A		通电状态	控制字
P1.7	P1.6	P1.5	P1.4	P1.3	P1.2	P1.1	P1.0	P1口	控制字
1	1	1	1	1	0	0	0	A	F8H
1	1	1	1	0	0	0	1	AB	F1H
1	1	1	0	0	0	1	1	B	E3H
1	1	0	0	0	1	1	1	BC	C7H
1	0	0	0	1	1	1	1	C	8FH
0	0	0	1	1	1	1	1	CD	1FH
0	0	1	1	1	1	1	0	D	3EH
0	1	1	1	1	1	0	0	DA	7CH

观察表3-2后不难发现,要使步进电动机一步一步转动,只要对P1口的字节内容进行循环移位就可以了。设数据左移时电动机正转,则数据右移时电动机反转。只要在程序初始化时,对P1口装载表3-2中的任一数据,再调用下列CW或CCW子程序就可让电动机正转或反转一步。程序如下:

	...			
	MOV	P1,#0F8H		;初始化P1口,A相通电;
	...			
CW:	MOV	A,P1		;状态送A
	RL	A		;左循环移位
	MOV	P1,A		;送输出口,正转一步
	RET			

```
CCW: MOV  A, P1      ;状态送 A
     RR   A          ;右循环移位
     MOV  P1, A      ;送输出口,反转一步
     RET
```

2. 软件和硬件结合的方法

软件和硬件结合的方法比纯软件方法减少了计算机工作时间的占用。图 3-39 是软件和硬件结合法控制一台四相步进电动机的系统示意图。

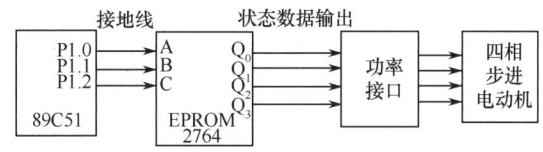

图 3-39　软件和硬件结合法控制的系统示意图

以 89C51 的 P1 口作为信号的输出口,P1.3～P1.7 空置不用,其值可为任意,仅将 P1.0～P1.2 三条线接到 EPROM2764 的低 3 位地址线上,选通 EPROM2764 的 8 个地址单元,相应于步进电动机的 8 种状态。EPROM 的低 4 位数据输出线作为步进电动机 A、B、C、D 各相的控制线,硬件设计成低电平时绕组通电。在本系统中,EPROM2764 作为一种解码器使用,通过其输入/输出关系可以使系统更便于进行单片机控制。因为只有 P1.0～P1.2 上的数据对步进电动机的通电状态有影响,于是 EPROM2764 的输入地址和输出数据可采用如下的对应关系(数据输出线为低电平时,绕组通电)。

输入：XXXXX000　　XXXXX001　　XXXXX010 … XXXXX111
输出：XXXX1110　　XXXX1100　　XXXX1101 … XXXX0110
通电绕组：A　　　　AB　　　　　B　　　　　… DA

此处,X 既可为 0,也可为 1 。

这样,只要把 89C51 中的某一寄存器认定为可逆计数器,每次对它进行加 1 或减 1 操作,然后送 P1 口即可。脉冲分配器的功能由软、硬件分担,减少了 CPU 的负担。

初始化程序及正转或反转一步的子程序如下：

```
     …               ;主程序开始
     MOV  R0, #00H   ;初始化
     MOV  P1, R0     ;P1 口初始化,电动机初始定位
     …               ;主程序中其他操作
CW:  INC  R0         ;正转子程序,计数器加 1
     MOV  P1, R0     ;计数值送输出口,运行一拍
     RET
CCW: DEC  R0         ;反转子程序,计数器减 1
     MOV  P1, R0     ;计数值送输出口,运行一拍
     RET
```

3.5.2　串行控制

利用 89C51 对步进电动机进行串行控制的系统组成如图 3-40 所示。89C51 与步进电动

机的脉冲分配器之间只要两条控制线:一条用以发送走步脉冲信号(CP),另一条用以发送控制旋转方向的方向信号。此时的单片机相当于前面所讲的变频信号源。与并行控制方式相比,串行控制占用单片机的硬件资源较少,编程也更为简单,但需要外加脉冲分配器,这增加了系统成本。

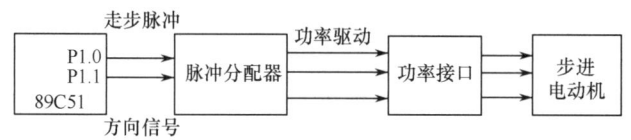

图 3-40　89C51 串行控制的系统组成

1. 单片机串行控制的硬件

89C51 通过串行控制来驱动步进电动机,中间需要脉冲分配器。脉冲分配器除可由门电路和双稳态触发器组成的逻辑电路外,还可以使用专用芯片。在单片机或其他微处理器的控制中,还可把 EPROM 和可逆计数器组合起来,构成通用型脉冲分配器,如图 3-41 所示。

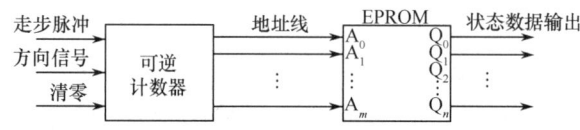

图 3-41　通用型脉冲分配器

通用型脉冲分配器的工作原理:设计一个二进制可逆计数器,使其计数长度(循环计数值)等于步进电动机运行的拍数(或拍数的整数倍)。计数器的输出端接到 EPROM 的几条低位地址线上,并使 EPROM 总处于读出状态。这样,计数器的每个输出状态都对应 EPROM 的一个地址,该 EPROM 地址单元中的内容就将确定 EPROM 数据输出端各条线上的电平状态。只要根据要求设计好计数器的计数长度,并按要求固化在 EPROM 中,就能完成所要求的脉冲分配器的输入/输出逻辑关系。还可考虑改变 EPROM 的高位地址线的电平,以区分出几个不同的地址区域(页面),并在不同的页面中设定不同的逻辑关系,从而实现诸如单拍,双拍和单、双拍等各种运行方式的脉冲分配功能。

2. 单片机串行控制的软件

在图 3-40 中,89C51 的 P1.1 引脚输出方向信号控制电动机的正、反转,P1.0 引脚输出走步脉冲。走步脉冲的产生方法很简单,使 89C51 从 P1.0 引脚产生一个脉宽合适的方波信号即可。

设 P1.1 引脚输出低电平信号时为正转驱动,脉冲分配器在走步脉冲发生正跳变时改变输出状态,则正转一步的子程序如下:

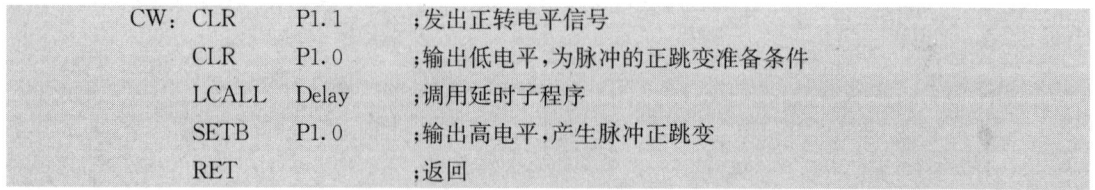

调用该子程序一次,产生一个脉冲,电动机将正转一步。只要按一定的时间间隔 T 调用这个子程序,就可以使电动机按一定的转速连续转动。若要电动机反方向转动,只需 P1.1 引脚置为 1 即可,其余程序与正转子程序相同,具体子程序如下:

```
CCW:   SETB   P1.1        ;发出反转电平信号
       CLR    P1.0        ;输出低电平,为脉冲的正跳变准备条件
       LCALL  Delay       ;调用延时子程序
       SETB   P1.0        ;输出高电平,产生脉冲正跳变
       RET                ;返回
Delay: NOP                ;延时子程序
       …
       RET
```

3.5.3 转速控制

控制步进电动机的转速,实际上就是控制各通电状态持续时间的长短。这可以采取两种方法:一种是软件延时法,另一种是定时器中断法。

1. 软件延时法

这种方法是在每次转换通电状态后,调用一个延时子程序,待延时结束后,再次执行换相子程序,如此反复,就可使步进电动机按某一确定的转速转动。例如,执行下列程序,将控制步进电动机正向连续转动。要想改变转速,只需改变 data1、data2 的值即可。

```
CON:    LCALL  CW          ;调用正转一步子程序
        LCALL  Delay       ;调用延时子程序
        SJMP   CON         ;继续循环执行
        …
Delay:  MOV    R7,#data1
Delay1: MOV    R6,#data2
Delay2: DJNZ   R6,delay2
        DJNZ   R7,delay1
        RET
```

Delay 程序的延时时间为

$$t = [1 + (1 + 2 \times data2 + 2) \times data1] + 2 \times T$$

式中,T 为机器周期,89C51 采用 6MHz 的晶振时,$T=2\mu s$;采用 12MHz 的晶振时,$T=1\mu s$。

软件延时法的优点是,改变 data1、data2 的值,或调用不同的延时子程序,就可实现不同的速度控制,编程简单,且占用硬件资源较少。但它的缺点是占用 CPU 的时间太多,因此通常用在简单的控制系统中。

2. 定时器中断法

由于软件延时法占用 CPU 的时间太多,所以在复杂的控制系统中一般采用定时器中断法。即给定时器加载适当的定时初值,经过一定的时间,定时器溢出,产生中断信号,暂停主程序的执行,转而执行定时器中断服务程序,产生硬件延时。若将步进电动机换相子程序放在定时器中断服务程序之中,则定时器每中断一次,电动机就换相一次,通过改变定时器的初值可实现对电动机的速度控制。因为电动机的换相是在中断服务程序中完成的,所以对 CPU 的占用较少。

下面以使用 89C51 中的 T0 定时器为例,介绍速度控制子程序。设定时器以方式 1 工作,电动机的运转速度为每秒 1000 个脉冲,则换相周期为 1ms。设 89C51 使用 12MHz 的晶振,

则机器周期为 $1\mu s$，故 T0 定时器应该每 1000（03E8H）个机器周期中断一次。由于 T0 定时器执行加计数，到 0FFFFH 后，再加 1 就产生溢出中断，所以 T0 定时器的加载初值应为 10000H－03E8H，也就是 0FC18H。在此初值下，执行加计数 1000 次，就会产生溢出。中断服务程序如下：

```
TIM: LCALL  CW            ;调用正转一步子程序
     CLR    TR0           ;停定时器
     MOV    TL0,#18H      ;装载低位字节
     MOV    TH0,#0FCH     ;装载高位字节
     SETB   TR0           ;开定时器
     RETI                 ;中断返回
```

调试上述程序时会发现，电动机的转速低于设定值，不够精确。若要精确定时，还应考虑加载定时器、开、停定时器以及中断响应等时间，并进行修正。

下面是一个能准确定时的子程序 TIM1。其中，为了提供实时改变加载值的可能性，将加载值存放在中间单元 R6、R7 中。为了考虑中断响应时间，将加载值和定时器溢出后继续加计数而形成的原始计数值相加。此外，还要考虑程序中从 CLR TR0 到 SETB TF0 之间指令延时的 7 个机器周期 T。因此，换相周期为 1ms 时，R7、R6 中的加载值应为 0FC18H＋07H，即 0FC1FH。具体程序如下：

```
TIM1: LCALL  CW            ;调用正转一步子程序
      CLR    TR0           ;停定时器
      MOV    A,TL0         ;原始计数值低位字节送 A
      AAD    A,R6          ;与加载值相加
      MOV    TL0,A         ;回送低位字节
      MOV    A,TH0         ;原始计数值高位字节送 A
      ADDC   A,R7          ;与加载值相加
      MOV    TH0,A         ;回送高位字节
      SETB   TR0           ;开定时器
      RETI                 ;中断返回
```

反复执行这个中断程序时，步进电动机将按给定频率准确运行。改变 R6 和 R7 中的数值，可以改变步进电动机的运行速度。

3.5.4 加减速定位控制

1. 加减速定位控制原理

从 3.3.2 节可知，步进电动机在启动时，转子要从静止状态加速，电动机的电磁转矩除克服负载转矩外，还要使转子加速。步进电动机的最高启动频率（突跳频率）一般为几百赫兹到几千赫兹，而最高运行频率则可以达到数万赫兹。以超过最高启动频率的频率直接启动，步进电动机将出现失步现象，有时根本就转不起来。而如果使步进电动机处于低速运动状态，又影响生产效率。所以一般情况下先以低于最高启动频率的某一频率启动，再逐步提高频率，使电动机逐步加速，则可以达到最高运行频率。另外，对于正在高速运转的步进电动机，若在到达终点时立即停发脉冲，由于惯性，电动机往往会冲过头，也会出现失步现象，很难实现电动机的立即准确锁定。这就是通常对步进电动机要进行加减速控制的原因。

对步进电动机的运行控制还可根据距离的长短分如下三种情况处理。

① 短距离:由于距离较短,来不及升到最高转速,因此这种情况下步进电动机以接近启动频率运行,运行过程没有加减速。

② 中短距离:在这种情况下,步进电动机只有加减速过程,而没有恒速过程。

③ 中、长距离:这种情况下不仅要有加减速过程,还有恒速过程。

这种距离的加减速定位控制过程如图 3-42 所示,通过加速→恒定高速→减速→恒定低速→锁定,就可以既快又稳地准确定位。

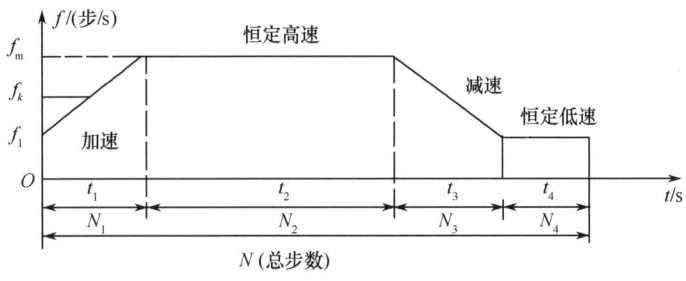

图 3-42 加减速定位控制过程

图 3-42 中,纵坐标代表频率,单位为步/s,它实质上也反映了转速的高低。横坐标代表时间,各段时间内走过的步数用 N_1、N_2 等表示。步数实质上也反映了距离。加速时的启动频率用 f_1 表示,由于最高启动频率和电动机的驱动方法及机械负载的性质、大小有关,所以 f_1 通常由实验来确定。

步进电动机的加减速定位控制,就是控制步进电动机拖动给定的负载,通过加速、恒定高速及减速过程,从一个位置快速运行到另一个给定位置。对步进电动机而言,就是从一个锁定位置,运行若干步,尽快到达另一个指定位置,并加以锁定。这样就有两个基本要求:一是总步数要符合给定值,二是总的走步时间应尽量短。为了达到上述要求,在软件上要做很多工作。首先,为了保证总步数不出错,要建立一种随时校核总步数是否达到给定值的机制。电动机每换相一次,都要校核一次。例如,在步进电动机运行前,可在 RAM 区的某些单元中存放给定的总步数。电动机运转后,软件按换相次数递减这些单元中的数值,同时校核单元中的数值是否为零。为零时,说明电动机已走完给定的正转或反转总步数,应停止运转,进入锁定状态。至于正、反转,则可以由方向标志位的情况来确定。

在利用微处理器对步进电动机进行加减速控制时,实际上就是控制每次换相的时间间隔。升速时使脉冲串逐渐加密,减速时则相反。若微处理器使用定时器中断方式来控制电动机的速度,实际上就是不断改变定时器装载的初值。为了便于编制程序,不一定每步都计算装载值,而可以用阶梯曲线来逼近图 3-42 中的阶梯升降曲线,如图 3-43 所示。对于每一挡频率,软件可以通过查表的方法,查出所需要的装载值。

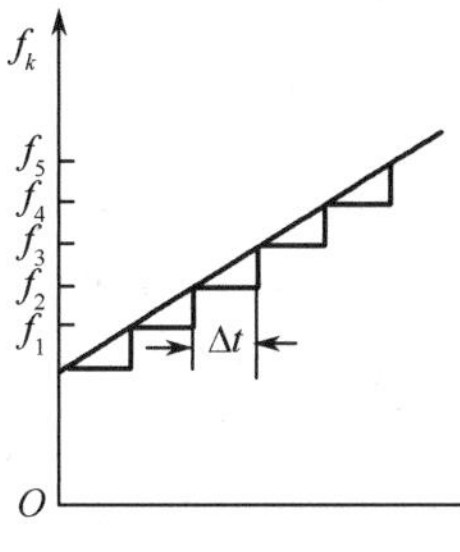

例如,假定系统的启动频率 f_1 为 100 个脉冲/s,最高运行频率 f_m 为 10000 个脉冲/s,相邻两挡频率差为 100 个脉冲/s,用速度字 k 表示速度挡次,则各挡频率(包括最高频率)为

$$f_k = k \times 100 \text{ 个脉冲/s} \quad (k=1,2,\cdots,100)$$

图 3-43 阶梯升降曲线

对于直线升速,图 3-43 中的阶梯时间 Δt 为常数,对于指数升速,Δt 为变量。Δt 越小,升

速越快。Δt 的大小可以通过计算来确定,举例如下。

若折算到电动机转轴上的总转动惯量为 J,升速过程中的平均电磁转矩为 T_m,则近似由下式来确定加速时间 t_m

$$T_m = J \frac{f_m - f_1}{t_m} \frac{\pi}{180} \theta_s + T_L \qquad (3-22)$$

式中,θ_s 为步距角(度);f_1 为启动频率;f_m 为最高运行频率;T_L 为转子受到的总阻力矩。

实际工作中,由于无法确定 J、T_m、T_L 等电动机系统的参数,所以常用实验方法来确定,即以升速最快而又不失步为选择原则。

t_m 确定后,可确定阶梯时间为

$$\Delta t = t_m / k_m$$

式中,k_m 为阶梯升速分挡数,且

$$k_m = \frac{f_m}{f_1} - 1 \qquad (3-23)$$

阶梯升速过程中,各挡频率(不包括最高运行频率 f_m)为

$$f_k = k f_1 \qquad (k = 1, 2, \cdots, k_m)$$

各挡频率 f_k 内的运行步数为

$$N_k = f_k \Delta t = k f_1 \Delta t = k \Delta N \qquad (3-24)$$

升速过程内的总步数为

$$N = \sum_{k=1}^{k_m} N_k \qquad (3-25)$$

程序执行过程中,对每一挡速度,都要计算在这个"台阶"应走的步数,然后以递减方式检查。当减至零时,表示该挡速度应走的步数已走完,于是速度字 k 加 1,进入下一挡速度。与此同时,还要递减升速过程总步数,直到升速过程总步数走完为止。减速过程的处理方法和升速过程相似。通常,取减速时间和升速时间相同。

2. 加减速定位控制的软件设计

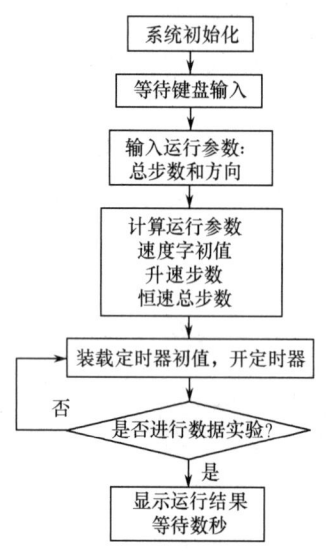

图 3-44 加减速定位控制主程序流程图

软件设计离不开硬件环境。假定采用图 3-41 所示的硬件环境。于是,对步进电动机的正向旋转控制,就是对可逆计数器进行加 1 运算。而速度控制,则是通过不断改变定时器装载的初值来实现的。整个程序由主程序和定时器中断服务程序构成。

主程序的功能:对系统资源进行全面管理;处理键盘与显示;计算运行参数;加载定时中断服务程序所需的全部参数和初始值;开中断,等待走步过程的结束。主程序流程图如图 3-44 所示。

定时器中断服务程序的功能:使步进电动机走一步;累计转过的步数;向定时器送下一个延时参数。

需要注意的问题:整个定时器中断服务程序的运行时间必须比走步脉冲的间隔短。在电动机低速运转的情况下,由单片机实时计算走步脉冲间隔并向定时器送下一个延时参数是可行的。但当电动机高速运转时,例如,脉冲频率在 100 步/s 以上时,运算时间就会来不及,因此需要采用查表等方法查出每一挡频率所需要的装载值。

3.5.5 其他控制

随着计算机技术的发展,集成的驱动卡得到了广泛的应用,现以研华公司 PCL-839 卡为例进行介绍。PCL-839 卡是一种三轴高速步进电动机驱动卡,主要特点如下。

① 可对三个步进电动机进行独立或同时控制,每个轴既可分步运动,又可连续运动。

② 可直接访问卡上控制器的寄存器。

③ 可进行线性和圆弧插值。

④ 提供两种操作模式:双脉冲(正、负脉冲)和单脉冲(脉冲加方向)模式。

⑤ 光隔离输出。电动机控制信号输出与开关信号输入全部采用光耦隔离,抗干扰性强,保证输出正确的控制脉冲,不会因干扰引起多步和失步而使定位精度下降。

⑥ 具有 37 针 D 型接口,为每个轴提供步进脉冲和方向信号,驱动步进电动机运转,还提供每个轴 5 个隔离的数字量输入用于限位开关,即左、右位置限位,原点,左、右减速开关。

⑦ 高达 16000 个脉冲/s 的步进速率。

⑧ 16 路开关量输入和 16 路开关量输出,标准 TTL 输入/输出(I/O)接口,根据需要与对应的开关量执行装置(如电磁阀、继电器等)相连接,只要读取 I/O 的信号,就可对机械手爪闭合等开关量进行控制。

⑨ 具有可编程的起始速度、终止速度、延迟时间及自动执行梯形的加(减)速度。

PCL-839 卡还提供了丰富的软件功能,库函数采用动态链接库形式,即 ADS839.dll 文件。库函数可供高级语言如 VB、VC 等开发的应用程序直接调用,只要预先设定相应的运行参数,就可用于精密的直线或旋转运动控制。其中主要的函数有:

　　int set_base(int base)

设置 PCL-839 卡的基地址。参数 base 为实际安装板卡的基地址,数据类型为 int 型。函数返回值为 0 表示设置成功,返回值为 -1 表示设置失败。

　　int set_mode(int ch,int mode)

设置运行模式。参数 ch 为选择的通道,设置为 1 表示选择 1 通道,即第 1 轴;设置为 7 表示同时选择 1、2、3 通道;设置为 1~7 分别表示选择通道 1、2、3、1 和 2、1 和 3、2 和 3、1 和 2 和 3;参数 mode 为通道工作模式,设置为 0 表示单脉冲方式,设置为 1 表示双脉冲方式。

　　int set_speed(int ch, int fl, int fh, int ad)

设置运行速率。参数 ch 为选择的通道;参数 fl 为低速运行频率,设置值为 1~16382;参数 fh 为高速运行频率;参数 ad 为加速或减速速率,设置值为 2~1023。

　　int stop(int ch)

停止电动机转动。参数 ch 为选择的通道。

　　int c_move(int ch, int dir1, int speed1, int dir2, int speed2, int dir3, int speed3)

设置连续运转时各轴的运行方向与运行速度。参数 ch 为选择的通道;参数 dir1 为第 1 轴的运行方向,可设置值为 0、1;参数 speed1 为第 1 轴的运行速度,该值必须在 set_speed 函数所设定的 fl 和 fh 之间;其他参数类似。

　　int pmove(ch, dir1, speed1, step1, dir2, speed2, step2, dir3, speed3, step3)

设置固定步数连续运转时各轴的运行方向、运行速度、运行步数。参数 dir1、speed1、step1 分别为第 1 轴的运行方向、运行速度、运行步数,其他参数类似。各轴的步进电动机将按设定方向和设定速度运转,到达设定步数时停止运转。

图 3-45 是 PCL-839 卡控制步进电动机的接线框图。其中电动机为两相步进电动机,供电电源为 60~80V,步长为 0.4mm/r,额定电流为 6A,保持转矩为 1.8N·m,步进角为 1.8°,步距精度为±5%。首先,通过计算机编程控制 PCL-839 驱动卡,将脉冲信号 PLUSE 和方向信号 DIR 发送到步进电机驱动器,然后由步进电机驱动器连接步进电动机,通过控制脉冲信号 PLUSE 的频率来控制电动机运转的速度。另外,将接近开关连接到 PCL-839 的数字量输入端,用于防止步进电动机带动的机械部件超过左、右极限位置。

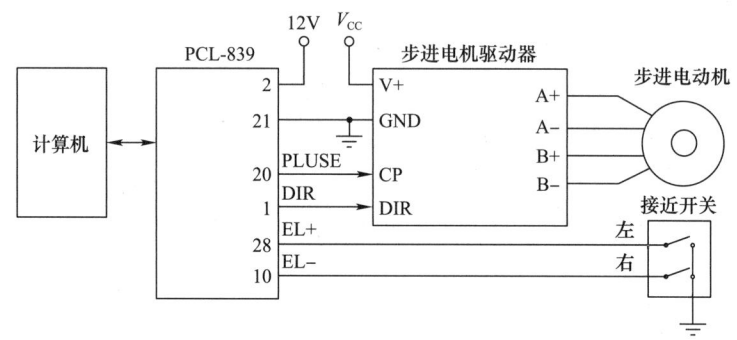

图 3-45　PCL-839 驱动卡控制步进电动机的接线框图

思考与练习题

3-1　简述步进电动机运行的原理与特点。

3-2　反应式步进电动机与永磁式及混合式步进电动机在工作原理方面有什么共同点和差异?步进电动机与同步电动机有什么共同点和差异?

3-3　步进电动机有哪些技术指标?它们的具体含义是什么?

3-4　步进电动机技术数据中给出的步距角有时为两个数,如 1.5°/3°,这是什么含义?

3-5　负载转动惯量的大小对步进电动机运行性能有哪些影响?

3-6　步进电动机的连续运行频率和负载转矩有什么关系?为什么?

3-7　为什么步进电动机的连续运行频率比启动频率要高得多?

3-8　一台五相十拍运行的步进电动机,转子齿数 $Z_r=48$,在 A 相绕组中测得电流频率为 600Hz,求:

(1) 电动机的步距角;

(2) 转速;

(3) 设单相通电时矩角特性为正弦波形,其幅值为 3N·m,求三相同时通电时的最大静转矩 T_{max}。

3-9　一台三相反应式步进电动机,步距角 $\theta_s=3°/1.5°$,最大静转矩 $T_{max}=0.685$N·m,转动部分的转动惯量 $J=1.725×10^{-5}$kg·m²。求该步进电动机的自由振荡频率和周期。

3-10　步进电动机的驱动电源一般由哪几部分组成?各部分的功能是什么?

3-11　为什么步进电动机一般只用于开环控制?

3-12　简述步进电动机加减速定位控制的原理及编程方法。

3-13　设计一个完整的两相混合式步进电动机驱动控制系统电路。

第4章 旋转变压器

主要内容
- 旋转变压器的结构和工作原理
- 线性旋转变压器
- 数字式旋转变压器
- 旋转变压器的应用

知识重点
本章重点为：旋转变压器的结构和工作原理；线性旋转变压器的工作原理；一次侧补偿、二次侧补偿；数字式旋转变压器的常用控制芯片。

旋转变压器是测量机械转角的控制电机。旋转变压器的输出电压与转子转角具有一定的函数关系，根据具体的设计方法，可以获得正弦、余弦或线性等函数关系。在控制系统中，可用于检测元件、坐标变换、三角函数运算等。

旋转变压器的定子通常作为原边，或者一次侧，输入单相交流电压。旋转变压器的转子通常作为副边，或者二次侧，输出单相交流电压。原边和副边的电磁耦合程度由转子相对于定子的旋转角度决定。改变转子的转角，也就改变了原边和副边的电磁耦合程度，最终导致输出的单相交流电压的幅值发生变化。通过观察输出的单相交流电压幅值的变化，就可以得知转角的变化。

旋转变压器的转子绕组一般有两套：一套绕组的输出电压与转子转角成正弦函数关系；另一套绕组的输出电压与转子转角成余弦函数关系。这种旋转变压器称为正余弦旋转变压器，是旋转变压器的最基本形式。旋转变压器默认是指正余弦旋转变压器。

通过对正余弦旋转变压器进行改造，例如，对定子绕组和转子绕组采用不同的连接方式，选择不同的参数，就可以使输出电压与转子转角具有线性函数关系。具有这种特性的变压器称为线性旋转变压器。线性旋转变压器只能做到在一定的工作转角范围内成线性关系，典型工作转角范围在±60°之内。

通过对正余弦旋转变压器进行另一种形式的改造，即增加一个调整和锁紧转子位置的装置，就可以得到比例式旋转变压器，其输出电压仅是输入电压的若干倍。

旋转变压器还有其他分类的方法。若按有无电刷和滑环之间的滑动接触来分，旋转变压器可分为接触式和无接触式两种，默认情况是接触式旋转变压器。在无接触式旋转变压器中，又可再细分为有限转角和无限转角两种。若按电动机的极对数来分，旋转变压器可分为单极对和多极对两种，默认是指单极对旋转变压器。

4.1 旋转变压器的结构和工作原理

4.1.1 旋转变压器的结构

旋转变压器的典型结构如图 4-1 所示。

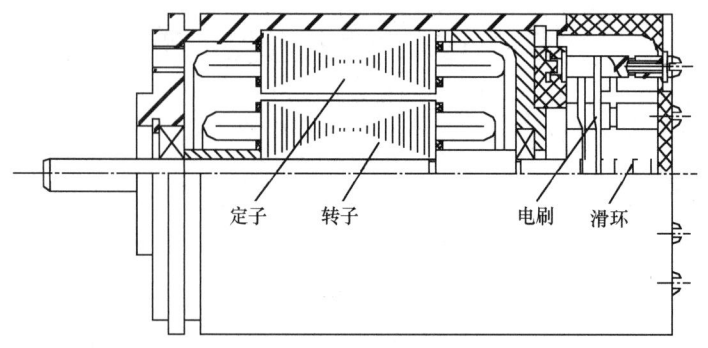

图 4-1 旋转变压器的典型结构

旋转变压器主要包括定子和转子两大部分,每一部分又有自己的电磁部分和机械部分。对于比例式旋转变压器,由于转子已经被锁紧到一定角度,所以一般用软导线直接将转子绕组接到固定的接线柱上,这样可以省去滑环(又叫集电环)和电刷,使结构简单。对于普通旋转变压器,即正余弦旋转变压器,则需要滑环和电刷,电刷及滑环采用金属合金材料,以提高接触的可靠性及寿命。电刷固定在后端盖上,与滑环摩擦接触,这样转子绕组引出线就经过滑环和电刷而接到固定的接线柱上。

转子的电磁部分由绕组和铁芯组成。转子绕组有两个,分别为正弦输出绕组(其引线端常标示为 Z_1、Z_2,字母 Z 表示转子)和余弦输出绕组(其引线端常标示为 Z_3、Z_4)。它们均匀布置在转子槽中,而且两绕组的轴线在空间相隔 90°,如图 4-2 所示。转子铁芯由硅钢片叠压而成,外圆处冲有均匀分布的槽,以便嵌放转子正、余弦绕组。转轴采用不锈钢材料,转轴两端的轴承挡和端盖的轴承室之间装有轴承,以达到转子能自由旋转的目的。滑环有 4 个,均固定在转轴的一端,分别与转子绕组的 Z_1、Z_2、Z_3、Z_4 端相连,电刷与滑环滑动接触,电刷本身引出导线,导线末端与接线盒的固定端子相连。可见,接线盒中应有 4 个与转子相关的接线端子。

定子的电磁部分由绕组和铁芯组成。定子绕组有两个,分别称为定子励磁绕组(其引线端常标示为 D_1、D_2,字母 D 表示定子)和定子交轴绕组(其引线端常标示为 D_3、D_4)。两个绕组均匀布置在定子槽中,结构上完全相同,而且两个绕组的轴线在空间相隔 90°。定子铁芯由导磁性能良好的硅钢片叠压而成,定子硅钢片内圆处冲有一定数量的槽,用以嵌放定子绕组。定子铁芯外圆要和机壳内圆配合,机壳、端盖等部件起支撑作用,是旋转变压器的机械部分,采用经阳极氧化处理的铝合金材料。定子绕组的 D_1、D_2、D_3、D_4 端使用导线直接连接到接线盒的固定端子上。接线盒中共有 4 个与定子相关的接线端子,加上 4 个与转子相关的接线端子,因此在接线盒中共有 8 个接线端子与外界相连。

4.1.2 旋转变压器的工作原理

为了使分析更加直观,将旋转变压器的实物图进行简化,得到其原理图,如图 4-2 所示。

D_1D_2 为定子励磁绕组,加在定子励磁绕组上的励磁电压为单相交流电压,交流电压有效值设为 U_f。假定在分析的时刻,单相交流励磁电压的方向为上正下负,即 D_1 为正、D_2 为负,这时在定子励磁绕组 D_1D_2 中产生了励磁电流,励磁电流的方向由上到下。由于励磁电压为单相交流电压,所以励磁电流为单相交流电流,或者称为脉振电流。根据电磁感应理论,单相交流电流会产生一个单相交流励磁磁场,或者称为脉振磁场。假设定子励磁绕组 D_1D_2 的绕线方

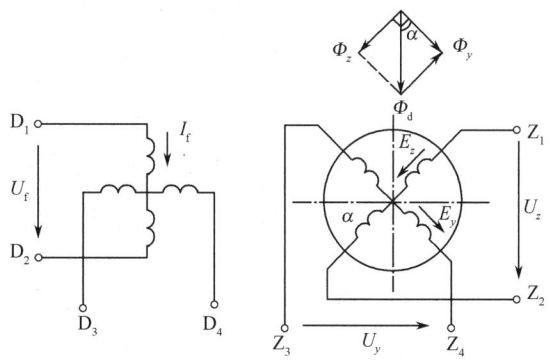

图 4-2 旋转变压器原理图

向,从上往下为顺时针螺旋方向,根据右手螺旋定则可以判断,在分析的时刻,脉振磁场的方向沿励磁绕组的轴线方向垂直向下。

定子励磁绕组 D_1D_2 的轴线方向称为直轴,即 d 轴(direct)。直轴励磁磁场或者脉振磁场的大小用磁通量的幅值表示,即 Φ_d,又称为直轴脉振磁通幅值。直轴脉振磁通的方向与励磁绕组轴线方向一致。另外一套定子绕组称为定子交轴绕组 D_3D_4。其轴线方向称为交轴,即 q 轴(quadrature)。

根据电磁感应理论,变化的磁场会感应出电动势。直轴脉振磁场是一个变化的磁场,会在所有与其匝链的绕组中产生感应电动势。在旋转变压器的 4 个绕组中,定子交轴绕组 D_3D_4 的轴线与直轴脉振磁场垂直,没有磁力线穿过绕组,因而没有感应电动势。而定子直轴绕组 D_1D_2、正弦输出绕组 Z_1Z_2、余弦输出绕组 Z_3Z_4 均会产生感应电动势。定子直轴绕组 D_1D_2 的感应电动势 E_f 与励磁电压 U_f 平衡,即 $E_f=U_f$。正弦输出绕组 Z_1Z_2 和余弦输出绕组 Z_3Z_4 的感应电动势在开路情况下直接向外输出电压。输出电压的有效值为 U_z 和 U_y,分别等于正弦输出绕组 Z_1Z_2 和余弦输出绕组 Z_3Z_4 的感应电动势的有效值 E_z 和 E_y,即 $U_z=E_z$,$U_y=E_y$。

直轴脉振磁场在与其方向一致的定子直轴绕组中产生的感应电动势的有效值为

$$E_f = U_f = 4.44 f N_d K_d \Phi_d \tag{4-1}$$

式中,N_d 为定子直轴绕组的匝数;K_d 为定子直轴绕组的基波绕组系数;Φ_d 为定子直轴绕组的脉振磁通幅值;f 是电源频率。

定子直轴磁通与转子的正弦输出绕组匝链,并在其中产生感应电动势 E_z。与普通变压器相比,旋转变压器的励磁绕组相当于变压器的一次侧,正弦输出绕组相当于变压器的二次侧。而区别仅在于正弦输出绕组所匝链磁通量的多少取决于它和励磁绕组之间的相对位置。设转子正弦输出绕组的轴线和交轴之间的夹角 α 为转子转角,如图 4-2 所示。

为了求得正弦输出绕组的开路电压,可先将直轴磁通幅值分解为两个分量:第一个分量为磁通 Φ_z,它和正弦输出绕组的轴线方向一致,并在该绕组中产生感应电动势 E_z,即

$$E_z = 4.44 f N_z K_z \Phi_z$$

式中,N_z 为转子正弦输出绕组的匝数;K_z 为转子正弦输出绕组的基波绕组系数;Φ_z 为转子正弦输出绕组的脉振磁通幅值。

直轴磁通幅值的第二个分量为磁通 Φ_y,它和余弦输出绕组的轴线方向垂直,并在该绕组中产生感应电动势 E_y,即

$$E_y = 4.44 f N_y K_y \Phi_y$$

式中,N_y 为转子余弦输出绕组的匝数,与转子正弦输出绕组相同;K_y 为转子余弦输出绕组的基波绕组系数,与转子正弦输出绕组相同;Φ_y 为转子余弦输出绕组的脉振磁通幅值。

根据三角函数关系,有

$$\Phi_z = \Phi_d \sin\alpha, \quad \Phi_y = \Phi_d \cos\alpha$$

因此,正弦输出绕组的开路电压为

$$U_z = E_z = 4.44 f N_z K_z \Phi_z = 4.44 f N_z K_z \Phi_d \sin\alpha$$

余弦输出绕组的开路电压为

$$U_y = E_y = 4.44 f N_y K_y \Phi_y = 4.44 f N_y K_y \Phi_d \cos\alpha$$

将 Φ_d 用式(4-1)替换,可以得到正弦输出绕组和余弦输出绕组的开路电压 U_z 和 U_y 的常用表达形式,即

$$U_z = K_u U_f \sin\alpha, \quad U_y = K_u U_f \cos\alpha \tag{4-2}$$

式中,K_u 为变比系数,$K_u = \dfrac{N_z K_z}{N_d K_d} = \dfrac{N_y K_y}{N_d K_d}$,是旋转变压器制造时所确定的常数。变比系数测定时,可以取 $\alpha = 90°$,则 $K_u = U_z / U_f$。

可以看出,在正余弦旋转变压器中,当转子正弦输出绕组空载,且励磁电压恒定时,正弦输出绕组的输出电压将与转子转角成正弦函数关系;同样地,转子余弦输出绕组的空载输出电压将与转子转角成余弦函数关系。

4.1.3 旋转变压器的负载运行

当旋转变压器转子的正弦输出绕组中接入负载后,便有电流流过正弦输出绕组,这种运行状态称为旋转变压器的负载运行,如图 4-3 所示。

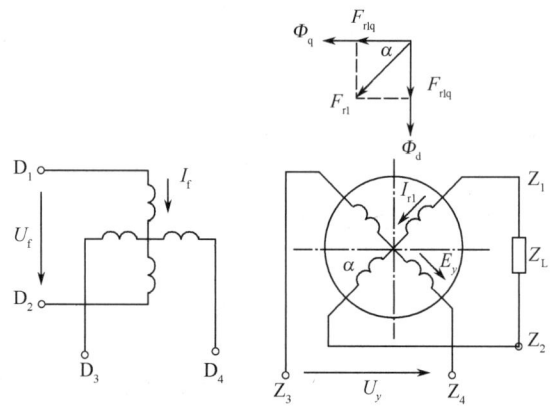

图 4-3 旋转变压器的负载运行

在图 4-3 中,正弦输出绕组中接入负载阻抗 Z_L,正弦输出绕组构成回路,感应电流 I_{r1} 由感应电动势产生,电流 I_{r1} 将会产生新的感应磁场。假定在分析的时刻,电流的方向从右上角流向左下角,正弦输出绕组 $Z_1 Z_2$ 的绕线方向可以使正弦输出绕组产生从右上角沿轴线指向左下角的磁场,磁场的大小可以用磁动势 F_{r1} 表示。磁动势和磁通的关系为

$$\Phi_{r1} = F_{r1} \Lambda_{r1}$$

正弦输出绕组产生的感应磁场对于原磁场是一种干扰,即电枢反应,它会影响正弦输出绕组的输出电压。为了便于分析,可以将这个磁场按直轴方向和交轴方向进行分解,得到其直轴

分量 F_{r1d} 和交轴分量 F_{r1q}。

直轴分量 F_{r1d} 附加在原直轴磁场 Φ_d 上,瞬间将会使总的直轴磁场增大,但在最终稳定状态会受到直轴绕组 D_1D_2 电势平衡关系式的制约,即

$$U_f = E_f = 4.44 \, f \, N_d K_d (\Phi_d + \Phi_{r1d}) \tag{4-3}$$

由式(4-3)可以推出,当励磁电压 U_f 不变时,在稳定状态时总的直轴磁场 $\Phi_d + \Phi_{r1d}$ 也不会改变。这样直轴分量 F_{r1d} 附加在原直轴磁场 Φ_d 上并不会改变总的直轴磁场,也就不会对输出电压造成影响。

交轴分量 F_{r1q} 附加在原交轴分量 Φ_q 上,也会使总的交轴磁场增大,由于只有直轴绕组 D_1D_2 通电励磁,因此原交轴分量 Φ_q 为零。这样总的交轴磁场为 F_{r1q},总的交轴磁场发生了从零到 F_{r1q} 的改变。总的交轴磁场与正弦输出绕组和余弦输出绕组均以一定角度匝链,将会在正弦输出绕组和余弦输出绕组产生附加的感应电动势,破坏了正弦输出绕组和余弦输出绕组的输出电压与转角之间的正弦函数和余弦函数关系,这称为输出电压发生畸变。

从上述分析可知,正余弦旋转变压器在负载运行时,输出电压发生畸变,其根本原因在于负载电流产生的交轴磁场。为了消除输出电压的畸变,必须在负载运行时对旋转变压器中的交轴磁场予以补偿。通常可以采用一次侧补偿和二次侧补偿两种方法。

4.1.4 一次侧补偿的旋转变压器

在旋转变压器中,由于负载电流产生交轴磁场,将使输出电压发生畸变。可以在定子的交轴绕组中接入合适的补偿阻抗,以达到消除交轴磁场影响的目的。这种方法称为一次侧补偿,如图 4-4 所示。

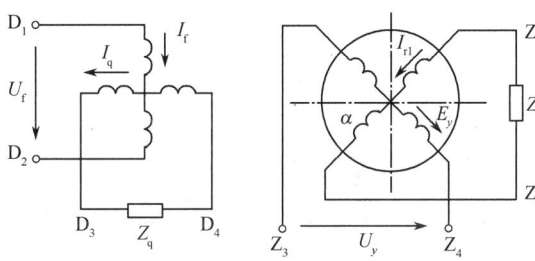

图 4-4 一次侧补偿的旋转变压器

在图 4-4 中,D_1D_2 为定子励磁绕组,加在定子励磁绕组上的励磁电压为单相交流电压,交流电压有效值设为 U_f。交轴绕组中接入阻抗 Z_q。正弦输出绕组中接入负载 Z_L,正弦输出绕组构成回路,电流 I_{r1} 由感应电动势产生,电流 I_{r1} 将会产生感应磁场。余弦输出绕组开路。

正弦输出绕组中负载电流 I_{r1} 所产生的磁动势可以分解为直轴分量 F_{r1d} 和交轴分量 F_{r1q}。直轴分量 F_{r1d} 附加在原直轴磁场 Φ_d 上,并不会改变总的直轴磁场的大小,也就不会对输出电压造成影响。交轴分量 F_{r1q} 和定子交轴绕组的轴线方向一致,它将在交轴绕组中感应出电动势。

不同的是,此时交轴绕组形成了闭合回路,交轴绕组感应电动势将会产生交轴绕组感应电流,进而产生交轴绕组感应磁场。根据电磁感应法则,感应磁场总是抵触产生它的原磁场的。也就是说,感应磁场总是与原磁场方向相反,起抵消作用。定子交轴绕组阻抗的大小将影响到交轴绕组感应磁场的大小。通常定子交轴绕组的补偿阻抗选择为很小的值,它使定子交轴绕组接近于短路状态,这样定子交轴绕组感应电动势将会产生较大的定子交轴绕组感应电流,进

而产生较大的定子交轴绕组感应磁场。较大的定子交轴绕组感应磁场产生较大的抵消作用,因此有很强的去磁作用,致使总的交轴磁场趋于零,从而消除了输出电压的畸变。

4.1.5 二次侧补偿的旋转变压器

在转子余弦输出绕组中接入合适的补偿阻抗,也可以达到消除交轴磁场影响的目的。这种方法称为二次侧补偿,如图 4-5 所示。

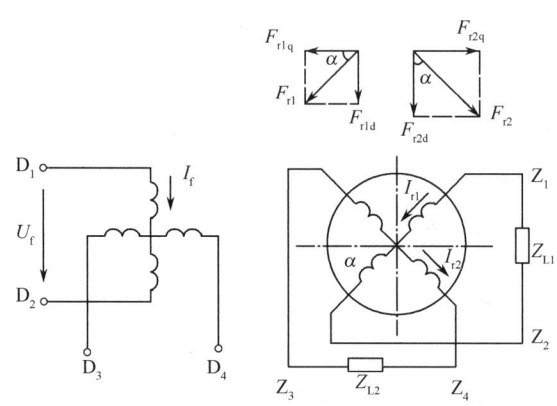

图 4-5 二次侧补偿的旋转变压器

在图 4-5 中,D_1D_2 为定子励磁绕组,加在定子励磁绕组上的励磁电压为单相交流电压,交流电压有效值设为 U_f。定子交轴绕组保持开路。正弦输出绕组中接入负载 Z_{L1},正弦输出绕组构成回路,电流 I_{r1} 由感应电动势产生,电流 I_{r1} 将会产生感应磁场。余弦输出绕组中接入补偿阻抗 Z_{L2},余弦输出绕组也构成回路,电流 I_{r2} 由感应电动势产生,电流 I_{r2} 将会产生感应磁场。

同理,正弦输出绕组中负载电流 I_{r1} 所产生的磁动势可以分解为直轴分量 F_{r1d} 和交轴分量 F_{r1q}。直轴分量 F_{r1d} 附加在原直轴磁场 Φ_d 上,并不会改变总的直轴磁场的大小,也就不会对输出电压造成影响。余弦输出绕组中负载电流 I_{r2} 所产生的磁动势也可以分解为直轴分量 F_{r2d} 和交轴分量 F_{r2q}。直轴分量 F_{r2d} 也不会对输出电压造成影响。

由于正弦输出绕组和余弦输出绕组的位置关系,正弦输出绕组的交轴分量 F_{r1q} 和余弦输出绕组的交轴分量 F_{r2q} 的方向相反,具有抵消的作用。若选取合适的补偿阻抗,就可以做到交轴分量完全抵消,从而消除了输出电压的畸变。经理论推导可知,所谓合适的补偿阻抗,就是要满足

$$Z_{L1}=Z_{L2} \tag{4-4}$$

4.1.6 旋转变压器的技术指标

1. 零位电压 U_0

正余弦旋转变压器的转子处于电气零位时的输出电压的大小,称为零位电压。电气零位包括转子转角为 0°的情况,还包括转子转角为 90°、180°、270°的情况。转子转角处于这些位置时,正弦输出绕组或余弦输出绕组,总有一个的输出电压为最小值。理想的零位电压 $U_0=0$。实际中由于制造和装配的原因,在转子转角为零时,输出电压都存在一个小的非零值。旋转变压器的最大零位电压应不超过规定值。零位电压过高将引起外接的运算放大器饱和失真。

2. 零位误差 θ_0

正余弦旋转变压器的励磁绕组外施额定的单相交流电压励磁,且交轴绕组短接(交轴绕组短接是为了进行一次侧补偿)。转动转子使两个输出绕组中的任意一个的输出电压为最小值,这时转子位置称为电气零位。在理论上,电气零位,转子转角为 0°、90°、180°、270°。零位误差是实际的电气零位与理论电气零位之差,用 θ_0 表示,单位为角度的分,符号为′。零位误差的大小将直接影响解算装置和角度传输系统的精度。

3. 函数误差 f_e

正余弦旋转变压器的励磁绕组外施额定单相交流电压励磁,且交轴绕组短接。在不同的转子转角位置,转子上正弦输出绕组的感应电动势与理论上的正弦函数值之差,称为函数误差。函数误差也可以定义为在不同的转子转角位置时,转子上余弦输出绕组的感应电动势与理论上的余弦函数值之差。函数误差还可以用其他形式表示。差值与最大理论输出电压之比,称为相对函数误差。在实践中为了更加直观,函数误差常折算成相应的角度误差。

4. 额定参数

额定参数包括额定电压、额定频率、变比系数等。

额定电压是指励磁绕组加上的电压,有 12V、26V、36V 等。额定频率指励磁电压的频率,有 50Hz 和 400Hz 等。选择时,应根据实际需要,一般 50Hz 使用起来比较方便,但性能会差一些;而 400Hz 的性能较好,但成本较高。变比系数指在励磁绕组加上额定频率的额定电压时,与励磁绕组轴线一致的正弦输出绕组的开路输出电压与励磁电压的比值,有 0.15、0.56、0.65、0.78 和 1 等典型值。

4.2 线性旋转变压器

线性旋转变压器是指其输出电压的大小与转子转角 α 成线性函数关系的旋转变压器。正余弦旋转变压器就可作为线性旋转变压器来使用,因为当转子转角 α 用弧度作单位,且 α 在很小的范围内,有 $\sin\alpha \approx \alpha$。线性转角的范围取决于所要求的精度。若要求输出电压和理想直线关系的误差不超过 ±0.1%,可以计算出线性转角仅为 ±4.5°,显然,这样小的线性转角不能满足实际使用的要求。为了扩大线性转角的范围,必须采用其他措施。在旋转变压器结构保持不变的情况下,可以通过改变接线的方式达到目的。因为实际的旋转变压器总是需要补偿的,因此下面就一次侧补偿和二次侧补偿两种情况展开讨论。

4.2.1 一次侧补偿的线性旋转变压器

为了使旋转变压器的输出电压和转子转角能满足线性函数关系,可将正余弦旋转变压器按图 4-6 所示的方式连接。将定子励磁绕组 D_1D_2 和转子余弦绕组 Z_3Z_4 串联使用,串联以后再接到单相交流电源 U_f 上,且交轴绕组两端直接短接作为一次侧补偿。正弦输出绕组中可以外接负载 Z_L,也可以空载。

首先分析空载时的情况。定子励磁绕组 D_1D_2 和转子余弦绕组 Z_3Z_4 串联后接到单相交流电源 U_f 上,形成闭合回路,产生的电流通过这两个绕组。定子励磁绕组 D_1D_2 的电流会产生磁通 Φ_d,转子余弦绕组 Z_3Z_4 的电流会产生磁通 Φ_y。

将转子余弦绕组 Z_3Z_4 的电流产生的磁通 Φ_y 分为两个分量:直轴分量 Φ_{yd} 和交轴分量 Φ_{yq}。

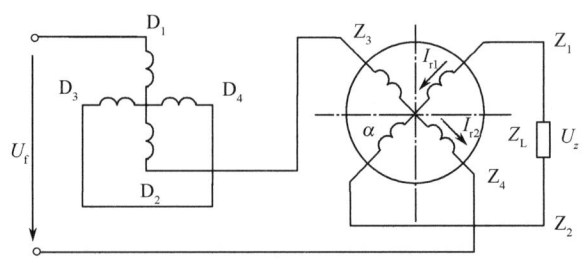

图 4-6　一次侧补偿的线性旋转变压器

因交轴绕组短接作为一次侧补偿，又忽略定、转子绕组的漏阻抗压降，即可认为交轴分量 Φ_{yq} 被完全抵消，旋转变压器中不再存在交轴磁场。这样，在旋转变压器中只存在直轴磁场。余弦输出绕组的直轴分量 Φ_{yd} 附加在原直轴磁场（直轴脉振磁通）Φ_d 上，并不会改变总的直轴磁场的大小，总的直轴磁场仍为 Φ_d。

直轴磁场 Φ_d 分别与励磁绕组、正弦输出绕组、余弦输出绕组相匝链，并在其中分别产生感应电动势 E_f、E_z、E_y。

根据 4.1 节的推导，感应电动势 E_f、E_z、E_y 的大小分别为

$$E_f = 4.44 f N_d K_d \Phi_d$$
$$E_z = 4.44 f N_z K_z \Phi_d \sin\alpha$$
$$E_y = 4.44 f N_y K_y \Phi_d \cos\alpha$$

再根据 $D_1 D_2 Z_3 Z_4$ 闭合回路的电动势平衡关系，可得

$$U_f = E_f + E_y$$

将 E_f 和 E_y 代入，得

$$U_f = 4.44 f N_d K_d \Phi_d + 4.44 f N_y K_y \Phi_d \cos\alpha$$
$$= 4.44 f N_d K_d \Phi_d \left(1 + \frac{4.44 f N_y K_y}{4.44 f N_d K_d} \cos\alpha\right)$$
$$= 4.44 f N_d K_d \Phi_d (1 + K_u \cos\alpha)$$

因此，可以得到直轴磁通 Φ_d 的表达式为

$$\Phi_d = \frac{U_f}{4.44 f N_d K_d (1 + K_u \cos\alpha)} \tag{4-5}$$

当转子正弦输出绕组空载时，转子正弦输出绕组的感应电压 E_z 就是输出电压 U_z，将 Φ_d 用式(4-5)替代，可以得到转子正弦输出绕组的输出电压为

$$U_z = E_z = 4.44 f N_z K_z \Phi_d \sin\alpha$$
$$= 4.44 f N_z K_z \frac{U_f}{4.44 f N_d K_d (1 + K_u \cos\alpha)} \sin\alpha = \frac{K_u U_f \sin\alpha}{1 + K_u \cos\alpha} \tag{4-6}$$

这是转子正弦输出绕组输出电压的初步表达式，为了凸现其线性关系，可以进一步做数学处理。

将 $\sin\alpha$ 和 $\cos\alpha$ 按泰勒级数展开，可得

$$\sin\alpha = \alpha - \frac{\alpha^3}{6} + \frac{\alpha^5}{120} - \frac{\alpha^7}{5040} + \cdots$$
$$\cos\alpha = 1 - \frac{\alpha^2}{2} + \frac{\alpha^4}{24} - \frac{\alpha^6}{720} + \cdots$$

将级数展开式代入式(4-6),可以得到正弦输出绕组的输出电压为

$$U_z = \frac{K_u U_f \left(\alpha - \frac{\alpha^3}{6} + \frac{\alpha^5}{120} - \frac{\alpha^7}{5040} + \cdots\right)}{1 + K_u \left(1 - \frac{\alpha^2}{2} + \frac{\alpha^4}{24} - \frac{\alpha^6}{720} + \cdots\right)} = \frac{\alpha K_u U_f \left(1 - \frac{\alpha^2}{6} + \frac{\alpha^4}{120} - \frac{\alpha^6}{5040} + \cdots\right)}{1 + K_u - \frac{\alpha^2}{2/K_u} + \frac{\alpha^4}{24/K_u} - \frac{\alpha^6}{720/K_u} + \cdots}$$

假设 $K_u = 0.5$,可得

$$U_z = \frac{0.5\alpha U_f \left(1 - \frac{\alpha^2}{6} + \frac{\alpha^4}{120} - \frac{\alpha^6}{5040} + \cdots\right)}{1 + 0.5 - \frac{\alpha^2}{2/0.5} + \frac{\alpha^4}{24/0.5} - \frac{\alpha^6}{720/0.5} + \cdots}$$

$$= \frac{0.5\alpha U_f \left(1 - \frac{\alpha^2}{6} + \frac{\alpha^4}{120} - \frac{\alpha^6}{5040} + \cdots\right)}{1.5 \left(1 - \frac{\alpha^2}{6} + \frac{\alpha^4}{72} - \frac{\alpha^6}{2160} + \cdots\right)} = \frac{1}{3}\alpha U_f \left(1 - \frac{\alpha^4}{180} - \frac{\alpha^6}{1512} + \cdots\right) \quad (4\text{-}7)$$

如果忽略括号中的各项,可得

$$U_z = \frac{1}{3}\alpha U_f \quad (4\text{-}8)$$

式(4-7)明显表明,正弦输出绕组的输出电压 U_z 和转子转角 α 为线性关系。线性关系的误差由括号中的各项决定,但输出电压和转子转角的关系偏离理想直线的误差主要由 4 次方项决定。随着 α 的增大,误差也越大。

在计算装置中一般要求线性误差不超过 $\pm 0.1\%$,略去 α 的更高次项的影响,令式(4-7)括号中的 $\frac{\alpha^4}{180} \leqslant 0.001$,可以解出,为了满足线性误差的要求,转子转角的范围必须限定在 $\pm 37.4°$ 以内。

为了进一步增大转子转角的范围,而又保持较高的精度,可以从旋转变压器的制造入手,改变 K_u 的值。理论推导可知,若能使 $K_u = 0.54$,在满足线性误差不超过 $\pm 0.1\%$ 的前提下,转子转角 α 的工作范围可以拓宽到 $\pm 60°$ 以内。采取适当的偏置措施后,可以得到 $0 \sim 120°$ 的线性工作区域。

当正弦输出绕组接入负载后,这时虽有负载电流通过该绕组,但因采用了一次侧补偿,其负载电流所产生的磁场的交轴分量可以被交轴绕组完全抵消。正弦输出绕组中的感应电动势并不会发生变化,所以在一定的转角范围内,输出电压与转子转角仍能满足线性关系。

4.2.2 二次侧补偿的线性旋转变压器

二次侧补偿的线性旋转变压器如图 4-7 所示。

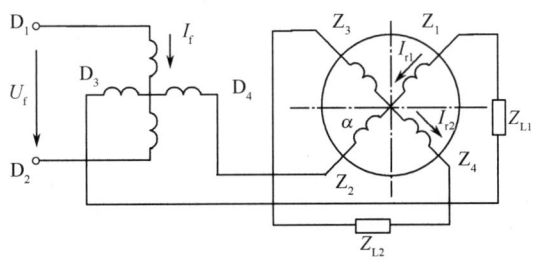

图 4-7 二次侧补偿的线性旋转变压器

在这种线性旋转变压器中,定子励磁绕组 D_1D_2 外施电压 U_f,定子交轴绕组 D_3D_4 和正弦输出绕组 Z_1Z_2 串联后,接入负载 Z_{L1}。转子余弦绕组 Z_3Z_4 接入一个合适的负载 Z_{L2},它是按二次侧补偿的条件来选取的,使正、余弦输出绕组所产生的交轴分量磁动势在任何转子转角 $α$ 时都相互补偿。负载阻抗要满足 $Z_{L1}=Z_{L2}$。

二次侧补偿的线性旋转变压器,当余弦输出绕组接入某一负载 Z_{L2} 后,正弦输出绕组中的负载 Z_{L1} 也就不能任意改变,这个要求在实际应用中不易实现,因此就限制了二次侧补偿的线性旋转变压器的应用范围。

4.2.3 比例式旋转变压器

比例式旋转变压器是在正余弦旋转变压器的基础上,增加一个调整和锁紧转子位置的装置而得到的,输出电压仅是输入电压的若干倍。比例式旋转变压器如图 4-8 所示。

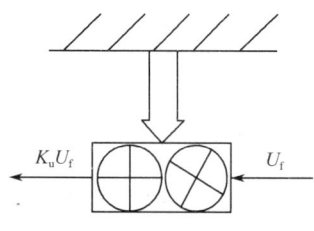

图 4-8 比例式旋转变压器

图 4-8 中,方框内部有两个大圆,左侧圆表示旋转变压器的定子,右侧圆表示旋转变压器的转子。方框的上部表示锁紧装置。

调整旋转变压器的转子,使正弦输出绕组的轴线与励磁绕组的轴线在空间位置上相一致,此时转子转角为 90°,锁紧定子和转子。旋转变压器的转子正弦输出绕组的输出电压为

$$U_z = K_u U_f \sin α$$

因为在任何时刻,$α$ 恒为 90°,所以转子正弦输出绕组的输出电压为

$$U_z = K_u U_f$$

即转子正弦输出绕组的输出电压与定子励磁绕组电压只相差一个比例常数,或者写为

$$U_o = K_u U$$

比例式旋转变压器常用在电气运算装置中来完成乘法和除法运算。

4.3 数字式旋转变压器

旋转变压器用于计算机控制的数字伺服系统中,需要一定的接口电路,通常把应用数字芯片接口的旋转变压器称为数字式旋转变压器。

4.3.1 数字式旋转变压器简介

随着微电子技术的进步和现代工业技术的发展,伺服系统已经迅速从模拟控制转向数字控制,从而对转角传感器提出了数字化、高分辨率的要求。

常用的转角传感器有光电编码器和旋转变压器。光电编码器分增量式和绝对式两种。增量式光电编码器的结构简单,但无法输出绝对位置信息,易产生积累误差;绝对式光电编码器虽能得到绝对转角,但结构复杂、成本高。光电编码器内含电子线路和光栅,对使用环境有一定的要求。旋转变压器是一种利用电磁感应原理的模拟式测角器件,其特点是坚固、耐热、耐冲击、抗干扰、成本低,本身不含电子线路,使用环境不受限制,因而广泛应用于许多控制系统中。

旋转变压器的接口电路,或者称为分解器数字变换器(Resolver-to-Digital Converter,RDC),实现了模拟信号到控制系统数字量的转换。分解器是旋转变压器的另外一种叫法,因

为旋转变压器输出正弦信号和余弦信号,其实就是一种信号的正交分解形式。随着电子技术的飞速发展,RDC 已从过去由分立元件搭成发展成为单片集成电路,这给工程应用带来了极大的方便。由旋转变压器和 RDC 单片集成电路就可以构成高精度的转角位置检测系统,可以直接输出数字转角位置信息。

RDC 单片集成电路有 AD2S1200、AD2S1205、AD2S44、AD2S80A、AD2S83、AD2S90、RDC174 等芯片。其中 AD2S83、AD2S90 这两种芯片的应用范围比较广,下面重点介绍 AD2S83 芯片。

4.3.2 AD2S83 芯片简介

AD2S83 的功耗低(300mW),其数字输出分辨率可被设置成 10 位、12 位、14 位或 16 位,具有与速度成正比的直流速度输出信号供用户使用,可取代测速发电机等测速元件,从而缩小了系统的体积。

AD2S83 可以构成跟踪式 RDC,其数字输出能以选取的最大跟踪速率自动跟踪轴角输入,没有静态误差。AD2S83 把旋转变压器信号转换为二进制数时,采用比率式跟踪方法,输出数字角仅与正弦和余弦输入信号的比值有关,而与它们的绝对值大小无关,因此,AD2S83 对输入信号的幅值和频率变化不敏感,不必使用稳定、精确的振荡器来产生参考信号,而仍能保证精度。转换环路中相敏检测器的存在保证了对参考信号中的杂波分量有很高的抑制能力。另外,AD2S83 抑制噪声、谐波的能力强。

AD2S83 采用 44 个引脚的封装形式,其引脚分布如图 4-9 所示。

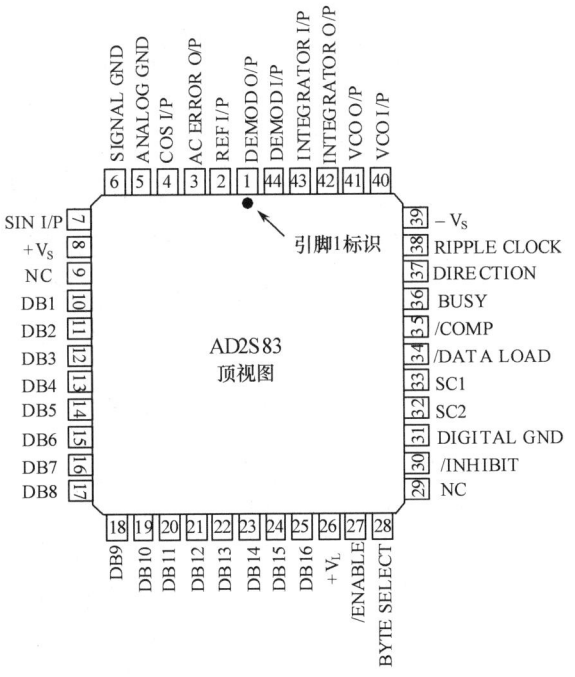

图 4-9 AD2S83 引脚分布

经常用到的引脚如下:

REF I/P(引脚 2)——参考信号输入,输入信号的电压范围为 +12~-12V;

COS I/P(引脚 4)——余弦信号输入,输入信号的电压范围为+12~-12V;
ANALOG GND(引脚 5)——模拟地;
SIGNAL GND(引脚 6)——分解器信号地;
SIN I/P(引脚 7)——正弦信号输入,输入信号的电压范围为+12~-12V;
+V_S(引脚 8)——正电源,+12V;
DB1~DB16(引脚 10~25)——并口数据输出,DB1 为最高位;
+V_L(引脚 26)——正逻辑电源,+5V;
DIGITAL GND(引脚 31)——数字地;
SC2、SC1(引脚 32、33)——分辨率选择;
-V_S(引脚 39)——负电源,-12V。

4.3.3 AD2S83 芯片的外围电路

AD2S83 芯片的外围电路如图 4-10 所示。速度输出与位置检测电路设计的关键,就是要正确地选择 AD2S83 的外围元件。AD2S83 外围元件的选用原则是选择最接近理想值的元件,最大误差不能超过 5%,且元件工作于允许的温度范围内。

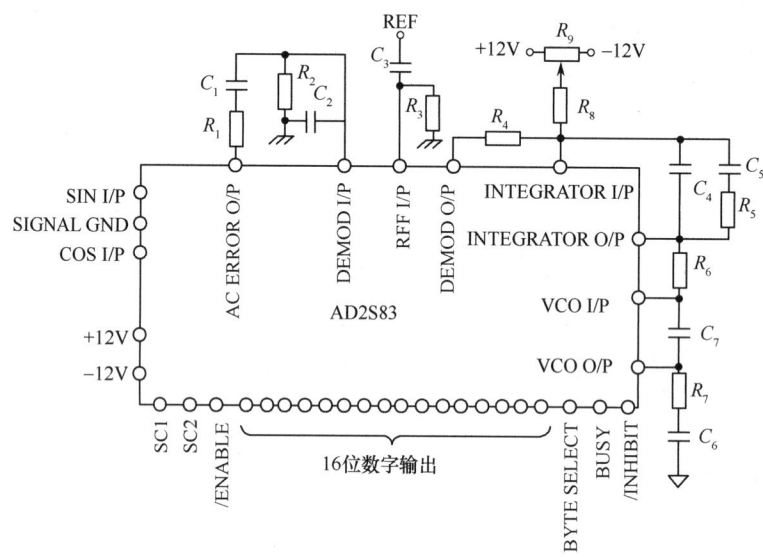

图 4-10 AD2S83 芯片的外围电路

AD2S83 芯片的外围电路主要包括高频滤波电路、参考信号电路、增益比例电路、偏置调节电路、带宽选择电路、跟踪速率选择电路、VCO 相位补偿电路等。下面介绍 AD2S83 外围元件参数的确定方法。

高频滤波电路由 C_1、C_2、R_1、R_2 组成,作用是减少进入 AD2S83 信号中的噪声,因为噪声会影响芯片内部相敏检测器的输出。噪声可能来自为 AD2S83 供电的开关电源,对于此类电源应注意比较同种规格的产品,选择纹波幅度较低和毛刺较少的产品。并且在开关电源输出口处并联使用两个滤波电容,一个滤波电容容量应在 47μF 之上,用于滤除低频噪声;另一个滤波电容容量应在 0.1μF 之下,用于滤除高频噪声,也就是所谓的毛刺。同时在芯片电源入口处并联使用两个滤波退耦电容,推荐值为 10μF 和 100μF。

参考信号电路由 R_3、C_3 组成,作用是保证参考频率没有明显的相位移,参考频率就是旋转变压器励磁信号的频率。

当取 $R_2=R_3$，$C_1=C_3$ 时，R_1、C_2 可以省略。除这种情况外，R_1、R_2、C_1、C_2 的推荐值为

$$15\text{k}\Omega \leqslant R_1=R_2 \leqslant 56\text{k}\Omega, \quad C_1=C_2=\frac{1}{2\pi R_1 f_{\text{REF}}}$$

其中，f_{REF} 为参考频率。一种典型的情况是 $f_{\text{REF}}=5\text{kHz}$，$R_1=15\text{k}\Omega$，此时各元件的具体值为 $R_1=R_2=15\text{k}\Omega$，$C_1=C_2=2.2\text{nF}$。

R_3、C_3 的推荐值为

$$R_3=100\text{k}\Omega, \quad C_3=\frac{1}{R_3 f_{\text{REF}}}$$

在 $f_{\text{REF}}=5\text{kHz}$ 情况下，$C_3=100\text{nF}$。

增益比例电路由 R_4 组成。R_4 的参数值有两种情况。

① R_1、C_2 已经使用：$R_4=\dfrac{E_{\text{DC}}}{100\times 10^{-9}}\times \dfrac{1}{3}\Omega$

② R_1、C_2 没有使用：$R_4=\dfrac{E_{\text{DC}}}{100\times 10^{-9}}\Omega$

其中，E_{DC} 是一个常数，取决于特定的分辨率。在 R_1、C_2 已经使用且分辨率为 12 位的情况下，$R_4=130\text{k}\Omega$。

偏置调节电路由 R_8 和 R_9 组成，作用是减小零点漂移。积分器输入端的漂移与偏置电流会引起旋转变压器输出端额外的位置漂移，如果可以接受这个漂移误差，大约最大为 5.3′，则可省略 R_8、R_9。对于精度要求较高的场合，则推荐值为

$$R_8=4.7\text{M}\Omega, \quad R_9=1\text{M}\Omega（可调电位器）$$

调零的步骤：首先选择好 AD2S83 的外围元件，并断开 AD2S83 与旋转变压器的连接，然后短接 COS I/P 引脚与 REF I/P 引脚，短接 SIN I/P 引脚与 SIGNAL GROUND 引脚，加上芯片电源、参考信号，调节电位器 R_9，使数字输出为全"0"，然后把电位器采取固定措施或者换一个相同阻值的固定电阻。

跟踪速率选择电路由 R_6 组成，作用是设置旋转变压器的跟踪速率。R_6 推荐值为

$$R_6=\frac{6.81\times 10^{10}}{T\times n}\Omega$$

其中，T 是与最大跟踪速率有关的常数；n 是一个常数，取决于特定的分辨率。在最大跟踪速率为 260r/s，且分辨率为 12 位的情况下，$R_6=130\text{k}\Omega$。

带宽选择电路由 C_4、C_5 和 R_5 组成，作用是设置工作带宽。C_4 的推荐值为

$$C_4=\frac{21}{R_6\times f_{\text{BW}}^2}\text{F}$$

其中，f_{BW} 即芯片的工作带宽，以赫兹为单位。

C_5 的推荐值为 $$C_5=5\times C_4$$

R_5 的推荐值为 $$R_5=\frac{4}{2\times \pi \times f_{\text{BW}}\times C_5}$$

在 f_{BW} 为 520Hz 的情况下，$C_4=1.2\text{nF}$，$C_5=6.2\text{nF}$，$R_5=200\text{k}\Omega$。

VCO(Voltage Controlled Oscillator，压控振荡器)相位补偿电路由 C_6、R_7、C_7 组成，其作用是产生所需的跟踪速率。C_6、R_7 应尽量靠近 VCO O/P 引脚，C_6、R_7、C_7 的推荐值为

$$C_6=390\text{pF}, \quad R_7=3.3\text{k}\Omega, \quad C_7=150\text{pF}$$

4.3.4 AD2S83 芯片的工作过程

旋转变压器的正弦输出绕组电压信号接入 SIN I/P 引脚,余弦输出绕组电压信号接入 COS I/P 引脚,励磁绕组电压信号接入 REF I/P 引脚。旋转变压器的两个信号接地端应连到 SIGNAL GND 引脚,以减少正、余弦信号间的耦合。另外,旋转变化的正、余弦信号以及参考信号最好分别使用双绞屏蔽线。AD2S83 的数据输出 DB1~DB16 通过外部锁存器接单片机的数据总线或者预留的 I/O 接口,输出数字信号为 5V。

下面介绍计算机对 AD2S83 的操作之前,先对 AD2S83 的控制信号加以简单的说明。

/INHIBIT 输入信号:禁止芯片内部计数器向输出锁存器传送数据,即输出锁存器保持当前值不变,释放该信号将自动产生一个 BUSY 信号,表示忙于刷新输出锁存器,此时不可读取数据。待 BUSY 信号变为低电平,表示刷新完毕,可以读取数据。

/ENABLE 输入信号:决定输出数据的状态,当/ENABLE 为高电平时,输出数据引脚保持为高阻态;当/ENBLE 为低电平时,允许输出锁存器中的数据传送到数据输出引脚上。对/ENABLE 的操作不会影响 AD2S83 的工作。当/ENABLE 为低电平时,低 8 位字节出现在数据输出引脚 DB9~DB16 上。

BYTE SELECT 输入信号:当 BYTE SELECT 为高电平时,高 8 位字节将出现在数据输出引脚 DB1~DB8 上;当 BYTE SELECT 为低电平时,低 8 位字节将出现在数据输出引脚 DB1~DB8 上。此信号用于对 8 位单片机的数据总线进行高、低字节的切换。

SC1、SC2 输入信号:分辨率选择。当 SC1、SC2 取值为 00~11 时,分别表示选择 10 位、12 位、14 位、16 位分辨率。

单片机对 AD2S83 读取数据的过程:首先对 AD2S83 施加/INHIBIT 低电平信号,阻止内部的输出锁存器刷新,当/INHIBIT 被置为低电平并延迟 600ns 后才可读取有效数据。若/ENABLE 信号已置为低电平,即可读取数据至数据输出引脚。读完数据后,应立即释放/INHIBIT 信号,把它置为高电平,以使输出锁存器被刷新。

若需要快速读取数据,可以将/INHIBIT 信号始终置为高电平,不再阻止内部的输出锁存器的刷新,允许即时刷新。/ENABLE 信号始终置为低电平,始终允许读出数据。AD2S83 在接入旋转变压器后即自动开始转换,转换结束后会将 BUSY 引脚置为低电平。单片机需要读取转角位置数据时,可以不断地查询 BUSY 信号,当 BUSY 信号变为低电平时,触发外部锁存器锁存转角位置数据,所以,单片机检测到 BUSY 信号变为低电平时,从外部锁存器中直接读取数据即为最新的转角位置数据。这种读取方法,单片机只需等待 BUSY 信号的改变,大大提高了读取速度。理论上推算,这种情况下,查询 BUSY 信号的最大等待时间只有 200ns。

4.4 旋转变压器的应用

在控制系统中,旋转变压器常用作高精度的角度检测元件,其误差可为 $3'\sim 5'$。同样作为角度检测元件的光电编码器则更为精密,可以做到 $1'\sim 2'$,但对在户外及恶劣环境下使用提出了较高的保护要求。旋转变压器则没有这种限制,因而广泛地应用在飞机、火炮等中。旋转变压器还用作解算装置,可以执行电气运算,如矢量分解运算、反正弦函数运算、乘法运算、除法运算等。

4.4.1 矢量分解运算

矢量可以用正余弦旋转变压器的励磁绕组的励磁电压 U_f 表示,可令输出电压正比于矢量模值、转子转角正比于矢量辐角。矢量分解就是求矢量在两个坐标轴上的分量,根据矢量分解知识,这两个分量的模值分别是原矢量的正弦和余弦函数。

矢量分解运算的接线图如图 4-11 所示。

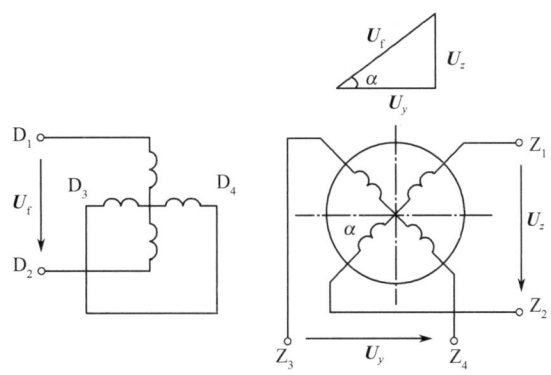

图 4-11 矢量分解运算的接线图

转子从电气零位转过一个等于矢量辐角 α 的转角,若此旋转变压器的变比 K_u 设计为 1,这时转子两绕组的输出电压即正比于励磁电压的两个正交分量,即

$$|U_z|=K_u|U_f|\sin\alpha=|U_f|\sin\alpha, \quad |U_y|=K_u|U_f|\cos\alpha=|U_f|\cos\alpha$$

矢量分解运算的典型应用是火炮瞄准,整个过程采用两台旋转变压器,第一台正余弦旋转变压器将正比于雷达直线射程的电压矢量分解成正比于水平射程和高度的电压分量,得到火炮距飞机的水平射程和高度。第二台正余弦旋转变压器再将正比于水平射程的电压矢量分解成与南北距和东西距成正比的两个电压分量,得到一个水平面的定位,即按东西南北定位法则得出火炮距飞机的南北距和东西距,从而进行准确的定位。如图 4-12 所示。

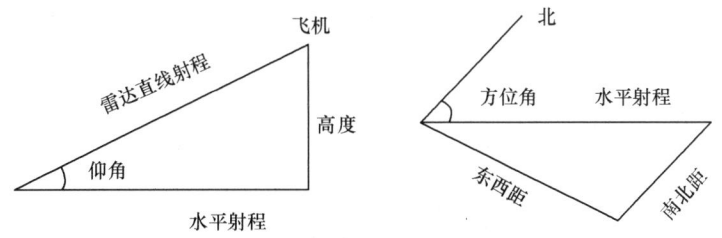

图 4-12 飞机方位表示

4.4.2 反正弦函数运算

反正弦函数运算是已知角度的对边和斜边,通过求反正弦函数得到角度的运算。反正弦函数运算的接线图如图 4-13 所示。

正余弦旋转变压器的交轴绕组短接,励磁绕组外施正比于直角三角形斜边大小的励磁电压 U_f,若正余弦旋转变压器的变比系数 K_u 设计为 1,这时转子两绕组的输出电压分别为

$$U_z=U_f\sin\alpha, \quad U_y=U_f\cos\alpha$$

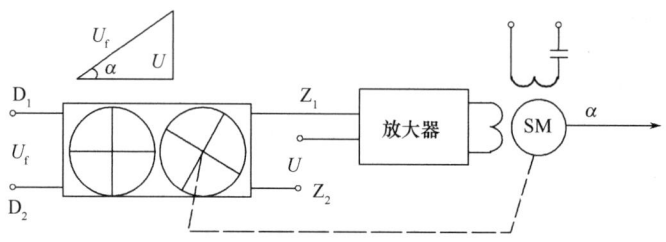

图 4-13 反正弦函数运算的接线图

将正比于直角三角形一直角边大小的电压 U 串入转子的正弦输出绕组 Z_1Z_2 中,得到放大器的输入信号为 U_z-U,只要这个差值不为零,放大器便有输出电压信号,驱动交流伺服电动机(SM)转动。伺服电动机的转动通过齿轮箱反馈到正余弦旋转变压器的转子转轴上。

当放大器输出电压信号为零时,伺服电动机停转。伺服电动机停转时,放大器的输入信号为 0,即

$$U_z = U$$

伺服电动机转过的角度推导如下

$$U_z = U_f \sin\alpha$$

得
$$\alpha = \arcsin U_z/U_f = \arcsin U/U_f \tag{4-9}$$

这表明伺服电动机转过的角度就是两个电压的反正弦函数。

4.4.3 乘法运算

使用旋转变压器可以完成两个物理量 a、b 的乘积运算,a、b 均用转角形式表示。图 4-14 为乘法运算的接线图。

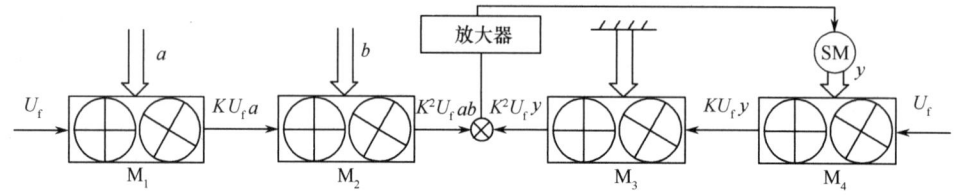

图 4-14 乘法运算的接线图

图 4-14 中,M_1、M_2、M_4 为线性旋转变压器,M_3 为比例式旋转变压器,SM 为伺服电动机。设 M_1、M_2、M_4 的线性系数为 K,M_3 的变比系数也为 K。

线性旋转变压器 M_1 外施励磁电压 U_f,转子转角为 a,其输出电压为 KU_fa,将此电压作为线性旋转变压器 M_2 的励磁电压,而它的转子转角为 b,其输出电压为 K^2U_fab。线性旋转变压器 M_4 也加同样的励磁电压 U_f,若它的转子转角为 y,其输出电压大小为 KU_fy,并将此电压作为比例式旋转变压器 M_3 的励磁电压。

比例式旋转变压器 M_3 的转子正弦输出绕组轴线与励磁绕组轴线在空间位置上一致,通过锁紧装置将 M_3 固定。这时,M_3 的输出电压为 K^2U_fy。将线性旋转变压器 M_2 的输出电压和比例式旋转变压器 M_3 的输出电压合成后,加到由放大器和两相伺服电动机组成的自动平衡系统中。

当伺服电动机停转时,表示放大器的输入电压为零,有

$$K^2U_f ab - K^2U_f y = 0, \quad 则 y = ab \tag{4-10}$$

这说明系统平衡时,伺服电动机转过的角度就是两个转角量的乘积。

4.4.4 除法运算

使用旋转变压器可以完成两个量 a、b 的除法运算,a、b 仍使用转角形式表示。图 4-15 为除法运算的接线图。

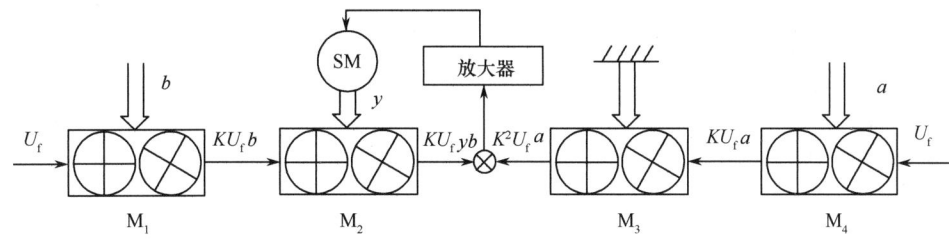

图 4-15 除法运算的接线图

在图 4-15 中,M_1、M_2、M_3、M_4 的含义与图 4-14 相同。线性旋转变压器 M_1 外施励磁电压 U_f,转子转角为 b,其输出电压为 $KU_f b$,将此电压作为线性旋转变压器 M_2 的励磁电压,它的转子转角为 y,其输出电压为 $K^2U_f yb$。线性旋转变压器 M_4 也加同样的励磁电压 U_f,若它的转子转角为 a,则 M_4 的输出电压为 $KU_f a$,并将此电压作为比例式旋转变压器 M_3 的励磁电压,M_3 的输出电压为 $K^2U_f a$。

将线性旋转变压器 M_2 的输出电压和比例式旋转变压器 M_3 的输出电压合成后,加到由放大器和两相伺服电动机组成的自动平衡系统中。同理,当这个合成电压为零时,伺服电动机停转,整个系统达到稳定状态。在稳定状态下,有

$$K^2U_f yb - K^2U_f a = 0, \quad 则 y = \frac{a}{b} \tag{4-11}$$

这说明系统平衡时,伺服电动机转过的角度等于两个转角量相除的商。

思考与练习题

4-1 正余弦旋转变压器带负载时输出电压为什么会发生畸变?如何解决?

4-2 简要说明一次侧补偿的线性旋转变压器的工作原理。

4-3 试比较正余弦旋转变压器采用二次侧补偿和一次侧补偿各自的特点。

4-4 简述 AD2S83 芯片的工作过程。

4-5 画出旋转变压器进行矢量合成运算的接线图,并说明其原理。

4-6 画出旋转变压器进行反余弦运算的接线图,并说明其原理。

第5章 自整角机

主要内容
- 力矩式自整角机的结构和工作原理
- 控制式自整角机的结构和工作原理
- 数字式自整角机的结构和工作原理
- 自整角机的应用

知识重点

本章重点为：自整角机的磁动势分析和转矩分析；控制式自整角机的工作原理；数字式自整角机的常用控制芯片。

自整角机是测量机械转角的控制电机。与旋转变压器不同的是，非数字式自整角机必须至少两台才能正常工作。当两台自整角机的定子绕组，即整步绕组按一定方式连接在一起时，只要两台自整角机的转角存在差值，就会有相应的输出。根据两台自整角机的转子绕组，即励磁绕组的连接与否，输出的形式也有所不同。

如果两台自整角机的励磁绕组连接在一起，加上同样的励磁电压，那么当两台自整角机的转角存在差值时，输出是力矩的形式。该力矩会使两台自整角机转动，直到两台自整角机转角的差值为 0 时，力矩也降为 0，自整角机停止转动。可以看到，这种连接方式下自整角机的工作特点是转角存在差值时，能自动对齐转角。这也是自整角机名称的由来。在这种连接方式中，把主动引起转角差值的一台自整角机称为力矩式发送机，引起转角差值的因素是外界力量，也就是被测的转角量。把被动对齐转角的一台自整角机称为力矩式接收机。如果在力矩式接收机上安装一个指针，就可以实时得知被测的转角的大小。由于自整角机本身的体积和功率都较小，因而输出的力矩也较小，在需要带动大负载时就必须采取改进措施。

如果两台自整角机的励磁绕组没有连接在一起，一台自整角机的励磁绕组加上励磁电压，另一台自整角机的励磁绕组悬空，那么当两台自整角机的转角存在差值时，输出是电压的形式，电压从另一台自整角机的励磁绕组输出。该电压与转角的差值存在一定的函数关系。可以看到，这种连接方式下自整角机的工作特点是转角存在差值时，能输出与转角差值对应的电压。在这种连接方式中，把主动引起转角差值的一台自整角机称为控制式发送机，引起转角差值的因素仍然是外界力量。把被动对齐转角的一台自整角机称为控制式接收机，也称为控制式自整角变压器，简称自整角变压器。自整角变压器的工作方式是整步绕组输入电压，励磁绕组输出电压，实质是一台变压器。因为电压信号可以放大并驱动大功率伺服电动机，有效克服了力矩式自整角机的局限，使用更加灵活，因此控制式自整角机是自整角机应用的主要形式。

5.1 力矩式自整角机

力矩式自整角机的结构主要包括定子和转子，其工作原理是自整角机内部存在两种磁场的相互作用，从而产生力矩。

5.1.1 力矩式自整角机的结构

力矩式自整角机的典型结构如图 5-1 所示。

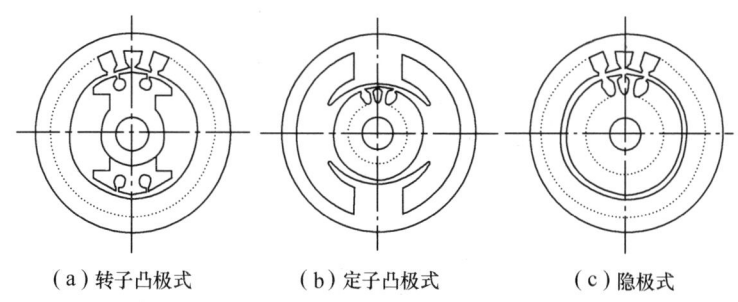

(a) 转子凸极式　　(b) 定子凸极式　　(c) 隐极式

图 5-1　力矩式自整角机的典型结构

力矩式自整角机的定子铁芯和转子铁芯是由高磁导率、低损耗的薄硅钢片冲制后,经涂漆、涂胶叠装而成的。图 5-1 所示为力矩式自整角机的截面图。

为保证在薄壁情况下有足够的强度,力矩式自整角机的机壳采用不锈钢或者铝合金制成。机壳通常加工成杯形,即力矩式自整角机的一端有端盖,可以拆卸,另一端是封闭的。轴承孔分别位于端盖和机壳上。在制造时应保证定、转子有较高的同心度。力矩式自整角机的滑环由银铜合金制成,电刷采用焊银触点,以保证接触可靠。

力矩式自整角发送机和接收机大都采用两极的凸极式结构。选用两极的凸极式结构是为了保证在整个圆周范围内有唯一的转子对应位置,从而达到准确指示。只有在频率较高而尺寸又较大的力矩式自整角机中才采用隐极式结构。

凸极式结构又可分为转子凸极式结构和定子凸极式结构两种。定子凸极式结构要求将单相励磁绕组放置在定子凸极铁芯上,三相整步绕组放置在转子隐极铁芯上,并由三组滑环和电刷引出,滑环和电刷数目太多,易出故障,因此较少采用。

转子凸极式结构的力矩式自整角机可以在定子铁芯上放置三相整步绕组,转子铁芯上放置单相励磁绕组,并由两组滑环和电刷引出,滑环和电刷数目较少,因此故障率较低,在实际中得到了广泛的采用。工作时,励磁绕组接入单相交流电源励磁。

5.1.2 力矩式自整角机的工作原理

力矩式自整角机的原理图如图 5-2 所示。假定各相整步绕组的参数相同,两台自整角机的参数相同。

在力矩式自整角机中,以 a 相整步绕组轴线和励磁绕组轴线之间的夹角,作为转子的转角。如图 5-2 所示,发送机转子的转角为 θ_1,接收机转子的转角为 θ_2,发送机和接收机转角的差值称为失调角 θ,定义为

$$\theta = \theta_1 - \theta_2 \tag{5-1}$$

力矩式自整角机的整步绕组为星形连接,图 5-2 中特意画出中线,这是为了分析方便,实际应用中并没有这条线。由于中线的存在,在两台自整角机之间就构成了三个回路,分别是 a 相整步绕组回路、b 相整步绕组回路和 c 相整步绕组回路。

由于各相整步绕组的参数相同,因此先以 a 相整步绕组回路进行分析。

在 a 相整步绕组回路中,电流的有效值 I_a 应为两台自整角机的感应电动势的有效值的差

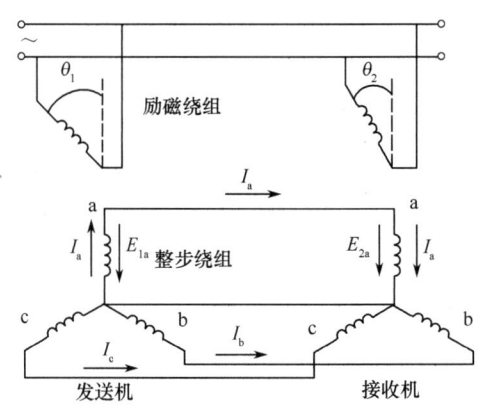

图 5-2 力矩式自整角机的原理图

值与 a 相整步绕组回路阻抗 $2Z_a$ 的比值,按图 5-2 所示的参考方向,有

$$I_a = \frac{E_{2a} - E_{1a}}{2Z_a} \tag{5-2}$$

式中,E_{2a} 为接收机感应电动势的有效值;E_{1a} 为发送机感应电动势的有效值;Z_a 为 a 相整步绕组的阻抗。

根据与旋转变压器类似的分析,感应电动势 E_{2a} 来源于接收机励磁绕组磁场的变化,具体大小取决于接收机 a 相整步绕组和接收机励磁绕组轴线的角度。假设该角度为 θ_2,接收机励磁绕组磁场的幅值为 Φ_d,在接收机 a 相整步绕组中,感应电动势的有效值为

$$E_{2a} = 4.44 f N K \Phi_d \cos\theta_2 = E\cos\theta_2$$

同理,在发送机 a 相整步绕组中,感应电动势的有效值为

$$E_{1a} = 4.44 f N K \Phi_d \cos\theta_1 = E\cos\theta_1 \tag{5-3}$$

式中,Φ_d 为直轴绕组(励磁绕组)磁通的幅值;K 为整步绕组的基波绕组系数;E 为接收机 a 相整步绕组和接收机励磁绕组轴线重合时所能产生最大感应电动势的有效值。

由式(5-2)得到 a 相整步绕组回路感应电流的有效值为

$$I_a = \frac{E(\cos\theta_2 - \cos\theta_1)}{2Z_a} = \frac{E \cdot 2\sin\dfrac{\theta_1+\theta_2}{2}\sin\dfrac{\theta_1-\theta_2}{2}}{2Z_a} = I\sin\frac{\theta_1+\theta_2}{2}\sin\frac{\theta}{2} \tag{5-4}$$

式中,I 为最大感应电流的有效值,$I = \dfrac{2E}{2Z_a}$。最大感应电流的产生条件是 a 相整步绕组回路出现最大感应电动势 $2E$,由数学推算可以得出,在 $\theta_1=180°$ 且 $\theta_2=0°$ 时就会引起最大感应电流。

对于 $\cos\theta_2 - \cos\theta_1$ 的形式,利用三角函数公式中和差化积的变换公式,有

$$\cos\theta_2 - \cos\theta_1 = 2\sin\frac{\theta_1+\theta_2}{2}\sin\frac{\theta_1-\theta_2}{2}$$

同理,对 b 相整步绕组回路和 c 相整步绕组回路分别进行分析,可以得到各自回路的感应电流的有效值为

$$I_b = I\sin\left(\frac{\theta_1+\theta_2}{2} - 120°\right)\sin\frac{\theta}{2} \tag{5-5}$$

$$I_c = I\sin\left(\frac{\theta_1+\theta_2}{2} + 120°\right)\sin\frac{\theta}{2} \tag{5-6}$$

a 相整步绕组回路、b 相整步绕组回路和 c 相整步绕组回路的电流都流经中线,因此,中线

上的总电流为

$$I_n = I_a + I_b + I_c$$

将式(5-4)、式(5-5)和式(5-6)代入,并按三角函数公式进行展开,可以得到中线上的总电流为

$$I_n = I_a + I_b + I_c = 0$$

因此中线上的总电流 I_n 为零,实际使用中可以不接中线。图5-2中所示中线可以省去不接。

各相整步绕组产生感应电流之后,由于电生磁的关系,感应电流必然在各相产生感应磁场,这些磁场大小可以用磁动势表示。a 相整步绕组回路中,通过发送机整步绕组和接收机整步绕组的电流相等,因此发送机整步绕组的磁动势的幅值 F_{1a} 等于接收机整步绕组的磁动势的幅值 F_{2a},即

$$F_{1a} = F_{2a} = \frac{4}{\pi}\sqrt{2}\, I_a NK \tag{5-7}$$

式中,$\sqrt{2}$ 为常数因子,用于将电流有效值 I_a 变为电流幅值;$4/\pi$ 为常数因子,用于将方波磁动势近似变为正弦波磁动势。在方波磁动势的傅里叶级数展开式中,只取基波($\omega=1$)一项,忽略其余各项,即

$$F(t) = \frac{4}{\pi}\sin t + \frac{4}{3\pi}\sin 3t + \cdots$$

同理,对于 b 相整步绕组回路和 c 相整步绕组回路的感应电流所产生的感应磁场,也可以用磁动势表示为

$$F_{1b} = F_{2b} = \frac{4}{\pi}\sqrt{2}\, I_b NK \tag{5-8}$$

$$F_{1c} = F_{2c} = \frac{4}{\pi}\sqrt{2}\, I_c NK \tag{5-9}$$

下面将对发送机和接收机的合成磁动势情况分别进行分析。

对于发送机,分析方法是将各相整步绕组产生的磁动势进行合成。将各相整步绕组产生的磁动势都在直轴(d 轴)方向和交轴(q 轴)方向进行投影,每相整步绕组的磁动势都得到两个分量。直轴方向即沿励磁绕组轴线方向向上,交轴方向即直轴方向逆时针旋转 $90°$ 所得到的方向。最后将每相的磁动势的直轴分量相加,将每相的磁动势的交轴分量相加,得到直轴磁动势分量 F_{1d} 和交轴磁动势分量 F_{1q},再利用正交合成得到一个合成磁动势 F_1。

对于接收机,也采用同样的方法将各相整步绕组产生的磁动势进行合成,得到直轴磁动势分量 F_{2d}、交轴磁动势分量 F_{2q} 以及合成磁动势 F_2。

发送机和接收机的各个磁动势分量的关系如图5-3所示。

下面求解各个磁动势分量的具体大小。

对于发送机,直轴磁动势分量的大小为

$$F_{1d} = F_{1a}\cos\theta_1 + F_{1b}\cos(\theta_1 - 120°) + F_{1c}\cos(\theta_1 + 120°)$$

代入式(5-7)、式(5-8)和式(5-9),得

$$F_{1d} = \frac{4}{\pi}\sqrt{2}\, I_a NK\cos\theta_1 + \frac{4}{\pi}\sqrt{2}\, I_b NK\cos(\theta_1 - 120°) + \frac{4}{\pi}\sqrt{2}\, I_c NK\cos(\theta_1 + 120°)$$

再代入式(5-4)、式(5-5)和式(5-6),可得

$$F_{1d} = \frac{4}{\pi}\sqrt{2}\, I\sin\frac{\theta_1 + \theta_2}{2}\sin\frac{\theta}{2} NK\cos\theta_1 +$$

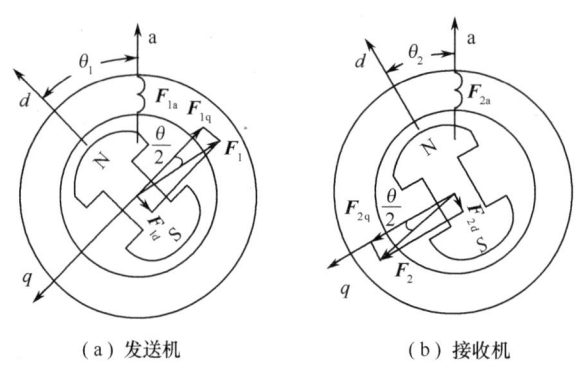

(a) 发送机　　　　　　　　(b) 接收机

图 5-3　发送机和接收机的各个磁动势分量

$$\frac{4}{\pi}\sqrt{2}\,I\sin\left(\frac{\theta_1+\theta_2}{2}-120°\right)\sin\frac{\theta}{2}NK\cos(\theta_1-120°)+$$

$$\frac{4}{\pi}\sqrt{2}\,I\sin\left(\frac{\theta_1+\theta_2}{2}+120°\right)\sin\frac{\theta}{2}NK\cos(\theta_1+120°)$$

提取同类项,并利用三角函数公式,可以得出

$$F_{1d}=-\frac{3}{4}\frac{4}{\pi}\sqrt{2}\,INK(1-\cos\theta)$$

简写为
$$F_{1d}=-\frac{3}{4}F_\mathrm{m}(1-\cos\theta) \tag{5-10}$$

式中,F_m 为各相整步绕组产生的最大基波磁动势的幅值,当两台自整角机的 a 相整步绕组轴线与各自的励磁绕组轴线重合时,产生最大基波磁动势。

发送机交轴磁动势分量的大小为

$$F_{1q}=-F_{1a}\sin\theta_1+F_{1b}\sin(\theta_1-120°)-F_{1c}\sin(\theta_1+120°)$$

代入式(5-7)、式(5-8)和式(5-9),得

$$F_{1q}=-\frac{4}{\pi}\sqrt{2}\,I\sin\frac{\theta_1+\theta_2}{2}\sin\frac{\theta}{2}NK\sin\theta_1-$$

$$\frac{4}{\pi}\sqrt{2}\,I\sin\left(\frac{\theta_1+\theta_2}{2}-120°\right)\sin\frac{\theta}{2}NK\sin(\theta_1-120°)-$$

$$\frac{4}{\pi}\sqrt{2}\,I\sin\left(\frac{\theta_1+\theta_2}{2}+120°\right)\sin\frac{\theta}{2}NK\sin(\theta_1+120°)$$

利用三角函数公式,可以得出

$$F_{1q}=-\frac{3}{4}\frac{4}{\pi}\sqrt{2}\,INK\sin\theta$$

简写为
$$F_{1q}=-\frac{3}{4}F_\mathrm{m}\sin\theta \tag{5-11}$$

发送机的直轴磁动势分量 F_{1d} 及交轴磁动势分量 F_{1q} 已经得出,利用正交合成得到发送机的合成磁动势 F_1,其大小为

$$F_1=\sqrt{F_{1d}^2+F_{1q}^2}=\frac{3}{2}F_\mathrm{m}\sin\frac{\theta}{2} \tag{5-12}$$

发送机的合成磁动势与交轴的夹角 α_1 为

$$\alpha_1=\arctan\frac{|F_{1d}|}{|F_{1q}|}=\frac{\theta}{2} \tag{5-13}$$

对于接收机进行类似分析,可以得到接收机的各个磁动势分量的大小。

接收机直轴磁动势分量的大小为

$$F_{2d} = -F_{2a}\cos\theta_2 - F_{2b}\cos(\theta_2-120°) - F_{2c}\cos(\theta_2+120°)$$

$$= -\frac{4}{\pi}\sqrt{2}I\sin\frac{\theta_1+\theta_2}{2}\sin\frac{\theta}{2}NK\cos\theta_2 -$$

$$\frac{4}{\pi}\sqrt{2}I\sin\left(\frac{\theta_1+\theta_2}{2}-120°\right)\sin\frac{\theta}{2}NK\cos(\theta_2-120°) -$$

$$\frac{4}{\pi}\sqrt{2}I\sin\left(\frac{\theta_1+\theta_2}{2}+120°\right)\sin\frac{\theta}{2}NK\cos(\theta_2+120°)$$

利用三角函数公式,可得

$$F_{2d} = -\frac{3}{4}\frac{4}{\pi}\sqrt{2}INK(1-\cos\theta)$$

简写为

$$F_{2d} = -\frac{3}{4}F_m(1-\cos\theta)$$

接收机交轴磁动势分量的大小为

$$F_{2q} = F_{2a}\sin\theta_2 + F_{2b}\sin(\theta_2-120°) + F_{2c}\sin(\theta_2+120°)$$

$$= \frac{4}{\pi}\sqrt{2}I\sin\frac{\theta_1+\theta_2}{2}\sin\frac{\theta}{2}NK\sin\theta_2 +$$

$$\frac{4}{\pi}\sqrt{2}I\sin\left(\frac{\theta_1+\theta_2}{2}-120°\right)\sin\frac{\theta}{2}NK\sin(\theta_2-120°) +$$

$$\frac{4}{\pi}\sqrt{2}I\sin\left(\frac{\theta_1+\theta_2}{2}+120°\right)\sin\frac{\theta}{2}NK\sin(\theta_2+120°)$$

利用三角函数公式,可得 $$F_{2q} = \frac{3}{4}F_m\sin\theta$$

故接收机的合成磁动势的大小为

$$F_2 = \sqrt{F_{2d}^2 + F_{2q}^2} = \frac{3}{2}F_m\sin\frac{\theta}{2} \tag{5-14}$$

接收机的合成磁动势与交轴的夹角 α_2 为

$$\alpha_2 = \arctan\frac{|F_{2d}|}{|F_{2q}|} = \frac{\theta}{2} \tag{5-15}$$

发送机和接收机的直轴磁场、直轴磁动势分量、交轴磁动势分量、合成磁动势均已标在图 5-3 中。分析的顺序是先直轴磁场,后感应磁场。产生的感应磁场用直轴磁动势分量、交轴磁动势分量、合成磁动势这三个量来描述。发送机和接收机各自的感应磁场将与原来的直轴磁场相互作用,产生自动整步的动作。

5.1.3 力矩式自整角机的磁动势特点

1. 发送机的直轴磁动势分量为负值

由表达式

$$F_{1d} = -\frac{3}{4}F_m(1-\cos\theta)$$

可知直轴磁动势分量为负值,这说明直轴电枢反应为去磁作用。为了维持直轴磁通不变,励磁绕组将会自动增大电流,从电源多吸收能量,这是能量守恒定律的体现,因为多吸收的能量要用作发送机转动所需要的能量。

2. 接收机的直轴磁动势分量为负值

由表达式

$$F_{2d} = -\frac{3}{4}F_m(1-\cos\theta)$$

可知接收机的直轴磁动势分量也为负值,这说明接收机直轴电枢反应也为去磁作用。产生这个直轴感应磁动势分量必然引起接收机转动,从而消耗了能量,根据能量守恒定律,励磁绕组将会增大电流,从电源多吸收这部分能量。

3. 各磁动势分量与位置角无关

发送机和接收机中的直轴磁动势分量、交轴磁动势分量和合成磁动势的大小,与发送机和接收机的位置角无关,仅为失调角 θ 的函数。

4. 发送机和接收机磁动势分量的绝对值相等

发送机和接收机整步绕组磁动势的直轴分量大小相等、方向相同,交轴分量大小相等、方向相反。

5. 直轴磁动势分量可以忽略

在实际运行中,发送机和接收机的失调角很小,约为几度。根据直轴磁动势分量和交轴磁动势分量的表达式可以得出,直轴磁动势分量和交轴磁动势分量相比很小,在某些情况下可以忽略。

6. 各磁动势分量同时为零

失调角 θ 为零时,各相整步绕组的感应电流为零,因此发送机和接收机的直轴磁动势分量、交轴磁动势分量、合成磁动势这三个量均同时为零。

5.1.4 力矩式自整角机的转矩分析

发送机和接收机各自的感应磁场将与原来的直轴磁场相互作用,产生某种动作。当力矩式自整角机的失调角为 θ 时,作用在电动机轴上的电磁转矩称为整步转矩,从本质上说,它是由三个整步绕组中的感应电流和直轴磁场相互作用而产生的。如果简化分析,可以直接理解为感应磁场将与原来的直轴磁场相互作用。

在前面分析中,已经确定了直轴(d 轴)和交轴(q 轴)的正方向。若磁动势(或电流)所产生的磁通沿 d 轴或 q 轴的正方向,则此磁动势(或电流)也为正。取逆时针方向为转子转角和转矩的正方向。

下面先从磁场相互作用的角度来分析发送机和接收机各自的转矩。

当两个磁场方向不一致时,磁场会有对齐的趋势,并产生对齐的转矩。例如,在桌子上放置一块磁铁,再拿另外一块磁铁接近桌子上的磁铁,如果接近的方向一致,两块磁铁直接吸在一起,没有相互转动;如果接近的方向不一致,那么桌子上的磁铁将会转动至与手中拿的磁铁对齐,也就是说产生了转矩。在磁铁转动的过程中,手会感到阻力,正是手克服该阻力做的功为桌子上的磁铁的转动提供了能量。

在自整角机中,整步绕组中的感应电流产生了与原来的直轴磁场方向不一致的感应磁场,产生的过程即做功的过程,会直接引起转动,能量来自励磁电源。

参看图 5-3,在发送机中,合成磁动势 **F_1** 与直轴磁场方向不一致,要达到对齐,发送机转子应该顺时针转动,直到合成磁动势 F_1 对齐直轴磁场,转动的结果是发送机转子的转角 θ_1 减小。

在接收机中,合成磁动势 F_2 与直轴磁场方向也不一致,要达到对齐,接收机转子应逆时针转动,直到合成磁动势 F_2 对齐直轴磁场,转动的结果是接收机转子的转角 θ_2 增大。

在图 5-3 所示的情况下,原先 θ_1 较大,θ_2 较小,转动后发送机转子的转角 θ_1 减小,接收机转子的转角 θ_2 增大,最后必然是 $\theta_1=\theta_2$,失调角为零。

下面再从电流与磁场相互作用的角度来分析发送机和接收机各自的转矩,如图 5-4 所示。

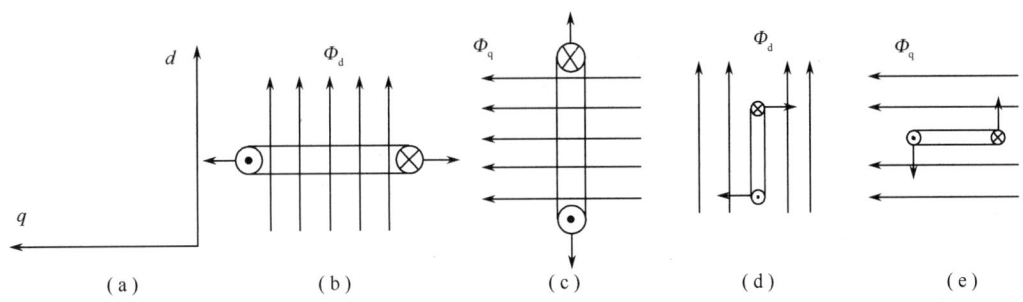

图 5-4 电流与磁场相互作用

这种分析方法是把各个磁动势分量都看作各自由一个虚拟线圈通过电流所产生。这个线圈只是为了分析需要而想象出来的,并不是实际的线圈。

图 5-4(b)所示的是直轴磁通和产生直轴磁动势的线圈。显然,直轴磁通对线圈不会产生转矩;图 5-4(c)所示的是交轴磁通和产生交轴磁动势的线圈,它们之间相互作用也不会产生转矩。

图 5-4(d)所示的是直轴磁通和产生正向交轴磁动势的线圈。它们之间相互作用将使该线圈产生顺时针转矩,可以用左手定则进行判断。图 5-4(e)所示的是交轴磁通和产生正向直轴磁动势的线圈。它们之间相互作用将使该线圈产生逆时针转矩。

运用这种分析方法,在发送机中,直轴磁通和产生合成磁动势 F_1 的虚拟线圈相互作用;在接收机中,直轴磁通和产生合成磁动势 F_2 的虚拟线圈相互作用,分别在各自电动机内部产生了转矩。

作用在自整角机转子上的整步转矩为

$$T=K_T\Phi_d F_q$$

式中,K_T 为比例常数。

如果发送机和接收机均处于自由旋转的状态,发送机产生的转矩使发送机的转子旋转,接收机产生的转矩使接收机的转子旋转,旋转的趋势是使 $\theta_1=\theta_2$。当 $\theta_1=\theta_2$ 时,失调角 θ 为 0°,此时发送机整步绕组合成磁动势和接收机整步绕组合成磁动势均为零,发送机和接收机的整步转矩为零。

5.1.5 力矩式自整角机的主要技术指标

1. 比整步转矩 T_θ

力矩式自整角接收机的角度指示功能主要取决于失调角 θ 很小时的整步转矩值。通常用力矩式自整角发送机和接收机在协调位置附近失调角为 1° 时,所产生的整步转矩值来衡量,这一指标称为比整步转矩 T_θ。它是力矩式自整角机的一个重要技术指标。

2. 零位误差

力矩式自整角发送机励磁后,从发送机转子的转角为零处,即电气零位开始(电气零位处,b相整步绕组和c相整步绕组相互对称,线间电压为零),转子每转过60°,就有一相整步绕组对准励磁绕组,另外两相整步绕组的线间电压为零。此位置称为理论电气零位。由于设计及工艺因素的影响,实际电气零位与理论电气零位有差异,此差值即为零位误差,以角度表示。力矩式自整角发送机的精度是由零位误差来确定的,零位误差一般为$0.2°\sim 1°$。

3. 静态误差

在力矩式自整角机中,在静态协调位置时,接收机与发送机转子的转角之差,称为静态误差,以度表示。力矩式自整角接收机的精度是由静态误差来确定的,静态误差约为1°。

5.2 控制式自整角机

控制式自整角机将接收机作为自整角变压器使用,得到与失调角有密切关系的输出电压。

5.2.1 控制式自整角机的结构

力矩式自整角机本身没有力矩的放大作用,在实际运用中存在着许多限制。当一台力矩式自整角发送机带动多台力矩式自整角接收机工作时,每台接收机得到的比整步转矩将随接收机台数的增多而降低。在运行过程中,若有一台接收机转子因意外原因被卡住,将会消耗大量的电流,使所有其他并联工作的接收机都受到影响。另外,力矩式自整角机的静态误差也比较大。

基于力矩式自整角机的上述缺陷,在随动系统中广泛采用由伺服机构和控制式自整角机组合的系统。由于伺服机构中增设了放大器,系统具有较高的灵敏度,此时,角度传输的精度主要取决于控制式自整角机的电气误差,通常可达到几分(′),性能上优于力矩式自整角机。并且,系统输出的是电压信号,采用的是电气传输的方式,有效避免了机械连接带来的误差。

控制式自整角机从整体上可分为控制式自整角发送机和控制式自整角接收机。控制式自整角发送机和力矩式自整角发送机相似。控制式自整角接收机和力矩式自整角接收机不同,它不直接驱动机械负载,而只是输出电压信号,供放大器使用。

控制式自整角发送机的结构和力矩式自整角发送机很相近,可以采用两种转子机构:凸极式转子结构和隐极式转子结构。转子上通常放置单相励磁绕组。定子上仍然放置三相整步绕组,彼此相差120°电角度。

控制式自整角接收机的工作方式是三相整步绕组输入电压,励磁绕组输出电压,实质工作在变压器状态,所以又称为控制式自整角变压器,简称自整角变压器。自整角变压器均采用隐极式转子结构,并在转子上装设单相高精度的直轴绕组作为输出绕组。

采用隐极式转子结构的优点是:气隙均匀,运行时,整步绕组的合成磁动势在空间任意位置都有相同的磁通,可以避免由于槽口处磁通波形发生畸变而影响输出绕组的电压。自整角变压器的定子铁芯上,同样放置三相整步绕组。

控制式自整角机一般在随动系统中使用,配合伺服系统,能带动较大的负载,并有较高的角度传输精度。

5.2.2 控制式自整角机的工作原理

为了使分析更加直观,采用原理图进行分析,如图 5-5 所示。假定各相整步绕组的参数相同,两台自整角机的参数相同。

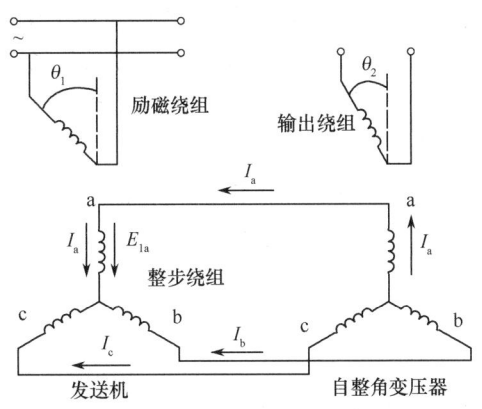

图 5-5 控制式自整角机的原理图

在图 5-5 中,控制式自整角发送机的励磁绕组由单相交流电源励磁,其三相整步绕组和自整角变压器的整步绕组对应相接。而自整角变压器的输出绕组通常接至放大器的输入端,放大器的输出端再接至伺服电动机的控制绕组,由伺服电动机驱动负载转动,并同时通过减速器带动自整角变压器转子构成机械反馈连接。

当自整角变压器转子偏转后,失调角减小,并使输出绕组的电压减小,直至协调位置,输出绕组的电压为零,伺服电动机停转。

控制式自整角机系统中,发送机和自整角变压器所构成的整步绕组回路的电动势、电流及自整角变压器输出绕组的电动势分析如下。

控制式自整角发送机整步绕组中的感应电动势是由同一个励磁绕组的脉振磁场所感应的,因此各相绕组中的感应电动势的相位相同,而大小取决于各相整步绕组轴线和励磁绕组轴线之间的相对位置。

控制式自整角机系统中,自整角变压器的整步绕组虽然流过感应电流,但是因为不存在直轴磁场,因而整步绕组中没有感应电动势,这是与力矩式自整角接收机不同的地方。因为只有发送机的励磁绕组接上单相交流电源励磁,所以也只在发送机的整步绕组中有感应电动势。

同样,在发送机和自整角变压器中以 a 相整步绕组轴线和励磁绕组轴线一致时作为转子的起始位置,对于自整角变压器而言,励磁绕组其实并没有施加单相交流电源励磁,现在只是空接,作为电压输出绕组使用。输出的电压包含了两台自整角机失调角的信息。

下面先对整步绕组回路的情况进行分析。

在发送机 a 相整步绕组中,感应电动势的有效值为

$$E_{1a} = 4.44 f N K \Phi_d \cos\theta_1 = E\cos\theta_1$$

a 相整步绕组回路的感应电流的有效值为

$$I_a = \frac{E_{1a}}{Z_{a1}+Z_{a2}} = \frac{E\cos\theta_1}{Z_{a1}+Z_{a2}} = I\cos\theta_1$$

式中,I 为最大感应电流的有效值,且 $I = \frac{E}{Z_{a1}+Z_{a2}}$。当 a 相整步绕组回路产生最大感应电动势

E 时,有最大感应电流。由数学推算可得,在 $\theta_1=0°$ 时就会引起最大感应电流。

同理,对 b 相整步绕组回路和 c 相整步绕组回路分别进行分析,可以得到各自回路的感应电流的有效值分别为

$$I_b = I\cos(\theta_1 - 120°), \quad I_c = I\cos(\theta_1 + 120°)$$

各相整步绕组产生感应电流之后,感应电流必然在各相产生磁场,这些磁场称为感应磁场,磁场的大小用磁动势表示。在 a 相整步绕组回路中,通过发送机整步绕组和自整角变压器整步绕组的电流相等,因此,发送机整步绕组的磁动势的幅值 F_{1a} 等于自整角变压器整步绕组的磁动势的幅值 F_{2a},即

$$F_{1a} = F_{2a} = \frac{4}{\pi}\sqrt{2}\, I_a NK$$

同理,对于 b 相整步绕组回路和 c 相整步绕组回路的感应电流所产生的感应磁场,也可以用磁动势的幅值表示为

$$F_{1b} = F_{2b} = \frac{4}{\pi}\sqrt{2}\, I_b NK, \quad F_{1c} = F_{2c} = \frac{4}{\pi}\sqrt{2}\, I_c NK$$

下面对自整角变压器的各个磁动势分量进行分析。

分析的方法仍然是先将自整角变压器的各相整步绕组产生的磁动势都在直轴(d 轴)方向和交轴(q 轴)方向进行投影,三相整步绕组共得到 6 个磁动势分量,然后将三个直轴磁动势分量相加,得到总的直轴分量 F_{2d};三个交轴磁动势分量相加,得到交轴磁动势分量 F_{2q},最后得到一个合成磁动势 F_2。

自整角变压器直轴磁动势分量的大小为

$$\begin{aligned}F_{2d} &= F_{2a}\cos\theta_2 + F_{2b}\cos(\theta_2 - 120°) + F_{2c}\cos(\theta_2 + 120°) \\ &= \frac{4}{\pi}\sqrt{2}\, I_a NK\cos\theta_2 + \frac{4}{\pi}\sqrt{2}\, I_b NK\cos(\theta_2 - 120°) + \frac{4}{\pi}\sqrt{2}\, I_c NK\cos(\theta_2 + 120°) \\ &= \frac{4}{\pi}\sqrt{2}\, I\cos\theta_1 NK\cos\theta_1 + \frac{4}{\pi}\sqrt{2}\, I\cos(\theta_1 - 120°)NK\cos(\theta_1 - 120°) + \\ &\quad \frac{4}{\pi}\sqrt{2}\, I\cos(\theta_1 + 120°)NK\cos(\theta_1 + 120°)\end{aligned}$$

利用三角函数公式,可得

$$F_{2d} = \frac{3}{2}\frac{4}{\pi}\sqrt{2}\, INK\cos\theta$$

简写为

$$F_{2d} = \frac{3}{2}F_m\cos\theta$$

同理,自整角变压器总的交轴磁动势分量的大小为

$$\begin{aligned}F_{2q} &= -F_{2a}\sin\theta_2 - F_{2b}\sin(\theta_2 - 120°) - F_{2c}\sin(\theta_2 + 120°) \\ &= -\frac{4}{\pi}\sqrt{2}\, I\cos\theta_1 NK\sin\theta_2 - \frac{4}{\pi}\sqrt{2}\, I\cos(\theta_1 - 120°)NK\sin(\theta_2 - 120°) - \\ &\quad \frac{4}{\pi}\sqrt{2}\, I\cos(\theta_1 + 120°)NK\sin(\theta_2 + 120°)\end{aligned}$$

利用三角函数公式,可得

$$F_{2q} = \frac{3}{2}\frac{4}{\pi}\sqrt{2}\, INK\sin\theta$$

简写为

$$F_{2q} = \frac{3}{2}F_m\sin\theta$$

自整角变压器的直轴磁动势分量 $\boldsymbol{F}_{2d}$ 及交轴磁动势分量 $\boldsymbol{F}_{2q}$ 已经得出,利用正交合成得到

自整角变压器的合成磁动势 F_2 的大小为

$$F_2=\sqrt{F_{2d}^2+F_{2q}^2}=\frac{3}{2}F_m \tag{5-16}$$

自整角变压器的合成磁动势与直轴的夹角 β_2 为

$$\beta_2=\arctan\frac{|F_{2q}|}{|F_{2d}|}=\theta$$

可以看出,自整角变压器三相整步绕组的合成磁动势的大小与失调角无关,并等于每相最大磁动势幅值的1.5倍。而合成磁动势的空间位置则由失调角所决定,合成磁动势的方向和失调角的方向一致。

自整角变压器的直轴磁动势分量 F_{2d} 及交轴磁动势分量 F_{2q} 是一个变化的磁场,直轴磁动势分量 F_{2d} 与自整角变压器的输出绕组轴线一致,因而直轴磁动势分量将在输出绕组产生感应电压。这个过程是:发送机励磁绕组产生磁场→整步绕组产生感应电动势→整步绕组产生感应电流→整步绕组产生感应磁场→输出绕组产生感应电压。

输出绕组产生感应电压的大小为

$$U_2=E_2=4.44fNK\Phi_{2d}=4.44fNKF_{2d}\Lambda$$
$$=4.44fNK\frac{3}{2}F_m\cos\theta\Lambda=U_{2m}\cos\theta$$

式中,U_{2m} 为最大输出电压的有效值。

输出电压 U_2 为失调角的余弦函数,这将在实际使用时带来一系列的缺点。因随动系统总是希望当失调角为零(协调位置)时,输出电压为零,即无电压信号输出。只有存在失调角后,才有输出电压,并使伺服电动机运转。

在实际使用自整角变压器时,总是先把转子由协调位置逆时针转动 90°,即取交轴方向为起始位置,这时由交轴磁场在输出绕组中感应电压,输出电压为

$$U_2=E_2=4.44fNK\Phi_{2q}=4.44fNKF_{2q}\Lambda$$
$$=4.44fNK\frac{3}{2}F_m\sin\theta\Lambda=U_{2m}\sin\theta \tag{5-17}$$

这种输出关系比较方便,应用较多。

5.2.3 控制式差动自整角机

在控制式自整角发送机和自整角变压器中间再接入一台差动发送机后,形成控制式差动自整角机,如图5-6所示。自整角变压器的输出电压变为发送机转子和差动发送机转子转角的和或差的正弦函数。

在图5-6中,差动发送机的定子三相绕组和控制式自整角发送机的整步绕组对应相接;差动发送机的转子三相绕组和自整角变压器的整步绕组对应相接。

开始时,差动发送机的定、转子三相绕组各相的轴线对齐,使差动发送机的a相整步绕组和直轴的方向重合。当控制式自整角发送机的励磁绕组外施单相交流电源励磁后,这时在差动发

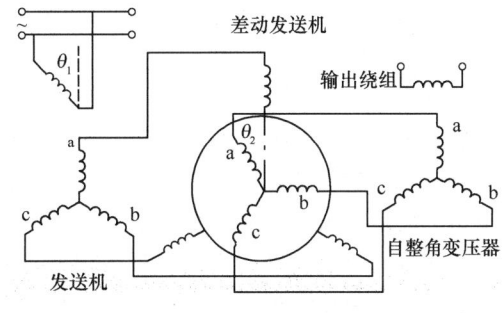

图 5-6 控制式差动自整角机

送机的定子绕组中产生合成感应磁动势 F_c,它的空间位置与差动发送机的 a 相整步绕组成 θ_1 角。

若差动发送机的转子再转过 θ_2 角,差动发送机转子的合成磁动势相对于差动发送机定子合成磁动势的空间位置角为 $\theta_1 \pm \theta_2$。自整角变压器转子的合成磁动势也与自整角变压器 a 相整步绕组成 $\theta_1 \pm \theta_2$ 角。选用自整角变压器转子的交轴磁动势分量进行感应,自整角变压器的输出电压为

$$U_2 = U_{2m}\sin(\theta_1 \pm \theta_2)$$

这时的输出电压是两台自整角机转角的和或差信号,故称为控制式差动自整角机。

5.2.4　控制式自整角机的主要技术指标

1. 比电压

自整角变压器在协调位置附近失调角为 1°时的输出电压值,称为比电压。比电压越大,自整角变压器的灵敏度越高。

2. 零位电压

控制式自整角机处于电气零位时的输出电压,称为零位电压。电气零位是指控制式自整角发送机转子位置为零,而自整角变压器转子位置为 90°时的输出电压,理论上为零。实际中受到电动机加工过程中定子铁芯内圆和转子铁芯外圆的椭圆形状、定转子的偏心、铁芯冲片的毛刺所形成的短路等因素的影响,存在一定的非零值。

3. 电气误差

自整角变压器的输出电压应符合正弦函数的关系。但由于设计、工艺、材料等因素的影响,在某个电压输出时所对应的实际转子转角与理论转子转角是有差异的,此差值即为电气误差,以分($'$)表示。自整角变压器的精度就是由电气误差所决定的。控制式自整角机的精度优于力矩式自整角机,其误差仅为 $5' \sim 10'$。

5.3　数字式自整角机

自整角机广泛用于航空航天、雷达、数控机床、机器人等领域中。为了计算机的信息处理和控制,需要将自整角机输出的交流电压信号变换成数字量。

数字式自整角机是把自整角变压器沿着轴向旋转的角度位置和(或)角速度转换成一种电信号的传感器,自整角机数字转换器(又称同步机数字转换器,Synchro Digital Converter, SDC)用于将这些传感器信号转换成对应于旋转角度和(或)角速度的数字输出。SDC 芯片为这些应用提供了解决方案。

SDC 芯片的产生,改变了自整角机的应用形式。SDC 芯片产生之前,需要两台自整角机配合使用,然后输出与两台自整角机失调角对应的电压。SDC 芯片产生之后,只需要一台自整角机。自整角机的励磁绕组的引线、三相整步绕组的引线都直接接入 SDC 芯片,该芯片就会输出数字形式的转角位置信息。

随着计算机技术的飞速发展,这种应用日趋成熟和普及。近年来,新一代的智能仪表仪器越来越多地采用这种方法进行转角的检测、传输、变换和显示,提高了检测与显示转角或位置的精度,从而大幅提高了整个系统的精度。

SDC芯片有SDC1740、SDC1741、SDC1742等,其中SDC1740的应用范围比较广。

5.3.1 SDC1740芯片简介

SDC1740芯片的主要性能如下。
- SDC1740芯片的分辨率为14位,最小可以分辨的角度为0.022°,约1.3′。
- 误差:最大值±5.3′。
- 跟踪速度:大于27r/min。
- 信号参考频率:400Hz。
- 输入信号电平:90V,26V,11.8V。
- 输入信号阻抗:200kΩ(90V)。
- 参考信号电平:11.8V,26V,115V。
- 参考信号阻抗:120kΩ(115V)。
- 功耗:1.4W。
- 数字输出电平:高电平1时最低为2.4V,低电平0时最高为0.4V,可以驱动最多6个TTL负载;高电平1时最大拉电流达240μA,低电平0时最大灌电流高达9.6mA。

SDC1740芯片采用双列直插式封装,其引脚分布如图5-7所示。常用引脚及功能如下:

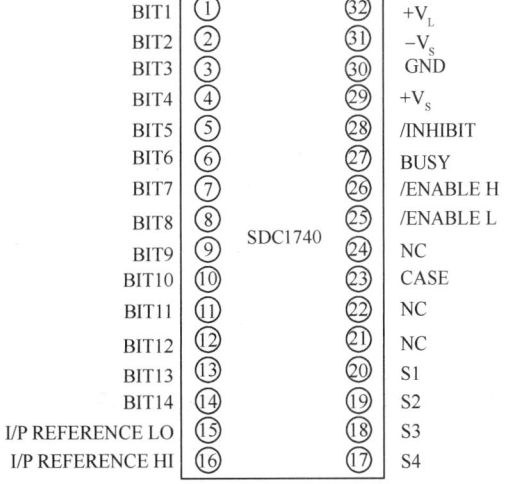

图5-7 SDC1740芯片的引脚分布

BIT1~BIT14(引脚1~14)——并口数据输出端;

I/P REFERENCE LO、I/P REFERENCE HI(引脚15、16)——参考信号输入端,即自整角机励磁绕组信号输入端,最大值±350V;

S4~S1(引脚17~20)——自整角机整步绕组信号输入端,最大值±350V;

/ENABLE L(引脚25)——允许低6位数据输出端,低电平有效;

/ENABLE H(引脚26)——允许高8位数据输出端,低电平有效;

BUSY(引脚27)——忙信号端,高电平有效,此时输出锁存器正在进行更新,不能将输出锁存器的值输出;

/INHIBIT(引脚28)——禁止锁存数字转换器的数据端,低电平有效,禁止输出锁存器的更新;

$+V_S$、$-V_S$(引脚29、31)——正电源端、负电源端,±15V;

GND(引脚30)——电源地端;

$+V_L$(引脚32)——逻辑电源端,+5V。

5.3.2 SDC1740芯片的工作原理

SDC1740芯片接收自整角机励磁绕组和整步绕组的交流信号输入,在芯片内部转变为正弦信号和余弦信号,输入数字转换器进行转换后送入输出锁存器,进而送到输出引脚。

图5-8是SDC1740芯片与自整角机接线的示意图。SDC1740的输入端直接与自整角机的励磁绕组信号和三相整步绕组信号相连接,SDC1740的输出为与自整角机转角相对应的数字量,可以直接与单片机连接。因此,SDC1740相当于A/D转换器,可以作为单片机的一个外设,利用它能够很方便地实现转角检测的数字化处理。

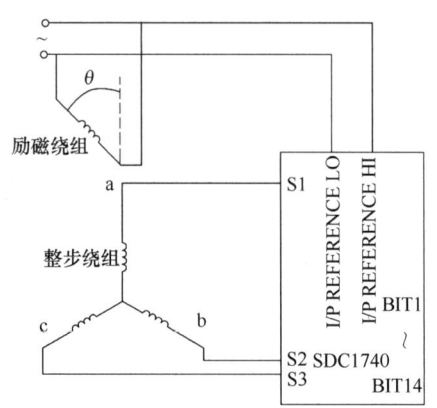

图 5-8 SDC1740 芯片与自整角机接线的示意图

其他注意事项如下：

芯片的正电源、负电源、逻辑电源的入口处应对地并联两个退耦电容。退耦电容的推荐值为 $6.8\mu F$ 和 $0.1\mu F$。

S4 引脚：在使用自整角机时应悬空。

BUSY 引脚：为逻辑高电平时，对转角变化量进行数字跟踪，这时输出数据无效；为低电平时，允许数据输出，这时输出数据有效。

/INHIBIT 引脚：禁止向输出锁存器传送数据，即输出锁存器保持当前值不变，释放该信号将自动产生一个 BUSY 信号，表示忙于刷新输出锁存器，此时不可读取数据。待 BUSY 信号变为低电平，表示刷新完毕，可以读取数据。

/ENABLE L 和 /ENABLE H 引脚：决定了输出数据的状态，为高电平时，输出数据引脚保持为高阻态；为低电平时，允许输出锁存器中的数据传送到输出引脚。/ENABLE L 允许低 6 位数据输出，/ENABLE H 允许高 8 位数据输出。

SDC1740 芯片的工作原理如下：上电后，其内部模块处于工作状态，并行输出的 14 位数字量随着自整角机轴的旋转而发生变化。在数字转换完成后，BUSY 引脚变为低电平，表明此时 SDC1740 输出的数字量有效，允许单片机将数字量取走。SDC1740 的数字量输出权重有各自的意义，最高位数字量 BIT1 的权重为 $180°$，最低位数字量 BIT14 的权重为 $0.022°$。

5.4 自整角机的应用

自整角机可以直接应用在角度指示系统中，带动指针等轻负载转动；也可以使用差动式自整角机组成更复杂的角度检测系统。

5.4.1 液面位置指示器

如图 5-9 所示为液面位置指示器的系统组成。

液面的高度发生改变时，浮子随着液面上升或下降，通过滑轮带动自整角发送机的转轴转动，从而将液面位置的直线变化转换成发送机转子的角度变化。自整角发送机和接收机之间再通过导线连接起来。

因为自整角发送机和自整角接收机的转角位置发生了改变,产生了失调角。根据理论分析,自整角发送机和自整角接收机这时应产生转矩,使自整角发送机和自整角接收机的转角对齐。自整角发送机产生的力矩和滑轮的外力矩平衡,保持静止;自整角接收机产生的力矩带动表盘指针转过一个失调角,正好指示出角度的改变,实现了远距离的位置指示。这种系统还可用于电梯和矿井提升机位置的指示,以及核反应堆中控制棒指示器等装置中。

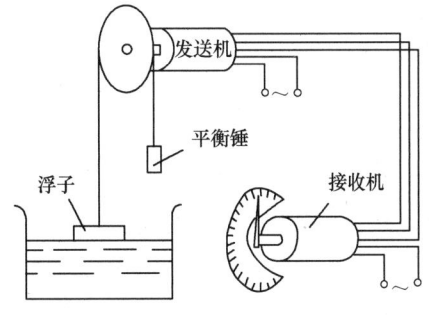

图 5-9 液面位置指示器的系统组成

5.4.2 舰船雷达方位指示

在舰船上使用雷达天线时,因天线在旋转,舰船又在航行,当雷达显示管要按正北方位来显示天线的方位角数据时,就需要自整角机做角度的相关运算。天线与正北方向之间的方位角应是舰船的航向偏角和天线对舰船的方向角之和或差。

若舰船的航向为正北偏西 α 角,天线所指的方向对舰船来说又是偏左 β 角,则天线的真实方位角应为正北偏西 $\alpha+\beta$。这种运算可以实现如下:天线通过机械结构连接到控制式自整角发送机,使天线和控制式自整角发送机的转子同步旋转;控制式自整角发送机转子的三个输出端与控制式自整角差动发送机定子的三个输入端相连;控制式自整角差动发送机的转子又通过机械结构连接至舰船,使舰船和控制式自整角差动发送机的转子同步旋转。经理论分析可知,控制式自整角接收机的输出电压即为天线真实方位角的正弦函数,这个输出电压可以加到雷达显示管的偏转线圈,在屏幕上显示出天线的真实方位角。

思考与练习题

5-1 简要说明力矩式自整角接收机中的整步转矩是怎样产生的。它与哪些因素有关?

5-2 试分析控制式自整角发送机中的磁动势关系。

5-3 画出力矩式自整角机系统的工作原理图,简要说明力矩式自整角发送机和接收机整步绕组中合成磁动势的性质特点。

5-4 简要说明自整角变压器整步绕组中合成磁动势的性质和特点。

5-5 分析差动式自整角机的工作过程。

5-6 简述 SDC1740 芯片的使用方法。

第6章 开关磁阻电动机

主要内容
- 开关磁阻电动机传动系统
- 开关磁阻电动机的基本电磁关系
- 开关磁阻电动机的运行状态及控制方式
- 开关磁阻电动机传动系统的功率变换器、控制器及位置、电流检测器
- 开关磁阻电动机的DSP控制

知识重点
本章重点为:开关磁阻电动机传动系统的构成;开关磁阻电动机的结构与工作原理;开关磁阻电动机的运行状态及控制方式;开关磁阻电动机的DSP控制。

开关磁阻电动机是一种新型调速电动机,其调速系统兼具直流、交流两类调速系统的优点,是继变频调速系统、无刷直流电动机调速系统的新一代无级调速系统。开关磁阻电动机的结构简单,调速范围宽,调速性能优异,且在整个调速范围内都具有较高效率,可靠性高,广泛使用于电动车辆、家用电器、纺织机械、电力传动系统等需要调速和高效率的场合。

6.1 开关磁阻电动机传动系统

6.1.1 开关磁阻电动机传动系统的组成

开关磁阻电动机传动系统(Switched Reluctance motor Drive System,简称 SRD 系统)主要由开关磁阻(SR)电动机、功率变换器、控制器与位置传感器等部分组成,如图 6-1 所示。

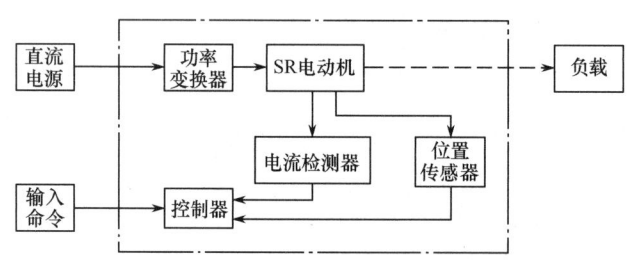

图 6-1 开关磁阻电动机传动系统框图

1. 开关磁阻电动机

开关磁阻电动机(又称变磁阻电动机)是 SRD 系统的执行元件。它不像传统的交直流电动机那样依靠定、转子绕组电流所产生磁场间的相互作用形成转矩和转速,而是与反应式步进电动机相同,遵循磁通总是沿着磁阻最小(或磁导最大)的路径闭合的原理,产生磁拉力形成磁阻性质的电磁转矩。

开关磁阻电动机通常可分为单边凸极结构和双边凸极结构两种类型,其显著特征为:转子上既无绕组,也不需要永磁体,唯一的磁动势来自定子绕组。为产生电磁转矩,设计时必须使

定子绕组的电感随转子位置的变化而变化(转矩是电感对转子位置角的导数),在其他条件相同的条件下,导数越大,电动机产生的转矩越大。在转子结构相同的情况下,双边凸极结构的最大电感与最小电感的比值更大,可以获得更大的电磁转矩,因此在实际应用时均采用这一结构,即定、转子都是凸极形式,并且定、转子齿极数(简称极数)不相等,如图6-2所示。另外,定子上装有简单的集中绕组,直径方向相对的两个绕组串联在一起,构成"一相";转子由叠片构成,不需要任何形式的绕组、换向器、集电环等。

开关磁阻电动机的种类很多,按相数可分为单相、两相、三相、四相和多相;按气隙方向可分为轴向式结构、径向式结构和径向—轴向混合式结构,图6-3所示是单相径向—轴向磁通外转子电动机;按每齿极的小齿数可分为每极单小齿结构和每极多小齿结构。

目前应用较多的是两相6/4极结构和四相8/6极结构。表6-1为常见SR电动机定、转子极数组合方案。

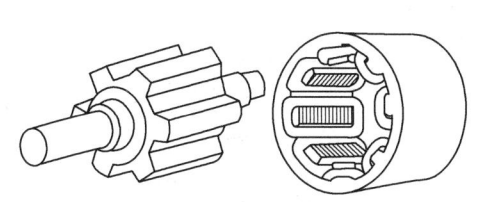
图6-2 开关磁阻电动机的基本结构

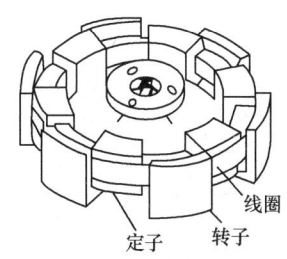
图6-3 单相径向—轴向磁通外转子电动机

通常小容量家用电器中使用的开关磁阻电动机,常做成单相或两相径向—轴向混合式结构。工业用电动机多采用三相、四相径向单小齿结构。图6-4表示的是三相12/10齿极SR电动机结构的铁芯冲片图。

表6-1 常见SR电动机定、转子极数组合方案

相数 m	1	2	3	4	5	6
定子极数 N_s	2	4	6	8	10	12
转子极数 N_r	2	2	4	6	8	10

图6-4 三相12/10齿极SR电动机结构的铁芯冲片图

需要说明的是,一般低于三相的SR电动机都不具备自启动能力。如两相SR电动机在对齐位置(定、转子磁极中心线对齐)和不对齐位置(定子极与转子槽中心线对齐)时,无论采用怎样的相电流组合,都无法产生电磁转矩,存在一定的转矩"死区"。为解决这个问题,一种方法是把SR电动机设计成不对称结构,这样在上述位置不再是零转矩;另一种方法是把两个或者两个以上的SR电动机安装在一起串联运行,所有SR电动机装到同一个公共轴上,定位时将每个SR电动机与其他的SR电动机错开一定的位置,由于各个SR电动机的零转矩位置不重合,整个电动机系统也就不存在零转矩位置。相数多时,这样虽然有利于减小转矩波动,但会导致结构复杂、主开关器件多、成本增高。

2. 功率变换器

功率变换器是直流电源和SR电动机的接口,在控制器的控制下起到开关作用,使绕组与

电源接通或断开;同时还为绕组的储能提供回馈路径。SRD系统的性能和成本很大程度上取决于功率变换器,因此合理设计功率变换器是整个SRD系统成败的关键。性能优良的功率变换器应同时具备如下条件:

① 较少数量的开关器件;
② 可将电源电压全部加给电动机的各相绕组;
③ 开关器件的电压额定值与电动机接近;
④ 迅速增加各相绕组电流的能力;
⑤ 可以通过开关器件调制,有效地控制各相电流;
⑥ 能将绕组储能回馈给电源。

SRD系统的功率变换器主要有3种典型形式,如图6-5所示。有关详细的设计可参考6.4节内容。

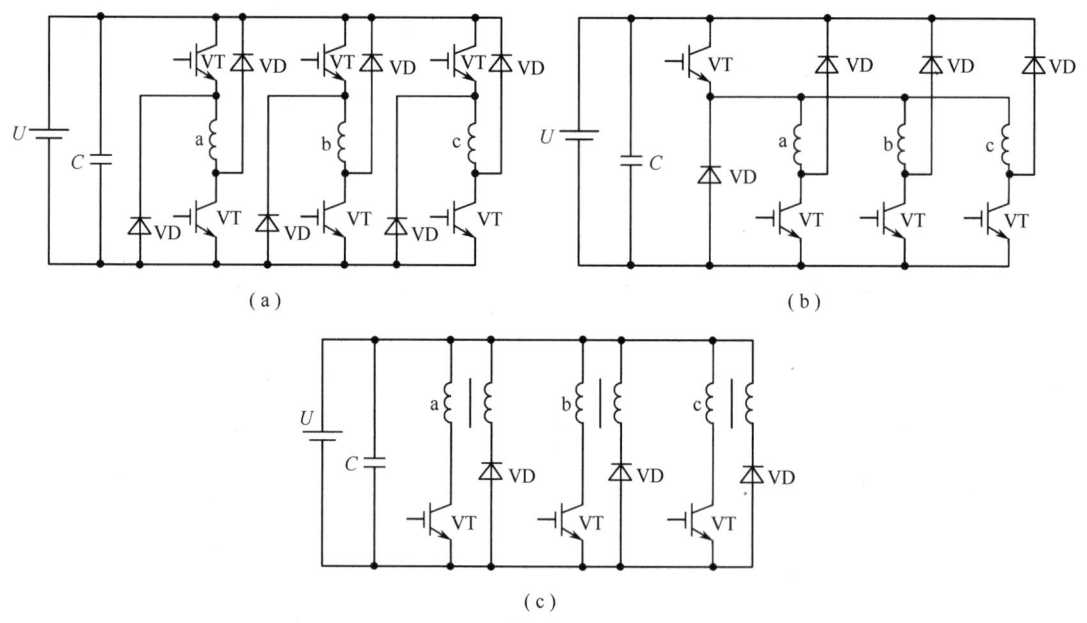

图6-5 SRD系统的功率变换器

(1) 不对称半桥式功率变换器

如图6-5(a)所示,每相各有两个开关管,同时通断,并有两个续流二极管,该结构适合于高压及大容量场合,其优点是各相绕组电流独立控制,缺点是开关管数量随电动机相数增多而增多,造价明显提高。

(2) 具有公共开关器件的功率变换器

如图6-5(b)所示,一个公共开关管在任一相接通时均导通、一个公共续流二极管在任一相续流时均参与。该电路所需开关管和二极管数量较图6-5(a)所示电路大大减少,可适用于相数较多的场合,造价明显降低,但相数太多,公共开关管的额定电流和额定功率都大大增加,若其损坏,将导致各相同时失控。

(3) 双绕组功率变换器

如图6-5(c)所示,每相只有一个开关管,但要求电动机每相绕组中都有一个完全耦合的次级线圈。该电路的优点是开关管少,缺点是要求开关管耐压高,接线较多,电动机绕组的利用率低。

3. 位置传感器

SR 电动机位置检测的目的是确定定、转子的相对位置,该位置是决定绕组通电与关断的依据,也是提供速度信息从而保证系统的动、静态性能的依据。目前多采用直接位置检测的方法,即利用诸如光电式、电磁式或磁敏式传感器直接检测转子位置,即用绝对位置传感器检测定、转子的相对位置。

SRD 系统对位置检测的一般要求是,首先在运行的速度范围内满足检测的精度要求;其次要求电路简单、工作可靠、抗干扰能力强,有时还要求能在恶劣环境下工作。

对任意相数为 m、定子极数为 N_s、转子极数为 N_r 的 SR 电动机而言,设 $N_s > N_r$,则转子步进角 θ_s 为

$$\theta_s = \frac{2\pi(N_s - N_r)}{N_s N_r} \tag{6-1}$$

而转子极距角 τ_r 为

$$\tau_r = m\theta_s = \frac{\pi(N_s - N_r)}{N_r} \tag{6-2}$$

转子每转过一个步进角,位置传感器的输出信号则对应变化,控制器据此发出对应相绕组的接通和断开的切换命令。在一个转子极距角内,共有 m 个步进角,位置输出信号相应发生 m 次变化,当转过一个转子极距角后,位置信号又回到起始状态,如此往复循环,即可使转子位置与绕组通电的相序很好地配合起来。位置传感器是 SRD 系统的重要组成部分,其精度将直接影响 SRD 系统的效率。位置传感器传感元件的数目通常由定子绕组的相数决定,相数越多,所用传感元件越多,位置传感器也就越复杂。图 6-6 为三相 6/4 极 SR 电动机光电式位置传感器示意图,它由与电动机转子同轴的转盘和传感元件组成,转盘有与转子凸极、凹槽数相等的齿、槽,且齿、槽均匀分布。转盘固定在转子轴上,传感元件固定在定子上,也可固定在机壳上。

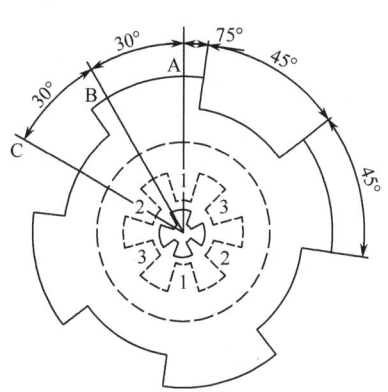

图 6-6 三相 6/4 极 SR 电动机光电式位置传感器示意图

位置传感器增加了 SRD 系统结构的复杂性,增加了 SR 电动机与控制器之间的连线,也增加了成本及潜在的不稳定性,而且调试很烦琐。

利用位置传感器直接检测既增加了 SRD 系统结构的复杂性,又给安装、调试带来了不便,这也正是 SR 电动机调速系统诸多性能优于直流电动机调速系统、变频调速系统之外的逊色之处,从而促使国内外许多学者开始研究无位置传感器检测方案。目前无位置传感器检测方案有多种,简要介绍如下。

(1) 电流波形检测法

电流波形检测法是最早的无位置传感器检测方案。因为 SRD 系统的相电流变化速率取决于电感增量,而电感增量又是由转子位置决定的,利用这一规律可解算出转子的位置信息。

(2) 电感简化计算法

由电流波形检测法变形而来的非通电相加瞬时脉冲激励,可得到电感简化计算法。

169

(3) 状态观测器检测法

状态观测器检测法即模拟 SRD 系统的电感—转角特性引入一个状态观测器。

4. 控制器

控制器是 SRD 系统的大脑,起决策和指挥作用。它综合位置传感器、电流检测器所提供的电动机转子位置、速度和电流等反馈信息及外部输入的命令,然后通过分析处理,决定控制策略,向功率变换器发出一系列执行命令,进而控制 SR 电动机运行。

控制器由具有较强信息处理功能的微机或数字逻辑及接口电路等构成。微机的信息处理功能大部分由软件完成。在 SRD 系统中,要求控制器具有下述性能:

① 电流斩波控制;
② 角度位置控制;
③ 启动、制动、停车及四象限运行;
④ 速度调节。

6.1.2 开关磁阻电动机的工作原理

如前所述,SR 电动机的转矩是磁阻性质的,其运行原理遵循磁阻最小原理——磁通总沿着磁阻最小的路径闭合,因磁场扭曲而产生切向磁拉力,下面结合具体实例来说明。

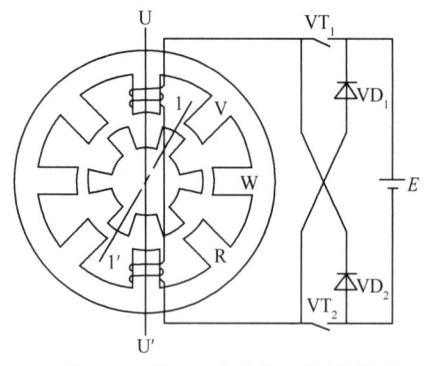

图 6-7 SR 电动机的工作原理图

图 6-7 所示为 SR 电动机的工作原理图。它的定子上有 8 个齿极($N_s=8$),每个齿极上绕着一个线圈,直径方向相对的两个齿极上的线圈串联连接组成一相绕组。转子沿圆周有 6 个均匀分布的齿极($N_r=6$),齿极上没有线圈。定、转子间有很小的气隙。VT_1 和 VT_2 是开关管,VD_1 和 VD_2 是续流二极管,E 是直流电源。

当控制器接收到位置传感器提供的电动机内各相定子齿极与转子齿极相对位置信息,如图 6-7 中定子 U 相齿极轴线 UU′与转子齿极 1 的轴线 11′不重合,即进行判断处理,向功率变换器发出命令,使 U 相绕组的开关管 VT_1 和 VT_2 导通,U 相绕组通电,而 V、W 和 R 三相绕组都不通电。电动机内建立起以 UU′为轴线的磁场,磁通经过定子轭、定子极、气隙、转子极、转子轭等处闭合,通过气隙的磁力线是弯曲的。此时,磁路的磁通小于定、转子齿极轴线 UU′和 11′重合时的磁通,受到气隙中弯曲磁力线的切向磁拉力所产生转矩的作用,转子逆时针方向转动,转子齿极 1 的轴线 11′向定子齿极轴线 UU′趋近。当轴线 UU′和 11′重合时,转子达到稳定平衡位置,即 U 相定、转子极对极时,切向磁拉力消失,转子不再转动。图 6-8(a)表示 U 相定、转子极对极时,电动机内各相定子齿极与转子齿极时的相对位置。可以看到,此时 V 相定子齿极轴线 VV′与转子齿极轴线 22′的相对位置正好与图 6-7 所示 U 相齿极与转子齿极间的相对位置相同,控制器根据位置传感器的位置信息,命令断开 U 相开关管 VT_1 和 VT_2,合上 V 相的开关管,即在 U 相断电的同时给 V 相通电,建立起以 VV′为轴线的磁场。通电后,电动机内的磁场沿顺时针方向转过 $\pi/4$,转子则沿逆时针方向又转过一个角度,至图 6-8(b)所示位置。以此类推,在 V 相断电时给 W 相通电,建立起以 WW′为轴线的磁场,磁场顺时针方向再转过 $\pi/4$,转子则沿逆时针方向再转过一个角度,至图 6-8(c)所示位置。

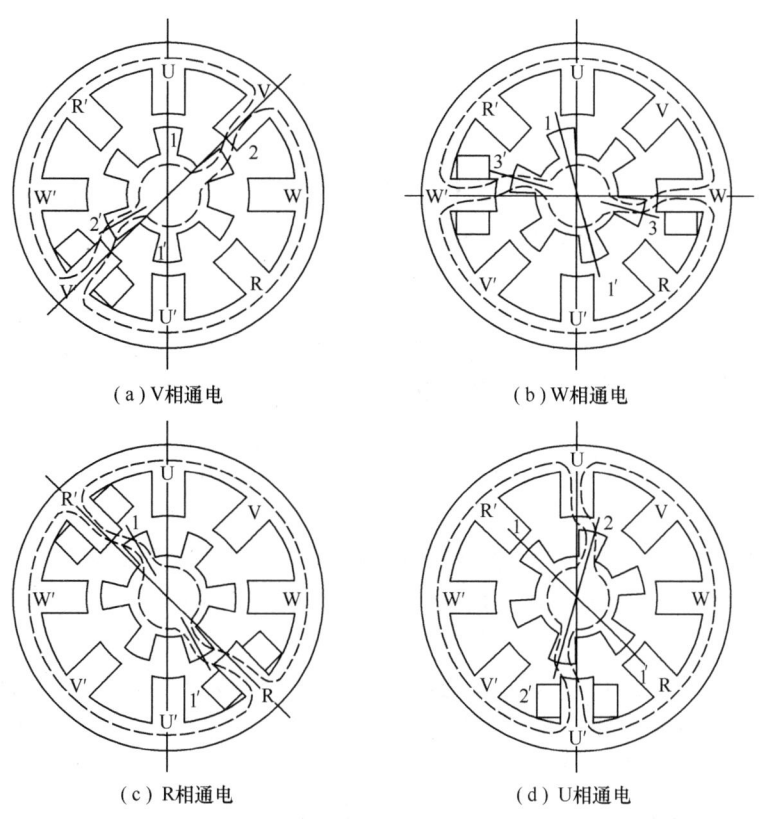

(a) V相通电 (b) W相通电

(c) R相通电 (d) U相通电

图 6-8 SR 电动机各相顺序通电开始时的磁场情况

在 W 相断电时给 R 相通电。当 R 相断开时,电动机内定、转子齿极的相对位置如图 6-8(d)所示,它与图 6-7 所示一样,只不过定子 U 相齿极相对的是转子齿极 2,不是 1。这表明,定子绕组 U-V-W-R 四相轮流通电一次,转子逆时针转动了一个转子齿极距(简称转子极距)。本例中转子齿极数 $N_r=6$,即转子转动了 $\tau_r=2\pi/N_r=\pi/3$,定子齿极所产生磁场的轴线则顺时针方向移动了 $4\times\pi/4=\pi$。

可见,连续不断地按 U-V-W-R-U 的顺序分别给定子各相绕组通电,电动机内的磁场轴线沿 U-V-V-U 方向不断移动,转子侧沿 U-R'-W'-V' 方向即逆磁场轴线方向不断转动。每改变通电相一次,定子磁场轴线移动 $2\pi/N_s$;转子则每次转过 τ_r/m 极距,m 代表相数。英国 M. R. Harris 定义磁场转动的角速度 Ω_φ 与转子旋转角速度 Ω_r 之比为磁传动比 G,即

$$G=\Omega_\varphi/\Omega_r \tag{6-3}$$

如果改按 U-R'-W'-V'-U 的顺序轮流通电,则磁场沿 U-R'-W'-V' 方向转动,转子则沿反方向即 U-V-W-R 方向旋转。这说明改变轮流通电的顺序,就可以改变电动机的转向;而改变通电相电流的方向,并不影响转子旋转的方向。

由上所述可以得到下面的结论:定子齿极数 $N_s=2m$、转子齿极数为 N_r、相数为 m 的 SR 电动机,转子旋转一周,即 $\theta=2\pi=N_r\tau_r$,定子 m 相绕组需轮流通电 N_r 次。因此,SR 电动机的转速 $n(\text{r/min})$ 与电源(功率变换器)输出频率(又叫开关频率)f_D 的关系为

$$f_D=mN_r\frac{n}{60} \tag{6-4}$$

任何一相电压的开关频率 f_φ 为

$$f_\varphi = \frac{f_D}{m} = \frac{N_r n}{60} \tag{6-5}$$

以图6-7为例,当转速 $n=1500\text{r/min}$ 时,其电源输出频率为 $f_D = mN_r n/60 = 4\times 6\times 1500/60\text{Hz} = 600\text{Hz}$,一相电压的开关频率为 $f_\varphi = f_D/m = 600/4\text{Hz} = 150\text{Hz}$,磁传动比为 $G = \Omega_\varphi/\Omega_r = \pi/(2\pi/N_r) = N_r/2 = 6/2 = 3$。

6.1.3 开关磁阻电动机传动系统的特点

1. SRD系统的优点

SRD系统综合了感应电动机传动系统和直流电动机传动系统的优点,其主要优点如下:

① SR电动机有较大的电动机利用系数,是感应电动机利用系数的1.2~1.4倍。

② SR电动机的结构简单,转子上没有任何形式的绕组;定子上只有简单的集中绕组,端部较短,没有相间跨接线。因此,具有制造工序少、成本低、工作可靠、维修量小等特点。

③ SR电动机的转矩与电流极性无关,只需要单向的电流激励。在理论上,功率变换器每相可以只用一个开关管,而且每个开关管都与SR电动机绕组串联,不会出现像PWM逆变器那样电源有直通两个开关管的危险。所以,SRD系统的线路简单,可靠性高,成本低于PWM交流调速系统。

④ SR电动机转子的结构形式对转速限制小,可制成高转速电动机。而且转子的转动惯量小,在电流每次换相时又可以随时改变相应转矩的大小和方向,因而SRD系统有良好的动态响应。

⑤ SRD系统可以通过对电流的导通、断开和幅值的控制,得到满足不同负载要求的机械特性,易于实现系统的软启动和四象限运行等功能,控制灵活。又由于SRD系统是自同步系统,不会像变频供电的感应电动机那样在低频时出现不稳定和产生振荡问题。

⑥ 由于SR电动机采用了独特的结构和设计方法以及相应的控制技巧,SRD系统的效率和功率在宽广的速度和负载范围内都可维持在较高水平。

2. SRD系统的缺点

① 有转矩脉动。从工作原理可知,SR电动机转子上产生的转矩是由一系列脉冲转矩叠加而成的,且由于双凸极结构和磁路饱和非线性的影响,合成转矩不是一个恒定转矩,而是有一定的谐波分量,这影响了SR电动机的低速运行性能。

② SR电动机的噪声与振动比一般电动机大。

③ SR电动机的出线头较多。例如,三相SR电动机至少有4根出线头,四相SR电动机至少有5根出线头。另外,还有位置传感器出线端。

3. 开关磁阻电动机与步进电动机的区别

将SR电动机与高速大步距的磁阻式步进电动机相比,两者的运行原理基本相同,又同属双凸极结构,但有两个区别:

① SR电动机借助位置传感器运行于自同步状态,它的励磁电流导通与转子的位置有着严格的对应关系,并其绕组电流脉冲波形的前后沿可以分别独立控制,也就是说,其电流脉冲的宽度可以任意调节。而在步进电动机中,一般只有相电流反馈,没有转子位置反馈。

② SR电动机多用于功率传动系统中,对电动机的输出功率、效率等指标要求很高。而步进电动机多用于小功率的位置控制系统中,只对电动机的定位精度提出要求。与此相对应,它

们的设计出发点也不一样,即技术指标要求不同。

4. 开关磁阻电动机与反应式同步磁阻电动机的区别

SR 电动机也可视为一种反应式同步磁阻电动机,但它与常规的反应式同步磁阻电动机有许多不同之处。

① SR 电动机的定、转子均为凸极结构,而反应式同步磁阻电动机的定子为非凸极结构,是齿、槽均匀分布的光滑表面。

② SR 电动机的定子绕组是集中绕组,而反应式同步磁阻电动机的定子中嵌有多相绕组,近似正弦分布。

③ SR 电动机的励磁是按一定顺序施加在绕组上的电流脉冲,而反应式同步磁阻电动机的励磁是一组多相平衡的正弦波电流。

④ SR 电动机的各相励磁随转子位置做三角波或梯形波变化,不随电流改变,而反应式同步磁阻电动机各相自感随转子位置做正弦波变化,不随电流改变。

6.2 开关磁阻电动机的基本电磁关系

6.2.1 理想开关磁阻电动机的基本电磁关系

由于 SR 电动机的定、转子都是双凸极结构,绕组电感既是转子位置的函数,又是绕组电流的函数,SRD 系统的电磁转矩也与电感直接相关。SR 电动机在运行时,其定、转子极存在显著的边缘效应,以及高度局部饱和引起的整个磁路的高度非线性,因此难以简单地用传统电动机的分析方法解析计算。多数情况下,都是利用构建的理想线性模型、准线性模型及非线性模型,采用数值方法来求解,然而到目前为止还没有建立起准确的非线性模型。为弄清 SR 电动机内部的基本电磁关系和基本特性,首先应进行一定的简化,在分析时做如下假设:

① 定子绕组的电感 L 与绕组电流 i 无关;
② 极尖的磁通边缘效应忽略不计;
③ 忽略所有的功率损耗;
④ 开关动作是瞬时完成的;
⑤ 转子旋转角速度是常数。

上述假设即为理想 SR 电动机的基本条件,下面就以此理想 SR 电动机为基础进行讨论,然后给出电磁关系。

1. 电感与转子位置角的关系

由于 SR 电动机的定、转子都是凸极结构,转子与通电相定子齿极的相对位置(用转子位置角 θ 表示)不同时,电动机内的磁场分布不同,绕组电感 L 也随之变化,图 6-9 表示转子转动一个定子齿距时的变化情况。在理想 SR 电动机中,由于忽略了磁通边缘效应和磁路的非线性,且认为铁芯中的磁位差为零,绕组电感就等于气隙电感。从图 6-9 可以看出,在定子极中心线与转子槽中心线对齐位置

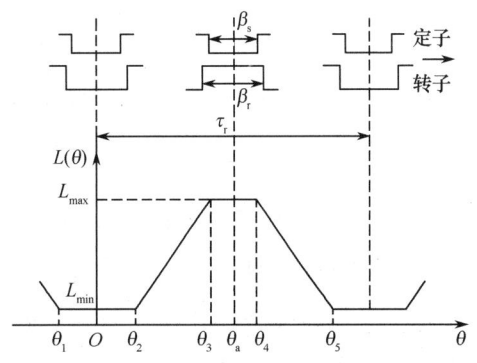

图 6-9 电感与转子位置角关系 $L=f(\theta)$

的(坐标原点)气隙大,此时电感为最小值L_{min};在定子极中心线与转子极中心线对齐位置的气隙小,电感为最大值L_{max}。τ_r表示转子极距,即转子相邻两极之间的机械角度,且$\tau_r = 2\pi/N_r$。

在理想条件下,图 6-9 中电感与转子位置角关系可表示为

$$L(\theta) = \begin{cases} L_{min} & \theta_1 \leq \theta < \theta_2 \\ K(\theta - \theta_2) + L_{min} & \theta_2 \leq \theta < \theta_3 \\ L_{max} & \theta_3 \leq \theta < \theta_4 \\ L_{max} - K(\theta - \theta_4) & \theta_4 \leq \theta \leq \theta_5 \end{cases} \tag{6-6}$$

式中 $\qquad K = (L_{max} - L_{min})/(\theta_3 - \theta_2) = (L_{max} - L_{min})/\beta_s$

β_s 是以弧度制表示的定子极宽度。

利用傅里叶级数分解式(6-6),取平均分量和基波分量,得绕组电感 $L(\theta)$ 的近似表达式为

$$L(\theta) = L_{min} + L_1[1 - \cos(N_r\theta)] \tag{6-7}$$

式中,$L_1 = (L_{max} - L_{min})/2$。

2. 磁通与磁链

当 SR 电动机由恒压直流电源供电时,任一相电路的电压方程可表示为

$$\pm u = iR + \frac{d\psi}{dt} \tag{6-8}$$

式中,u 为绕组端电压;R 为绕组电阻;i 为绕组电流;ψ 为绕组匝链的磁链。

当忽略绕组电阻 R 时,上式可简化为

$$\pm u = \frac{d\psi}{dt} = \frac{d\psi}{d\theta}\Omega, \quad d\psi = \pm \frac{u}{\Omega}d\theta \tag{6-9}$$

式中,$\Omega = \frac{d\theta}{dt}$;"$+u$"表示绕组与电源的接通阶段,"$-u$"表示与电源断开后的续流阶段。

VT_1 和 VT_2 导通瞬间($t=0$ 时)为电路的初始状态,此时,$\psi_0 = 0, \theta_0 = \theta_{on}$,$\theta_{on}$ 为定子绕组接通电源瞬间定、转子齿极的相对位置角,称为触发角(又称开通角)。

将式(6-9)取"+"并积分,代入初始条件,可得通电阶段的磁链表达式为

$$\int_0^\psi d\psi = \int_{\theta_{on}}^\theta \frac{u}{\Omega}d\theta \tag{6-10}$$

即 $\qquad \psi = \frac{u}{\Omega}(\theta - \theta_{on})$

当 $\theta = \theta_p$ 时关断,有

$$\psi = \psi_p = \psi_{max} = \frac{u}{\Omega}(\theta_p - \theta_{on}) = \frac{u}{\Omega}\theta_c \tag{6-11}$$

式中,θ_p 为定子相绕组断开电源瞬间定、转子齿极的相对位置角,称为关断角;θ_c 为相绕组通电的导通角,且

$$\theta_c = \theta_p - \theta_{on} \tag{6-12}$$

以式(6-11)作为绕组断电瞬时的初始条件,仍然利用式(6-9)取"-",可以求出关断后磁链变化的表达式,即

$$\int_{\psi_p}^\psi d\psi = \int_{\theta_p}^\theta \frac{u}{\Omega}d\theta$$

即 $\qquad \psi - \psi_p = \frac{u}{\Omega}(\theta_p - \theta)$

整理后得
$$\psi = \frac{u}{\Omega}(2\theta_p - \theta_{on} - \theta)$$

因此,在一相绕组通电、断电的一个变化周期内,其磁链可表示为

$$\psi = \begin{cases} \dfrac{u}{\Omega}(\theta - \theta_{on}) & \theta_{on} \leqslant \theta < \theta_p \\ \dfrac{u}{\Omega}(2\theta_p - \theta_{on} - \theta) & \theta_p \leqslant \theta < 2\theta_p - \theta_{on} \\ 0 & 0 \leqslant \theta < \theta_{on}, \ 2\theta_p - \theta_{on} \leqslant \theta \leqslant 2\pi/N_r \end{cases} \quad (6\text{-}13)$$

根据式(6-13),可以作出磁链随时间的变化曲线,如图 6-10 所示,其磁链波形为等腰三角形。

从上面的推导可知,在某一给定转速下,通电时磁链以一个恒定比率 u/Ω 随导通角的增加而增加;断开时即外加一个负电压时,则按恒定比率 u/Ω 减小。最大磁链 ψ_{max} 总是发生在关断的瞬间,即 $\psi_{max} = \psi_p$。当导通角 θ_c、电压 u 保持恒定时,最大磁链 ψ_{max} 反比于角速度 Ω,如转速为 1500r/min 时的最大磁链等于 750r/min 时的最大磁链的 1/2。

通过以上分析可知,SR 电动机各部分磁路的磁通、磁阻和在不同转子位置角 θ 下的磁化曲线(或磁链曲线)是不同的。但在理想 SR 电动机中,电感 L 仅是转子位置角 θ 的函数,而与电流无关,因此,对一定的转子位置角 θ,$\psi = Li$ 是一条直线。不同的 θ 有不同的磁化曲线 $\psi = f(i)$,如图 6-11 所示,每一条线的斜率对应于该位置处绕组的电感值。

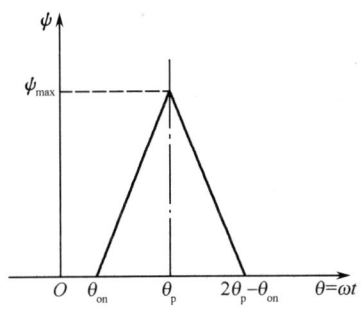

图 6-10　$\psi = f(\theta)$ 曲线

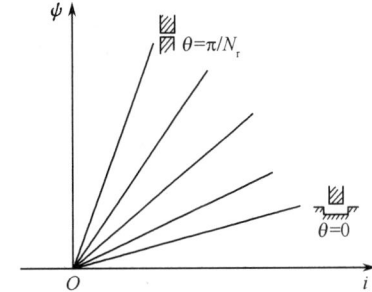

图 6-11　理想 SR 电动机的磁化曲线簇

3. 相绕组电流

通电相绕组中的电流 i,可由下列微分方程求解

$$\pm u = \frac{d\psi}{dt} = \frac{d(Li)}{dt} = L\frac{di}{dt} + i\frac{dL}{dt}$$

或

$$\pm \frac{u}{\Omega} = L\frac{di}{d\theta} + i\frac{dL}{d\theta} \quad (6\text{-}14)$$

在转速、电压一定的条件下,绕组电流仅与转子位置角和初始条件有关。由于绕组电感 L 是一个分段函数解析式(见式(6-6)),因此需分段给出初始条件和相应的物理量。设触发角 θ_{on} 在区域 $\theta_1 - \theta_2$ 内,θ_p 在区域 $\theta_2 - \theta_3$ 内,则电流解析式 $i = f(\theta)$ 是一个 4 段的分段函数,它可以用一个通用式来表示,即

$$i = \frac{u}{\Omega} f(\theta) \qquad \theta_1 \leqslant \theta \leqslant \theta_5 \quad (6\text{-}15)$$

对应于不同的区域,$f(\theta)$ 不同,它是几何尺寸与转子位置角的函数。

由式(6-15)可知,在电源电压为恒定直流电压、转速 n 等于常数的条件下,电流的波形与 $f(\theta)$ 的波形相同,并与每相绕组通电的触发角 θ_{on}、关断角 θ_p(或者说导通角 θ_c)、最大电感 L_{max}、最小电感 L_{min} 和定子极弧宽度等有关。对应于三种不同触发角 θ_{on} 的电流波形如图 6-12 所示。

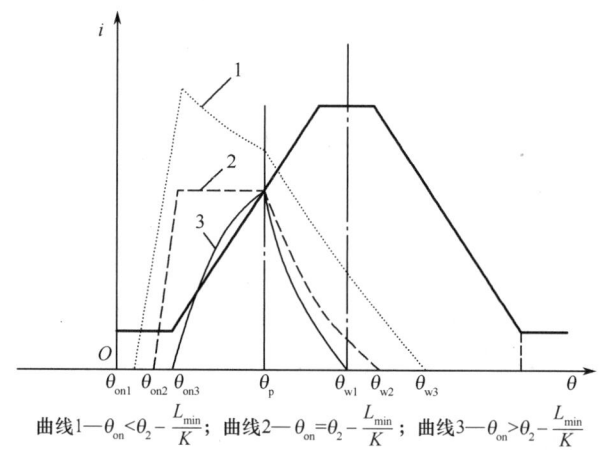

曲线1— $\theta_{on} < \theta_2 - \dfrac{L_{min}}{K}$; 曲线2— $\theta_{on} = \theta_2 - \dfrac{L_{min}}{K}$; 曲线3— $\theta_{on} > \theta_2 - \dfrac{L_{min}}{K}$

图 6-12 电压、转速恒定时对应不同触发角的电流波形

曲线 1 对应于 $\theta_{on} < \theta_2 - L_{min}/K$ 时的情况,在 $\theta_2 \sim \theta_3$ 区域内磁链上升慢于电感,所以电流下降。

曲线 2 对应于 $\theta_{on} = \theta_2 - L_{min}/K$ 时绕组接通电源开始励磁的情况,由于在 $\theta_2 \sim \theta_3$ 区域内,磁链增长率与电感增长率相同,所以在这个区域导通期间,电流为一常值。

曲线 3 对应于 $\theta_{on} > \theta_2 - L_{min}/K$ 时的情况,由于磁链上升快于电感,所以电流上升。

下面分析电流对时间的变化率。在 $\theta_1 \sim \theta_2$ 区域内,在给定 u 和 Ω 条件下,有

$$\mathrm{d}i/\mathrm{d}\theta = u/(\Omega L_{min}) = 常数$$

这表明电流在这个区域内是直线上升的,其上升的速度与电源电压成正比,与电动机的角速度成反比。SR 电动机高速运行时,电流上升速度很慢,低速运行时,电流上升速度很快。减小 θ_{on},即 θ_{on} 向 θ_1 方向移动,电流幅值随之而增加;另一方面,调节 θ_p 又可以改变电流波形的宽度,即可以改变电流波形。

4. 转矩与功率

从 SR 电动机的工作原理可知,当定子通电相齿极轴线与转子齿极轴线重合时(转子位置角 $\theta = \pi/N_r$),定、转子齿极之间只有径向的吸力,因此转矩 T 为零。当两个轴线不重合时,磁力线弯曲,在切向磁拉力的作用下,产生电磁转矩 T。这种电磁转矩称为静态转矩,它是在不改变绕组通电状态,即转子在某一转子位置角固定不动情况下的电磁转矩,因而是绕组内的电流及转子位置角的函数。绕组内的电流值保持时,静态转矩与转子位置角的关系称为矩角特性。当转子处于某一特定位置,静态转矩将达到最大值,称为最大静态转矩 T_{max},其数值的大小取决于通电状态及绕组内的电流值。

按照机电能量转换的基本原理,SR 电动机的静态转矩可以通过磁场储能 W_m 或磁共能 W'_m 对转子位置角 θ 的偏导数求得,即

$$T = \frac{\partial W'_m}{\partial \theta}\bigg|_{i=\mathrm{const}} \qquad (6\text{-}16)$$

在理想线性情况下，SR 电动机的磁化曲线应是一条直线，如图 6-13 中直线 OB 表示转子在某一位置角 θ 时的磁化曲线。当电流从零增加到 i_1 时，电动机内的磁链 ψ 从零增加到 ψ_1。$\triangle OBC$ 的面积代表磁场储能 W_m，$\triangle OAB$ 的面积代表磁共能 W'_m。SR 电动机的定、转子磁极相对位置不同，$\psi = f(i)$ 直线的斜率不同，磁场储能当然也不同。转子在不同位置角 θ 时的磁链 ψ 表示为 $\psi = L(\theta)i$。

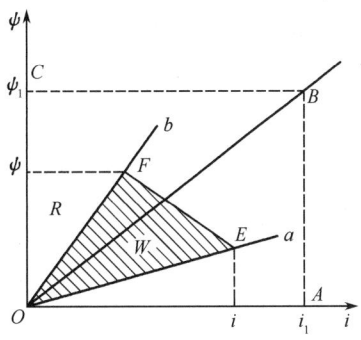

图 6-13　SR 电动机的 ψ-i 图

磁场储能（或磁共能）为

$$W_m = W'_m = \frac{1}{2} i \psi = \frac{1}{2} i^2 L(\theta)$$

根据式(6-16)，当电流 i 为常数时，转子在位置角 θ 时的静态转矩为

$$T = \frac{\partial W'_m}{\partial \theta} = \frac{1}{2} i^2 \frac{\partial L(\theta)}{\partial \theta}$$

下面分析 SR 电动机转速恒定时的稳定运行情况。为了建立求取磁共能增量的一般概念，先分析下面特定的情况，即每相绕组都在 $\theta_{on} = 0$ 时与电源接通，电流瞬时上升至 i；在 $\theta = \pi/N_r$ 时断开，电流瞬时降至零；转子转过的角度为 π/N_r，在图 6-13 中，设直线 Oa 代表转子齿极间中心线与定子齿极轴线重合（简称极对槽），即 $\theta = 0$ 时的磁化曲线；直线 Ob 代表转子齿极轴线与定子齿极轴线重合（简称极对极），即 $\theta = \pi/N_r$ 时的磁化曲线。在一个通电周期内，磁共能的增量可由 ψ-i 图上 $\psi = f(i)$ 变化轨迹所包围的面积 $S_{\triangle OEF}$ 代表，即

$$\Delta W'_m = S_{\triangle OEF} = \oint \psi \mathrm{d}i \tag{6-17}$$

根据式(6-16)可以算出上述假定下一相绕组产生的转矩为

$$T = \frac{\partial W'_m}{\partial \theta} = \frac{\Delta W'_m}{\Delta \theta} = \frac{S_{\triangle OEF}}{\theta_p - \theta_{on}} = \frac{N_r S_{\triangle OEF}}{\pi} \tag{6-18}$$

实际情况是，当定子的 m 相绕组轮流通电一次时，转子转动了一个转子极距 $\tau_r = 2\pi/N_r$，每相转动的角度为 $\tau_r/m = 4\pi/(N_r N_s)$，则 SR 电动机的平均电磁转矩可以表示为

$$T_{em\,av} = \frac{m S_{\triangle OEF}}{2\pi/N_r} = \frac{N_r N_s}{4\pi} \oint \psi \mathrm{d}i \tag{6-19}$$

将磁链公式(6-10)写成 $\psi = \psi(\theta) u/\Omega$，并与电流公式(6-15)一起代入式(6-19)，改变积分变量得

$$T_{em\,av} = \frac{N_r N_s}{4\pi \Omega^2} \int_0^{2\pi/N_r} \psi(\theta) \mathrm{d}f(\theta) \tag{6-20}$$

在理想线性情况下，当 θ_{on} 和 θ_p 给定时，$\int \psi(\theta) \mathrm{d}f(\theta)$ 可以积分得出，且是一个常数。由式(6-20)得知：SR 电动机运行时平均电磁转矩 $T_{em\,av}$ 与角速度 Ω 的平方成反比，电动机的电磁功率与 Ω 的一次方成反比。即

$$P_{em} \propto \frac{1}{\Omega} \tag{6-21}$$

$$T_{em\,av} \propto \frac{1}{\Omega^2} \tag{6-22}$$

5. 能量传递和能量比

$$\pm ui = i\left(L\frac{\mathrm{d}i}{\mathrm{d}t}\right) + i^2\frac{\mathrm{d}L}{\mathrm{d}t} \tag{6-23}$$

$$\frac{\mathrm{d}}{\mathrm{d}t}\left(\frac{1}{2}Li^2\right) = i\left(L\frac{\mathrm{d}i}{\mathrm{d}t}\right) + \frac{1}{2}i^2\frac{\mathrm{d}L}{\mathrm{d}t} \tag{6-24}$$

代入式(6-23)得

$$\begin{aligned}\pm ui &= \frac{\mathrm{d}}{\mathrm{d}t}\left(\frac{1}{2}Li^2\right) + \frac{1}{2}i^2\frac{\mathrm{d}L}{\mathrm{d}t}\\ &= \Omega\frac{\mathrm{d}}{\mathrm{d}\theta}\left(\frac{1}{2}Li^2\right) + \frac{1}{2}\Omega i^2\frac{\mathrm{d}L}{\mathrm{d}\theta}\end{aligned} \tag{6-25}$$

上式中左端取"+"号,表示相绕组的开关管接通,单位时间内从电源输入电能 ui;取"-"号表示开关断开,相绕组向电源充电。

式(6-25)反映了机电能量的转换过程,当相绕组的开关管导通时,单位时间内从电源输入电能 ui 中,一部分用于增加磁场储能 $\left(\frac{1}{2}Li^2\right)$,一部分用于转换为机械能输出 $\left(\frac{1}{2}\Omega i^2\frac{\mathrm{d}L}{\mathrm{d}\theta}\right)$。当相绕组的开关管在电感增加区域($\theta_2 \leqslant \theta < \theta_3$)断开时,$\mathrm{d}L/\mathrm{d}\theta$ 为正值,$\frac{1}{2}\Omega i^2\frac{\mathrm{d}L}{\mathrm{d}\theta}$ 为正,代表仍有机械能输出,说明磁场储能只有一部分返回电源,另一部分转换成机械能。若开关管在 $\theta_3 \leqslant \theta < \theta_4$ 区域内断开,则磁场储能全部返回电源,没有机械能输出。若开关管在 $\theta_4 \leqslant \theta \leqslant \theta_5$ 电感下降区断开,$\mathrm{d}L/\mathrm{d}\theta$ 为负值,所以 $\frac{1}{2}\Omega i^2\frac{\mathrm{d}L}{\mathrm{d}\theta}$ 为负,表示有部分机械能转换成电能反馈回电源,即在这个区域内反馈回电源的能量有两部分,一部分是全部的磁场储能,一部分是来自再生制动的机械能。

在交流电动机中通常用功率因数来衡量电动机的品质,但 SR 电动机运行时的电压、电流波形都不是正弦波,因此可用"能量比"(Energy Ratio,ER)的概念来代替功率因数。ER 定义为输出的有用能量与供给电动机的总能量之比,即

$$\mathrm{ER} = \frac{\text{供给电动机的总能量} - \text{返回电源的能量}}{\text{供给电动机的总能量}} = \frac{W}{R+W}$$

式中,W、R 的含义见图 6-13。

6.2.2 实际开关磁阻电动机的物理状态

6.2.1 节是以理想 SR 电动机为基础来分析一相绕组通电运行时的物理状态的。实际的 SR 电动机一般在较饱和的状态下运行,存在着严重的非线性,且绕组有电阻,情况较为复杂。就运行方式而言,有低速电流斩波控制和高速角度位置控制两种运行方式;就通电相数而言,除单相通电运行外,还常常出现两相同时通电运行(在导通角 $\theta_c > \tau_r/m$ 时)的情况,因此有相间的磁耦合。下面在理想 SR 电动机的基础上来分析实际 SR 电动机的物理状态,明确在 6.2.1 节中得到的一些结论应做哪些修改,并对它的误差进行定性估计。

SR 电动机稳态运行时,各相开关管的触发角 θ_{on} 和关断角 θ_{p} 是相同的,在忽略各相绕组间的耦合效应及开关管压降的假设条件下,它的相绕组的电压平衡方程为

$$\pm u = \frac{\mathrm{d}\psi}{\mathrm{d}t} + iR \tag{6-26}$$

SR 电动机常见的功率变换器电路如图 6-5 所示,相绕组上的电压与转子位置角 θ 有关。

当计及开关管 VT 和续流二极管 VD 的管压降时,则相绕组上的电压为

$$\begin{cases} +u-\Delta u_{VT} & \theta_{on}\leqslant\theta<\theta_p \\ -u-\Delta u_{VD} & \theta_p\leqslant\theta\leqslant\theta_w \\ 0 & \theta>\theta_w,\theta<\theta_{on} \end{cases} \quad (6-27)$$

式中,θ_w 为续流电流等于零时的转子位置角。

根据与 6.2.1 节相同的推导可知:在实际电动机中,在相同的电压和导通角条件下,由于绕组电阻存在,它的最大磁链值 ψ'_{max} 小于理想 SR 电动机的最大磁链值 ψ_{max};实际 SR 电动机中磁链上升的速率小于下降的速率,$\Delta\theta_1>\Delta\theta_2$,$\psi$ 随 θ 变化的波形不再是等腰三角形,如图 6-14 中曲线 2 所示。若为斩波控制,则更复杂,如图 6-15 所示。

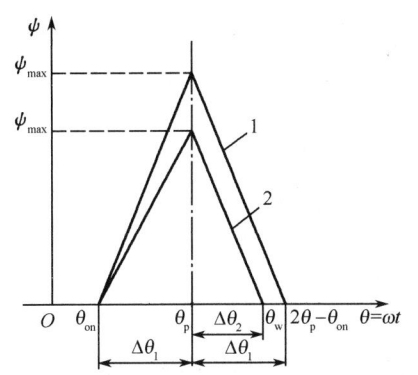
图 6-14　$\psi=f(\theta)$ 曲线

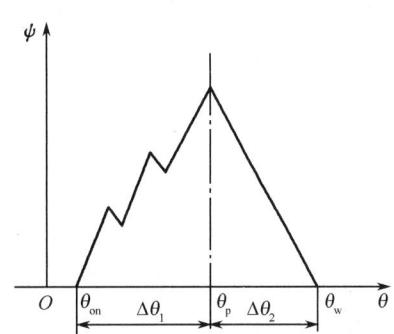
图 6-15　实际 SR 电动机斩波控制的磁链波形

在实际 SR 电动机中,由于磁路饱和和边缘效应,电感随转角的变化曲线与理想 SR 电动机的曲线有很大区别,它不仅是转角的函数,也是电流的函数,如图 6-16 所示(图中 L、i 都用标幺值表示,电感 L 选理想 SR 电动机时的 L_{max} 为基值,电流 i 取额定情况下的电流为基值)。同理,实际 SR 电动机中的绕组电流波形也发生了很大的畸变,由于磁路饱和并存在绕组电阻,电流峰值下降,波顶也变平。

另外,各相绕组之间的互感电动势对绕组电流也有影响。即使采用绕组正向串联接法,互感的影响也不容忽视,特别是导通角 θ_c 较大时(大于 τ_r/m),这种影响更加突出。例如,当每相绕组正向串联连接而四相绕组都通正向电流时,在定子内圆上齿极的极性分布是 NNNNSSSS,4 个相邻齿极为 S 极性(U、V、W、R),另外 4 个齿极为 N 极性。其中 V、W 两相的磁通交链情况完全相同,它们受相邻互感的影响相同,U、R 两相受到的影响则不同。因此一般四相绕组由于互感影响,电流不对称,从而会影响电动机的最大输出功率,增加噪声。

在 SR 电动机运行时,存在两种磁路饱和情况:一种是一般电动机都存在的随电流的增大而整个磁路饱和程度增加的情况,称为总体饱和;另一种是转子转到转子齿极与定子齿极刚刚相交叠或局部交叠而出现的局部饱和情况,这种饱和现象随定、转子齿极交叠区域的增大而饱和程度逐渐降低。当定、转子齿极完全交叠后,局部饱和现象可以忽略不计。

下面分析磁路饱和对 SR 电动机电磁转矩的影响。计及磁路非线性的实际 SR 电动机的磁化曲线如图 6-17 所示,极对极时和极对槽时的两条典型磁化曲线分别为 OCB 曲线和直线 OA(理想 SR 电动机为直线 OB 和直线 OA)。闭合曲线 OABCO 是电动机在磁路饱和状态运行时的轨迹。从图中可以看出,在 θ_{on}、θ_c、ψ_{max} 和 i_{max} 分别相同的情形下,实际 SR 电动机与理想

SR 电动机的磁场储能并不相同。理想 SR 电动机的磁场储能 $W_L=S_{\triangle OBD}$,磁共能增量 $\Delta W'_L=S_{\triangle OAB}$。实际 SR 电动机的磁场储能 $W_s=S_{OBC}$,磁共能增量 $\Delta W'_s=S_{OABCO}$,而 $W_L>W_s$,$\Delta W'_L<\Delta W'_s$,即由于磁路饱和使磁共能增量增加,相应的能量比也增大了。理想 SR 电动机的能量比(ER)的最大值是 0.5,实际 SR 电动机的 ER 值可以大于 0.5,极限情况 ER_{max} 可以接近于 1。当然,需要再次强调,这种比较是在相同的 ψ_{max} 和 i_{max} 条件下,同时也未考虑铁芯损耗的增加。

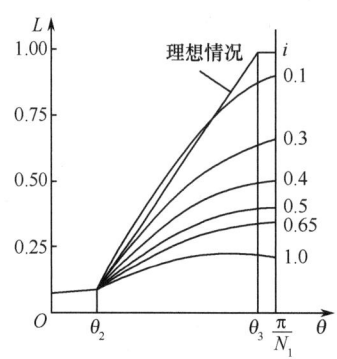 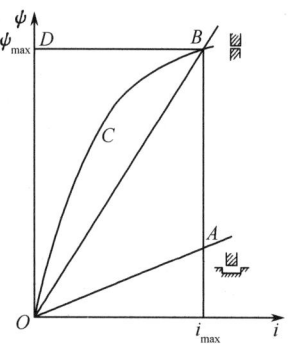

图 6-16　实际 SR 电动机的 $L=f(i,\theta)$　　　图 6-17　实际 SR 电动机的磁化曲线

6.2.3　开关磁阻电动机的数学模型

一台 m 相 SR 电动机,假设各相结构和参数相同或对称,且忽略铁芯损耗,就可以看成有 m 个电端对的机电装置,如图 6-18 所示。

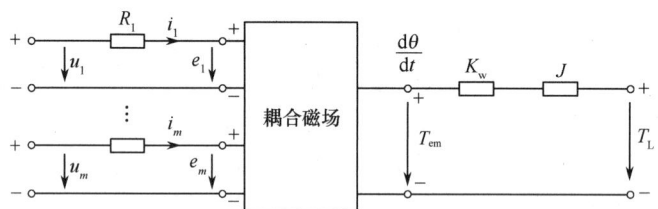

图 6-18　m 个电端对的机电装置

根据机电动力学知识,可以得到 SR 电动机各物理量计算的数学模型(或称基本方程)为

$$u_k=R_k i_k+\frac{d\psi_k}{dt}$$

$$\psi_k=\psi(i_1,i_2,\cdots,i_k,\cdots,i_m,\theta)$$

$$T_{em}=J\frac{\partial W'_m(i_1,i_2,\cdots,i_k,\cdots,i_m,\theta)}{\partial \theta} \quad (6-28)$$

$$T_{em}=J\frac{d\Omega}{dt}+K_w\Omega+T_L$$

$$\Omega=\frac{d\theta}{dt}$$

由于磁路的非线性、磁通的复杂分布、各相之间的磁耦合等影响,使得式(6-28)实际上很难计算,一般需要针对具体运行状态和研究目的进行必要的简化。例如,在 6.2.1 节中做了 5 点假设,以简化成理想线性的情况,就是为了说明 SR 电动机内部各物理量的基本特点和相互关系。

SR 电动机一般运行在较高的饱和状态,因此,为了近似考虑磁路的饱和效应和边缘效应,可将实际的非线性磁化曲线分段线性化,并忽略各相之间的耦合效应。这样,就可以用解析式来表示每段磁化曲线。分段线性化的方法很多,这里给出一种 SR 电动机分析中常用的方法,如图 6-19 所示,这是一种用标幺值表示的分段线性化的磁化曲线。图中的 i_1 是根据 SR 电动机极对极情况下的实际磁化曲线 $\psi = f(i)$ 决定的,一般定在磁化曲线开始弯曲处。相应的电感 $L(i,\theta)$ 和转矩 $T(i,\theta)$ 的解析表达式分别为

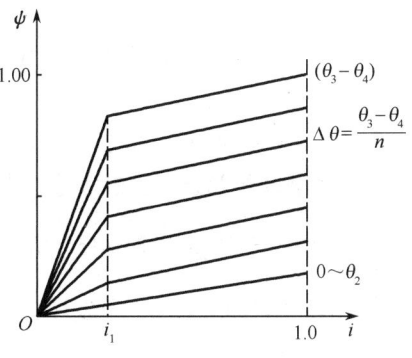

图 6-19 分段线性化的磁化曲线

$$L(\theta) = \begin{cases} L_{\min} & \\ K(\theta-\theta_2)+L_{\min} & 0 \leqslant i < i_1 \quad \theta_2 \leqslant \theta < \theta_3 \\ \dfrac{K(\theta-\theta_2)}{i}i_1+L_{\min} & i \geqslant i_1 \\ L_{\max} & 0 \leqslant i < i_1 \quad \theta_3 \leqslant \theta < \theta_4 \\ L_{\max}+\dfrac{K(\theta-\theta_4)}{i}i_1 & i \geqslant i_1 \end{cases} \tag{6-29}$$

$$T_{em}(i,\theta) = \frac{\partial W'_m(i,\theta)}{\partial \theta} \tag{6-30}$$

其中
$$W'_m(i,\theta) = \int_0^i \psi(i,\theta)\mathrm{d}i = \int_0^i L(i,\theta)i\mathrm{d}i$$

将式(6-29)代入上式积分,然后对转子位置角 θ 求导,即可计算出转矩 $T(i,\theta)$,即

$$T_{em}(i,\theta) = \begin{cases} 0 & \theta_1 \leqslant \theta < \theta_2 \\ \left.\begin{array}{ll} \dfrac{Ki^2}{2} & 0 \leqslant i < i_1 \\ \dfrac{Ki_1(i-i_1)}{2} & i_1 \leqslant i \end{array}\right\} & \theta_2 \leqslant \theta < \theta_3 \\ 0 & \theta_3 \leqslant \theta < \theta_4 \end{cases} \tag{6-31}$$

θ_1、θ_2、θ_3、θ_4 对应转子位置角的含义与图 6-9 中的完全一样。上述这种磁化曲线分段线性的计算方法称为准线性模型,它多用于分析和计算功率变换器和定位控制策略中。

从式(6-31)可以看出:当 SR 电动机运行在电流很小的情况下,磁路不饱和,电磁转矩 T_{em} 与电流的平方成正比;当运行在饱和情况下,电磁转矩 T_{em} 与电流成正比。这个结论可以作为制定控制策略的依据。

实际上,SR 电动机总是运行在磁路饱和状态,特别是在定、转子磁极对齐的位置,饱和效应最为明显,而在定、转子磁极达到非对齐位置,即对应于转子角较大的位置时,饱和效应较小。饱和对 SR 电动机的性能有两个近乎矛盾的重要效应。一方面,在给定电流时,饱和限制了磁通密度,趋向于限制 SR 电动机所能产生的总转矩;另一方面,在输出功率给定的情况下,饱和可以降低 SRD 系统所需逆变器的伏安容量,趋向于使逆变器变小,成本降低。在 SRD 系统设计时,需要综合考虑,往往最终的设计方案是 SR 电动机及其逆变器的尺寸、成本、效率的优化折中方案。

6.3 开关磁阻电动机的运行状态及控制方式

SR 电动机运行时,主要有启动运行状态、稳定运行状态及制动运行状态。本节以四相 8/6 齿极 SR 电动机为例,简要说明各种运行状态的特点和控制方法。

6.3.1 开关磁阻电动机的运行特性

在外加电压 u 给定、触发角 θ_{on} 和导通角 θ_c 固定时,SR 电动机的转矩、功率与转速之间的变化关系类似于直流电动机的串励特性。固定电压 u、触发角 θ_{on} 和导通角 θ_c 三者中的任意两个而改变另一个,可得到一组串励特性曲线,从而可得三组串励特性曲线。

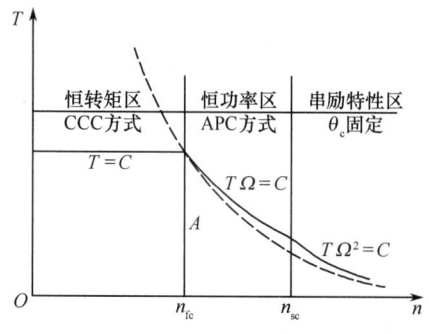

图 6-20 SR 电动机的典型机械特性

对几何尺寸一定的 SR 电动机,在最高外加电压、允许的最大磁链 ψ_{max} 与最大电流 i_{max} 条件下,有一个临界转速 n_{fc}(见图 6-20,或用临界角速度 Ω_{fc} 表示),称为第一临界转速,它是 SR 电动机获得最大转矩的最高速度。对应的运行点为第一临界运行点。

在一定的导通角 θ_c 条件下,在 Ω 降低时,ψ 和 i 将增大。因此,在 SR 电动机的运行速度低于 n_{fc} 时,为了保证 ψ 和 i 不超过允许值,必须采用可控条件,即改变电压、触发角 θ_{on} 和导通角 θ_c 三者中的任意一个或任意两个,以实现 ψ_{max} 和 i_{max} 值的限定并得到恒转矩特性。

当 SR 电动机的运行速度高于 n_{fc} 时,在外加电压、导通角和触发角都一定的条件下,由式(6-9)和式(6-15)可知,若为理想线性情况,随着 Ω 的增加,ψ 或 i 将下降,转矩则随 Ω 的平方下降。因此,为了得到恒功率特性($T\Omega=C$),也必须采用可控条件。但是外加电压最大值是由电源的功率变换器决定的,而导通角又不能无限增加(一般不能超过 π/N_r)。因此,在 $u=u_{max}$、$\theta_c=\pi/N_r$ 和最佳的触发角 θ_{on} 条件下,能得到最大功率 P_{max} 的最高转速,也就是恒功率特性的速度上限称为第二临界转速 n_{sc}(或用第二临界角速度 Ω_{sc} 表示),对应的运行点称为第二临界运行点。当转速再增加时,由于可控条件都已达到极限,转矩不再随 Ω 下降,SR 电动机又呈串励特性运行,如图 6-20 所示。

运行时存在第一、第二两个临界运行点,这是 SR 电动机的一个重要特点。采用不同的可控条件,可以得到两个临界运行点的不同配置,从而得到各种各样的机械特性,这就是 SR 电动机具有优良调速性能的原因之一。从设计的观点看,两个临界运行点的合理配置是保证 SR 电动机设计合理、满足给定技术指标要求的关键。

6.3.2 开关磁阻电动机的启动运行

对 SR 电动机启动的基本要求:有足够大的启动转矩,启动电流小,启动时间短。单相 SR 电动机(有一对线圈)只能在有限转角($\partial L/\partial \theta$ 为正值)范围内产生正转矩,其在正、反两个方向上是一致的,因此转子必须在该角度内才能启动。两相 SR 电动机的定子上有 4 个齿极(两对线圈),其转子可以在任意位置启动,但只能单方向运转。三相或三相以上的 SR 电动机,转子在任意位置都具有可逆自启动能力。

SR 电动机启动时,不需要其他启动设备,启动方式有一相启动方式和两相启动方式。

1. 一相启动方式

一相启动方式是 SR 电动机每相轮流通以恒定电流的启动方式。图 6-21 为四相绕组 SR 电动机一相启动时的各相矩角曲线。由于各相矩角曲线有重叠,因而转子在任意位置处的转矩值都不为零,如图中粗实线所示。SR 电动机转子的初始位置不同,则启动转矩的大小也不同。在各相矩角曲线的交点处,启动转矩最小;各相矩角曲线的幅值处,启动转矩最大。因此,当转子的初始位置在 θ_s 之前应由 R 相绕组导通,在 θ_s 之后就由 U 相导通。最小启动转矩大于总负载转矩时,SR 电动机在任何转子初始位置都可以启动;反之,则存在启动死区。所以,最小启动转矩 $T_{\text{st min}}$ 表示了 SR 电动机带负载转矩启动的能力。

最小启动转矩 $T_{\text{st min}}$ 与绕组中的启动电流有关,与各相矩角曲线的重叠有关,也与矩角特性的波形有关。

(1) 启动电流 I_{st} 等于斩波控制时的最大电流有效值,即

$$I_{\text{st}} = I_{\text{cmax}} \tag{6-32}$$

(2) 最小启动转矩 $T_{\text{st min}}$

$$T_{\text{st min}} = T(I_s, \theta_s) = T(I_s, \theta)|_{\theta = \theta_s} \tag{6-33}$$

$$T(I_s, \theta_s) = T\left(I_s, \theta_s + \frac{\tau}{m}\right) \tag{6-34}$$

将式(6-33)与式(6-34)联立,可以求出最小启动转矩 $T_{\text{st min}}$ 和 θ_s。根据一定的负载转矩 T_L,可以利用式(6-32)、式(6-33)与式(6-34)来确定所需的启动电流 I_{st}。

2. 两相启动方式

两相启动方式是指 SR 电动机在启动过程中的任意时刻都有两相绕组通以同样的启动电流。该方式的启动转矩由两相绕组电流共同产生,若忽略两相绕组间的磁耦合影响,则启动转矩可由各相矩角特性线性叠加而成,如图 6-22 中实线所示。与图 6-21 比较,转矩波动减小,平均转矩增大。因此,两相启动的性能比一相启动的性能好。对于一定的负载转矩,两相启动时,每相绕组通电的导通角约为一相启动时的 2 倍,电流有效值略有增大;另一方面,两相启动所需的启动电流幅值小于一相启动的启动电流幅值,两相启动将降低开关管的电流容量,降低系统的成本。因此,一般都采用两相启动方式。

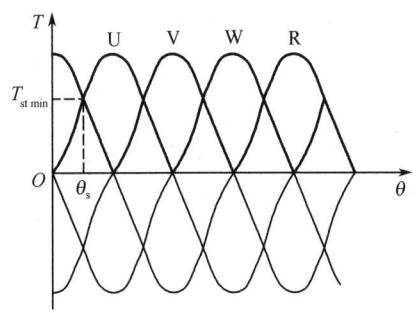

图 6-21 一相启动时的各相矩角曲线

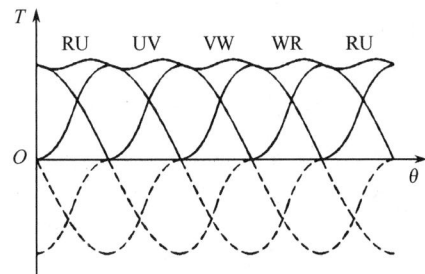

图 6-22 两相启动时的启动转矩波形

6.3.3 开关磁阻电动机的稳态运行

SR 电动机的稳态运行是指在恒定负载、恒定转速下的运行。为了保证 SR 电动机的可靠

运行,一般在低速(低于第一临界转速 n_{fc})时,采用电流斩波控制的运行方式(Current Chopping Control,简称 CCC 方式);在高速情况下,采用角度位置控制的运行方式(Angle Position Control,简称 APC 方式)。下面分别介绍这两种运行方式的特点。

1. 电流斩波控制运行方式

由式(6-11)可知,$\psi_{max}=\dfrac{u}{\Omega}(\theta_p-\theta_{on})=\dfrac{u}{\Omega}\theta_c$。在导通角 θ_c 和触发角 θ_{on} 一定的情况下,ψ_{max} 反比于转子速度。在转速较低时,绕组磁链 ψ_{max} 会增大,相应的电流峰值也增大。为了避免电流过大而损坏开关管和 SR 电动机,SRD 系统在低速时必须采用限流措施,一般采用在触发角 θ_{on} 到关断角 θ_p 范围内斩波的方式。下面介绍几种电流斩波控制方式。

(1) 给定绕组电流上限值 I_{max} 和下限值 I_{min} 的斩波方式

控制器在绕组电流达到上限值时,关断开关管,并在电流衰减到下限值后重新开通开关管,这样在触发角 θ_{on} 到关断角 θ_p 范围内,通过开关管的多次导通和关断来限制电流在给定的上限值和下限值之间变化。在这种方式下,触发角 θ_{on} 和关断角 θ_p 可以改变,也可以固定不变,一般多采用固定不变。这种方式是通过改变电流上、下限值的大小来调节 SR 电动机输出转矩,并由此实现速度闭环控制的。图 6-23 表示转速 n、θ_{on} 和 θ_p 不变的条件下,两种负载运行时的磁链和电流波形。图 6-24 表示 $\theta_{on}=0°$、$\theta_p=30°$ 时对应不同电流值的机械特性。

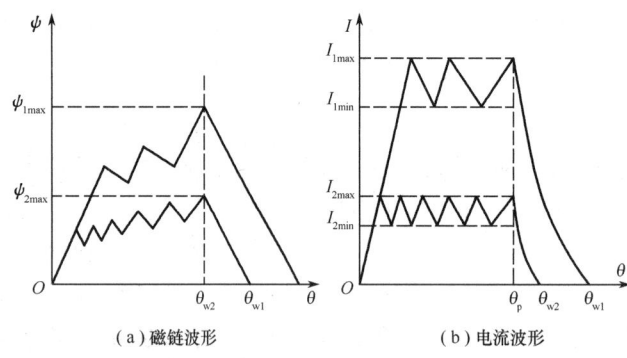
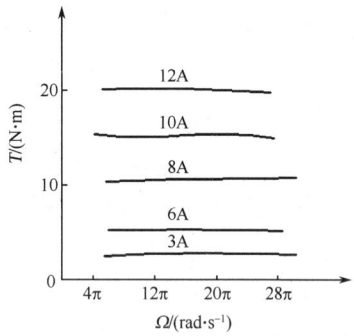

图 6-23 两种负载运行时的磁链和电流波形(CCC 方式下) 　　图 6-24 CCC 方式下的 $T=f(\Omega)$

(2) 给定绕组电流的上限值 I_{max} 和关断时间 t_1 的斩波方式

这种方式与(1)基本相同,不同之处是在触发角 θ_{on} 到关断角 θ_p 范围内,开关管关断后,再次导通是由给定的关断时间 t_1 来决定的,而不是绕组电流衰减到了下限值。

(3) 脉宽调制的斩波方式

在这种控制方式下,一般触发角 θ_{on} 和关断角 θ_p 固定不变。在触发角 θ_{on} 到关断角 θ_p 范围内,以 T 为固定的斩波周期,控制器控制开关管的导通时间 T_1 和关断时间 T_2 的比例,从而控制绕组电流的幅值和有效值。

2. 角度位置控制运行方式

在转速变大时,为了使转矩不以平方关系下降,在外加电压 u 不变的情况下,通过改变触发角 θ_{on}、关断角 θ_p(或导通角 θ_c)来改变转矩的运行方式,称为角度位置控制运行方式。

图 6-25 表示一台四相 8/6 齿极 7.5kW 的 SR 电动机的转矩与 θ_{on}、θ_p 的关系曲线。从图中可以看出,θ_p 有一个最佳值。θ_p 过大时,转矩反而会减小,这是因为在电感下降区有较大的绕组电流,它产生负转矩。θ_p 一般取在 θ_3 附近(见图 6-9),最好小于 π/N_r。

图 6-20 中，$n_{fc} \sim n_{sc}$ 段曲线表示 SR 电动机在 APC 方式时的机械特性，虚线表示 θ_{on}、θ_p 不变时的串励特性，实线代表额定运行时的机械特性。在这条曲线与两坐标轴所包围区域内的任意一点，SR 电动机都能稳定运行。对于任意一种机械特性，SRD 系统都能实现，这就是 SRD 系统所具有的调速灵活、能实现任意机械特性的优点。

6.3.4 开关磁阻电动机的制动运行

在传动系统中，为了满足生产工艺的要求或者安全起见，需要限制电动机转速的升高或者由高速运行快速进入低速运行，为此需要对电动机进行制动。所谓制动，就是在电动机轴上施加一个与旋转方向相反的转矩。在 SR 电动机中，只有回馈制动（或称再生制动）方式。当触发角 θ_{on} 和关断角 θ_p 位于电感下降区，即 $dL/d\theta < 0$ 时，磁链、电流和转矩的变化波形如图 6-26 所示。在这种运行状态下，SR 电动机处于回馈制动状态，磁链、电流是正值，转矩是负值。这时转子轴上输入的机械能被 SR 电动机转换成电能，并反馈给电源或其他储能元件，如电容。因此，改变 θ_{on} 和 θ_p，不仅能改变 SR 电动机输出转矩的大小，而且可以改变转矩的方向。从上面的分析可以得出两点：制动运行方式仍属于角度位置控制运行方式的一种；在制动运行方式中，磁链、电流的方向仍为正值。这也表明 SR 电动机的转矩方向与电流方向无关。

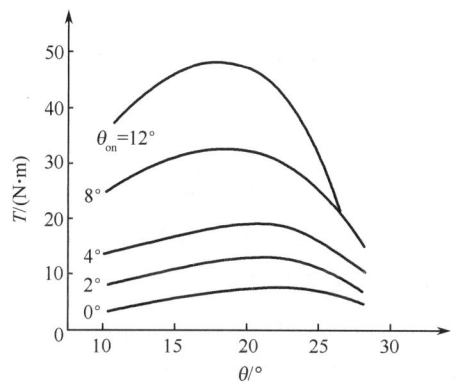

图 6-25 APC 方式下 T 与 θ_{on}、θ_p 的关系曲线

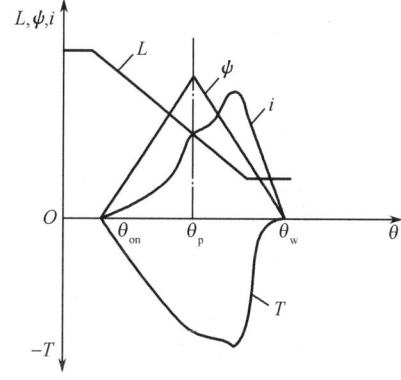

图 6-26 制动状态下 ψ、i、L、T 与转子位置角 θ 的相对关系示意图

6.3.5 开关磁阻电动机运行时的转矩脉动与噪声

1. SR 电动机的转矩脉动

SR 电动机是双凸极结构，直轴与交轴的磁阻值相差很大。但结构的凸极性并不是产生转矩脉动的根本原因。实验证明，SR 电动机绕组依序通电的开关性是产生转矩脉动的最根本原因。在 SR 电动机运行时，定子各相绕组依序轮流通电所产生的合成转矩具有明显的脉动性质，如图 6-21 和图 6-22 所示。同时，SR 电动机的双凸极性（或说结构的非线性）和运行时的磁饱和非线性对转矩脉动的大小也有明显的影响。

SR 电动机存在着一定程度的转矩脉动，这是它的一个缺陷。当然，由于负载转动惯量的存在，这种脉动不会对 SRD 系统运行造成明显的影响，但是限制了 SR 电动机的速度下限和作为伺服元件的应用。同时转矩脉动也限制了 SR 电动机在精密加工车床上作为主轴传动设备等方面的应用。所以,如何减小 SR 电动机转矩脉动也是研究的课题之一。为了量化转矩脉动,采用转矩脉动系数 T^*,它是反映某一转速下转矩脉动大小的量,其定义为

$$T^* = \frac{1}{T_{av}\tau}\int_{\tau}^{0} | T - T_{av} | dt \qquad (6-35)$$

式中,τ 为脉动系数,且 $\tau = \tau_r/\Omega_0$;T_{av} 为平均转矩。

要减小 T^*,关键要做到开关性(θ_{on} 与 θ_c)、结构非线性和磁饱和非线性三者的合理配合。目前,要减小转矩脉动,可从两个方面着手:一是在设计方面要合理设计极弧宽度及磁路的饱和程度,保证相邻相的静态转矩有足够的重叠角及最佳的矩角特性;二是在运行方面必须研究合理的控制策略,例如采用相电流跟踪参考电流的方法等。

2. SR 电动机的噪声

振动与噪声是 SR 电动机的一个比较突出的问题,下面给出产生噪声的原因,为合理设计 SR 电动机与制订正确的控制策略提供依据。产生噪声的主要原因是齿极受到径向变化的磁拉力,引起定子铁芯变形和振动。如果气隙磁导波可以简化成正弦形式,那么 SR 电动机齿极受到的切向和径向磁拉力 F_t 和 F_r 可分别表示为

$$F_t = f_1(i)\frac{\sin(N_r\theta)}{\delta} \qquad (6-36)$$

$$F_r = f_2(i)\frac{1-\cos(N_r\theta)}{\delta^2} \qquad (6-37)$$

根据上述公式,有两条减小噪声的有效措施。

(1) 减小 θ_p

从角度位置控制运行方式分析知道,θ_p 在 π/N_r 附近变化时,对平均转矩影响不大。因为从式(6-36)和式(6-37)可以看出,此时 F_t 接近 0 而 F_r 却接近最大值。所以,适当减小 θ_p,避开 π/N_r,不会减小 SR 电动机的输出功率,却对减小噪声是十分有益的。

(2) 适当增加气隙长度

这是一个对所有电动机都适用的减小噪声的方法,但在 SR 电动机中效果更为明显。因为决定电磁转矩的切向磁拉力 F_t 与气隙长度的一次方成反比,而产生噪声的径向磁拉力 F_r 却与气隙长度的二次方成反比。当气隙增加到一定程度时,电动机输出功率减少不多,而噪声却有明显的减小。

此外,减小转矩脉动也可降低噪声,所以合理设计极弧宽度及采用合理的控制策略,对减小噪声也有好处。

6.4 开关磁阻电动机传动系统的控制

早期的 SRD 控制系统多采用硬件电路实现,其动态响应快,但是系统所需的元件太多,控制灵活性差,难以实现复杂的控制算法,因此它逐渐被各种微处理器所替代。目前,硬件电路方案仅用于功能单一的专用 SRD 系统和一些小功率简易型产品中。

SRD 系统的控制问题包括系统的组成、系统控制的方法和运行性能的优化等。SRD 系统的组成如图 6-27 所示,包括控制器及其外围电路、功率变换器、信号检测电路等。SRD 系统的控制器随着电子技术的发展也在不断变化。

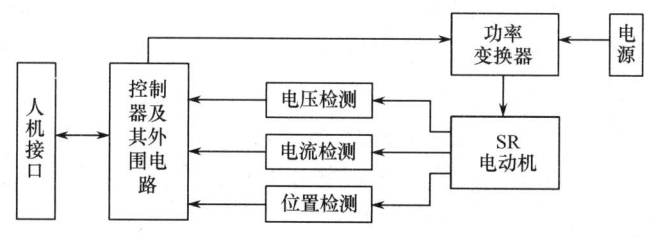

图 6-27 SRD 系统的组成

单片机的应用简化了 SRD 系统的控制器,提高了系统的控制灵活性,可以实现很多控制功能,并能够实现一些智能功能,但转速调节受单片机速度的限制。国内较早使用的是 MCS-51 系列单片机。MCS-51 系列单片机可以实现 SRD 系统的控制功能,但是它仍然需要增加较多的外围电路,而且 MCS-51 系列单片机的运算速度较慢,系统的实时性较差。目前,SRD 系统更多采用 16 位单片机,如 MCS-96 系列单片机。

以 51 系列单片机为核心的 SRD 系统的典型模拟量采样时间为 50ms,用于通用电动机(转速范围为 50~3000r/min,动态响应时间不多于 200ms)的速度环调节尚可,但对转速范围较宽、动态响应要求更快的场合及电流环则不能满足要求。采用 16 位单片机的典型模拟量采样时间为 5ms,这一时间用于电流环调节仍较困难。因此,在 SRD 单片机控制系统中,可以采用单片机控制与硬件电路相结合的方案,硬件电路承担快速调节工作,而单片机主要用来完成一些控制算法,同时处理输入、输出和显示等任务。

目前高性能 SRD 系统越来越多地采用 DSP 作为控制核心。DSP 控制器由专用的运动控制外设电路(PWM 产生、捕获单元等)及其他功能的外设电路(A/D 转换、串行通信、CAN 模块等)集成在芯片上,保持了传统微处理器的可编程、灵活性及适应性好、集成度高、升级方便等优点,同时 DSP 控制器具有运算速度快、运算精度高和处理大量数据的能力。使用 DSP 控制器,不仅可以简化 SRD 系统的硬件结构,而且可以完成一些单片机无法完成的复杂算法,从而提高控制精度和控制性能。

6.4.1 SRD 控制系统结构及算法

1. SRD 控制系统的结构

SRD 控制系统的结构如图 6-28 所示。SRD 控制系统具有转速外环、电流内环,是双闭环控制系统,转速指令信号 Ω^* 减去实际转速 Ω 得到转速误差信号,转速调节器(ASR)根据转速误差信号得出转矩指令信号 T^*。

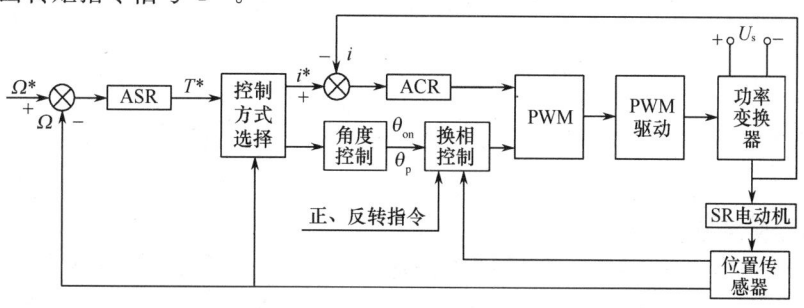

图 6-28 SRD 控制系统的结构

控制方式选择是 SRD 系统控制策略的总体现,它根据实时转速信号确定控制方式:在低速运行时,固定开通角 θ_{on} 和关断角 θ_p,采用 CCC(电流斩波控制)方式;在高速运行时,改变开通角 θ_{on} 和关断角 θ_p,采用 APC(角度位置控制)方式。

在 CCC 方式下,实际电流的控制是由 PWM 斩波实现的。转矩指令信号直接作为电流指令信号 i^*,电流调节器(ACR)根据电流误差(电流指令信号 i^* 与实际电流信号 i 之差)来调节 PWM 信号的占空比,PWM 信号与换相逻辑信号相"与"并经 PWM 驱动后来控制开关器件的导通和关断。

在 APC 方式下,在控制方式选择中将转矩指令信号 T^* 先加上偏置作为电流指令信号 i^*,使 i^* 大于 i,这时从开通角 θ_{on} 到关断角 θ_p 范围内便不会出现斩波;转矩指令信号 T^* 作为角度控制的输入,来决定开通角 θ_{on} 和关断角 θ_p 的大小。

2. SRD 控制系统中的数字 PI 算法

由于 SR 电动机具有比较好的动态性能,控制器对速度、电流和导通角 Q_c 的自动调节采用 PI(比例、积分)算法实现,其计算公式为

$$u = K_P \left(e + \frac{1}{T_I} \int_0^t e \mathrm{d}t \right) + u_o \qquad (6\text{-}38)$$

式中,u 为调节器的输出,对于 SR 电动机,为速度、电流或导通角 Q_c;K_P 为比例常数;e 为调节器的偏差输入;T_I 为积分常数;u_o 为控制常量,通常取输出量取值范围的中间值,以加快系统的调节速度。

微处理器的控制是采样控制,式(6-38)中的积分项不能直接计算,只能用数学方法逼近。现用离散采样时刻 $t=iT$(T 为采样周期)表示连续时间,将式(6-38)离散化为

$$u_i = K_P \left(\Delta e_i + \frac{T}{T_I} \sum_{j=1}^i e_j \right) + u_o \qquad (6\text{-}39)$$

式中,u_i 为第 i 个采样时刻调节器的输出;e_i 为第 i 个采样时刻调节器的输入偏差。

电动机控制要求很强的实时性,因此要尽可能缩短微处理器采用的控制算法的计算时间,尽可能采用更简的算式,为此,可以采用微处理器控制系统中广泛应用的数学递推算式,即

$$\Delta u_i = K_P \Delta e_i + \frac{T}{T_I} e_i \qquad (6\text{-}40)$$

PI 调节的输出量最后要转化为导通角 θ_c 或斩波电流限值(也就是脉冲宽度)来控制电动机。采用 APC 方式时,一般固定关断角 θ_p,而只调节导通角 θ_c。在实际控制系统中,先通过计算机仿真或实验求出不同转速下的最佳关断角 θ_p,然后将其固化在存储器中,用关断角 θ_p 减去由 PI 调节子程序计算出来的导通角 θ_c,就得到了开通角 θ_{on}。

6.4.2 功率变换器

功率变换器设计主要包括功率变换器主电路结构的确定和开关器件的选择及其电流定额的确定。下面从这两个方面分别进行介绍。

1. 功率变换器主电路结构

功率变换器的电路结构有许多种,在设计时需要注意,不同结构的电路,其开关器件数量及其电流定额、能量回馈方式以及适用场合均不同。下面介绍 SRD 控制系统中常用的几种功率变换器主电路。

(1) 双开关型主电路

如图 6-29 所示,双开关型主电路的每相有两个开关器件和两个续流二极管。当两个开关器件 VT_1 和 VT_2 同时导通时,直流电源 U_s 向电动机 A 相绕组供电;当 VT_1 和 VT_2 同时关断时,电流沿图中箭头方向经续流二极管 VD_1 和 VD_2 续流,将电动机的磁场储能以电能形式迅速回馈电源,实现强迫换相。

这种结构的主要优点是各相绕组电流可以独立控制且控制简单;对开关器件的电压容量要求比较低,特别适合于高压和大容量场合。缺点是需要的开关器件数量较多。

双开关型主电路适用于任意相数的 SRD 系统,也是三相 SRD 系统最常用的主电路形式,所以也称为三相不对称半桥型主电路,如图 6-30 所示。

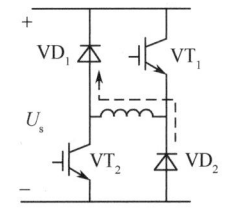

图 6-29 双开关型主电路

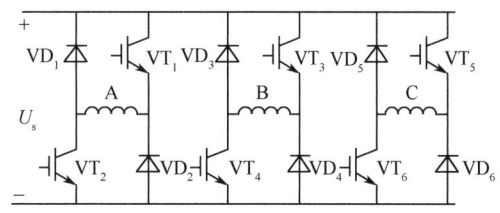

图 6-30 三相不对称半桥型主电路

(2) 双绕组型主电路

图 6-31 为双绕组型主电路,每相均有主、副两个绕组。开关器件 VT_1 导通时,直流电源 U_s 对主绕组供电,形成实线箭头方向的电流;当 VT_1 关断时,靠磁场耦合将主绕组的电流转移到副绕组,再通过二极管 VD_1 续流(续流方向为虚线箭头方向),向电源回馈电能,实现强迫换相。为了保证主、副绕组之间紧密耦合,通常主、副绕组是双线并绕而成的,同名端反接,匝数比为 1 : 1。

双绕组型主电路结构简单,每相只有一个开关器件,开关器件少。但是开关器件除了要承受电源电压,还要承受副绕组(续流时)的互感电动势。如设主、副绕组的匝数比为 1 : 1,并认为它们完全耦合,则开关器件的工作电压是双开关型主电路中开关器件的 2 倍。因为在实际中主、副绕组之间不可能完全耦合,所以在 VT_1 关断瞬间,因漏磁及漏感作用,其上会形成较高的尖峰电压,故 VT_1 需要有良好的吸收回路,才能安全工作。

这种主电路的优点是结构简单,每相只有一个开关器件,开关器件少;可适用于任意相数的 SR 电动机,尤其适宜于低压直流电源(如蓄电池)供电的场合。缺点是每相含主、副两个绕组,电动机槽及铜线的利用率低,铜耗增加而且电动机体积变大。

(3) 电容分压型主电路

电容分压型主电路也叫电容裂相型主电路或双电源型主电路,如图 6-32 所示,是四相 SR 电动机广泛采用的一种主电路形式。这种结构主电路的每相只需要一个开关器件和一个续流二极管,各相的开关器件和续流二极管依次上下交替排布;直流电源 U_s 被两个大电容 C_1 和 C_2 分压,得到中点电位 $U_o = U_s/2$(通常 $C_1 = C_2$);四相绕组的其中一端共同接至电源的中点。

在这种电路中,SR 电动机采用单相通电方式,当上桥臂的开关器件 VT_1 导通时,A 相绕组从电容 C_1 吸收电能;当 VT_1 断开时,则 A 相绕组的剩余能量经 VD_1 回馈给电容 C_2。而当下桥臂 VT_2 导通时,绕组 B 从 C_2 吸收电能;当 VT_2 断开时,B 相绕组的剩余能量经 VD_2 回馈给 C_1。为了保证上、下两个电容在工作时的电压对称,该电路仅适用于偶数相的 SR 电动机。由于采用电容分压,加到电动机绕组两端的电源电压仅为 $U_s/2$,电源电压的利用率降低。在同等功率情况下,开关器件的工作电流为双开关型主电路中的 2 倍。而每个开关器件和续流二极管的额定工作电压为 $U_s+\Delta U$(ΔU 是换相引起的瞬时电压)。

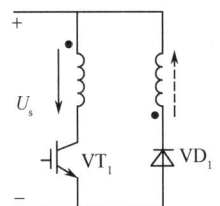

图 6-31 双绕组型主电路

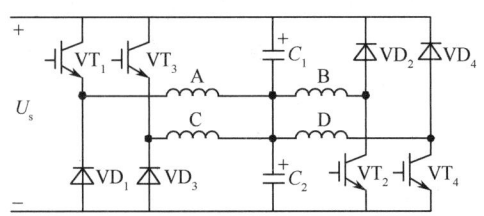

图 6-32 电容分压型主电路

电容分压型主电路有以下特点:
① 上、下两路负载必须均衡,电动机的相数必须是偶数;
② 每相只用一个开关器件,开关器件少,结构简单;
③ 在实际工作时,由于分压电容不可能很大,中点电位是波动的,在低速时的波动尤为明显,甚至可能导致电动机不能正常工作;
④ 需要体积大、成本高的高压大电容;
⑤ 电源电压的利用率低,适用于电源电压较高的场合。

(4) H 桥型主电路

H 桥型主电路如图 6-33 所示,与四相电容分压型主电路相比,H 桥型主电路少了两个的分压电容,换相的磁能以电能形式一部分回馈电源,另一部分注入导通相绕组,这将引起中点电位的较大浮动。H 桥型主电路要求每一瞬间上、下桥臂必须各有一相导通,本电路特有的优点是可以实现零电压续流,提高系统的控制性能。

图 6-33 H 桥型主电路

H 桥型主电路只适用于四相或 4 的倍数相 SR 电动机,它也是四相 SR 电动机广泛采用的一种主电路形式。

在这种电路中,SR 电动机采用两相通电的工作方式,通过斩波控制进行调速。其斩波模式有两种:四相斩波模式和两相斩波模式。

① 四相斩波模式。在一个导通区间内,对上、下桥臂的开关器件同时进行斩波操作,这时,上桥臂开关器件和下桥臂开关器件同时导通或关断。以 A、B 两相为例,当 VT_1 和 VT_2 导通时,电源对 A、B 两相绕组供电;当 VT_1 和 VT_2 关断时,续流电路如图 6-34 所示,续流电流经 VD_1、VD_2 回馈电源。

采用四相斩波控制时,关断相储存的电能回馈给电源,续流电流下降较快,这给换相带来好处,但绕组中的电流不够平滑,会使噪声增大。此外,由于每个开关器件在其导通区间始终处于高频状态,损耗比较大。

② 两相斩波模式。在一个导通区间内,仅对上桥臂开关器件 VT_1 和 VT_3(或下桥臂开关器件 VT_2 和 VT_4)进行斩波操作,而使另一桥臂的开关器件始终处于开通状态。仍以 A、B 两相为例,当 VT_1 和 VT_2 导通时,电源对 A、B 两相绕组供电;当 VT_1 关断、VT_2 导通时,续流电路如图 6-35 所示,A 相电流注入导通相。

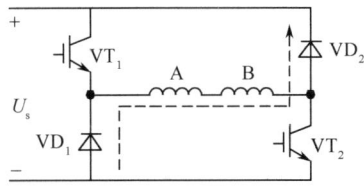
图 6-34 四相斩波时的续流回路

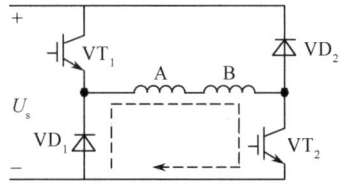
图 6-35 两相斩波时的续流回路

为了使各相电流更加一致并使各相开关器件的负荷相同,可使上桥臂开关器件和下桥臂开关器件轮流斩波。这种斩波方式的特点是续流期间绕组两端电压近似为 0,所以电流下降缓慢,续流期间没有能量回馈电源。

(5) 公共开关型主电路

图 6-36 所示的电路是三相公共开关型主电路,除每相各有一个开关器件外,还有一个公共开关器件 VT_1。公共开关器件对供电相实施斩波控制,当 VT_1 和 VT_2 同时导通时,电源向 A 相绕组供电;当 VT_1 关断、VT_2 导通时,A 相电流经 VD_1 续流;当 VT_1 和 VT_2 都关断时,电源通过 VD_1 和 VD_2 反加于 A 相绕组两端,实现强迫续流、换相;当 VT_1 导通,VT_2 关断时,相

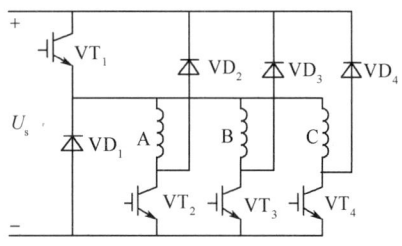
图 6-36 三相公共开关型主电路

电流将经 VD_2 和 VT_1 续流,因电源没有反方向地加在 A 相绕组两端,不利于实现强迫换相。

具有公共开关器件的功率变换器电路有一个公共开关器件在任一相导通时均开通,一个公共续流二极管在任一相续流时均参与。该电路所需的开关器件和续流二极管数量较双开关型主电路大大减少,可适于相数较多的场合,其造价明显降低。但相数太多,公共开关器件的电流定额和功率定额都大大增加,若其损坏,将导致各相同时失控。

2. 开关器件的选择及其电流定额的确定

目前可供选择的开关器件主要有晶闸管(SCR)、门极可关断晶闸管(GTO)、电力双极型晶体管(BJT)、功率场效应管(Power-MOSFET)、绝缘栅极双极型晶体管(IGBT)和 MOS 控制晶闸管(MCT)等。

在 SR 电动机的发展初期,开关器件多选用 SCR。SCR 没有自关断能力,强迫关断电路的结构复杂且成本高,其开关速度不高,使得功率变换器的控制性能不理想。GTO 的门极控制较复杂,开关频率不高,由 GTO 作功率变换器开关的 SRD 系统,难以实施高性能的控制策略。GTO 属于电流控制器件,其驱动电路要求有较大的输出电流,因此,驱动电路需要较大的驱动功率。功率 MOSFET 属于电压控制器件,工作频率高、开关速度快,非常适合作低压、小功率 SR 电动机功率变换器的开关器件。IGBT 综合了 MOSFET 驱动功率小、开关速度快和 BJT 通态压降小、载流能力大的优点,其工作频率较高、驱动电路简单,目前是中、小功率 SR 电动机功率变换器较理想的开关器件。对于高压、大功率 SR 电动机,则可选择 MCT 作功率变换器的开关器件。MCT 具有高电压、大电流、电流密度大、工作频率高、控制功率小、易驱动等优点。

因此,目前低压、小功率 SRD 系统功率变换器的开关器件可选 MOSFET,中、小功率系统一般选 IGBT,而大功率系统则可选用 MCT。本章的主电路开关器件都以 IGBT 为例画出。

对于续流二极管,要求其反向恢复时间短、反向恢复电流小、具有软恢复特性,因此一般都

选用快恢复二极管。这有助于减小功率变换器的开关损耗、限制开关器件和续流二极管上的电流、电压振荡和电压尖峰。

开关器件和续流二极管的选择还取决于 SRD 系统容量大小、电压定额和电流定额等因素,一般根据系统的工作电压和工作电流来确定电压定额和电流定额。

(1) 电压定额

所选器件的电压定额应留有安全裕量,这主要是考虑到开关器件和续流二极管在开关过程中要能承受一定的瞬时过电压。开关器件和续流二极管的电压定额一般取其额定工作电压的 2～3 倍。

(2) 电流定额

开关器件的电流定额有两种:一是体现电流脉冲作用的定额,即峰值电流定额;二是体现电流连续作用的定额,即有效值电流定额,对于 IGBT 而言,集电极额定直流电流为其有效值电流定额。因为 IGBT 能承受较大的电流峰值,则有效值电流定额是决定功率变换器容量的主要参数。对于续流二极管而言,因其能承受较大的冲击电流,通常也以有效值电流定额作为选型依据。开关器件和续流二极管的电流定额通常取其最大工作电流的 1.5～2 倍。

在已知 SR 电动机的额定功率 P_N 的情况下,近似估算开关器件的最大工作电流可以用下面的经验公式,并作为其选型依据:

$$I = \frac{2.1 P_N}{U_s} \tag{6-41}$$

6.4.3 信号检测

SRD 系统的反馈信号主要有电流、位置、转速三种。SRD 系统在启动和低速运行时,通常采用电流斩波控制相电流的大小;即使在 APC 方式下,为了防止系统过载或故障运行,也需要监测绕组的实际电流。因此,电流检测在 SRD 系统中是必不可少的。SRD 系统工作在自同步状态,转子位置信号是各相开关器件正确进行切换的依据,所以需要检测转子位置。SRD 系统作为变速传动系统,为了保证系统具有优良的动、静态性能,必须依靠速度控制环节,这就需要得到准确的转速信号。所以,电流、位置、转速三种信号的检测直接关系到 SRD 系统的运行性能。

1. 电流检测

SR 电动机有两种运行方式。在电流斩波控制运行方式中,系统是通过调节相绕组电流的大小来控制转矩的,因此,得到绕组中实际电流的准确值,对电流进行反馈是非常必要的。在角度位置控制运行方式中,系统通过调节开通角 θ_{on} 和关断角 θ_p 来实现对转矩的控制,此时,电流已不再作为控制量。但为了防止系统过载或出现故障,需要进行过流保护。因此,系统始终需要可靠地检测电流。

由于 SRD 系统中两种运行方式的电流都属于单方向脉冲波形,没有负电流存在,电流有较大的尖峰值,因此要求电流检测器的工作范围大、频带宽、稳定可靠和抗干扰能力强。同时也要求电流检测器在一定工作范围内具有良好的线性度,且价格便宜。

2. 位置检测

(1) 位置检测与换相逻辑

位置检测的目的是确定转子、定子的相对位置,以控制对应的相绕组是否通电。常见的位置传感器有光敏式、磁敏式及接近开关等。为了提高 SRD 系统的快速性和工作可靠性,也可采用无位置传感器的检测法。

下面介绍一种应用广泛的光敏式位置传感器,它是由光电耦合开关(也称光断续器)和遮光盘组成的,其电路原理图如图 6-37 所示。SRD 系统通常使用槽形光电耦合开关。槽形光电耦合开关通常是 U 形结构,U 形槽的两侧安装着发射器(发光二极管)和接收器(光敏三极管),并形成一个光轴,当遮光盘的齿经过 U 形槽阻断光轴时,光电耦合开关就产生关断信号,当遮光盘的槽经过

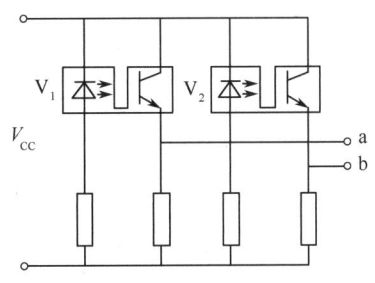

图 6-37 光敏式位置传感器的电路原理图

U 形槽畅通光轴时,光电耦合开关就产生导通信号。光电耦合开关可固定在定子上,也可固定在机壳上。遮光盘有与转子凸极、凹槽数相等的齿槽,且齿槽均匀分布。遮光盘固定在转子轴上,与电动机同步旋转,通过遮光盘,使光电开关导通和关断产生包含转子位置信息的脉冲信号。

对于 m 相 SR 电动机,光电耦合开关可以有 m 个或 $m/2$ 个(m 为偶数),相邻两个光电耦合开关之间的夹角为

$$\Delta\theta=\left(k-\frac{1}{m}\right)\tau_r \quad \text{或} \quad \Delta\theta=\left(k-1+\frac{1}{m}\right)\tau_r \qquad k=1,2,\cdots \qquad (6\text{-}42)$$

例如,对于四相 8/6 极 SR 电动机而言,既可以采用两个光电耦合开关检测(半数检测法),也可以采用 4 个光电耦合开关检测(全数检测法),多数 SRD 系统采用半数检测法。

当采用两个光电耦合开关检测时,两个光电耦合开关之间的夹角可以为 15°、45°或 75°,其安装位置也有多种选择。图 6-38 所示是位置传感器的一种安装形式,在某相定子绕组中心线位置安装一个光电耦合开关 V_{01},再顺时针转过 15°安装另一个光电耦合开关 V_{02},遮光盘的齿槽 30°等分。SR 电动机转动时,可以输出两路周期为 60°、间隔为 15°的脉冲序列,如图 6-39 所示。两路脉冲序列经过逻辑变换,即可用于控制四相绕组的通断,图 6-40 给出了基本位置信号、绕组电感波形和不同转向下的通电逻辑。

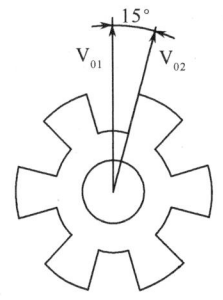

图 6-38 四相 8/6 极 SR 电动机位置传感器

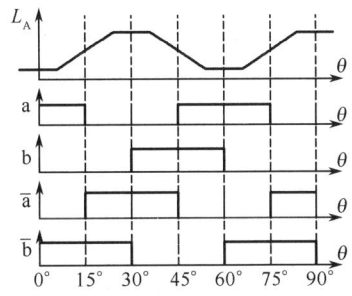

图 6-39 四相基本位置信号

这种检测方法将定子绕组中心线位置定义为角度基准点,比较直观,易于理解。为了消除干扰,光电耦合开关输出的信号需要经过整形。可以采用具有施密特整形功能的非门来整形,再经反相器反相输出位置信号。图 6-41 所示为一种位置传感器的电路图。光电耦合开关的通断信号经比较器输出给施密特触发器进行整形,再经反相器反相输出位置信号 a。

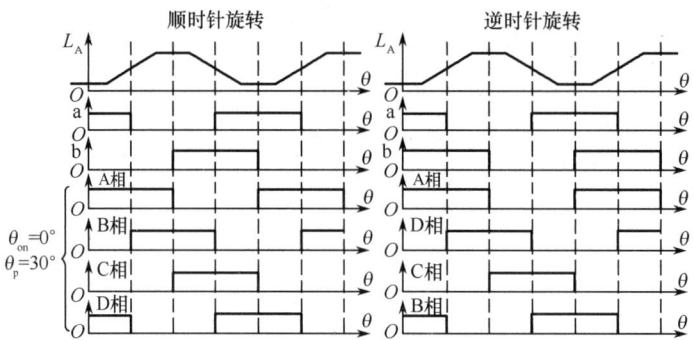

图 6-40 基本位置信号、绕组电感波形和不同转向下的通电逻辑

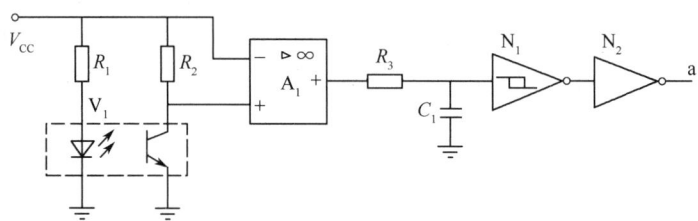

图 6-41 位置传感器的实际电路

(2) 角度细分

位置信号经过逻辑变换后得到的方波信号可以直接用于 SR 电动机的定角度电流斩波控制,但不能用于角度位置控制,因为在 APC 方式下,需要很高的角度分辨率。因此需要精确的角度,这要通过角度细分来获得。角度细分既可以通过硬件实现,也可以通过软件实现。下面对这两种方法分别进行介绍。

① 硬件角度细分:利用锁相倍频技术可以实现角度细分。锁相就是相位同步的自动控制,能够完成两个电信号相位同步自动控制的闭环系统称为锁相环(Phase Lock Loop,PLL)。PLL 主要由相位比较器(PC)、低通滤波器(LPF)、压控振荡器(VCO)三部分组成,如图 6-42(a)所示。

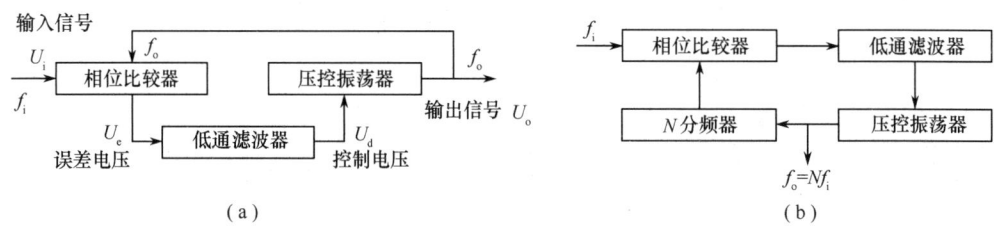

图 6-42 锁相环原理

施加于相位比较器的外部输入信号 U_i 与来自压控振荡器的输出信号 U_o 相比较,比较结果产生的误差电压 U_e 正比于 U_i 和 U_o 两者的相位差,经过低通滤波器滤除高频分量后,得到一个平均电压 U_d。U_d 控制着压控振荡器的输出信号频率:U_d 朝着减小压控振荡器输出信号频率和输入信号频率之差的方向变化,直至压控振荡器输出信号频率和输入信号频率获得一致。这时两个信号的频率相同,其相位差保持恒定。

锁相环还具有"捕捉"信号的能力,压控振荡器可以在一定范围内自动跟踪输入信号的变化,如果输入信号频率在锁相环的捕捉范围内发生变化,锁相环能捕捉到该频率,并强迫压控振荡器锁定在这个频率上。

锁相环的应用非常灵活,如果要求压控振荡器的输出信号频率 f_o 不等于输入信号频率 f_i,而是两者保持一定的关系,例如比例关系或差值关系,则可以在外部加入一个具有特定功能的运算器。例如在相位比较器和压控振荡器之间加一个 N 分频器,如图 6-42(b)所示,则可完成倍频功能,在压控振荡器输出端获得频率为 $f_o=Nf_i$ 的信号。

图 6-43 是用锁相环集成电路 CD4046 和 12 级二进制计数器/分频器 CD4040 组成的 256 倍频电路,它把转子位置信号进行 256 倍频。CD4040 的功能是统计 CD4046 输出脉冲的个数,从引脚 10 输入 256 个脉冲,才从引脚 12 输出一个脉冲。即引脚 10 信号频率是引脚 12 信号频率的 256 倍,而引脚 12 信号与转子位置信号同频,所以通过对引脚 10 信号计数就可以实现角度细分控制。对于四相 8/6 极 SR 电动机,如果把一路转子位置信号输入 CD4046 的引脚 14,则引脚 4 输出的每个脉冲对应的转子角位移为 60°/256=0.234°。

对于三相 12/8 极 SR 电动机,如果把一路转子位置信号输入 CD4046 的引脚 14,则引脚 4 输出的每个脉冲对应的转子角位移为 45°/256=0.176°。

图 6-44 的角度细分电路由可编程定时/计数器 8253 与锁相环集成电路 CD4046 组成,CLK1 端接 CD4046 的压控振荡输出引脚 4。其中 8253 为方波发生器工作方式,假设写入计数器中的计数值为 N,则从 CLK1 端输入 N 个脉冲,才从 OUT1 端输出一个脉冲,即 CLK1 输入信号频率为 OUT1 输出信号频率的 N 倍。而 OUT1 输出信号的频率与转子位置信号的频率相同,则 CLK1 输入信号频率为转子位置信号频率的 N 倍。通过对 CLK1 端信号计数可以实现角度细分控制。

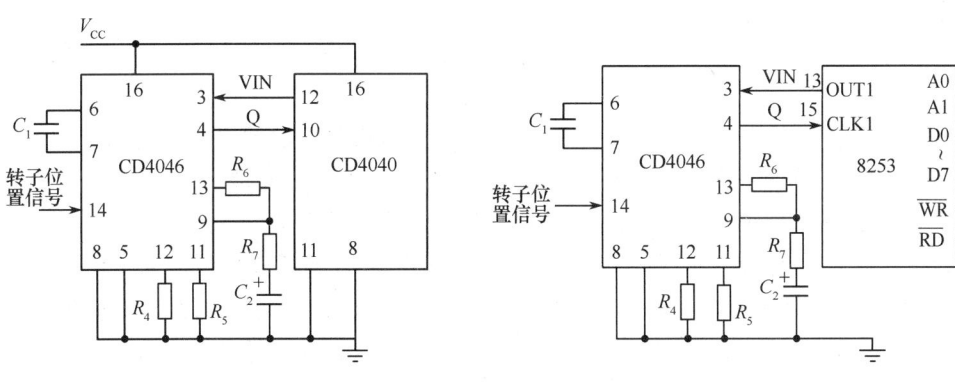

图 6-43 角度细分电路 1　　　　　　　图 6-44 角度细分电路 2

② 软件角度细分:硬件角度细分是对倍频信号计数,从而提高角度控制的分辨率。如果先确定一标准脉冲信号,然后直接由微处理器实时计算标准脉冲信号的周期对应的转子角位移,同样可以实现角度的高精度控制,这就是软件角度细分。

软件角度细分的实现方法是:先确定一标准脉冲信号,然后利用转子位置的参考基准点记录位置检测基本信号的一个周期(或 $1/m$ 周期)内的标准脉冲信号个数,然后计算一个标准脉冲信号对应的转子角位移。

例如,在以 MCS-51 系列单片机为控制核心的 SRD 系统中,软件角度细分电路如图 6-45 所示,8253 的 CLK0 端接频率为 f_o 的标准脉冲信号,单片机 8051 的输入端 INT1 接收 a、b 的跳变信息,如在 a 信号上跳沿进入中断服务程序启动计数,b 信号上跳沿进入中断服务程序后读出 8253 中的内容,得到该区间的标准脉冲信号的个数。a 信号上跳沿至 b 信号上跳沿的间隔为基本信号周期的 $1/m$,对于四相 8/6 极结构和三相 12/8 极结构,对应的转子角位移为 15°,而三相 6/4 极结构则为 30°。用所读区间内的标准脉冲信号个数除以该角位移,就得到每度对应的标准脉冲个数。由于 CPU 响应中断及其服务需要花费时间,所以应对所记录脉冲数加以适当修正。

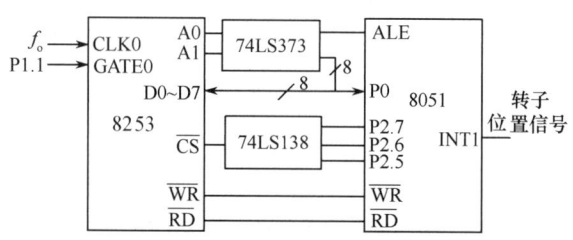

图 6-45 软件角度细分电路

采用软件进行角度细分可以减少硬件。软件角度细分比硬件角度细分的实时性好,因为在一个区间的测量结果立即可以作为下一区间角度细分控制的计算参数;软件角度细分的缺点是增加了细分计算的工作量,对不同转速,必须实时计算。硬件角度细分时,倍频系数由硬件固定,不论转速如何变化,每个倍频脉冲的周期与转子的角位移关系是一致的;缺点是由于锁相环中的低通滤波器,对转速变化的锁定有一定的延时。

3. 转速检测

对于 SR 电动机,在采用光敏式位置传感器检测转子位置时,如果电动机转速为 $n(\mathrm{r/min})$,则一路转子位置信号的频率为

$$f_\mathrm{p} = \frac{N_\mathrm{r} n}{60} \tag{6-43}$$

可见,转子位置信号的频率与电动机的转速成正比,将测出的转子位置信号的频率经过转换即可得到转速。即转速检测利用位置传感器,不需要附加其他器件。

SRD 系统转速的转换方法可以分为模拟式和数字式两类。模拟式方法是基于频率-电压转换原理,采用 F/V 电路(如 LM2917、LM2907 等),把数字转速信号转换为电压量来控制电动机。图 6-46 为采用 LM2907 构成的 F/V 电路,当输入信号 a 状态改变时,定时电容线性地充电或放电,其中泵入电容的平均电流为 $i_\mathrm{avg}=C_1 V_\mathrm{CC} f_\mathrm{i}$,而输出电路会非常精确地反映这个进入接地负载电阻 R_4 和积分电容 C_2 的电流 $K i_\mathrm{avg}$(K 为增益常数,典型值为 1.0)。考虑到 a 信

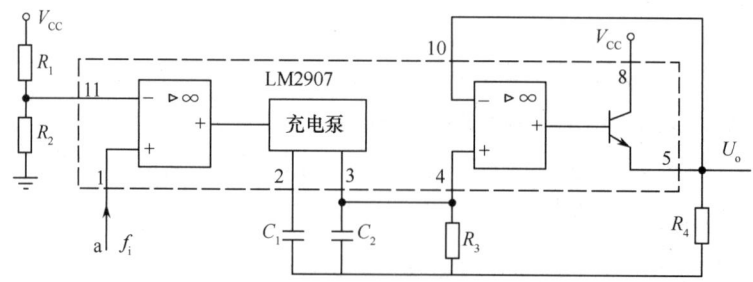

图 6-46 用 LM2907 构成的 F/V 转换电路

号的周期 $T_s \ll R_4C_1$，那么输出电压（转速反馈信号）为

$$U_o = K i_{avg} R_4 = K R_4 C_1 V_{CC} f_i$$

数字式方法则借助微处理器中的定时/计数器，利用位置脉冲信号的周期和频率来计算转速的大小，具体的方法又分为 M 法、T 法和 M/T 法。详见附录 A.3。

6.5 开关磁阻电动机的 DSP 控制

下面以一台四相 8/6 极 SR 电动机调速系统为例，说明 SRD 系统功率变换器的设计。系统的主要技术指标如下：额定转速为 1500r/min，转速范围为 50～2000r/min（额定转速以下为恒转矩运行），电源电压为直流 12V，额定电流为 5A，采用 360 线增量式光电编码器，双向运行。

1. 功率变换器主电路设计

根据电动机的相数和容量情况，采用电容分压型主电路，在低速时采用 CCC 方式控制，在高速时采用 APC 方式控制。设计的功率变换器主电路如图 6-47 所示，直流供电电压为 24V，电解电容 C_1 和 C_2 对整流电路的输出起到滤波及分压作用，而电阻 R_1、R_2 起到平衡两个电容上的电压及整个系统关闭时对电容放电的作用。R_3 为合闸时的充电电阻，以防止合闸时浪涌电流对滤波电容有过大的电流冲击。在电动机启动时，继电器 J 闭合，将 R_3 从电路中切除。VT_5 和 R_L 构成制动放电电路，当 SR 电动机制动运行时，向功率电路回馈电能，当电容上发生过电压时，VT_5 导通，将电容能量泄放到电阻 R_L 上。

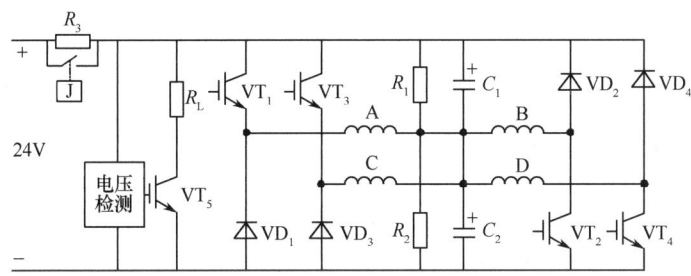

图 6-47 功率变换器主电路

（1）器件的选用

滤波电容选两个 4700μF/50V 电解电容，串联构成双电源。考虑到电动机的额定电流为 5A，开关器件可以选型号为 G4BC15MD 的功率器件（5 个），其中包含了 IGBT 和快恢复二极管。该开关器件的额定值为 $I_C = 8.6A$，$V_{CES} = 600V$。

选用 4 个霍尔电流传感器分别检测 A、B、C、D 四相绕组中的电流。传感器输出的模拟电压信号经过放大电路后，连接到 DSP 的 A/D 转换输入通道 ADCINA0、ADCINA1、ADCINA2 和 ADCINA3，作为电流环的反馈信号。

采用 360 线增量式光电编码器作为速度检测传感器。由于 SR 电动机只适合作速度控制，而不适合作位置控制，所以没有必要使用太高精度的编码器，采用 360 线即可。将编码器的两个输出连接到 DSP 的 eQEP 接口。

（2）控制电路

如图 6-48 所示，TMS320F28335 有多路 PWM 输出，本例利用其中的 5 个对主电路中的 5

个开关器件进行单相通电控制。其中 PWM1A 控制 VT_1，PWM1B 控制 VT_2，PWM2A 控制 VT_3，PWM2B 控制 VT_4，PWM3A 控制 VT_5，这样就可以用 DSP 控制 A、B、C、D 四相绕组的通断和制动放电电路。

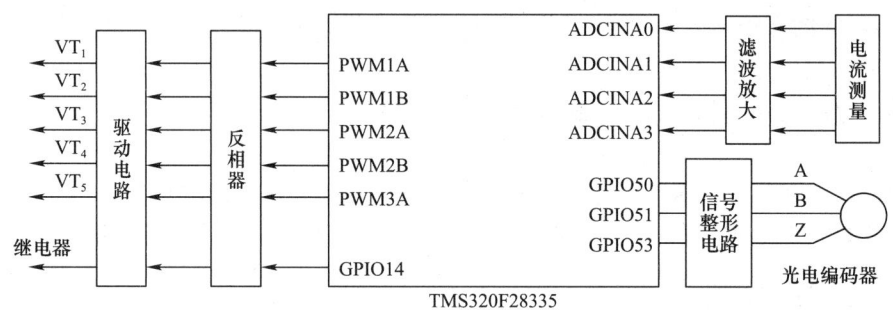

图 6-48　DSP 控制电路

2. 控制方法

本例采用 CCC 方式，只适合在低速下运行，控制框图如图 6-49 所示。

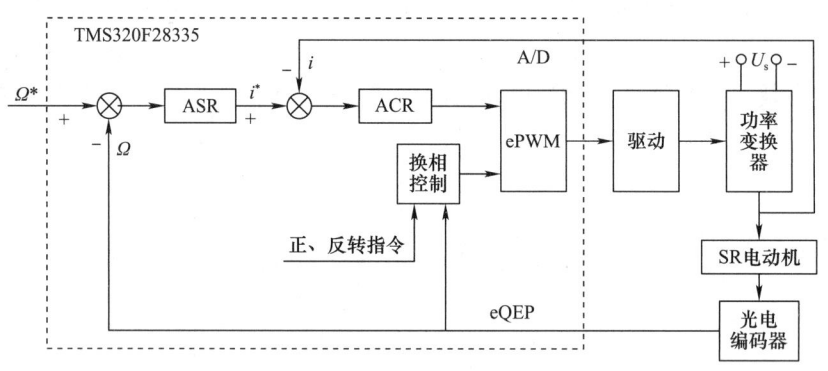

图 6-49　控制框图

速度给定 Ω^* 与速度外环反馈的速度 Ω 产生偏差，通过速度控制 ASR 生成电流参考值 i^*。它与电流反馈 i 产生偏差，通过电流控制 ACR 产生比较寄存器的比较值，控制 PWM 的占空比来调节电流。电流内环实现电流的调节，控制输出转矩，以保证得到快速的响应。

PWM 频率设置为 25kHz，电流检测与 PWM 同频，每 $40\mu s$ 一次。因为每次只对一相通电，其他三相断电，所以每次只需测其中一相的电流。然后根据电流信息改变比较寄存器的比较值，从而改变 PWM 的占空比。由于驱动之前加入了反相器，编程时要注意 TMS320F28335 输出的 PWM 的占空比越小，开关器件导通时间越长。

根据光电编码器的位置信息实现对 SR 电动机的换相，保证在电感的上升段通断电。为了保证正确获得换相时刻，采用 360 线的增量式光电编码器来测量转子的位置。每个机械转可获得 360 个输出脉冲，即每转一度就有一个脉冲输出。根据 SR 电动机的的工作原理，四相 8/6 结构的 SR 电动机工作时，从一个对极位置到下一个对极位置需要转过 15°，即每隔 15°就必须换相一次。因为 DSP 的 eQEP 接口有将输入的脉冲 4 倍频的作用，所以 15°的转子角所产生的 15 个脉冲经 eQEP 接口倍频后，会在 DSP 的计数器上累计 60 个计数脉冲。因此设计 DSP 累计计数脉冲超过 60 个就进行一次换相。

3. 起始位置的确定

使用增量式光电编码器是因为它比绝对式光电编码器便宜,但在启动时不能确定转子的起始位置。本例采用一个简单的方法,即给 A 相通电,使转子与 A 相磁极成为对极位置,以这个位置作为转子的起始位置。具体做法是:给 A 相通电,等待一段时间来保证转子停在与 A 相对极的位置,然后根据用户输入的转向决定给 B 相通电还是给 D 相通电。这种启动方法简单,但只能应用在允许正、反两个方向转动的场合。

4. 程序设计

本例程序分为两部分:初始化程序和 PWM 中断处理子程序。

(1) 初始化程序

初始化程序包括系统初始化、中断初始化、ADC 初始化、A 相转子位置初始化、ePWM 初始化和变量初始化。现将 A 相转子位置初始化程序放在初始化程序中,如果要求电动机频繁启动,可将起始位置初始化程序放入主模块中。

初始化程序的设置包括:ePWM 定时器设置为连续增计数方式;PWM 频率为 25kHz。其中对 PWM 占空比初值设置为 100%,是为了对通电相通电的瞬间电流能够快速上升。

(2) PWM 中断处理子程序

PWM 中断处理子程序流程图如图 6-50 所示。

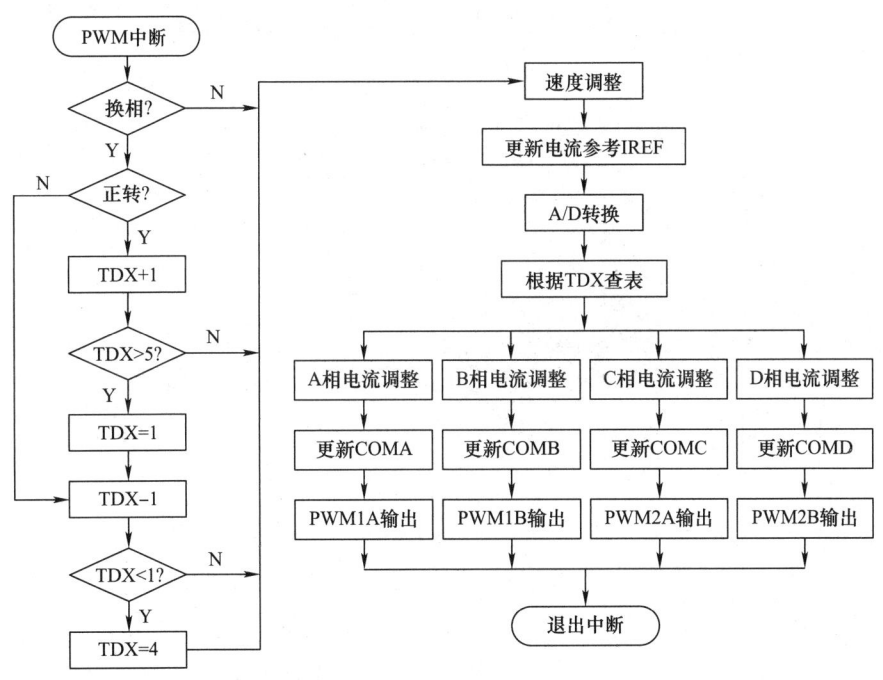

图 6-50 PWM 中断处理子程序流程图

首先根据换相标志 GPR3 判断是否换相。如果允许换相,则根据转向标志 DirectionQep 来修改通电相标志 TDX,从而确定下一个通电相是哪一相。然后进行速度计算和速度调整,更新电流参考值 IREF,接着进行 A/D 转换,获得电流反馈,和 IREF 比较产生误差,对通电相进行电流调节控制。通过修改功能选择寄存器,让其中一路 PWM 使能,而另外 3 路输出高电平,从而实现换相。

用 TMS320F28335 控制 SR 电动机调速的部分程序代码如下：

```c
#include "DSP2833x_Device.h"         // DSP2833x Headerfile Include File
#include "DSP2833x_Examples.h"       // DSP2833x Examples Include File
int QCNT_Delta=0;                    // 编码器计数差值
unsigned int
    TXD=0,              // 当前通电相标(1-A, 2-B, 3-C, 4-D)
    DirectionQep=1,     // 转向标志,1 代表 CW, 0 代表 CCW
    GPR3=0,             // 换相标志,1 代表允许, 0 代表不允许
    IREF=2,             // 电流参考值
    MAX=1500,           // 最小占空比(0%)比较值
    MIN=0,              // 最大占空比(100%)比较值
    COMA=10,            // A 相比较值
    COMB=10,            // B 相比较值
    COMC=10,            // C 相比较值
    COMD=10,            // D 相比较值
    CURRA=0,            // A 相电流检测值
    CURRB=0,            // B 相电流检测值
    CURRC=0,            // C 相电流检测值
    CURRD=0,            // D 相电流检测值
    NUM=10,             // 电流修正值
    NewRawCNT=0,
    OldRawCNT=0;
float32 Rated_current=5;        // 设置电动机额定电流的有效值,单位为 A
Uint16 Motor_state_Flag=2;      // 电动机运行状态标志;2,停机;1,转动
interrupt void EPWM_1_INT(void);
void Pwm_OFF(void)
{   EALLOW;
    GpioCtrlRegs.GPADIR.bit.GPIO0=1;
    GpioDataRegs.GPADAT.bit.GPIO0=1;
    GpioCtrlRegs.GPAMUX1.bit.GPIO0=0;    // Configure GPIO0(1A) as PWM

    GpioCtrlRegs.GPADIR.bit.GPIO1=1;
    GpioDataRegs.GPADAT.bit.GPIO1=1;
    GpioCtrlRegs.GPAMUX1.bit.GPIO1=0;    // Configure GPIO0(1B) as PWM

    GpioCtrlRegs.GPADIR.bit.GPIO2=1;
    GpioDataRegs.GPADAT.bit.GPIO2=1;
    GpioCtrlRegs.GPAMUX1.bit.GPIO2=0;    // Configure GPIO2(2A) as GPIO

    GpioCtrlRegs.GPADIR.bit.GPIO3=1;
    GpioDataRegs.GPADAT.bit.GPIO3=1;
    GpioCtrlRegs.GPAMUX1.bit.GPIO3=0;    // Configure GPIO0(2B) as GPIO
    EDIS;
}
void PWM_1A(void)
```

```c
{   EALLOW;
    GpioCtrlRegs.GPAMUX1.bit.GPIO0=1;    // Configure GPIO0(1A) as PWM
    GpioCtrlRegs.GPAMUX1.bit.GPIO1=0;    // Configure GPIO0(1B) as GPIO
    GpioCtrlRegs.GPAMUX1.bit.GPIO2=0;    // Configure GPIO2(2A) as GPIO
    GpioCtrlRegs.GPAMUX1.bit.GPIO3=0;    // Configure GPIO0(2B) as GPIO
    EDIS;
}
void PWM_1B(void)
{   EALLOW;
    GpioCtrlRegs.GPAMUX1.bit.GPIO0=0;    // Configure GPIO0(1A) as PWM
    GpioCtrlRegs.GPAMUX1.bit.GPIO1=1;    // Configure GPIO0(1B) as GPIO
    GpioCtrlRegs.GPAMUX1.bit.GPIO2=0;    // Configure GPIO2(2A) as GPIO
    GpioCtrlRegs.GPAMUX1.bit.GPIO3=0;    // Configure GPIO0(2B) as GPIO
    EDIS;
}
void PWM_2A(void)
{   EALLOW;
    GpioCtrlRegs.GPAMUX1.bit.GPIO0=0;    // Configure GPIO0(1A) as PWM
    GpioCtrlRegs.GPAMUX1.bit.GPIO1=0;    // Configure GPIO0(1B) as GPIO
    GpioCtrlRegs.GPAMUX1.bit.GPIO2=1;    // Configure GPIO2(2A) as GPIO
    GpioCtrlRegs.GPAMUX1.bit.GPIO3=0;    // Configure GPIO0(2B) as GPIO
    EDIS;
}
void PWM_2B(void)
{   EALLOW;
    GpioCtrlRegs.GPAMUX1.bit.GPIO0=0;    // Configure GPIO0(1A) as PWM
    GpioCtrlRegs.GPAMUX1.bit.GPIO1=0;    // Configure GPIO0(1B) as GPIO
    GpioCtrlRegs.GPAMUX1.bit.GPIO2=0;    // Configure GPIO2(2A) as GPIO
    GpioCtrlRegs.GPAMUX1.bit.GPIO3=1;    // Configure GPIO0(2B) as GPIO
    EDIS;
}
void main(void)
{
    InitSysCtrl();           // 系统时钟 150MHz
//  InitGpio();
    DINT;
    InitPieCtrl();
    IER=0x0000;
    IFR=0x0000;
    InitPieVectTable();
    EALLOW;
    PieVectTable.EPWM1_INT=&EPWM_1_INT;
    EDIS;
    Pwm_OFF();
    InitEPwm_1_2_3();        // PWM 初始化,25kHz
    EALLOW;
```

```c
    SysCtrlRegs.PCLKCR0.bit.TBCLKSYNC=1;
    EDIS;
    ADC_Soc_Init();
    QEP_Init();                                    // QEP 初始化
    Ad_sample();
    Ad_sample();
    PWM_1A();                                      // PWM1A 有效,其他强制为低电平
    EPwm1Regs.TBPRD=1500;                          // 25kHz
    EPwm1Regs.CMPA.half.CMPA=750;                  // 占空比 50%
    DELAY_US(1000000);                             // 延时,等待转子到 A 相对极位置
    Pwm_OFF();                                     // 关闭 PWM
    IER |=M_INT3;
    PieCtrlRegs.PIEIER3.bit.INTx1=1;               // epwm1int
    EINT;                                          // Enable Global interrupt INTM
    ERTM;                                          // Enable Global realtime interrupt DBGM
    for(;;)
    {
    }
}
interrupt void EPWM_1_INT(void)
{   if(Motor_state_Flag==1)
    {   // 检测是否换相
        DirectionQep=EQep1Regs.QEPSTS.bit.QDF;     // 旋转方向判定
        NewRawCNT=EQep1Regs.QPOSCNT;
        if(DirectionQep==1)                        // DirectionQep=1 时递增计数
        {   QCNT_Delta=NewRawCNT-OldRawCNT;
            if(QCNT_Delta<0){QCNT_Delta=QCNT_Delta+360;}
        }
        else if(DirectionQep==0)                   // DirectionQep=0 时递减计数
        {   QCNT_Delta=OldRawCNT-NewRawCNT;
            if(QCNT_Delta<0){QCNT_Delta=QCNT_Delta+360;}
        }
        if(QCNT_Delta>=60)
        {   OldRawCNT=NewRawCNT;
            GPR3=1;
        }
        if(GPR3==1)// GPR3==1 则换相
        {   // 根据转向,调整当前换相标志
            if(DirectionQep==1)// 正转
            {   TXD++;     //
                if(TXD>4)TXD=1;// TDX>4,修改 TDX=1
            }
            else       // 反转
            {   TXD--;
                if(TXD<1)TXD=4;// TDX<1,修改 TDX=4
            }
```

```c
        GPR3=0;
}

// 自行添加程序，包括转速计算和速度调整

Ad_sample();                                    // 读取电流检测值
if(TXD==1)                                      // A 相电流调整
{   if(CURRA>IREF)
        {   COMA=COMA+NUM;                      // 测量值大于参考值，加修正值，使占空比减小
            if(COMA>MAX)COMA=MAX;               // 比较值等于上限(占空比=100%)
        }
        else
        {   COMA=COMA-NUM;                      // 测量值小于参考值，减修正值，使占空比增大
            if(COMA<MIN)COMA=MIN;               // 比较值等于下限(占空比=0%)
        }
        PWM_1A();                               // PWM1A 有效，其他强制为低电平
        EPwm1Regs.CMPA.half.CMPA=COMA;          // 更新 A 相比较值
}
else if(TXD==2)                                 // B 相电流调整
{   if(CURRB>IREF)
        {   COMB=COMB+NUM;                      // 测量值大于参考值，加修正值，使占空比减小
            if(COMB>MAX)COMB=MAX;               // 比较值等于上限(占空比=100%)
        }
        else
        {   COMB=COMB-NUM;                      // 测量值小于参考值，减修正值，使占空比增大
            if(COMB<MIN)COMB=MIN;               // 比较值等于下限(占空比=0%)
        }
        PWM_1B();                               // PWM1B 有效，其他强制为低电平
        EPwm1Regs.CMPB=COMB;                    // 更新 B 相比较值
}
else if(TXD==3)                                 // C 相电流调整
{   if(CURRC>IREF)
        {   COMC=COMC+NUM;                      // 测量值大于参考值，加修正值，使占空比减小
            if(COMC>MAX)COMC=MAX;               // 比较值等于上限(占空比=100%)
        }
        else
        {   COMC=COMC-NUM;                      // 测量值小于参考值，减修正值，使占空比增大
            if(COMC<MIN)COMC=MIN;               // 比较值等于下限(占空比=0%)
        }
        PWM_2A();                               // PWM2A 有效，其他强制为低电平
        EPwm2Regs.CMPA.half.CMPA=COMC;          // 更新 C 相比较值
}
else                                            // D 相电流调整
{   if(CURRD>IREF)
        {   COMD=COMD+NUM;                      // 测量值大于参考值，加修正值，使占空比减小
            if(COMD>MAX)COMD=MAX;               // 比较值等于上限(占空比=100%)
```

```
            }
        else
            {   COMD=COMD-NUM;              // 测量值小于参考值,减修正值,使占空比增大
                if(COMD<MIN)COMD=MIN;       // 比较值等于下限(占空比=0%)
            }
            PWM_2B();                       // PWM2B有效,其他强制为低电平
            EPwm2Regs.CMPB=COMD;            // 更新D相比较值
    }
}
EPwm1Regs.ETCLR.bit.INT=1;                  // 清除中断标志位
PieCtrlRegs.PIEACK.all=PIEACK_GROUP3;
}
```

思考与练习题

6-1 简述开关磁阻电动机与步进电动机的区别。

6-2 为什么SR电动机具有良好的启动性能?

6-3 SR电动机在低速时为什么采用斩波控制?在高速时为什么采用角度位置控制?

6-4 请设计三相8/6极SR电动机的位置传感器,并分析其通电逻辑。

6-5 画出H桥型主电路在换相时的续流回路。

6-6 分析H桥型主电路为什么不能用于三相SR电动机。

6-7 简述电流斩波控制运行方式。

6-8 试简述SR电动机的工作原理和控制系统。

6-9 试以DSP为控制核心画出SR电动机的控制系统原理图。

第7章 直线电动机

主要内容
- 直线电动机的结构与工作原理
- 直线感应电动机的分析
- 其他直线电动机
- 直线感应电动机的应用

知识重点

本章重点为：直线感应电动机的结构、工作原理与应用；纵向和横向边缘效应；直线电动机与旋转电动机的区别，直线感应电动机的特点及应用场合。

直线电动机是近年来国内外积极研究发展的新型电动机之一。长期以来，在各种工程技术中需要直线型驱动力时，主要是采用旋转电动机通过曲柄连杆或蜗轮蜗杆等传动机构来获得的。但是，这种传动形式往往会带来结构复杂、重量大、体积大、啮合精度差，且工作不可靠等缺点。而采用直线电动机不需要中间转换装置，能够直接产生直线运动。

直线电动机在交通运输、机械工业和仪器仪表等领域已得到推广和应用。在自动控制系统中，采用直线电动机作为驱动、指示元件也更加广泛，例如在快速记录仪中，伺服电动机改用直线电动机后，可以提高仪器的精度和频带宽度；在雷达系统中，用直线自整角机代替电位器进行直线测量可提高精度，简化结构；在电磁流速计中，可用直线测速机来测量导电液体在磁场中的流速；在高速加工技术中，采用直线电动机可获得比传统驱动方式高几倍的定位精度和快速响应速度。

与旋转电动机相比，直线电动机主要具有下列优点。

① 直线电动机由于没有中间转换环节，因而使整个传动系统得到简化，提高了精度，减小了振动和噪声。

② 快速响应：用直线电动机驱动时，不存在中间传动机构的转动惯量和阻力矩的影响，因而加速和减速时间短，可实现快速启动和正反向运行。

③ 仪表用的直线电动机，可以省去电刷和换向器等易损零件，提高了可靠性，延长了使用寿命。

④ 直线电动机由于散热面积较大，容易冷却，所以允许较高的电磁负荷，可提高电动机的容量定额。

⑤ 装配灵活性大，往往可将电动机和其他机构合成一体。

7.1 直线电动机的结构与工作原理

7.1.1 直线电动机的工作原理

与旋转电动机不同，直线电动机是能够直接产生直线运动的电动机，而它却可以看成是从旋转电动机演化而来的，如图7-1所示。设想把旋转电动机沿径向剖开，并将圆周展开成直线,就得到了直线电动机。旋转电动机的径向、周向和轴向,在直线电动机中对应地称为法向、纵向和横向;旋转电动机的定子、转子在直线电动机中称为初级和次级。

当直线电动机初级的多相绕组中通入多相电流后,同旋转电动机一样,也会产生一个气隙基波磁场,只不过这个磁场的磁通密度 B_δ 是沿直线运动的,故称为行波磁场,如图 7-2 所示。显然,行波的移动速度与旋转磁场在定子内圆表面上的线速度是一样的,用 v_s 表示,称为同步速度,为

$$v_s = 2f\tau (\text{cm/s}) \tag{7-1}$$

式中,τ 为极距(cm);f 为电源频率(Hz)。

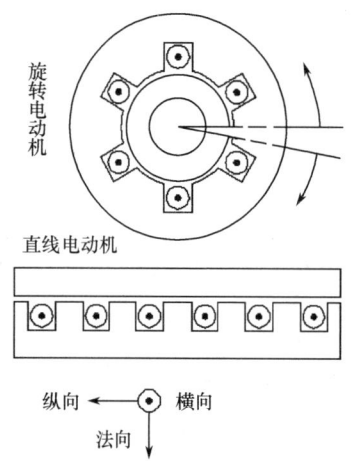

图 7-1 从旋转电动机到直线电动机的演化

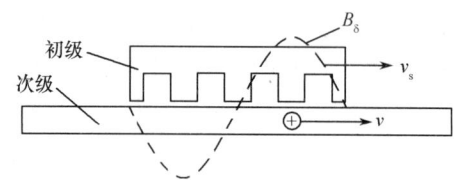

图 7-2 行波磁场

在行波磁场切割下,次级导条将产生感应电动势和电流,所有导条的电流和气隙磁场相互作用,便产生切向电磁力。如果初级是固定不动的,那么次级就顺着行波磁场运动的方向作直线运动。若次级移动的速度用 v 表示,则滑差率 s 为

$$s = \frac{v_s - v}{v_s} \tag{7-2}$$

$$v = (1-s)v_s = 2f\tau(1-s) \tag{7-3}$$

从式(7-3)可以看出,直线感应电动机的速度与电动机极距及电源频率成正比。因此,改变极距或电源频率,都可改变直线电动机的速度。

与旋转电动机一样,改变直线电动机初级的通电相序,就可以改变电动机运动的方向,因而可使直线电动机做往复直线运动。

直线电动机的其他特性,如机械特性、调节特性等都与交流伺服电动机相似,通常也是通过改变电源电压或频率来实现对速度的连续调节,这里不再重复。

7.1.2 直线电动机的结构与分类

如前所述,直线电动机由相应旋转电动机转化而来,因此与旋转电动机对应,直线电动机可分为直线感应电动机、直线同步电动机、直线直流电动机和其他直线电动机(如直线步进电动机)。直线电动机初级和次级的长短不同,这是为了保障在运动过程中初级和次级始终处于耦合状态。

在直线电动机中,直线感应电动机应用最广,因为它的次级可以是整块均匀的金属材料,

即采用实心结构,成本较低,适宜于做得较长。直线感应电动机由于存在纵向和横向边缘效应,其运行原理和设计方法与旋转电动机有所不同。

直线直流电动机由于可以做得惯量小、推力大(当采用高性能的永磁体时),在小行程场合有较多的应用。直线直流电动机的结构和运行方式都比较灵活,与旋转电动机相比差别较大。

直线同步电动机由于成本较高,目前在工业中应用不多,但它的效率高,适宜于用作高速的水平或垂直运输的推进装置。直线同步电动机又可分成电磁式、永磁式和磁阻式三种,其中由电子开关控制的永磁式和磁阻式直线同步电动机具有很好的发展前景。直线步进电动机作为高精度的直线位移控制装置已有一些应用。直线同步电动机和直线步进电动机的运行原理和设计方法与旋转电动机差别较小,限于篇幅,本书不作深入介绍。

按结构来分,直线电动机可分为平板形、管形、弧形和盘状 4 种形式。

平板形结构是最基本的结构,应用也最广泛,图 7-1 所示的直线电动机即为平板形结构。如果把平板形结构沿磁极再卷起来,就得到了管形结构,图 7-3 示出其演化过程。管形结构的优点是没有绕组端部,不存在横向边缘效应,次级的支撑也比较方便;缺点是铁芯必须沿周向叠片,才能阻挡由交变磁通在铁芯中感应的涡流,这在工艺上比较复杂,并且其散热条件也比较差。

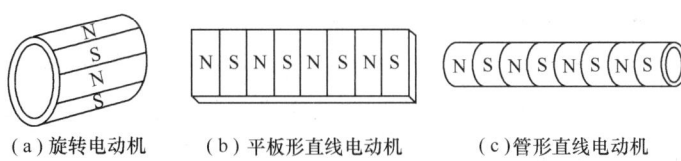

(a)旋转电动机　　(b)平板形直线电动机　　(c)管形直线电动机

图 7-3　从旋转电动机到管形直线电动机的演化

弧形结构是将平板形初级沿运动方向改成弧形,并安放于圆柱形次级的柱面外侧,如图 7-4 所示。盘状结构是将平板形初级安放于圆盘形次级的端面外侧,并使次级切向运动,如图 7-5 所示。弧形和盘状结构虽然作圆周运动,但它们的运行原理和设计方法与平板形结构相似,故仍归入直线电动机范畴。

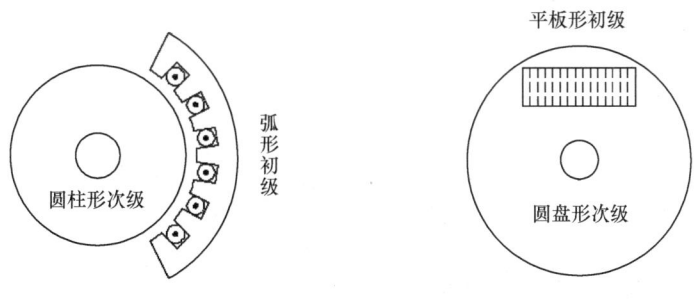

图 7-4　弧形直线电动机　　　图 7-5　盘状直线电动机

平板形和盘状直线电动机根据其初级的数目分为单边结构和双边结构。仅在次级的一侧安放初级,称为单边结构;在次级的两侧各安放一个初级,称为双边结构。双边结构可以消除单边磁拉力(当初级和次级都具有铁芯时),次级的材料利用率也较高。

直线电动机的结构按初级与次级之间的相对长度来分,可分为短初级和短次级;按初级运动还是次级运动来分,可分为动初级和动次级。图 7-6 和图 7-7 分别表示一种单边短初级结构和一种双边短次级结构。

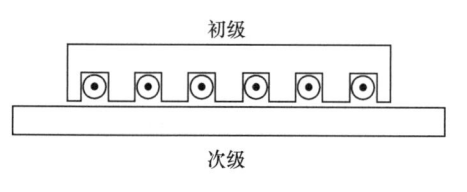
图 7-6　单边短初级结构

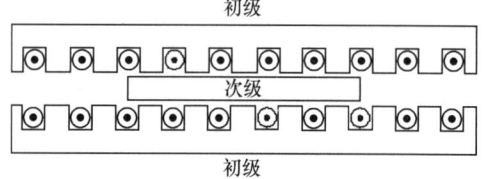
图 7-7　双边短次级结构

7.2　直线感应电动机

7.2.1　直线感应电动机的纵向边缘效应

1. 直线感应电动机静态纵向边缘效应

图 7-8 是一种单边平板形短初级直线感应电动机的典型结构示意图。由图可以看出,直线感应电动机的初级铁芯的纵向两端形成了两个纵向边缘,铁芯和绕组不能像旋转电动机那样在两端相互连接,这是直线感应电动机的初级与旋转电动机的定子的明显差别。如当采用双层绕组时,直线感应电动机的初级铁芯槽数要比相应的旋转电动机的槽数多,这样才能放下三相绕组。在铁芯两端的一些槽内只放置一层线圈边,而空出了半个槽。图 7-9 为一个 4 极、每极每相槽数为 1 的三相直线感应电动机双层整距绕组的展开图,其槽数为 15,比相应的旋转电动机多出三个槽,这使得直线电动机三相绕组之间的互感不相等,电动机运行在不对称状态,并引起负序磁场和零序磁场,零序磁场又会引起脉振磁场。这两类磁场在次级运行的过程中将产生阻力和附加损耗,这些现象称为直线感应电动机的静态纵向边缘效应。

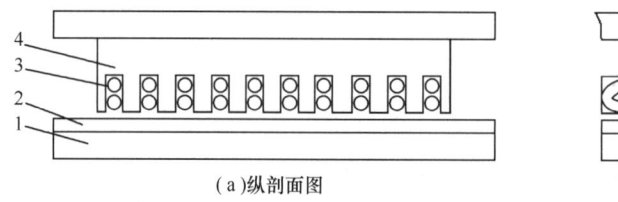

图 7-8　单边平板形短初级直线感应电动机的典型结构示意图
1—次级铁芯；2—次级导电板；3—三相绕组；4—初级铁芯；5—支架；
6—固定用角铁；7—绕组端部；8—环氧树脂

2. 直线感应电动机的动态纵向边缘效应

当次级沿纵向运动时还存在另一种边缘效应,称为动态纵向边缘效应。图 7-10 是动态纵向边缘效应的示意图。

由电磁感应定律可知,当穿过任一闭合回路的磁通链变化时,将产生感应电动势和感应电流。设在次级导电板上有一个闭合回路,处于初级铁芯外侧的 A 处。在次级导电板进入初级铁芯下面之前,基本上不匝链磁通,也不感应涡流。当它从位置 A 移动到处于初级铁芯下面的 B 处时,它将匝链磁通,这时闭合回路内磁通的变化将引起涡流,而涡流反过来又影响磁场的分布。同样地,当闭合回路从处于初级铁芯下面的位置 C 移动到处于初级铁芯外侧的位置 D 时,闭合回路内的磁通又一次变化,又将引起涡流并影响磁场的分布。前一种效应称为入口端边缘效应,后一种效应称为出口端边缘效应。这种纵向边缘效应只有在次级运动时才会发生,为了与前面所说的纵向边缘效应加以区分,称为动态纵向边缘效应。

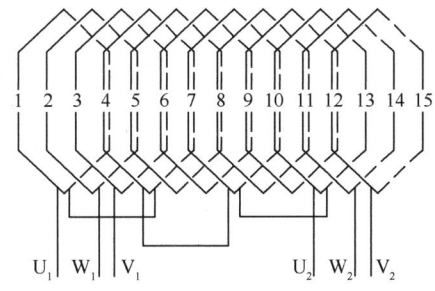

图 7-9　直线感应电动机三相绕组展开图

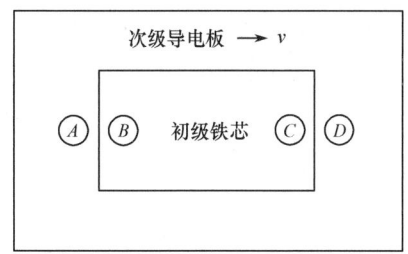

图 7-10　动态纵向边缘效应的示意图

动态纵向边缘效应与次级的运动速度有关,速度越高,效应越严重。需要指出的是,即使速度达到同步转速时,此边缘效应同样存在。动态纵向边缘效应所产生的涡流将增加电动机的损耗,并降低功率因数,从而使电动机的输出功率减小。这种效应在高同步转速、低转差运行的直线感应电动机中尤为严重。

7.2.2　直线感应电动机的横向边缘效应

当直线感应电动机采用实心结构时,在行波磁场的作用下,次级导电板中的感应电流呈涡流形状。即使在初级铁芯范围内,次级电流也存在纵向分量。在它的作用下,气隙磁通密度沿横向的分布呈马鞍状。这种效应称为横向边缘效应。图 7-11 给出了次级电流和气隙磁通密度的分布情况。图中,l 是初级铁芯横向长度,c 是次级导电板横向伸出初级铁芯的长度。

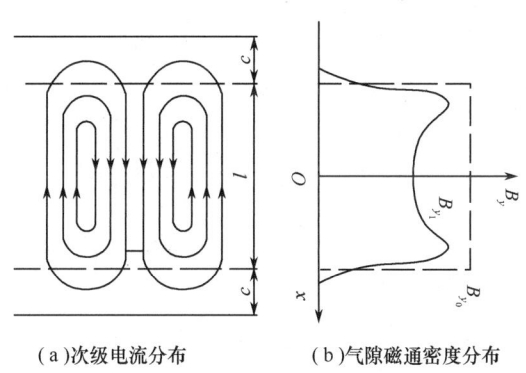

(a)次级电流分布　　(b)气隙磁通密度分布

图 7-11　直线感应电动机横向边缘效应

横向边缘效应的存在,使电动机的平均气隙磁通密度降低,电动机的输出功率减小。同时,次级导电板的损耗增大,电动机的效率降低。横向边缘效应的大小与次级导电板横向伸出初级铁芯的长度与极距 τ 的比值 c/τ 有关。c/τ 越大,横向边缘效应越小。通常取 $c/\tau=0.4$ 左右较合适。c/τ 超过 0.4 后,对横向边缘效应的影响就不显著了。

不论是纵向边缘效应还是横向边缘效应,其分析研究和定量计算都基于电磁场理论。鉴于直线感应电动机端部结构的复杂性,一般采用数值方法进行近似计算,如有限差分法和有限元法,读者可参阅有关资料,本书不再叙述。

7.3 其他直线电动机

7.3.1 直线直流电动机

下面主要介绍直线直流电动机的两种主要类型:永磁式和电磁式。前者多用于功率较小的场合,如记录仪中笔的纵横走向的驱动、摄影机中快门和光圈的操作机构、电梯门控制器的驱动等;而后者则用于驱动功率较大的机构。

1. 永磁式直线直流电动机

图 7-12 表示出框架永磁式直线直流电动机的三种结构形式,它们都是利用载流线圈与永磁体(永久磁铁)磁场间产生的电磁力工作的。

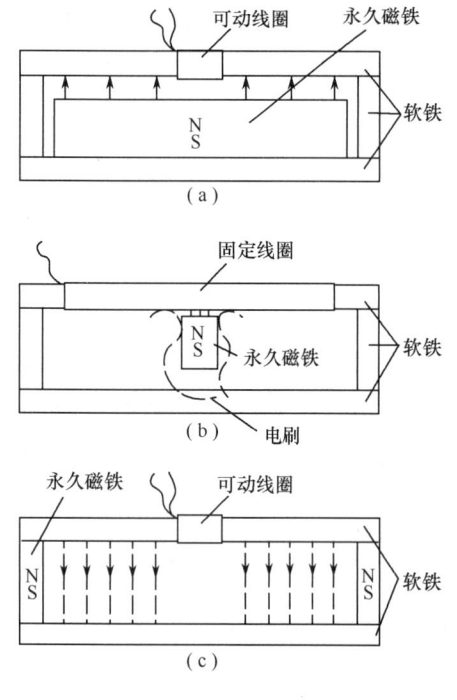

图 7-12 框架永磁式直线直流电动机

图 7-12(a)采用的是强磁铁结构,磁铁产生的磁通经过很小的气隙被软铁框架所闭合,气隙中的磁场强度分布很均匀。当可动线圈中通入电流后,在永磁磁铁磁场作用下产生电磁力,使线圈沿滑轨作直线运动,其运动方向可由左手定则确定。改变线圈电流的大小和方向,即可控制线圈运动的推力和方向。这种结构的缺点是要求永久磁铁的长度大于可动线圈的行程。如果记录仪的行程要求很长,则永久磁铁的长度就更长。因此,这种结构成本高,体积笨重。

图 7-12(b)所示结构是采用永久磁铁移动的形式。在一个软铁框架上套有固定线圈,该线圈的长度要包括整个行程。显然,当这种结构形式的线圈流过电流时,不工作的部分要白白消耗能量。为了降低电能的消耗,可将线圈外表面进行加工使铜线裸露出来,通过安装在永久磁铁上的电刷(如图中虚线所示)把电流馈入线圈中。这样,当永久磁铁移动时,电刷跟着滑动,可只让线圈的工作部分通电。但由于电刷存在磨损,故其可靠性和寿命将受到影响。

图 7-12(c)所示结构是在软铁框架两端装有极性同向放置的永久磁铁,可动线圈可在滑道上作直线运动。这种结构具有体积小、成本低和效率高等优点。

随着高性能永磁材料的出现,各种新型永磁式直线直流电动机相继出现。由于它具有结构简单、无旋转部件、速度易控、反应速度快、体积小等优点,在自动控制仪器仪表中被广泛采用。

在设计永磁式直线直流电动机时,应尽可能减小其静摩擦,一般控制在输入功率的20%~30%或更低,故应用在精密仪表中的直线直流电动机采用了直线球形轴承或磁悬浮及气垫等形式,以降低静摩擦的影响。

永磁式直线直流电动机除做电动机应用外,根据直流电动机的可逆原理,还可做直线测速机来使用。我国试制的一种永磁式直线测速机的结构示意图如图7-13所示,由永久磁钢、线圈及骨架、机壳、磁极环及连接杆等部分组成。其定子上装有两个形状相同、匝数相等的线圈,分别位于永久磁钢两个异极性的作用区段上。两个线圈反向串联,这样使得两个处于不同极性的线圈的感应电动势相加,输出增大一倍,因而可提高输出功率。两个线圈串联的方式可以是反向绕制、正接串联,也可以同向绕制、反接串联。为减小电压的脉动,每个线圈的长度应大于工作行程与一个磁极环的宽度之和。线圈

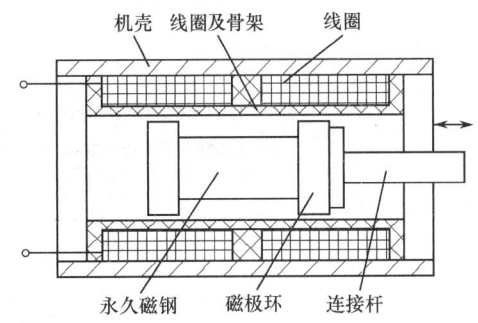

图 7-13 永磁式直线测速机的结构示意图

及骨架除支撑、固定线圈外,还给动子起直线运动的定向作用,所以它由耐磨且摩擦系数不大的工程塑料制成。动子包括永久磁钢(AlNiCo$_5$)、磁极环(软铁)和连接杆(非磁性材料)。

永磁式直线测速机的基本工作原理简述如下:当永久磁钢相对于线圈以速度v运动时,磁通切割线圈边,因而在两线圈中产生感应电动势E,其值可表示为

$$E=2\frac{W}{L}\Phi v=k\Phi v \tag{7-4}$$

式中,W/L为线圈的线密度;Φ为每极的磁通。

由上式可知,感应电动势与直线运动速度成线性关系,通过测量线圈电压即可得出直线运动速度。另外,线圈的线密度决定直线测速机的输出斜率。若线圈绕制不均匀,排列不整齐,造成线圈各处的线密度不等,会使电压脉动等指标变坏。因此,线圈的绕制需要十分精心,这是决定直线测速机质量的关键之一。

直线测速机是一种输出电压与直线速度成比例的信号元件,是自动控制系统、解算装置中的元件之一。其技术指标与旋转运动的测速机相似,只是被测的输入量是直线运动的速度,具体包括输出斜率、线性度、电压脉动、正反向误差、可重复性等。我国试制的这台样机的外形尺寸及技术指标为:长度54mm、外径20mm,工作行程±10mm,当速度范围为0.5～10mm/s的情况下,灵敏度不小于10mV/(mm·s^{-1}),电压脉动不大于5%,线性度小于±1%,正反向误差小于1%,重复性小于0.5%,并具有一定的抗干扰能力。

2. 电磁式直线直流电动机

将上述永磁式直线直流电动机中的永久磁钢所产生的磁通改为电励磁,即由绕组通入直流电流,这就成为电磁式直线直流电动机,它适用于功率较大的场合。图7-14表示这种电动机的典型结构,其中图7-14(a)表示单极电动机;图7-14(b)表示两极电动机。此外,还可做成多极电动机。由图7-14(a)可见,当环形励磁绕组通入电流时,便产生了磁通,磁通经过电枢铁芯、气隙、极靴、非极性端板和外壳形成闭合回路,如图中虚线所示。对于两极电动机,电枢绕组应绕成两半,两半绕组绕向相反,串联后接到低压电源上。

当电枢绕组通入电流后,载流导体与气隙磁通的径向分量相互作用,在每极上便产生轴向推力。若电枢绕组固定不动,磁极就沿着轴线方向作往复直线运动(图示的情况)。当把这种电动机应用于短行程和低速移动的场合时,可省去滑动的电刷;但若行程很长,为了提高效率,应与永磁式直线直流电动机一样,在磁极端面上安装电刷,使电流只在电枢绕组的工作段流过。

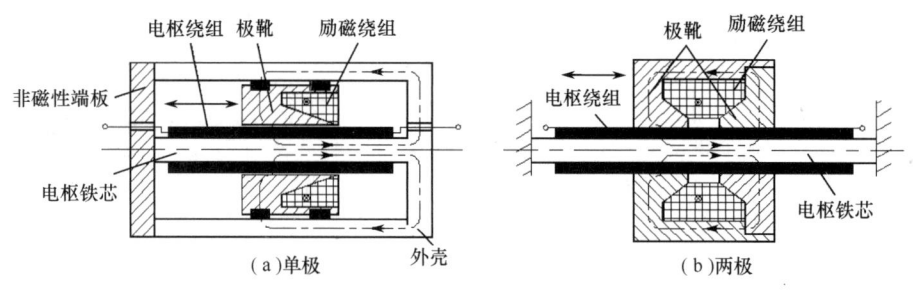

图 7-14 电磁式直线直流电动机的典型结构

7.3.2 直线自整角机

在同步连接系统中,有时还要求直线位移同步,如雷达直线测量仪(调波段)中就要求采用直线自整角机。而早期同步连接系统一般都采用电位器,不仅精度差,且齿轮装置复杂,可靠性也较差。

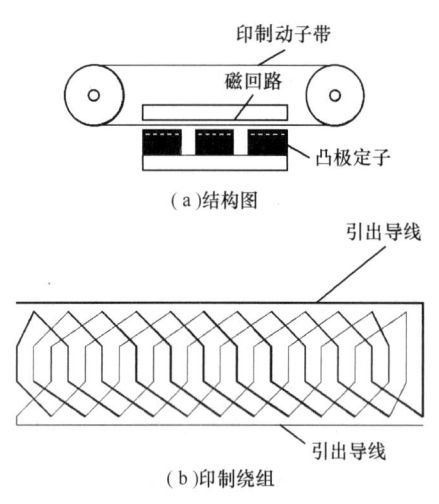

图 7-15 直线自整角机的结构示意图

直线自整角机的原理与传统旋转式自整角机大致相同,图 7-15(a)中的三个凸极定子,其上绕有分布绕组,三相绕组在相位上相差120°。定子极与磁回路之间是直线位移的印制动子带,它是在绝缘材料基片的两面印制导线而制成的。图 7-15(b)表示这种印制导线的连接情况,图中粗线表示上层印制导线,细线表示下层印制导线,上、下层导线通过印制基片孔连接,下面印制基片上有两根平行的引出导线,通过电刷与外界相连接。动子带上的印制电路是一种分布式的单相绕组。

印制基片通过两个圆盘轮绞动,当印制绕组通上交流电时,定子各相绕组中会感应出一个与印制绕组位置有关的电动势;相反,若定子三相绕组通电,印制绕组在定子中作平行直线位移,其输出端就产生一个与其位置有关的电压。因此,利用一对这样的绕组,就能实现两绞轮间的直线位移同步。直线自整角机与传统旋转式自整角机一样,可与直线伺服电动机和直线测速机一起组成直线伺服闭环系统。它适用于直线同步连接系统,可减少齿轮装置,提高系统精度。

7.3.3 直线和平面步进电动机

在许多自动装置中,要求某些机构快速地作直线或平面运动,而且要保证精确的定位,如自动绘图机、自动打印机等,一般旋转式步进电动机即可完成这样的动作。比如采用一台旋转式步进电动机,通过机械传动装置将旋转运动变成直线位移,就能快速而正确地沿着某一方向把物体定位在某一点上。

当要求机构作平面运动时,这时可采用两台旋转式步进电动机,第一台步进电动机带动活动装置作 x 方向的移动,另一台步进电动机装在该活动装置上,并带动物体作 y 轴方向的移动,这样便可精确地将物体定位在 xy 平面上的任何一点。目前大部分高精度工业定位系统都是用旋转式步进电动机制成的。但是这种系统需要专用机构将步进电动机的旋转运动变成直线运动,这就使传动装置变得复杂,同时随着传动装置中的齿轮、齿条等零件的逐渐磨损,定位的精度会受到影响,振动和噪声也将增大。

直接作直线运动的步进电动机(简称直线步进电动机)在机床、数控机械、计算机外围设备(如直线打印机、纸带穿孔机和卡片读数器)、复制和印制装置、高速 X-Y 记录仪、自动绘图机和各种量测装置等方面有广泛的应用。直线步进电动机主要可分为反应式和永磁式两种,下面简要说明它们的结构和工作原理。

1. 反应式直线步进电动机

反应式直线步进电动机的工作原理与旋转式步进电动机相同。图 7-16 所示为一台四相反应式直线步进电动机的结构示意图。其中定子和动子都由硅钢片叠成。定子上、下两表面都开有均匀分布的齿槽。动子是一对具有 4 个极的铁芯,极上套有四相控制绕组,每个极的表面也开有齿槽,齿距与定子上的齿距相同。当某相动子齿与定子齿对齐时,相邻相的动子齿轴线与定子齿轴线错开 1/4 齿距。上、下两个动子铁芯用支架刚性连接起来,可以一起沿定子表面滑动。

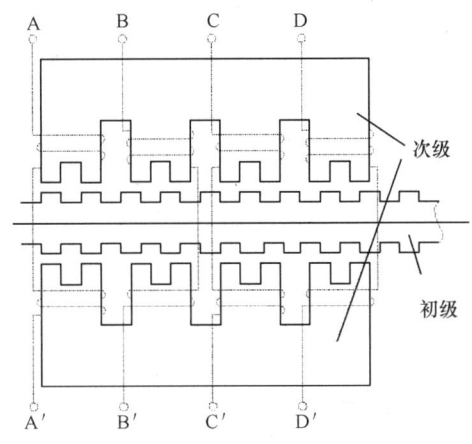

图 7-16　四相反应式直线步进电动机的结构示意图

为了减小运动时的摩擦,在导轨上装有滚珠轴承,槽中用非磁性塑料填平,使定子和动子表面平滑。显然,当控制绕组按 A→B→C→D→A 的顺序轮流通电时(图中表示 A 相通电时动子所处的稳定平衡位置),根据步进电动机的一般原理,动子将以 1/4 齿距的步距向左移动,当通电顺序改为 A→D→C→B→A 时,则动子向右移动。

与旋转式步进电动机相似,通电方式可以是单拍制,也可以是双拍制,采用双拍制时步距减少一半。

图 7-16 所示的是双边型共磁路直线步进电动机。在定子两侧都有动子,一相通电时所产生的磁通与其他相绕组都匝链。此外,也可做成单边型或不共磁路(可消除相间互感的影响)。图 7-17 所示为一台五相单边型不共磁路直线步进电动机的结构示意图。图中动子上有 5 个 Ⅱ 形铁芯,每个 Ⅱ 形铁芯的两极上套有反向连接的两个线圈,形成一相控制绕组。当一相通电时,所产生的磁通只在本相的 Ⅱ 形铁芯中流通,此时 Ⅱ 形铁芯两极上的小齿与定子齿对齐(图中表示每极上只有一个小齿),而相邻相的 Ⅱ 形铁芯极上的小齿轴线与定子齿轴线错开 1/5 齿距。

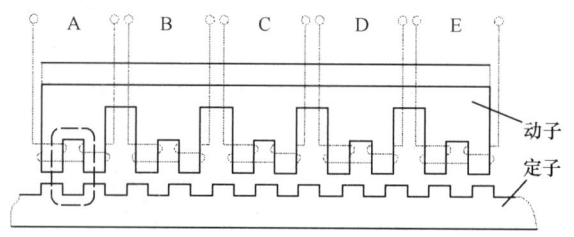

图 7-17 五相单边型不共磁路直线步进电动机的结构示意图

当五相控制绕组以 AB→ABC→BC…五相十拍方式通电时,动子每步移动 1/10 齿距。国外制成的这种直线步进电动机的主要特性为:步距 0.1mm,最高速度 3m/min,输出推力 98N,最大保持力 196N,在 300mm 行程内定位精度达 ±0.075mm,重复精度 ±0.02mm,有效行程 300mm。

2. 永磁式直线和平面步进电动机

图 7-18 所示为永磁式直线步进电动机的结构和工作原理。其中定子用铁磁材料制成如图所示那样的"定尺",其上开有间距为 t 的矩形齿槽,槽内充满非磁材料(如环氧树脂),这使

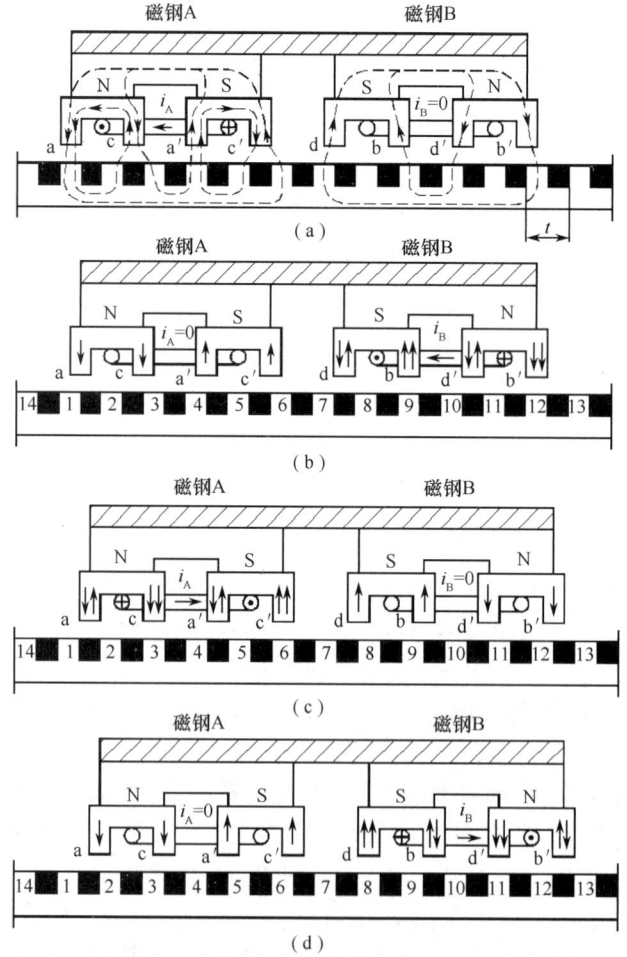

图 7-18 永磁式直线步进电动机的结构和工作原理

得整个定子表面非常光滑。动子上装有两块永久磁钢 A 和 B,每一磁钢端部装有用铁磁材料制成的Ⅱ形极片,每块极片有两个齿(如 a 和 c),齿距为 $1.5t$,这样当齿 a 与定子齿对齐时,齿 c 便对准槽。

同一磁钢的两个极片间隔的距离刚好使齿 a 和 a′能同时对准定子齿,即它们的间隔是 kt (k 代表任一正整数),磁钢 B 与 A 相同,但极性相反,它们之间的距离应等于 $(k±1/4)t$。这样,当其中一个磁钢的齿完全与定子齿和槽对齐时,另一磁钢的齿应处在定子齿和槽的中间。

在磁钢 A 的两个Ⅱ形极片上装有 A 相控制绕组,同样在磁钢 B 上装有 B 相控制绕组。如果某一瞬间,A 相绕组中通入直流电流 i_A,并假定箭头指向左边的电流为正方向,如图 7-18(a)所示。这时,A 相绕组所产生的磁通在齿 a 和 a′中与磁钢的磁通相叠加,而在齿 c 和 c′中却相抵消,使齿 c 和 c′全部去磁,不起任何作用。在此过程中,B 相绕组不通电流,即 $i_B=0$,磁钢 B 的磁通在齿 d 和 d′、b 和 b′中大致相等,沿着动子移动方向各齿产生的作用力互相平衡。

概括说来,这时只有齿 a 和 a′在起作用,它使动子处在如图 7-18(a)所示的位置上。为了使动子向右移动,即从图 7-18(a)移动到图 7-18(b)的位置,就要切断加在 A 相绕组的电源,使 $i_A=0$,同时给 B 相绕组通入正向电流 i_B。这时,在齿 b 和 b′中,B 相绕组产生的磁通与磁钢的磁通相互叠加,而在齿 d 和 d′中却相抵消。因而,动子便向右移动半个齿宽即 $t/4$,使齿 b 和 b′移动到与定子齿相对齐的位置。

如果切断电流 i_B,并给 A 相绕组通入反向电流,则 A 相绕相及磁钢 A 产生的磁通在齿 c 和 c′中相叠加,而在齿 a 和 a′中相抵消,动子便向右又移动 $t/4$,使齿 c 和 c′与定子齿相对齐,如图 7-18(c)所示。

同理,切断电流 i_A 时,给 B 相绕组通入反向电流,动子又向右移动 $t/4$,使齿 d 和 d′与定子齿相对齐,如图 7-18(d)所示。这样,经过图 7-18(a)、(b)、(c)、(d)所示的 4 个阶段后,动子便向右移动了一个齿距 t。如果还要继续移动,只需要重复前面次序通电即可。

相反,如果想使动子向左移动,只需将这 4 个阶段的次序颠倒过来,即从图 7-18(d)、(c)、(b)到(a)。为了减小步距,削弱振动和噪声,这种电动机可采用细分电路驱动,使电动机实现微步距移动($10\mu m$ 以下)。还可用两相交流电控制,这时需在 A 相和 B 相绕组中同时加入交流电。如果 A 相绕组中加正弦电流,则在 B 相绕组中加余弦电流。当绕组中的电流变化一个周期时,动子就移动一个齿距;如果要改变移动方向,可通过改变绕组中的电流极性来实现。

采用正、余弦交流电控制的直线步进电动机,因为磁拉力是逐渐变化的(这相当于采用细分无限多的电路驱动),可使电动机的自由振荡减弱。这样,既有利于电动机启动,又可使电动机移动很平滑,振动和噪声也很小。

以上所述为永磁式直线步进电动机的工作原理。如果要求动子作平面运动,这时应将定子改为一块平板,其上开有 x 轴、y 轴方向的齿槽,定子齿排成方格形,槽中注入环氧树脂,而动子是由两台上述的直线步进电动机组合起来制成的,如图 7-19 所示。其中一台保证动子沿 x 轴方向移动,与它正交的另一台保证动子沿 y 轴方向移动。这样,只要设计适当的控制程序,借以产生一定的脉冲信号,就可以使动子在 xy 平面上做任意几何轨迹的运动,并定位在平面上任何一点,这就成为平面步进电动机。

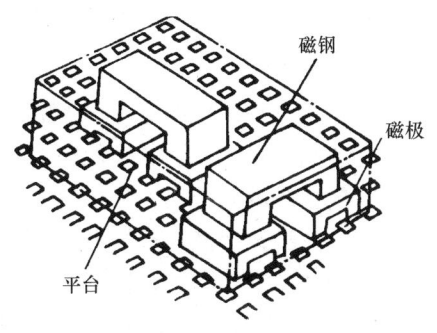

图 7-19 永磁式平面步进电动机

据有关资料介绍，在这种步进电动机中，还可采用气垫装置将动子支撑起来，使动子移动时与定子不直接接触。这样，由于无摩擦、惯性小，故可以高速移动，其线速度高达102cm/s，在$6.45cm^2$（1平方英寸）范围内的单方向定位精度达$\pm 2.54\times 10^{-3}$cm，整个平台内的单方向定位精度达$\pm 1.27\times 10^{-2}$cm。

应用这种结构所制成的自动绘图机动作快速灵敏、噪声低，而且定位精确，几分钟内便可画出一张复杂的地图，也可以绘制各种反映数字控制的图形，以直接检验机床的走刀轨迹并测定误差。平面步进电动机不仅用在自动绘图机中，而且在激光切割设备和精密半导体制造设备中也得到了推广和应用。

7.4 直线感应电动机的应用

7.4.1 直线感应电动机的应用原则

传动系统中多数直线运动机械是由旋转式电动机驱动的，这时必须配置将旋转运动转变为直线运动的机械传动机构，这使得整个系统体积庞大、成本较高、效率较低。若采用直线感应电动机后，不仅可以省去机械传动机构，而且可根据实际需要将直线感应电动机的初级和次级安放在适当的空间位置，或直接作为运动机械的一部分，从而使整个系统紧凑合理，降低成本且提高效率。此外，在某些特殊应用场合，直线感应电动机的独特应用也是旋转式电动机无法替代的。直线感应电动机能够直接产生直线运动，这一点对直线运动机械的设计者和使用者有很大的吸引力。但是，并不是在任何场合使用直线感应电动机都能取得良好效果。为此必须首先了解直线感应电动机的应用原则，以便能恰到好处地应用它。下面给出几条主要的应用原则。

1. 要有合适的运动速度

直线感应电动机的运动速度与同步转速有关，而同步转速又正比于极距，因此运动速度的选择依赖于极距的范围。极距太小会降低槽的利用率、增大槽漏抗和降低品质因数，从而降低电动机的效率和功率因数。极距的下限通常取3cm。极距可以没有上限，但当电动机的输出功率一定时，初级铁芯的纵向长度是有限的，另外为了减小纵向边缘效应，电动机的极数不能太少，故极距不可能太大。对于工业用直线感应电动机，极距的上限一般取30cm。即在工频条件下，同步转速的选择范围相应地为3～30m/s。考虑到直线感应电动机的转差率较大，运动速度的选择范围为1～25m/s。当运动速度低于这一选择范围的下限时，一般不宜使用直线感应电动机，除非使用变频电源，通过降低电源的频率来降低运动速度。在某些场合，允许用点动的方法来达到很低的速度，这时可以避免使用变频电源。

2. 要有合适的推力

旋转式电动机可以适应很大的推力范围，将旋转式电动机配上不同的变速箱，可以得到不同的转速和转矩。特别是在低速的场合，转矩可以扩大几十倍到几百倍，以至于用一个很小的旋转式电动机就能推动一个很大的负载（当然功率是守恒的）。对于直线感应电动机，由于它无法用变速箱改变速度和推力，因此它的推力不能扩大。要得到比较大的推力，只有依靠加大电动机的功率、尺寸，这是很不经济的。一般来说，在工业应用中，直线感应电动机适宜于推动轻负载，例如克服滚动摩擦来推动小车，这时电动机的尺寸不大，在制造成本、安装使用和供电耗电等方面都比较理想。

3. 要有合适的往复频率

在工业应用中,直线感应电动机都是往复运动的。为了达到较高的生产效率,要求有较高的往复频率。这意味着电动机要在较短的时间内走完整个行程,完成加速和减速的过程,也就是要启动一次和制动一次。往复频率越高,电动机的正加速度(启动时)和负加速度(制动时)也越大,加速度所对应的推力也越大。有时加速度所对应的推力甚至大于推动负载所需的推力。推力的提高导致电动机的尺寸加大,而其质量加大又引起加速度所对应的推力进一步提高,有时可能产生恶性循环。为此,在设计电动机时,应充分重视对加速度的控制。根据合适的加速度计算出走完行程所需的时间,由此决定电动机的往复频率。在整个系统的设计中,应尽量减小运动部分的质量,以便减小加速度所对应的推力。

4. 要有合适的定位精度

在许多应用场合,电动机运动到位时由机械限位使之停止运动。为了在到位时冲击较小,可以加上机械缓冲装置。在没有机械限位的场合,可通过电气控制的方法来实现,如一个比较简单的定位办法是,在到位前通过行程开关控制,对电动机作反接制动或能耗制动,使在电动机到位时停下来。但由于直线感应电动机的机械特性是软特性,电源电压变化或负载变化都会影响电动机在开始制动时的初速度,从而影响停止时的位置。当电源电压偏低或负载偏大时,电动机可能到不了位,反之可能超位。因此,这种定位办法只能用于电源电压稳定且负载恒定的场合。否则,应配上带有测速传感器和可控交流调压器的自动控制装置。

在考虑了上述应用原则后,是否采用直线感应电动机还应在制造成本、运行费用和使用维修等方面进行综合考虑。

7.4.2 直线感应电动机的应用举例

1. 高速列车

直线感应电动机驱动的列车系统,主要集中在中低速磁悬浮和部分地铁线路,它与磁悬浮技术相结合,可使列车无振动和噪声,并成为目前最先进的地面交通工具之一。长沙磁浮快线采用电磁悬浮系统,由直线感应电动机驱动,设计时速为100公里,适合城市中短途运输;日本HSST系统同样采用该技术,设计时速为100~200公里;广州地铁4/5/6号线采用直线感应电动机牵引系统,能适应大坡度、小转弯半径等复杂地形,噪声较传统地铁低。

2. 传送车

传送车是直线感应电动机传动的一种较典型应用。传送车一般可分为地上初级型和车上初级型两种类型。如图7-20所示为一种地上初级型的结构。直线感应电动机的初级置于地面上,而次级置于传送车的下方。初级可以隔一段距离安放一个,等次级开始进入初级上方时通电,产生推力。地上初级型传送车的优点是车子结构简单可靠,地面供电安全;缺点是地面上初级较多,制造成本较高。它多用于低速场合(因为传送车仅在初、次级相遇时加速,在其他时间靠惯性前进,平均速度可以做得很低)和高温、低温、多湿等恶劣环境,如在冷冻仓库中搬运物品。

如图7-21所示为车上初级型的结构。直线感应电动机的初级置于传送车的下方,而次级置于地面上。车上初级型传送车降低了地面制造成本,但车子结构相对复杂,并增加了自重。为了给车上初级供电,要架设母线,并在车上通过电刷从母线引入电流,安全性较差。它多用于速度较高的场合。

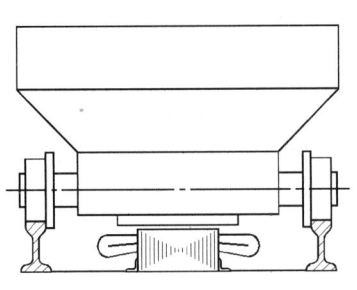
图 7-20 地上初级型的结构

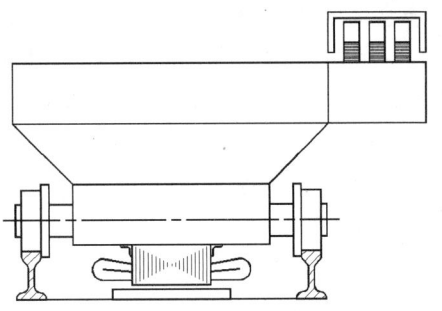
图 7-21 车上初级型的结构

3. 传送线与传送带

在建筑物中将小型物品从一个房间传送到另一个房间,可考虑使用空间传送线的直线感应电动机,如图 7-22 所示。它能沿着传送线轨道做水平、垂直和曲线运动,如医院中传送药品和试样、图书馆中传送书籍、实验楼中传送实验材料等。直线感应电动机的次级导电板用铝板制成并固定在钢板上。在钢板上安装盒箱,用于盛放物品,并装有滚轮,使次级能在初级上行走。在次级上还装有光栅等测速传感器,用于控制初级的通、断电。直线感应电动机的初级逐段安放在传送线轨道上。在轨道的水平部分,初级的安放可以疏一些;而在轨道的垂直部分和弯曲部分,初级的安放应当密一些,以便产生较大的平均推力来克服附加的重力或阻力。

图 7-23 是采用直线感应电动机的三种传送带方案。直线感应电动机的初级固定,次级就是传送带本身,其材料为金属带或金属网与橡胶混合的复合皮带。

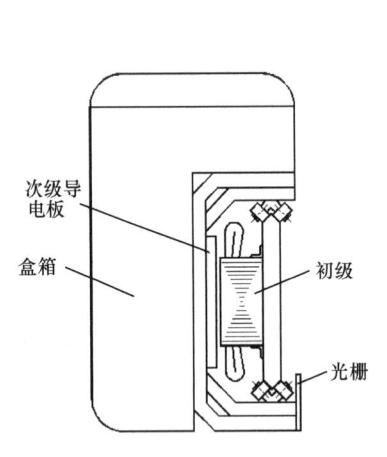
图 7-22 空间传送线的直线感应电动机

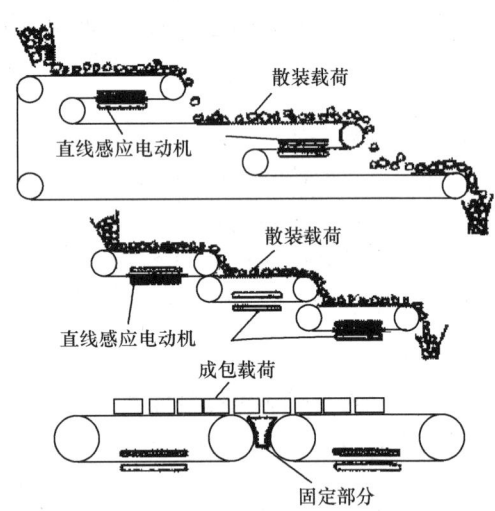
图 7-23 直线感应电动机的三种传送带方案

4. 其他应用

直线感应电动机用于搬运钢材时,利用钢材本身导磁、导电的特点,将钢材直接作为次级,用直线感应电动机的初级来推动。

用直线感应电动机驱动往复运动的机械手,与气动或液压传动的机械手相比,具有行程长、速度快、结构简单、制造方便等优点。水平运动的机械手宜采用平板形电动机,而垂直运动的机械手宜采用管形电动机。不同的机械手可以组合使用,构成复合运动。控制方式可以是有触点或无触点的程序控制。

使用直线感应电动机的电动门则省去了普通电动门的变速箱和绳索牵引装置，结构简单，因此深受人们的欢迎。直线感应电动机的初级安装在电动门顶中央处，次级安装在电动门的门楣上，初级通过滚轮倒挂在次级上并在次级下面行走。在门顶侧面装有行程开关，控制电源的开断。无论关门或开门，依靠断电之后门的机械惯性到位，并用定位销定位。若要稳定门的速度，并减小到位时的冲击，可以加上测速反馈装置和电子交流调压器。这种电动门可用于各种大门、冷藏库门、电梯门等。

电磁锤是一种垂直运动的直线感应电动机装置，向上运动时积聚位能，落下时位能转变为动能来击打物体。电动机初级是固定的，次级上下运动。电磁锤可分单向通电式和双向通电式两种。单向通电式仅在提起次级时通电，在次级落下时不通电；双向通电式在两个运动方向都通电。有时为了缩短行程或增加电动机运动到上端时的储能，可在上端设置弹簧，利用压缩弹簧来增加储能。可将使用直线感应电动机的电磁锤应用于耐火砖坯制作、金属箔片击打等方面。

直线感应电动机还可用作电磁搅拌器和电磁泵，这时次级就是熔化的金属液体，它在初级的作用下产生运动，达到被搅拌或被输送的效果。电磁搅拌器和电磁泵的运行分析相当复杂。一方面由于气隙和金属液体尺寸大，不再能使用一维电磁场模型，至少要用二维电磁场模型；另一方面，金属液体的运动规律很复杂，它不是单一方向和各点均匀的规则运动。因此，金属液体的运动分析要借助于电磁场和流体场的计算。直线感应电动机的初级处于极高的环境温度下，因此要用绝热、绝缘的材料将它与环境相隔离，同时要用空心铜管制作初级，在运行时通水冷却。使用直线感应电动机的电磁搅拌器可用于钢水搅拌，使熔化的钢液的金相结构细化和匀化，提高钢材的品质。另外，使用直线感应电动机的电磁泵可用于核工业中液态钠、钾的抽取。

窗帘和幕布的自动开闭装置也可使用直线感应电动机。开闭窗帘的电动机一般较小，宜使用管形电动机，开闭幕布可使用平板形电动机。为了使用方便，可配置无线电遥控或红外遥控。使用直线感应电动机的窗帘自动开闭装置已成功应用于宾馆、大楼和家庭之中。

平板形直线感应电动机还应用于货车调车场的加减速器、铁路道口栏道栅门、吊车吊钩的移动器等。管形直线感应电动机在邮政部门用作推包机。盘形直线感应电动机已成功用于旋转舞台的传动和烘茶叶机的驱动，还可用于桥式起重机的牵引运动。

思考与练习题

7-1 直线感应电动机与普通的旋转式电动机的主要区别是什么？

7-2 何为直线感应电动机的纵向、横向边缘效应？它们对直线感应电动机的运行有哪些影响？

7-3 简述直线感应电动机的原理。

7-4 直线直流电动机主要有哪几类？它们主要应用于什么场合？

7-5 简述直线步进电动机的原理。

附录 A 信号检测与转换

A.1 电流和电压的检测

A.1.1 电流的检测

电流检测的方法很多,如电阻采样电流检测法、霍尔电流传感器检测法及磁敏电阻法等,下面简要介绍前两种方法。

1. 电阻采样电流检测

如图 A-1(a) 所示,单一采样电阻没有隔离,不便于将信号直接用于控制,一般仅用于示波器观察波形。图 A-1(b) 为一个带有光电耦合器的电阻采样电流检测电路,它可用于检测直流电流,该电路的传输特性为

$$U_o = \frac{\beta R R_1}{R+R_1} I_L - \frac{\beta R_2}{R+R_1} U_D \quad \left(I_L > \frac{U_o}{R}\right) \tag{A-1}$$

式中,U_D 为发光二极管的压降;β 为光电耦合器的电流传输比。

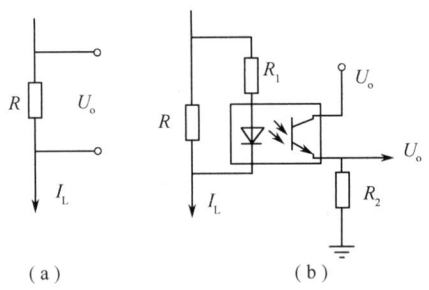

图 A-1 电阻采样电流检测法

2. 霍尔电流传感器检测法

如果电流较大,或要求有隔离,则可以采用磁场平衡式霍尔电流传感器,其工作原理如图 A-2 所示。

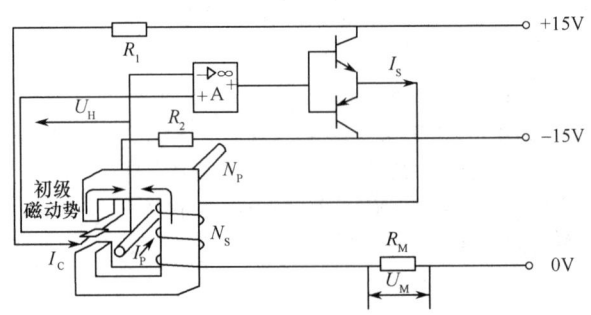

图 A-2 磁场平衡式霍尔电流传感器

图 A-2 中,有一个软磁材料制成的带有缝隙的聚磁环,缝隙中放置一个霍尔元件。霍尔

元件中通有一个固定电流 I_C,聚磁环中穿过一根导线,其中流过的待测电流为 I_P。I_P 在聚磁环及其缝隙中产生磁场,磁场强度为 H_P,磁感应强度为 B,因此霍尔元件产生的霍尔电位差为 U_H,即

$$U_H = KBI_C \tag{A-2}$$

式中,K 为霍尔系数。

U_H 经运算放大器 A 放大,获得一个补偿电流 I_S。I_S 流过绕在聚磁环上的多匝线圈,其产生的磁动势和待测电流产生的磁动势方向相反,因而产生补偿作用,使磁场减小,U_H 随之减小。因为运算放大器的放大倍数很大,最后的结果是 $U_H \approx 0$,$B \approx 0$,此时

$$I_P N_P \approx I_S N_S \tag{A-3}$$

式中,N_P 为待测电流流过的绕组匝数;N_S 为补偿电流流过的绕组匝数。

因此,在已知 N_P 与 N_S 的情况下,只要测得 I_S,即可求出待测电流 I_P。I_S 可由已知阻值的电阻 R_M 上的电压降 U_M 求出。

若 I_P 是交流电流,则 U_M 也为交流,而单极性 A/D 转换器较多,此时 U_M 需要先经偏置电路处理后再进行 A/D 转换。例如 A/D 转换器的电压输入范围为 0~5V,可以先将 U_M 加 2.5V 的偏置再进行 A/D 转换,如图 A-3 所示。U_M 经过第一级运算放大器的调幅和第二级运算放大器的偏置得到 0~5V 的输出信号。

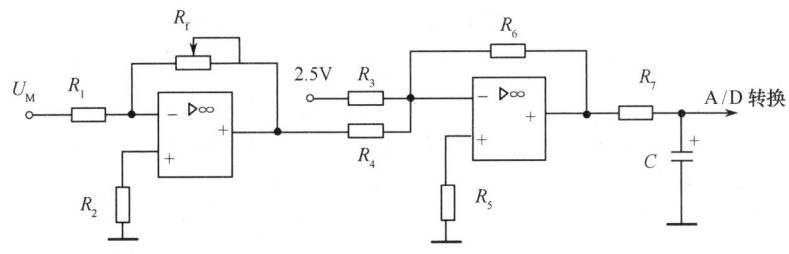

图 A-3 信号的调幅和偏置

霍尔电流传感器的待测电流回路和输出回路是相互电隔离的。此外,其测量误差绝对值可小于额定值的 1%,测量线性度的绝对值为额定值的 0.2% 以下,反应时间小于 1μs,待测电流的频率范围可达 0~150kHz,精度和响应速度都比较高。

这种电流检测方法的特点是:
① 所有信号处理元件都不与被测线路相连,因此不用独立电源,结构较简单;
② 霍尔元件输出的信号电压较小,信噪比较小;
③ 霍尔元件受温度影响较大,温漂比较明显;
④ 与电阻采样电流检测法相比,不需在主电路中串入电阻,故不产生额外的损耗;
⑤ 电流检测的线性度较高。

A.1.2 电压的检测

在 A/D 转换器采样电压范围内的电压,可以直接由 A/D 转换器转换成数字量以后输入微处理器。如果电压很小,则可以先通过运算放大器放大。如果电压很高,则可以通过电压互感器变换、电阻分压先将电压变小,或者用霍尔电流传感器测量加在待测电压上的已知电阻的电流,然后推算待测电压。另外,可直接采用磁场平衡式霍尔电压传感器检测电压。

A.2 位置检测

位置检测是电动机控制系统的重要内容之一,光电旋转编码器是一种广泛应用的编码式数字传感器,它将测得的角位移转换为脉冲形式的数字信号输出。光电旋转编码器可以分为两种:绝对式旋转编码器和增量式旋转编码器。

A.2.1 绝对式旋转编码器

1. 绝对式旋转编码器的原理

绝对式旋转编码器由编码盘和光电检测装置组成,码盘采用照相腐蚀工艺,在一块圆形光学玻璃上刻出透光与不透光的码道。

图 A-4 为一种 4 位二进制绝对式旋转编码器。图 A-4(a)是码盘,黑色代表不透光,白色代表透光。码盘分成若干个扇区,代表若干个角位置。每个扇区分成 4 条码道,代表 4 位二进制码。为了保证低位码的精度,把最外侧码道作为编码的低位,而将最内侧码道作为编码的高位。4 位二进制数最多可以对 $2^4=16$ 个扇区编码,所以图中所示的扇区数为 16。

图 A-4(b)是该编码器的光电检测原理图。光源位于码盘的一侧,4 个光敏三极管位于另一侧,沿码盘的径向排列,每个光敏三极管都对应一个码道。当码道透光时,该光敏三极管接收到光信号,由图中的电路可知,输出低电平 0;当码道不透光时,光敏三极管收不到光信号,因而输出高电平 1。例如,码盘转到图 A-4(a)中的第 5 扇区,从内向外 4 条码道的透光状态依次为:透光、不透光、透光、不透光,所以 4 个光敏三极管的输出从高位到低位为 0101,即十进制数的 5,此时代表编码盘的第 5 扇区。所以,不管转动机构怎样转动,都可以通过随动机构的码盘来获得转动机构的确切位置。因为所测得的角度位置是绝对位置,所以称这样的编码器为绝对式编码器。

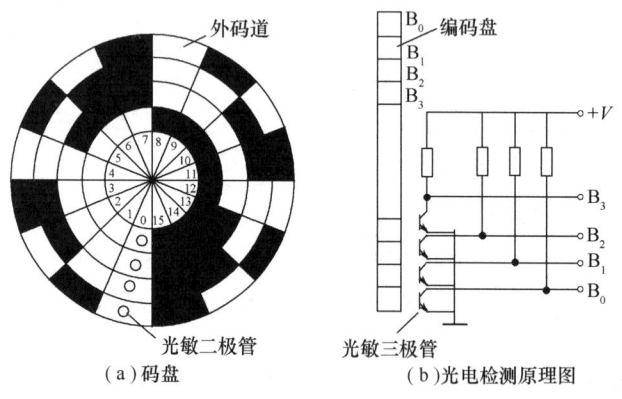

图 A-4 4 位二进制绝对式旋转编码器原理图

2. 提高分辨率的措施

编码器所能分辨的旋转角度称为编码器的分辨率 α,为

$$\alpha=\frac{360°}{2^n} \tag{A-4}$$

式中,n 为二进制码的位数。

如图 A-4 中的码盘是 4 位，$n=4$，根据上式，$\alpha=22.5°$；如果码盘是 5 位，则 $\alpha=11.25°$。由此可见，码盘的位数越多，码道数越多，扇区数也就越多，能分辨的角度就越小，分辨率就越高。

为了提高角位置的分辨率，最简单的方法就是增加码道数，从而增加扇区数；但这要受到码盘制作工艺的限制。提高分辨率最常用的方法是采用多级码盘，如两级码盘。

两级码盘中两个码盘的关系与钟表的分针和秒针的关系相似。在钟表中，秒针移动 60 个格，分针才移动一个格，分针移动一个格代表一分钟，秒针移动一个格代表一秒钟，分辨率提高 60 倍。同理，若使两级码盘中的低位码盘转一圈，高位码盘才转一个扇区，则分辨率将提高。例如，低位码盘是 5 位，它的扇区数是 $2^5=32$，则码盘系统的分辨率将提高 32 倍。如果高位码盘是 6 位，可以计算出这个系统的分辨率为

$$\alpha=\frac{1}{32}\times\frac{360°}{2^6} \tag{A-5}$$

可见，采用多级码盘的方法可以大大提高码盘的分辨率。

3. 减小误码率的方法

采用如图 A-4 所示的二进制编码器虽然原理简单，但对编码盘的制作工艺和安装的要求较高。这是因为使用这种编码时，一旦出现错码，将有可能产生很大误差，例如，在图 A-4(a) 中，码盘从第 7 扇区移到第 8 扇区，应输出二进制码 1000，如果码盘停在第 7 扇区和第 8 扇区之间，由于某种原因，内侧码道的光敏三极管首先进入第 8 扇区，则实际输出的是 1111，如果内侧码道的光敏三极管之后进入第 8 扇区，则实际输出的是 0000，码盘的输出本应由 7 变 8，却出现了 15 或 0，这样大的误差是无法容忍的。为了避免出现这样的错误，把误码率限制在一个位码，常用以下两种方法。

(1) 采用循环码

循环码的最大特点是：从一个数码变化到它的上一个或下一个数码时，数码只有一位发生变化。表 A-1 列出了 4 位循环码和二进制码的对应关系。从表中可以看出，循环码所代表的数无论加 1 或者减 1，对应的循环码只有一位发生变化。如果在码盘中采用循环码来代替二进制码，即码盘停在任何两个循环码之间的位置，所产生的误差也不会大于最低位所代表的量。例如，当码盘停在 1110 和 1010 之间时，由于这两个循环码中有 3 位相同，只有 1 位不同。因此，无论停的位置偏差如何，产生的循环码只有一位可能不一样，即 1110 或 1010，而它们分别对应十进制数的 11 和 12。因此，即使有误差，也不超过 1。

表 A-1　4 位二进制码与循环码

十进制数	二进制数	循环码	十进制数	二进制数	循环码
0	0000	0000	8	1000	1100
1	0001	0001	9	1001	1101
2	0010	0011	10	1010	1111
3	0011	0010	11	1011	1110
4	0100	0110	12	1100	1010
5	0101	0111	13	1101	1011
6	0110	0101	14	1110	1001
7	0111	0100	15	1111	1000

(2) 采用扫描法

扫描法仍采用二进制编码盘，但光电检测系统发生了一些变化。扫描法是在二进制码盘

的最低位码道(也就是最外侧码道)上安装一个光敏三极管,在其他码道上安装两个光敏三极管,其中一个称为超前读出头,它处于比它低一位的读出头超前的位置,如图 A-5 所示;另一个称为滞后读出头,它处于比它低一位的读出头滞后的位置。

于是,装有两个读出头的码道就有两个数字信号输出,根据前一位是 1 还是 0,来决定本位数字信号是取超前读出头的电平值,还是取滞后读出头的电平值。因此,规定:当某个二进制码的第 i 位是 1,该二进制码的第 $i+1$ 位要从滞后读出头读出;否则,当某个二进制码的第 i 位为 0,该二进制码的第 $i+1$ 位要从超前读出头读出。这样一来,也能使误差不超过 1。

例如,图 A-5 中编码盘处于第 11 扇区位置,B_0 输出高电平 1;B_1 应从滞后读出头取信号,输出为 1;同理,B_2 也应从滞后读出头取信号,输出为 0,而 B_3 则从超前读出头取信号,输出为 1。所以,输出的二进制码为 1011。从图中可见,由前一位电平的结果所选中的各位读出头,不论是超前读出头还是滞后读出头,都处于误码率最低的位置,即透光或不透光集中分布的位置。也就是说,即使这些读出头发生错位,输出的数字信号也不会变化,从而保证了误码率不超过 1。

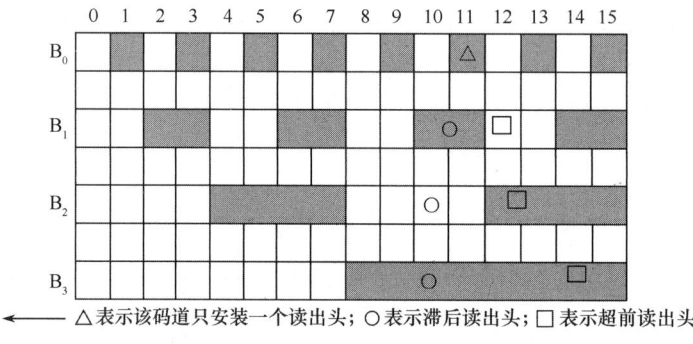

图 A-5 扫描法编码盘展开示意图

A.2.2 增量式旋转编码器

增量式旋转编码器不像绝对式旋转编码器那样测量转动体的绝对位置,它专门用来测量转动体角位移的累积量。

1. 增量式旋转编码器的结构与工作原理

增量式旋转编码器在一个码盘上开出三条码道,由内向外分别是 A、B、C,如图 A-6(a)所示,在 A、B 码道的码盘上开有等距离的透光缝隙,两条码道上相邻的缝隙互相错开半个缝宽,其展开图如图 A-6(b)所示。第三条码道 C 只开出一个缝隙,其代表码盘的零位,在码盘的两侧分别安装有光源和光敏元件,当码盘转动光源经过透光与不透光的区域时,每条码道将有一系列脉冲从光敏元件输出。码道上有多少缝隙,就会有多少个脉冲输出。将这些脉冲整形后,输出的脉冲信号如图 A-6(c)所示。

例如,SZGH-01 型增量式旋转编码器采用封闭式结构,内装发光二极管(光源)、光电接收器和码盘。通过联轴节与被测轴连接,将角位移转换成 A、B 两路脉冲信号,供可逆计数器计数。同时还输入一路零位脉冲信号作为零位标记。增量式旋转编码器每圈能输出 600 个 A、B 相位相差 90°的脉冲信号和一个零位脉冲。

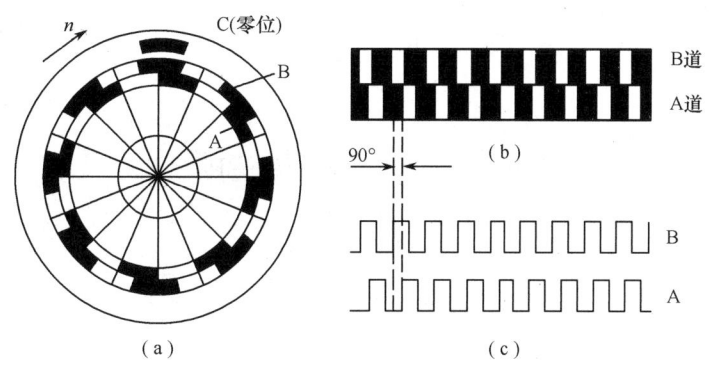

图 A-6 增量式旋转编码器原理图

2. 增量式旋转编码器对转向的识别

增量式旋转编码器对转向的判断可以采用如图 A-7 所示电路实现。下面简要介绍其工作原理。

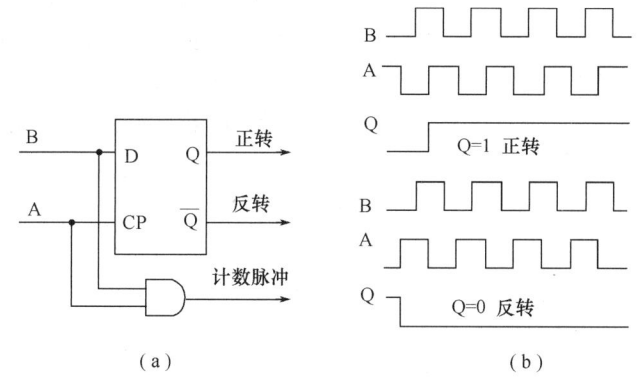

图 A-7 增量式旋转编码器识别转向的电路和输出波形

经过放大整形后的 A、B 脉冲分别输入 D 触发器的 D 端和 CP 端,D 触发器的 CP 端在 A 脉冲的上升沿触发。由于 A、B 脉冲相位相差 90°,当正转时,A 脉冲滞后 B 脉冲 90°,触发器总在 B 脉冲处于高电平时触发,这时 Q=1,表示正转;当反转时,A 脉冲超前 B 脉冲 90°,触发器总在 B 处于低电平时触发,这时 Q=0,表示反转。

A、B 脉冲的另一路通过与门后输出计数脉冲。这样,用 Q 或 $\overline{Q}$ 控制可逆计数器是加计数还是减计数,就可以使可逆计数器对计数脉冲进行计数。

C 相脉冲接到计数器的复位端,实现每转动一圈复位一次计数器。这样,无论是正转还是反转,计数值每次反映的都是相对于上次角度的增量,所以称这种编码器为增量式旋转编码器。

A.2.3 编码器与单片机的接口

用单片机或其他微处理器与绝对式旋转编码器进行连接时,由于码盘采用的是循环码,所以存在循环码与二进制码之间的转换问题。

以 B_n 表示二进制码的第 n 位, R_n 表示循环码的第 n 位,从表 A-1 可以看出有如下规律 $B_n = R_n$

$$B_{n-1}=R_n \oplus R_{n-1}=B_n \oplus R_{n-1}$$
$$B_{n-2}=R_n \oplus R_{n-1} \oplus R_{n-2}=\cdots=B_{n-1} \oplus R_{n-2}$$
……

可以推导出
$$B_1=R_2 \oplus R_1, \quad B_0=R_1 \oplus R_0$$

因此,循环码转换成二进制码可用公式表示为

$$B_m = \begin{cases} R_m & m=n \\ B_{m+1} \oplus R_m & 0 \leqslant m < n \end{cases} \tag{A-6}$$

式中,n 为循环码的最大下标。

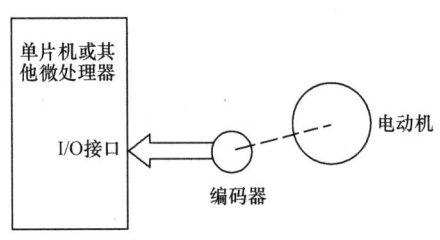

图 A-8 绝对式旋转编码器与单片机或微处理器的连接

在单片机中,利用上式就可以通过软件将循环码转换成二进制码。单片机或其他微处理器与绝对式旋转编码器的硬件连接非常简单,如图 A-8 所示。

经过整形的输出信号直接接到单片机的 I/O 接口即可。除采用软件法将循环码转换为二进制码外,还可以通过异或门硬件电路进行转换。根据上述推导公式,任何一位二进制码都可以表示为该位的循环码和它的高一位二进制码异或的结果。

A.3 速度检测

A.3.1 测速发电机测速

用直流测速发电机测速是比较简单的。将直流测速发电机产生的电压信号先经过滤波电路进行滤波,再经过 A/D 转换,就可以输入微处理器。考虑到转速有正有负,测速发电机的输出电压也有正有负,设计 A/D 转换电路时,需要考虑负电压的转换问题。

图 A-9 给出了一个直流测速发电机的测速方案,其中直流测速发电机(TG)产生的电压信号通过运算放大器和 ADC 以后,数字量通过数据总线送入微处理器。目前这种测速方法应用较少。

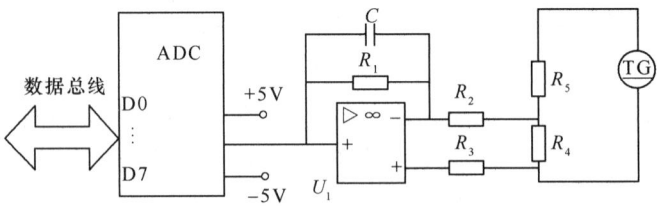

图 A-9 测速发电机的测速方案

A.3.2 光电旋转编码器测速

光电旋转编码器产生位置脉冲信号,借助微处理器中的定时/计数器,利用位置脉冲信号来计算转速的大小,具体方法又分为 M 法、T 法和 M/T 法。

1. M 法测速

M 法测速是在规定的检测时间 T_c 内,对位置脉冲信号的个数 m_1 进行计数,从而得到转速的测量值。

图 A-10 为 M 法测速的原理图,由计数器计位置脉冲信号的个数,定时/计数器每隔时间 T_c 向 CPU 发出一次中断请求,CPU 响应中断后,从计数器读出计数值并将计数器清零,由计数值的大小即可求出对应的转速。若在时间 T_c 内共发出 m_1 个脉冲信号,则转速为

$$n = \frac{60 m_1}{p_N T_c} \tag{A-7}$$

式中,p_N 为每转的位置脉冲信号个数。

实际上,在时间 T_c 内的位置脉冲个数一般不是整数,而用微处理器测得的位置脉冲个数只能是整数,因而存在量化误差。M 法测速的分辨率与 T_c 成正比,通常为了保证系统的快速反应,速度采样时间 T_c 不宜过长,而 SR 电动机每转的位置脉冲信号个数一般不大,所以为了提高速度检测的分辨能力,采用 M 法时需要将位置脉冲信号经倍频器倍频后再计数。

M 法适用于高速运行时的测速,低速时测量精度较低。因为在 p_N 和 T_c 相同的条件下,高转速时 m_1 较大,量化误差较小。

2. T 法测速

T 法测速是测出相邻两个位置脉冲信号的间隔时间来计算转速的一种测速方法,而时间的测量是借助计数器对已知频率的时钟脉冲信号计数实现的。

图 A-11 是 T 法测速的原理图。每个位置脉冲信号都通过接口向 CPU 发出一次中断请求,CPU 响应中断后,从计数器读出计数值并清零,由计数值即可算出转速。

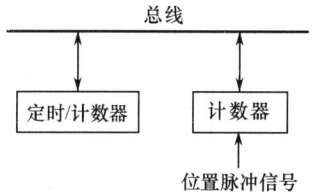
图 A-10 M 法测速原理图

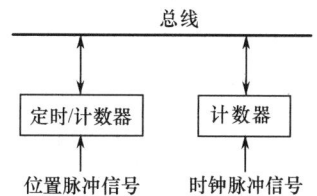
图 A-11 T 法测速原理图

设时钟频率为 f,两个位置脉冲信号间的脉冲个数为 m_2,则位置脉冲信号的周期 T 为

$$T = \frac{m_2}{f} \tag{A-8}$$

如果 SR 电动机转子旋转一周,转子位置脉冲信号含有的脉冲个数为 p_N,则电动机的转速 n 为

$$n = \frac{60}{T p_N} = \frac{60 f}{p_N m_2} \tag{A-9}$$

由上式可以看出,T 法测得的转速与脉冲个数 m_2 成反比,转速越高,测得的计数值越小,估算误差越大。因此 T 法测速较适合于低速场合。事实上,与 M 法相比,T 法测速的优点在于:低速段对转速的变化具有较强的分辨能力,从而可以提高系统低速运行的控制性能。

采用光敏式位置传感器检测转子位置时,由于转子位置脉冲信号较少,因此常采用 T 法来估算电动机的转速。具体做法是:以转子位置脉冲信号的跳变沿为基准,使计数器记下转子每转过一步期间的脉冲个数 m_2,由此可以算出电动机的转速为

$$n=\frac{60f}{N_p m_2} \tag{A-10}$$

式中，N_p 为 SR 电动机的每转步数，$N_p=mN_r$。

这种方法可以实现电动机每转一步就检测一次实际转速，实时性好，为运行的快速控制提供了有利条件。但在工程实际中，考虑到机械误差等因素，各相间位置脉冲信号跳变沿的间隔不可能严格相等，因此即使在电动机的转速恒定时，转速的两次测量值也不一定相等。为了消除转速的"振荡"，往往采用转子旋转一周计算平均转速的方法，这样实时性稍差，但可以满足工程应用的精度要求。

3. M/T 法测速

M/T 法综合了以上两种方法的优点，既可在低速段可靠地测速，又可在高速段具备较高的分辨能力，因此在较宽的转速范围内均有较高的检测精度。如图 A-12 所示，M/T 法测速是在稍大于规定时间 T_c 的某一时间 T_d 内，分别对位置脉冲信号的个数 m_1 和频率为 f 的高频时钟脉冲个数 m_2 进行计数。其中 T_d 的开始和结束都应是位置脉冲信号的上跳沿，这样就可以保证检测精度。于是，求出的转速为

$$n=\frac{60 m_1 f}{p_N m_2} \tag{A-11}$$

例如，在以 MCS-96 系列单片机（如 80C196）为控制核心的 SRD 系统中，可以用一个 D 触发器组成如图 A-13 所示的测速电路。由 HSO.0 端产生一个宽度为 T_c 的脉冲并送至 D 触发器的 D 端，CP 端则接收位置脉冲信号 a，$\overline{Q}$ 端输出的脉冲信号下降沿和上升沿均与位置脉冲信号 a 的上升沿同步，其宽度为 T_d。所以在 T_d 时间内包含整数个 a 脉冲。高速输入端 HSI.0 采用中断方式，采用适当的中断程序得出时间 T_d，位置脉冲信号 a 同时输入 HSI.1 端，利用 80C196 的内部计数器 T_1 计数，通过适当的程序算出转速。

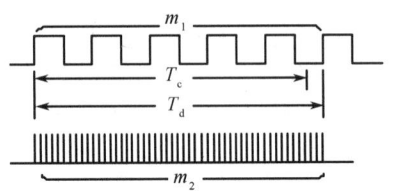

图 A-12 M/T 法测速原理

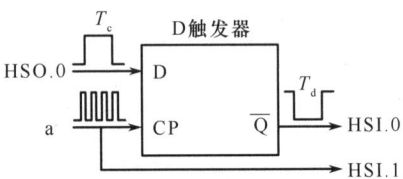

图 A-13 M/T 法测速方案之一

附录 B 数字 PID 控制算法与数字滤波技术

B.1 数字 PID 控制算法

将偏差的比例(P)、积分(I)和微分(D)通过线性组合作为输出的控制器,简称 PID 控制器。PID 控制器是控制系统中技术比较成熟且应用最广泛的一种控制器。它的结构简单,参数容易调整,不一定需要系统的确切数学模型,因此在各个领域中应用广泛。

PID 控制器最先出现在模拟控制系统中,传统的模拟 PID 控制器是通过硬件如运算放大器组成的电路等来实现功能的。随着数字电子技术发展,将原来硬件电路实现的功能由处理数字信号的微处理器来实现,就形成了数字 PID 控制器。数字 PID 控制器与模拟 PID 控制器相比,可以根据试验和经验在线调整参数,具有很强的灵活性,因此可以得到更好的控制性能。

B.1.1 模拟 PID 控制原理

PID 控制是控制系统中最常用的控制方法。图 B-1 是一个小功率直流电动机调速系统原理图。给定转速 $n_0(t)$ 与实际转速 $n(t)$ 进行比较,其差值 $e(t)=n_0(t)-n(t)$,经过 PID 控制器调整后输出电压信号 $u(t)$,$u(t)$ 经过功率放大后,驱动直流电动机改变其转速。

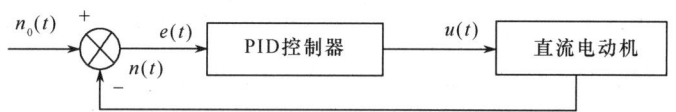

图 B-1 小功率直流电动机调速系统原理图

常规的模拟 PID 控制系统原理框图如图 B-2 所示。该系统由模拟 PID 控制器和被控对象组成。图中,$r(t)$ 是给定值,$y(t)$ 是系统的实际输出值,给定值与实际输出值比较形成控制偏差 $e(t)$,即

$$e(t)=r(t)-y(t) \tag{B-1}$$

$e(t)$ 是 PID 控制器的输入,$u(t)$ 为 PID 控制器的输出和被控对象的输入。所以模拟 PID 控制器的数学模型为

$$u(t) = K_P\left[e(t)+\frac{1}{T_I}\int_0^t e(t)\mathrm{d}t + T_D\frac{\mathrm{d}e(t)}{\mathrm{d}t}\right]+u_o \tag{B-2}$$

式中,K_P 为比例系数;T_I 为积分常数;T_D 为微分常数;u_o 为控制常量。

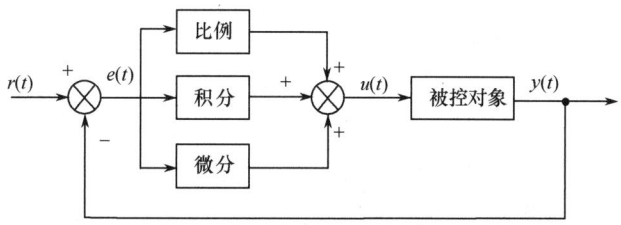

图 B-2 模拟 PID 控制系统原理框图

模拟 PID 控制器中比例环节的作用是对偏差的大小进行比例调节,并在瞬间作出快速反应。偏差一旦产生,控制器立即产生控制作用,使控制量向减少偏差的方向变化。控制作用的强弱取决于比例系数 K_P,K_P 越大,控制越强。但过大的 K_P 会导致系统振荡,破坏系统的稳定性。由式(B-2)可见,只有当偏差存在时,右侧第一项才有控制量输出。所以,对大部分被控对象(如直流电动机的调压调速),要加上适当的与转速和机械负载有关的控制常量 u_o,否则,比例环节将会产生静态误差。

积分环节的作用是把偏差的积累作为输出。在控制过程中,只要有偏差存在,积分环节的输出就会不断增大,直到偏差 $e(t)=0$,输出的 $u(t)$ 才可能维持在某一常量,使系统在给定值 $r(t)$ 不变的条件下趋于稳态。因此,使用积分环节后即使不加控制常量 u_o 也能消除系统输出的静态误差。积分环节的调节作用虽然会消除静态误差,但也会降低系统的响应速度,增加系统的超调量。积分系数 T_I 越大,积分的积累作用越弱。增大积分系数 T_I 会减慢静态误差的消除过程,但可以减少超调量,提高系统的稳定性。所以,必须根据实际的情况来确定 T_I。

实际的控制系统除了希望消除静态误差,还要求加快调节过程。在偏差出现的瞬间,或在偏差变化的瞬间,不仅要对偏差作出立即响应(比例环节的作用),而且要根据偏差的变化趋势预先给出适当的修正。为了实现这一作用,可在 PI 控制器的基础上加入微分环节,形成 PID 控制器。

微分环节的作用是阻止偏差的变化,它是根据偏差的变化趋势(变化速度)进行控制的。偏差变化得越快,微分控制的输出就越大,并能在偏差变大之前进行修正。微分作用的引入,有助于减小超调量,克服振荡,使系统趋于稳定,特别对高阶系统非常有利,它加快了系统的跟踪速度。但微分环节对输入信号的噪声很敏感,对那些噪声较大的系统一般不可用微分环节,或在微分环节起作用之前先对输入信号进行滤波。适当地选择微分常数 T_D,可以使微分作用达到最优。

对式(B-2)的 PID 控制规律进行离散处理,就可以用软件来实现 PID 控制,即数字 PID 控制。

B.1.2 数字 PID 控制算法

数字 PID 控制算法可以分为位置式 PID 控制算法和增量式 PID 控制算法。

1. 位置式 PID 控制算法

由于计算机控制是一种采样控制,它只能根据采样时刻的偏差计算控制量,而不能像模拟控制那样连续输出控制量来进行连续控制。因此,式(B-2)中的积分项和微分项不能直接使用,必须进行离散化处理。离散化处理的方法为:以 T 作为采样周期,k 作为采样序号,则离散采样时间 kT 对应着连续时间,用求和的形式代替积分,用增量的形式代替微分,可作如下近似变换

$$\begin{cases} t \approx kT & (k=0,1,2\cdots) \\ \int_0^t e(t)\mathrm{d}t \approx T\sum_{j=0}^k e(jT) = T\sum_{j=0}^k e_j \\ \dfrac{\mathrm{d}e(t)}{\mathrm{d}t} \approx \dfrac{e(kT)-e[(k-1)T]}{T} = \dfrac{e_k-e_{k-1}}{T} \end{cases} \tag{B-3}$$

式中,为了表示方便,将 $e(kT)$ 简化成 e_k。

将式(B-3)代入式(B-2),就可以得到离散的 PID 表达式为

$$u_k = K_P\left[e_k + \frac{T}{T_I}\sum_{j=0}^{k} e_j + \frac{T_D}{T}(e_k - e_{k-1})\right] + u_o \tag{B-4}$$

或

$$u_k = K_P e_k + K_I \sum_{j=0}^{k} e_j + K_D(e_k - e_{k-1}) + u_o \tag{B-5}$$

式中,k 为采样序号,$k=0,1,2,\cdots$;u_k 为第 k 次采样时刻的输出值;e_k 为第 k 次采样时刻输入的偏差;e_{k-1} 为第 $k-1$ 次采样时刻输入的偏差;K_I 为积分系数,$K_I=K_P T/T_I$;K_D 为微分系数,$K_D=K_P T_D/T$;u_o 为开始进行 PID 控制时的原始初值。

如果采样周期取得足够小,上述计算可获得足够精确的结果,离散控制过程与连续控制过程十分接近。

式(B-4)和式(B-5)表示的控制算法是直接按式(B-2)所给出的 PID 控制规律定义进行计算的,所以它们给出了全部控制量的大小,因此被称为全量式或位置式 PID 控制算法。

由于全量输出,所以每次输出均与过去状态有关,计算时要对 e_k 进行累加,工作量大;并且,因为计算机输出的 u_k 对应的是执行机构的实际位置,在计算机出现故障时,若输出的 u_k 发生大幅度变化,则会引起执行机构的大幅度变化,有可能因此造成严重的生产事故,这在生产实际中是不能允许的。

2. 增量式 PID 控制算法

所谓增量式 PID 控制器是指数字控制器的输出只是控制量的增量 Δu_k。当执行机构需要的控制量是增量(如步进电动机的驱动),而不是位置量时,可以使用增量式 PID 控制算法进行控制。

增量式 PID 控制算法可通过式(B-4)推导出。由式(B-4)可得控制器在第 $k-1$ 个采样时刻的输出值为

$$u_{k-1} = K_P\left[e_{k-1} + \frac{T}{T_I}\sum_{j=0}^{k-1} e_j + \frac{T_D}{T}(e_{k-1} - e_{k-2})\right] + u_o \tag{B-6}$$

将式(B-4)与式(B-6)相减并整理,就可以得到增量式 PID 控制算法公式为

$$\begin{aligned}\Delta u_k &= u_k - u_{k-1} = K_P\left[e_k - e_{k-1} + \frac{T}{T_I}e_k + \frac{T_D}{T}(e_k - 2e_{k-1} + e_{k-2})\right] \\ &= K_P\left(1 + \frac{T}{T_I} + \frac{T_D}{T}\right)e_k - K_P\left(1 + \frac{2T_D}{T}\right)e_{k-1} + K_P\frac{T_D}{T}e_{k-2} \\ &= Ae_k + Be_{k-1} + Ce_{k-2}\end{aligned} \tag{B-7}$$

式中,$A = K_P\left(1 + \frac{T}{T_I} + \frac{T_D}{T}\right)$,$B = K_P\left(1 + \frac{2T_D}{T}\right)$,$C = K_P\frac{T_D}{T}$。

上式的 Δu_k 还可以写成

$$\Delta u_k = K_P\left(\Delta e_k + \frac{T}{T_I}e_k + \frac{T_D}{T}\Delta^2 e_k\right) = K_P(\Delta e_k + Ie_k + D\Delta^2 e_k) \tag{B-8}$$

式中,$\Delta e_k = e_k - e_{k-1}$,$\Delta^2 e_k = e_k - 2e_{k-1} + e_{k-2} = \Delta e_k - \Delta e_{k-1}$,$I = T/T_I$,$D = T_D/T$。

由式(B-7)可以看出,如果计算机控制系统采用恒定的采样周期 T,一旦确定了 A、B、C,只要使用前后三次测量值的偏差,就可以由式(B-7)求出控制增量,与 PID 控制算法式(B-4)相比,计算量小得多,因此在实际中得到广泛的应用。

位置式 PID 控制算法也可通过增量式 PID 控制算法推出递推计算公式,即

$$u_k = u_{k-1} + \Delta u_k \tag{B-9}$$

这就是目前在计算机控制系统中广泛应用的数字递推 PID 控制算式。

增量式 PID 控制算法子程序是根据式(B-7)设计的。图 B-3 是以控制步进电动机为例的增量式 PID 控制算法子程序框图和 RAM 分配图。

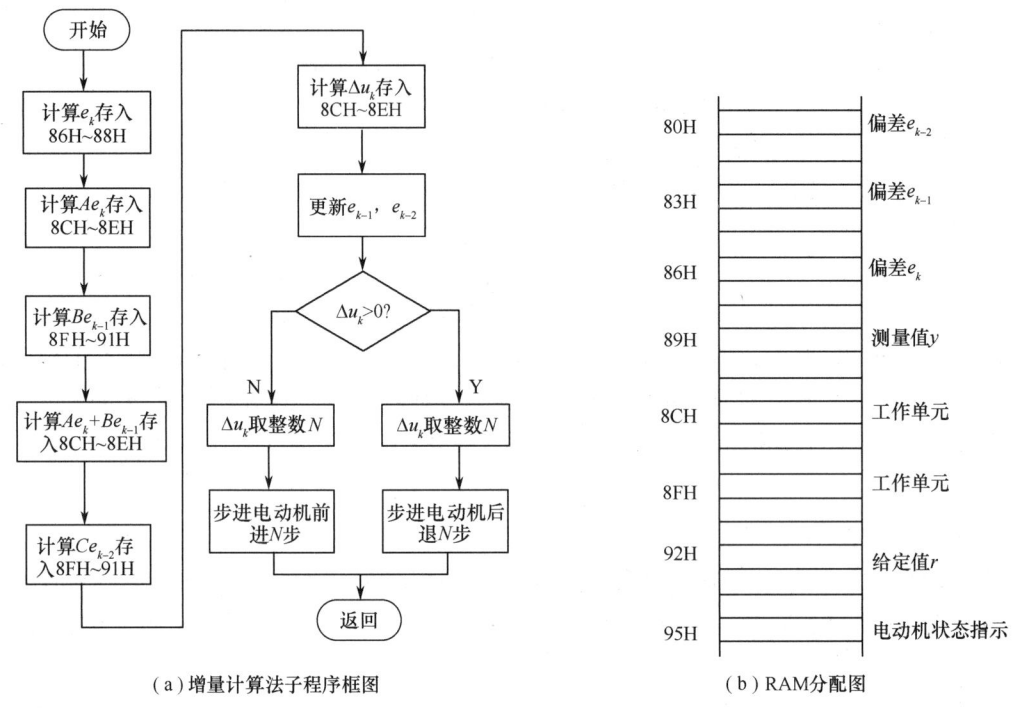

图 B-3 增量式 PID 控制算法子程序框图和 RAM 分配图

e_k、e_{k-1}、e_{k-2} 为偏差，y 为测量值，r 为给定值。这 5 个参数均为 3 字节的浮点数，分别将它们存放在 RAM 单元中，在 RAM 中的存放位置如图 B-3(b)所示。低字节存放浮点数的阶数和符号，其中符号存放在最高位，阶数以补码的形式存放在余下 7 位中，尾数以原码的形式存放在另两个字节中。

B.1.3 数字 PID 的改进算法

由于数字 PID 控制器的灵活性使其在计算机控制系统得到了广泛的应用。一些原来在模拟 PID 控制器中无法实现的问题，在引入计算机后，只要通过软件处理就得以解决，于是产生了一系列围绕 PID 控制器的改进算法，使 PID 控制器的品质得到进一步的改进和提高。下面将介绍数字 PID 控制算法中针对积分作用的一些常用改进算法。

在电动机控制系统中，控制量的输出要受到元器件或执行机构性能的约束(如电源电压的限制、放大器饱和等)，因此它的变化应在有限的范围内，即

$$u_{k\min} \leqslant u_k \leqslant u_{k\max} \tag{B-10}$$

如果计算机根据位置式 PID 控制算法得到的控制量 u_k 在上述范围内，那么 PID 控制可以达到预期的效果。一旦超出上述范围，那么实际执行的控制量就不再是计算值，产生的结果与预期的不相符，这种现象通常称为饱和效应。这类现象在电动机的启动、停止过程中，以及负载或给定值发生突变时特别容易出现。

在前面介绍的数字 PID 控制器中，引入积分环节的主要目的是消除静态误差，提高控制精度。当在电动机的启动、停车或大幅度增减给定值时，短时间内系统输出很大的偏差，会使

PID 运算的积分作用积累很大,引起输出的控制量很大,这一控制量很容易超出执行机构控制量的极限,从而引起强烈的积分饱和效应。这将造成系统振荡、调节时间延长等不利结果。

为了消除积分饱和带来的不利影响,需要对控制算法进行改进。这里介绍两种常用的方法。

(1) 遇限削弱积分法

这种方法的基本思路是:一旦控制变量进入饱和区,停止进行增大积分项的运算。具体编程时,在计算 u_k 时,先判断上一时刻的控制量 u_{k-1} 是否已超出限制范围,如果已经超出,即进入饱和区,再根据偏差 e_k 的符号,判断系统输出是否在超调区域,由此决定是否将相应的偏差计入积分项,其计算流程如图 B-4 所示。

(2) 积分分离法

当测量值与给定值的偏差较大时,去掉积分,以避免积分饱和效应的产生;当测量值与给定值比较接近时,重新引入积分,发挥积分的作用,消除静态误差,从而既保证了控制的精度又避免了振荡的产生。这与遇限削弱积分法不同,遇限削弱积分法是一开始就积分,待进入限制范围后,积分的累积值已经很大时,才停止累积;积分分离法则在开始时不进行积分,直至偏差绝对值 $|e_k|$ 小于预定的门限时,才进行积分累积。这样,一方面防止了一开始有过大的控制量,另一方面即使发生了饱和,因积分累积值小,也能较快退出,可以减少超调量。该算法当系统偏差在门限外时,相当于 PD 控制器,而当偏差进入门限内时,积分起了作用,能达到消除系统静态误差的目的。积分分离法的程序流程图如图 B-5 所示,图中 X 为预定的偏差门限值。

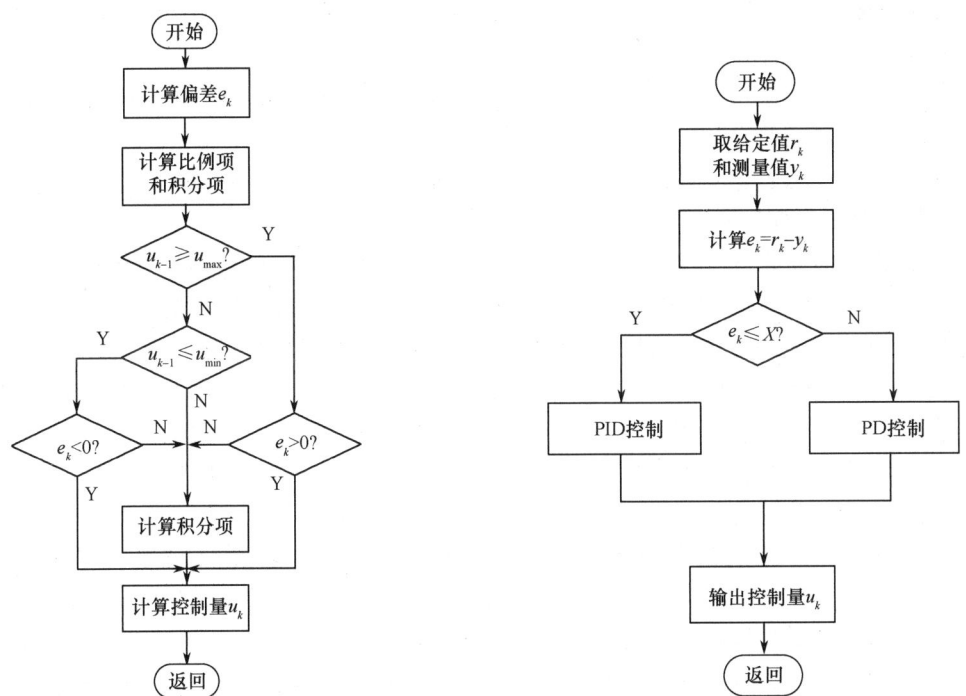

图 B-4　遇限削弱积分法程序流程图　　　图 B-5　积分分离法程序流程图

B.1.4　数字 PID 控制器的参数选择和采样周期的选择

1. 参数选择方法

在数字 PID 控制器中,由于采样周期选得比较小,PID 控制参数 K_P、T_I、T_D 可按模拟 PID

控制器中的方法来选择。

在电动机控制系统中,首先要求系统是稳定的。在给定值变化时,被控量应能迅速、平稳地跟踪,超调量要小。在各种干扰下,被控量应能保持在给定值的附近。显然,上述要求都满足是很困难的,因此,必须根据具体的实际情况,在满足主要方面的前提下,兼顾其他方面。

在选择控制器参数前,应首先确定控制器结构。对于电动机控制系统,一般常用 PI 或 PID 控制器结构,以保证被控系统的稳定,并尽可能消除静态误差。

PID 控制参数的选择常用方法有两种:理论计算法和试验确定法。理论计算法确定 PID 控制参数的前提是被控对象有准确的数学模型,这在电动机控制系统中往往很难做到。因此,用下列两种试验确定法来选择 PID 控制参数,就成为目前经常采用且行之有效的方法。

(1) 试凑法

试凑法是通过模拟或闭环运行系统来观察系统的响应曲线,然后根据各控制参数对系统响应的大致影响来改变参数,反复试凑,直到认为得到满意的系统响应为止。试凑前,要先了解 PID 控制参数对系统响应的影响。

增大比例系数 K_P,一般可以加快系统的响应速度,有利于减少静态误差。但是,过大的比例系数会使系统有较大的超调量,因此会产生振荡,破坏系统的稳定性。

增大积分系数 T_I 有利于减小超调量,减少振荡,使系统更稳定,但系统静态误差的消除将随之减慢。

增大微分系数 T_D 也可以加快系统的响应速度,使超调量减少,稳定性增加,但系统的抗干扰能力降低,对扰动有明显的响应。

在考虑了以上参数对控制过程的影响后,试凑时,可按先比例—后积分—再微分的顺序反复调试参数。具体步骤如下:

① 只调整比例部分,将比例系数由小变大,并观察系统所对应的响应,直到得到响应快、超调量小的响应曲线为止。如果这时系统的静态误差已在允许范围内,并且达到 1/4 衰减度的响应曲线,那么只需用比例调节即可,比例系数 K_P 可由此确定。

② 如果在比例调节的基础上,系统的静态误差没有达到设计要求,则必须加入积分环节,积分系数在试凑时,先给一个较大值,并将上一步调整时获得的比例系数略微减小(例如取原值的 80%),然后逐渐减小积分系数进行试凑,并根据所获得的响应曲线进一步调整比例系数和积分系数,直到消除静态误差,并且保持良好的动态性能为止。

③ 如果使用比例、积分环节消除了静态误差,但系统的动态性能仍不能令人满意,这时可加入微分环节。在试凑时,可先给一个很小的微分系数,然后逐渐增大,同时相应改变比例系数和积分系数,直到获得满意的效果为止。

被控对象的不同和对控制要求的不同,所谓"满意"的效果也不同,因为比例、积分、微分三者的控制作用有相互重叠之处,某一环节作用的减小往往可以由其他环节作用的增加来补偿。因此,能达到"满意"效果的参数组合并不是唯一的。

(2) 经验法

用试凑法确定 PID 控制参数需要经过多次反复的模拟或现场试验,为了减少试凑次数,提高工作效率,可以借鉴他人的经验,并根据一定的要求,事先做少量的试验,以得到若干基准参数,然后按照经验公式,用这些基准参数导出 PID 控制参数,这就是经验法。如临界比例法就是经验法的一种。这种方法首先将控制器选为纯比例控制器,并形成闭环,改变比例系数,使系统对阶跃输入的响应达到临界状态,这时记下比例系数 K_r,临界振荡周期为 T_r,根据 Ziegler-Nichols 提供的经验公式,就可以由这两个基准参数得到不同类型控制器的参数,如表 B-1 所示。

表 B-1　临界比例法确定的模拟 PID 控制器参数

控制器类型	K_P	T_I	T_D
P	$0.5K_r$	—	
PI	$0.45K_r$	$0.85T_r$	—
PID	$0.6K_r$	$0.5T_r$	$0.12T_r$

这种临界比例法是针对模拟 PID 控制器的,对于数字 PID 控制器,只要采样周期取得较小,原则上也同样适用。在电动机控制系统中,可以先采用临界比例法,在此基础上再用凑试法进一步完善。

表 B-1 所示参数实际上是按衰减度为 1/4 时得到的。通常认为 1/4 的衰减度能兼顾到稳定性和快速性,如果要求更大的衰减度,则必须用试凑法对参数做进一步的调整。

2. 采样周期的选择

数字 PID 控制要求采样周期足够短,一般要远小于系统的时间常数,这是采用数字 PID 控制器的前提。采样周期越小,数字控制效果就越接近连续控制。采样周期的选择要受到多方面因素的影响。在实际选择采样周期时,一般要考虑的因素如下:

① 从调节品质和数字 PID 控制算法要求两个方面考虑,采样周期应取得短一些。一般来说,控制精度要求越高,采样周期应该越短。采样周期应比被控对象的时间常数小得多,否则,采样信号无法反映系统的瞬变过程。

② 为了使连续信号采样后输入计算机且不失真,应根据香农(Shannon)定理,采样周期需要满足

$$T < \frac{1}{2f_{\max}} \tag{B-11}$$

式中,$f_{\max}$ 为被采样信号的最高频率。

由于 $f_{\max}$ 很难准确确定,所以如果按香农定理确定采样周期,实际取用的 $f_{\max}$ 还需要放大 4～6 倍。

③ 从执行元件的响应速度和要求来看,有时需要输出信号保持一定的时间,如果执行元件的响应速度慢,那么过短的采样周期往往没有必要。

④ 从控制系统的动态性能和抗干扰性能来考虑,也要求采样周期短一些。这样,给定值的改变可以迅速通过采样得到,而不至于在控制中产生较大的延迟。此外,对低频扰动,采用短的采样周期也可以得到迅速校正。

⑤ 从微处理器控制在一个采样周期内要完成的运算工作量来考虑,一般要求采样周期长一些,以保证微处理器有充分的实时运算和处理时间。

⑥ 目前用于电动机控制的单片机的字长一般较短,并且多采用定点数运算。如果采样周期过短,前、后两次采样信号的数值接近,反而因单片机的运算精度不高而无法区分,使控制作用减弱,此时可考虑采用 DSP 进行控制。

从以上分析可以看到,各种因素对采样周期的要求是不同的,甚至是相互矛盾的,因此,必须根据具体情况和要求综合考虑。

B.2 数字滤波技术

在电动机控制系统中,信号中常含有干扰噪声,它们来自于信号的形成过程和传送过程,将含有干扰的信号用于控制,将引起系统误动作,特别是在电动机数字闭环控制系统中,测量值 y_k 是通过对系统的输出量进行采样而得到的,它与给定值 r_k 之差形成偏差 e_k。所以,测量值 y_k 是决定偏差大小的重要参数。测量值如果不能真实反映系统的输出,那么这个控制系统就失去作用,在有微分环节的系统中还会引起系统振荡,因此危害极大。

干扰可分为周期性和随机性两类。对周期性的工频或高频干扰,可以通过在电路中加入 RC 低通滤波器来加以抑制,这种方法称为模拟滤波。但对于低频周期性干扰和随机性干扰,模拟滤波就无能为力了,但用数字滤波就可以解决。所谓数字滤波,就是通过一定的计算或判断来减少干扰在有用信号中的比重,达到减弱干扰的目的。数字滤波与模拟滤波相比有如下优点:

① 可以对频率很低的信号(如 0.01Hz)实现滤波,克服了模拟滤波的不足。

② 数字滤波是用程序实现的,不需要增加硬件投入,因而成本低,可靠性高,稳定性好,不存在各电气回路之间的阻抗匹配问题。

③ 在设计和调试数字滤波器的过程中,可以根据不同的干扰情况,随时修改滤波程序和滤波方法,具有很强的灵活性。

由于数字滤波的这些优点,目前得到了广泛的应用。数字滤波的方法很多,下面介绍几种常用的数字滤波方法。

B.2.1 算术平均值法

对于连续采样的 n 个数据 $x_i(i=1,2,\cdots,n)$,总能找到这样一个数 y,使 y 与各个采样值之差的平方和最小,即

$$E = \min\left[\sum_{i=1}^{n}(y-x_i)^2\right] \tag{B-12}$$

对式(B-12)求解可得

$$y = \frac{1}{n}\sum_{i=1}^{n}x_i \tag{B-13}$$

这就是算术平均值法的计算公式,将得到的 y 作为测量值 y_k。

当被测信号受到干扰在某一数字范围附近做上下波动时,利用算术平均值法进行滤波的效果最好,但是在这种情况下只取一个采样值是不准确的,对调节作用也不利。算术平均值法实际是将干扰影响程度平摊到每个测量值中,使其平均值受干扰影响的程度降低到原来的 $1/n$。因此,采样数据个数 n 决定了这种方法抗干扰的程度,n 越大,抗干扰效果越好;但 n 太大时,将使系统的灵敏度降低,调节过程变慢。例如,在电动机的恒速控制过程中测量转速,如果 n 取值较大,可以提高信噪比。但由于采样过程和信号处理过程用时较长,对电动机调速过程中发生的转速快速变化来不及作出反应。所以,n 的取值要视具体情况来定,一般情况 n 可取 8~16;对动态过程要求不高时,n 还可以取得更大。此外,如果取 $n=2^m$(m 为正整数),则在对式(B-13)进行除 n 运算时,可以用右移 m 位的办法实现,这样可以简化程序,减少内存的占用,从而节约时间。

实践证明,算术平均值法对周期性干扰有较好的抑制作用,但对脉冲性干扰的作用不大。

B.2.2 移动平均滤波法

算术平均值法虽然能有效抑制周期性干扰,但在每计算一次 y_k 时,就必须采样 n 次,对于 A/D 转换速度较慢而实时性要求较高的控制系统,由于采样次数多,处理慢,所以无法使用这种方法。对这种系统可以采用移动平均滤波法。每计算一次测量值,只需采样一次,所以大大加快了数据处理速度,非常适用于实时控制。

图 B-6(a)给出了实现移动平均滤波法的程序流程图,移动平均滤波法的算法原理如图 B-6(b)所示。它是将采样后的数据按采样时刻的先后顺序存放到 RAM 中,在每次计算前先顺序移动数据,将队列前的最先采样的数据移出(图中 x_{i-9}),然后将最新采样的数据(图中的 x_i)补充到队列的尾部,以保证数据缓冲区里总有 n 个数据,并且数据仍按采样的先后顺序排列。这时计算队列中各数据的算术平均值,这个算术平均值就作为测量值 y_k。它实现了每采样一次,就计算一个 y_k。

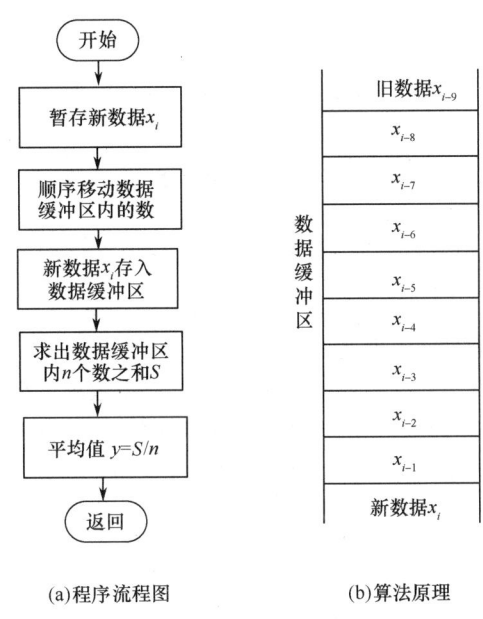

(a)程序流程图　　(b)算法原理

图 B-6　移动平均滤波法

B.2.3 防脉冲干扰平均值法

电动机一般应用在比较恶劣的工业环境中,不可避免地会产生尖脉冲干扰(例如某大功率设备的启动和停车)。这种干扰是随机性的,一般持续时间短,峰值较大,因此在这时采样得到的受干扰的数据会与其他数据有明显区别。采用算术平均值法和移动平均滤波法尽管对其进行了 $1/n$ 处理,但其剩余值仍然较大。在这种场合,上述两种方法就显得有些无能为力,所以,最好的策略是将被认为是受干扰的数据去掉。这就是防脉冲干扰平均值法的原理。

防脉冲干扰平均值法的原理是:对连续采样的 n 个数据进行排序,若重新排列好的数据顺序为 $x_1 \leqslant x_2 \leqslant \cdots \leqslant x_n$,去掉其中最大的 x_n 和最小的 x_1 这两个数据,即认为剔出了受脉冲干扰的采样数据,将剩余数据求平均值,即

$$y = (x_2 + x_3 + \cdots + x_{n-1})/(n-2) \tag{B-14}$$

原则上 n 的取值大一些好,但在电动机控制系统中,为了加快数据处理和控制速度,一般取 n=4。

B.2.4 数字低通滤波法

模拟的 RC 低通滤波器用来滤除高于有用信号频率以上的周期性变化信号的干扰。这种功能也可以通过数字方法来实现,这就是数字低通滤波法。在模拟的 RC 低通滤波器中,由于大的 RC 时间常数和高精度的 RC 网络不易实现,主要原因是电阻 R 的增大将引起信号的较大衰减,而增加电容 C,一则体积增大、成本升高,二则电容的漏电和等效串联电感也会随之增大,从而影响滤波效果。用数字低通滤波法可以很好地解决这些问题。

下面来推导数字低通滤波法的计算公式。

设模拟的 RC 低通滤波器的输入电压为 $x(t)$,输出电压为 $y(t)$,根据 RC 微分网络有

$$RC\frac{\mathrm{d}y(t)}{\mathrm{d}t}+y(t)=x(t) \tag{B-15}$$

对式(B-15)离散化处理:令 T 为采样周期,k 为整数,则 $x_k=x(kT)$,$y_k=y(kT)$。当 T 足够小时,式(B-15)可被离散化为

$$RC\frac{y_k-y_{k-1}}{T}+y_k=x_k \tag{B-16}$$

可求出

$$y_k=\frac{1}{1+RC/T}x_k+\frac{RC/T}{1+RC/T}y_{k-1} \tag{B-17}$$

令 $K=\frac{1}{1+RC/T}$,则 $1-K=\frac{RC/T}{1+RC/T}$,故式(B-17)可表示为

$$y_k=Kx_k+(1-K)y_{k-1} \tag{B-18}$$

式(B-18)就是数字低通滤波法表达式。

若输入为直流量,则有 $x_k=x_{k-1}=x_{k-2}=\cdots$,由无穷级数求和公式可得 $y_k=x_k$,其直流增益为1,与模拟滤波的效果一样。此外,数字低通滤波的截止频率也是从幅值增益衰减到 0.707 来确定。

当采样周期 T 足够小时,$K\approx T/(RC)$,所以,滤波器的截止频率为

$$f=\frac{1}{2\pi RC}\approx\frac{K}{2\pi T} \tag{B-19}$$

数字低通滤波法也有其缺点,它有使信号产生相位滞后的问题,滞后角的大小与 K 值有关。另外,它不能滤除频率高于采样频率1/2的干扰信号。

上面介绍了几种常用的数字滤波方法,这些滤波方法各有特点。在电动机的控制中,要求动态响应速度要快,因此,在选用数字滤波方法时,除考虑滤波效果外,还要考虑滤波速度。在实际应用中,有时将几种滤波方法组合在一起使用,因此要灵活掌握。

参 考 文 献

[1] 颜嘉男. 伺服电机应用技术[M]. 北京:科学出版社,2010.
[2] 陈隆昌,阎治安,刘新正,等. 控制电机[M]. 4版. 西安:西安电子科技大学出版社,2013.
[3] 杨渝钦. 控制电机[M]. 2版. 北京:机械工业出版社,2011.
[4] 程明. 微特电机及系统[M]. 3版. 北京:中国电力出版社,2022.
[5] 孙建忠,刘凤春. 电机与拖动[M]. 4版. 北京:机械工业出版社,2023.
[6] 王晓明. 电动机的单片机控制[M]. 5版. 北京:北京航空航天大学出版社,2020.
[7] 王晓明. 电动机的DSP控制:TI公司DSP应用[M]. 北京:北京航空航天大学出版社,2009.
[8] 伍永峰. DSP原理及应用:TMS320DM6437[M]. 西安:西安电子科技大学出版社,2023.
[9] 唐任远. 特种电机原理及应用[M]. 2版. 北京:机械工业出版社,2022.
[10] 叶云岳. 直线电动机原理与应用[M]. 北京:机械工业出版社,2000.
[11] 吴红星. 电机驱动与控制专用集成电路及应用[M]. 北京:中国电力出版社,2006.
[12] 王宏华. 开关磁阻电动机调速控制技术[M]. 北京:机械工业出版社,2014.
[13] 张海军. 开关磁阻电机控制与动态仿真[M]. 北京:中国水利水电出版社,2020.
[14] 张琛. 直流无刷电动机原理及应用[M]. 2版. 北京:机械工业出版社,2004.
[15] 谭建成. 永磁无刷直流电机技术[M]. 2版. 北京:机械工业出版社,2018.
[16] 邱阿瑞. 现代电力传动与控制[M]. 2版. 北京:电子工业出版社,2012.
[17] 控制电机型号命名方法:GB/T 10405—2009[S]. 北京:中国标准出版社,2009.
[18] 田巨,罗思宏. 航空电机技术基础[M]. 西安:西北工业大学出版社,2014.
[19] 刘闯. 航空电机学[M]. 北京:科学出版社,2017.
[20] 袁雷. 现代永磁同步电机控制原理及MATLAB仿真[M]. 北京:北京航空航天大学出版社,2016.
[21] 王成元,夏加宽,孙宜标. 现代电机控制技术[M]. 2版. 北京:机械工业出版社,2014.
[22] 高立骁. 分布式驱动电动汽车用永磁同步电机控制策略研究[D]. 哈尔滨工业大学博士学位论文,2023.
[23] 王旭东. 开关磁阻电动机调速系统的研究[D]. 哈尔滨工业大学博士论文,2000.
[24] 王秀和,杨玉波,朱常青,等. 永磁同步电机:基础理论,共性问题与电磁设计[M]. 北京:机械工业出版社,2022.

反侵权盗版声明

电子工业出版社依法对本作品享有专有出版权。任何未经权利人书面许可，复制、销售或通过信息网络传播本作品的行为；歪曲、篡改、剽窃本作品的行为，均违反《中华人民共和国著作权法》，其行为人应承担相应的民事责任和行政责任，构成犯罪的，将被依法追究刑事责任。

为了维护市场秩序，保护权利人的合法权益，我社将依法查处和打击侵权盗版的单位和个人。欢迎社会各界人士积极举报侵权盗版行为，本社将奖励举报有功人员，并保证举报人的信息不被泄露。

举报电话：（010）88254396；（010）88258888
传　　真：（010）88254397
E-mail：　　dbqq@phei.com.cn
通信地址：北京市万寿路173信箱
　　　　　电子工业出版社总编办公室
邮　　编：100036